가정 교육, 설교, 소그룹을 통한

하나님 나라 사역

WMU 36주년 기념 논문집

가정 교육, 설교, 소그룹을 통한 하나님 나라 사역

2025년 12월 19일 처음 찍음

지은이	김경준 김수영 신성욱 윤재병 이상화
	이주하 지용근 최성지 최윤정
엮은이	월드미션대학교
펴낸이	김영호
펴낸곳	도서출판 동연
등 록	제1-1383호(1992년 6월 12일)
주 소	서울시 마포구 월드컵로 163-3, 2층
전화/팩스	02-335-2630 / 02-335-2640
이메일	yh4321@gmail.com
인스타그램	instagram.com/dongyeon_press

ISBN 978-89-6447-070-1 93230

WMU 36주년 기념 논문집

가정교육, 설교, 소그룹을 통한

하나님 나라 사역

✝

김경준 김수영 신성욱 윤재병 이상화 이주하 지용근 최성지 최윤정 함께 씀
월드미션대학교(WMU) 엮음

동연

| 책을 펴내며 |

임성진

월드미션대학교 총장

1989년 3월 27일, 월드미션대학교가 이 땅에 태어났습니다. 개교 초기부터 본교는 개신교 복음주의 정신을 바탕으로, 영성과 지성을 조화롭게 겸비한 사역자들을 양성하고자 하는 분명한 비전을 품고 출발하였습니다. 선교사와 목회자뿐 아니라 다양한 영역에서 하나님의 나라를 실현해 갈 크리스천 리더들을 세우는 일이야말로 이 시대를 향한 하나님의 부르심임을 확신하며, 그 부르심에 응답하는 길을 지금까지 걸어왔습니다.

그로부터 36년이 흘렀습니다. 하나님의 은혜와 많은 동역자의 헌신 속에 월드미션대학교는 이 시대의 교회와 세상을 섬기는 글로벌 교육 공동체로 성장했습니다. 온라인 교육을 통해 세계 곳곳의 한인 디아스포라뿐만 아니라 아프리카의 영어권 사역자들 그리고 라틴어권의 교회 지도자들을 섬기고 있습니다. 신학, 상담, 코칭, 음악, 간호, 사회복지, 예배, 글로벌 리더십 등 다양한 분야에 사역자들을 세워 가는 사명을 감당해 왔습니다.

오늘 이 논문집은 그런 36년의 헌신과 열매를 담아 하나님 앞에 올려 드리는 하나의 '감사의 제사'입니다. 이 책에는 자녀 교육, 설교, 소그룹 사역, 정신건강 등 교회와 사회가 당면한 실제적 이슈들을 신학적으로 탐구하고 실천적으로 적용하고자 하는 아홉 편의 소논문이 수록되어 있습니다. 이는 단지 학문적 업적의 나열이 아니라 사역 현장을 살아가는 이들의 눈물과 기도, 통찰과 고백이 깃든 글들이라 할 수 있습니다. 또한 본 논문집은 우리 대학의 신학적 방향성, 즉 성경적 세계관, 영성적 리더십, 선교적 삶, 실천적 공동체성이라는 핵심 가치들을 다시금 확인하고 심화하는 과정이기도 합니다.

월드미션대학교는 이 시대의 급변하는 흐름 속에서도 기독교 정신을 끝까지 붙들며, 진리를 가르치고 사역자를 세우는 믿음의 교육 공동체로 우뚝 서기를 원합니다. 본교는 목회자뿐 아니라 세상의 모든 영역에서 하나님 나라의 가치를 실현해 갈 영성과 전문성을 겸비한 크리스천 리더들을 계속해서 길러 내고자 합니다.

이 논문집이 그 여정 속에서 또 하나의 중요한 발걸음이 되기를 소망합니다. 독자 여러분께서 이 책을 통해 교회와 세상을 향한 하나님의 마음을 다시금 느끼고 자신의 사역과 삶에 깊이 있는 통찰을 얻게 되시기를 기도합니다.

이 귀한 논문들을 집필해 주신 모든 저자께 그리고 출판을 위해 애써 주신 도서출판 동연의 김영호 대표님 그리고 편집부에 감사를 드립니다. 저희 학교 개교 36주년을 축하해 주시기 위해서 추천사를 써 주신 California Prestige University 이상명 총장님, International Theological Seminary 이승현 총장님께도 깊은 감사를 드립니다. 이 논문집이 단지 36주년의 기념을 넘어 하나님의 부르심 앞에 순종하며 사역과 학문을 겸비한 차세대 리더십을 세우는 신학적 증언의 자리가 되기를 기도합니다. 월드미션대학교는 앞으로도 성령님의 인도하심 속에 하나님께 순종함으로 시대적 사명을 겸손히 감당해 나갈 것을 약속드립니다.

이상명

California Prestige University 총장

월드미션대학교가 개교 36주년을 맞이하여 발간하는 이 논문집은 복음적 학문 공동체로서의 성숙을 보여주는 뜻깊은 결실이라 하겠습니다. 월드미션대학교가 지난 36년간 이룩한 눈부신 발전과 학문적 성과가 이 논문집 한 권에 오롯이 담겨 있어 매우 기쁘게 생각합니다.

1989년 개교 이래 월드미션대학교는 지성과 영성의 균형을 갖춘 선교사, 목회자 그리고 전문 사역자들을 양성하여 세계 여러 곳에 파송해 온 미주 지역의 대표적인 기독교 교육 기관입니다. 나아가 시대의 변화에 민감하게 반응하며 다채로운 전공과 다양한 언어 프로그램을 통해 글로벌 무대에서 활동할 사역자로 이들을 세워 가고 있습니다.

이번 논문집에는 자녀 및 부모 교육, 설교학, 소그룹 사역, 정신건강과 교회 역할 등 다양한 주제를 다룬 논문들이 실려 있어, 이 시대 목회 현장과 기독교 공동체가 직면한 실제적인 도전들에 응답하고자 하는 학문적 노력의 결정체라 할 수 있습니다.

무엇보다도 이 책에 실린 논문마다 단지 이론적 논의에 머물지 않고 실천적 대안을 제시함으로써 테오리아(*theoria*)와 프락시스(*praxis*) 사이의 적절한 긴장과 조화를 추구합니다. 이 논문집을 읽는 독자들은

공저자들의 학문적 열정과 실제적 탐구를 통해 교회 현장에 대한 깊은 이해와 긴밀한 연대의 가치를 느끼게 될 것입니다.

탈종교와 반복음적 격랑이 몰아치는 현시대 속에서도 월드미션대학교는 복음의 진리를 굳건히 붙들고, 교육을 통해 하나님 나라의 확장을 위해 헌신하는 크리스천 리더들을 세워 가는 귀한 사명을 감당하고 있습니다. 이번 논문집이 그 사명 가운데 또 하나의 이정표가 되리라 확신하며, 본 책이 목회자와 신학생들 그리고 지역사회 기독교 지도자들에게 실제적인 통찰과 성장에 이를 도전을 줄 수 있기를 바랍니다.

개교 36주년과 논문집 발간을 다시 한번 진심으로 축하드리며, 월드미션대학교가 앞으로도 하나님의 은혜 가운데 지속적으로 성장하고 세계 교회에 헌신하는 귀한 사명을 이어가기를 기원합니다.

| 추천의 글 |

이승현

International Theological Seminary 총장

월드미션대학교가 개교 36주년을 맞아 논문집을 발간하게 되었습니다. 이 논문집은 단순한 기념 출판을 넘어 이 시대를 살아가는 교회와 사역자들에게 깊은 통찰과 실제적 지혜를 전하는 귀한 학문적 선물이라 할 수 있습니다. 월드미션대학교는 그동안 신학, 상담, 코칭, 음악, 간호, 사회복지, 예배, 글로벌 리더십 등 다양한 분야에서 기독교적 전문성과 사역 현장성을 조화롭게 추구해 온 교육 기관으로, 지역사회는 물론 글로벌 디아스포라 교회를 섬기는 데 큰 역할을 해 오고 있습니다.

이번 논문집은 그러한 월드미션대학교의 학문적 깊이와 현장 중심적 시각을 잘 반영하고 있습니다. 자녀 및 부모 교육, 포스트코로나 시대의 설교, 소그룹 목회, 정신건강 코칭과 교회의 역할 등 각 논문은 이 시대 교회가 직면한 복합적인 상황 속에서 실천적 해법을 모색하려는 진지한 시도들입니다. 특히 팬데믹 이후 교회와 사회의 관계 그리고 다문화 환경 속 청소년 사역과 같은 주제들은 향후 사역의 방향을 고민하는 이들에게 실제적인 통찰을 제공할 것입니다.

월드미션대학교의 이러한 학문적 시도는 단지 학문 자체를 위한 것이 아니라 교회와 하나님 나라를 위한 섬김의 연장선상에 있다는 점에

서 더욱 큰 의미를 가집니다. 이번 소논문집이 목회자, 신학생, 평신도 지도자들에게 널리 읽히고 유익한 자료로 활용되기를 바라며, 월드미션대학교가 앞으로도 영성과 지성, 현장성과 학문성을 겸비한 신실한 교육 공동체로 우뚝 서기를 기대합니다.

개교 36주년을 맞이하여 본 논문집을 발간하게 된 것을 진심으로 축하드리며, 하나님의 신실하신 인도하심이 월드미션대학교 위에 늘 함께하시기를 기원합니다.

| 머리말 |

신선묵
월드미션대학교 기획부총장

우리는 지금 급변하는 시대 속에 살아가고 있습니다. 특히 포스트 팬데믹 시대를 지나면서 이전과는 전혀 다른 새로운 환경 속에서 삶을 살고, 사역을 하고 있습니다. 이러한 변화는 때로는 위기로, 때로는 새로운 기회로 우리에게 다가옵니다.

이러한 시대적 흐름 속에서 교회는 변하지 않는 진리를 수호하고 전파하는 귀한 사명을 감당해야 합니다. 한편으로는 하나님께서 우리에게 주신 진리를 굳게 붙잡으면서, 다른 한편으로는 우리가 놓여 있는 삶의 현장을 깊이 이해하고, 그 속에서 어떻게 살아야 하며 어떻게 사역해야 할지 고민하게 됩니다.

이번 논문집은 그러한 고민과 연구의 결실로, 우리의 사역을 세 가지 핵심 범주 속에서 조명하고, 급변하는 세상 속에서 어떻게 효과적인 사역을 감당할 수 있을지를 다루고 있습니다.

첫째, "자녀 교육 및 부모 교육"의 분야입니다. 이 주제는 우리 모두에게 가장 큰 관심사 중 하나로, 다음 세대에 신앙을 어떻게 올바르게 전수할 수 있을지에 대한 성경적 관점의 영성 이해를 포함하고 있습니다. 그리고 발달장애를 가진 자녀들의 교육을 돕기 위한 부모 지원 방안

또 이민 사회 속에서 자라는 자녀들의 타문화 경험을 이해하고 돕는 실질적인 제안들이 담겨 있습니다.

둘째, "설교 사역"에 관한 연구입니다. 교회 사역의 핵심이라 할 수 있는 설교는 지금 새로운 도전과 변화 앞에 서 있습니다. 본 논문집에서는 이러한 시대적 변화 속에서 효과적인 설교를 위한 다양한 접근을 제시하고 있습니다. 만능 육하원칙, 강화체 설교 준비 방법 그리고 포스트 코로나 시대에 적합한 '귀납적 방향'의 설교 모델 등은 현장의 설교자들에게 실질적인 도움을 줄 것입니다.

셋째, "소그룹 사역"입니다. 지역 교회 사역의 기둥이라 할 수 있는 소그룹 사역은 코로나19 이후 더욱 주목받고 있으며, 교회의 변화 속에서 그 중요성이 커지고 있습니다. 본 논문집은 다양한 조사통계를 바탕으로 건강한 소그룹 목회의 방향과 실제 사례들을 소개하고 있습니다. 또한 현대 사회가 직면한 정신건강 문제에 대해 지역교회가 특히 소그룹 사역을 통해 어떻게 실질적인 도움을 줄 수 있을지에 대한 고민과 함께, 은혜 기반의 기독교 코칭을 통한 실천적 대안도 제시하고 있습니다.

이번 논문집에 실린 논문들은 단순한 이론에 머무르지 않고 실제 사역 현장에 즉시 적용할 수 있는 구체적이고 실천적인 방안들을 제시하고 있다는 점에서 큰 의미가 있습니다. 우리는 사역 현장의 변화에 민감하게 반응하며, 그 변화 속에서 하나님 나라의 사역이 어떻게 이루어져야 할지를 함께 모색하고자 합니다.

이 논문집이 우리 모두에게 도전과 영감을 주며, 다음 세대와 변화하는 시대를 위한 사역의 나침반이 되기를 소망합니다.

| 머리말 |

최윤정
월드미션대학교 부총장

설립 36주년을 맞이하여 발간한 이번 논문집은 월드미션대학교의
정체성과 교육 방향을 잘 나타내는 산물이라 할 수 있다. 그동안 기독교
대학으로서 시대의 흐름을 읽고 그 요구에 응답하는 일을 성실히 이루
어 냈을 뿐 아니라 지성-영성 전문성을 교육의 기치로 교회와 사회가
직면한 문제를 성찰하고 이를 해결할 수 있는 통찰을 제시해 왔기에,
이번 논문집도 이러한 목표가 낳은 학문적 결실임을 확인할 수 있다.

논문집의 가치는 그 속에 담긴 문제의식에 있다. 이 책에 실린 각
논문은 오늘날의 교회가 마주한 현실을 성찰하고 앞으로 나아가야 할
방향을 모색하고 있다. 교회는 여전히 가정과 교육, 예배와 설교, 공동
체와 사회라는 주제들과 씨름하며 늘 새로운 도전에 직면하고 있다.
이번 논문집은 이러한 쟁점을 다시 한번 환기시키며 신학적이고 실천
적인 대안을 제시하고자 했다. 이것이 기독교 대학이 이 시대와 소통하
는 방법이기도 하다.

학문적 성찰은 단순한 지식 축적에 머무르지 않고, 실제적인 변화를
촉진할 수 있는 힘을 가지고 있다. 이 논문집에 담긴 성찰이 목회 현장에
서 새로운 실천을 낳고, 교회의 고민을 풀어갈 단초가 되며, 더 나아가

우리 사회 속에서 복음의 설득력을 높일 수 있는 의미 있는 일성이 되기를 기대한다. 그런 면에서 이번 논문집은 이러한 가능성을 열어 가는 발판이 되기에 충분하다.

월드미션대학교 설립 36주년을 기념하여 발간되는 이번 논문집이 우리 모두에게 성찰의 힘과 실천의 용기를 제공하는 귀한 결실로 자리매김할 수 있기를 바란다.

| 차례 |

제1부 ㅣ 영성 시대의 교회와 기독교교육

제2부 | 새 시대의 설교 전략과 정신적 위기관리

제3부 ┃ 소그룹 사역과 교회의 성장

제1부

⬧
⬧
⬧

영성 시대의 교회와
기독교교육

성경적 관점의 부모 영성과 자녀 교육

— 신앙의 근력을 만들어 주는 실제적인 삶의 예배 훈련

최성지 박사 / 기독교교육학

I. 서론

가정은 하나님께서 자녀의 출생과 양육 그리고 훈련을 위해 세우신 가장 기초적인 공동체이다. 이 공동체 안에서 부모는 자녀를 신앙으로 양육하고 훈련할 책임과 특권을 하나님으로부터 부여받았다.[1] 신명기 6장 4-9절의 셰마(Shema)는 부모가 하나님으로부터 부여받은 특권과 책임 의식을 가지고 하나님께 대한 사랑과 헌신을 바탕으로 자녀에게 말씀을 가르치며 삶으로 본을 보이는 교육의 중요성을 강조하고 있다. 뿐만 아니라 부모를 자녀가 하나님과의 관계 속에서 살아가도록 양육

---

1 George Rekers, *The Christian World View of the Family* (Murphys, CA: The Coalition on Revival, Inc, 1999), 5.

하고 훈련하는 언약적 책임을 지닌 존재로 묘사하고 있다. 이런 교육과 훈련은 자녀가 하나님께 영광 돌리는 삶을 삶의 목표로 삼게 하기 위함이다.[2] 이와 같은 자녀 교육이 충실하게 이루어지려면, 부모가 먼저 하나님께 전적으로 헌신하고 자녀의 일상에서 꾸준한 영적 양육을 실천해야 한다.[3] 즉, 부모 자신이 하나님과의 관계 안에서 지속적으로 성장하고 있어야 한다는 것이다. 셰마의 첫 부분인 신명기 6장 5절은 부모에게 "마음을 다하고 뜻을 다하고 힘을 다하여" 하나님을 사랑할 것을 명령한다. Slaughter는 이 구절을 해석하며 "부모가 자녀에게 하나님과의 관계에 대한 진리를 가르치려면, 그들 자신의 마음이 하나님을 향한 열정으로 타올라야 한다. 즉, 전 존재를 다하여 하나님을 사랑해야 한다"[4]고 언급하였다. 이러한 관점에서 자녀가 하나님과의 관계 속에서 살아가도록 교육하는 데 있어 부모의 영성, 즉 하나님과의 관계는 매우 중요한 요소로 작용한다.

그동안 부모의 영성과 종교성이 부모의 양육 방식이나 부모-자녀 관계에 미치는 영향에 대해 많은 학문적 연구가 이루어져 왔다. 선행 연구들은 부모의 영성 또는 종교 활동 참여가 권위 있는 양육 방식, 긍정적인 가족 상호 작용, 가족의 복지, 부모의 반응성 및 참여, 양육 태도 및 행동 그리고 양육 스트레스 등과 일정한 관련이 있음을 보고하

---

2 Judy Ten Elshof, "Family Life Education," in *Introducing Christian Education: Foundation for the Twenty First Century*, ed. Michael J. Anthony (Grand Rapids, MI: Baker Academic, 2001), 195.

3 Scott Floyd, "The Family's Role in Teaching," in *The Teaching Ministry of the Church*, 2nd ed., ed. William R. Yount (Nashville, TN: B & H Academic, 2008), 150.

4 James R. Slaughter, "Toward a Biblical Theology of Family," in *The Christian Educator's Handbook on Family Life Education*, eds. Kenneth Gangel and James Wilhoit (Grand Rapids, TN: Baker, 1996), 26-27.

고 있다.[5] 이와 함께 부모의 영성과 신앙적 헌신이 자녀의 영적 성장에 긍정적인 영향을 미친다는 연구들도 존재한다. Smith와 Denton은 청소년기의 신앙 성숙도는 부모의 모범, 대화의 빈도, 가족의 영적 습관과 밀접한 관련이 있음을 밝혀냈다.[6]

　　Kuriakose와 Shaji도 부모의 신앙 훈련과 지지가 청소년기 자녀의 영적 태도 형성과 지속적 신앙 실천에 결정적인 역할을 한다고 보고하며, 부모의 영적 본보기와 가정 내 신앙 환경이 자녀 영성 발전에 중요한 요인으로 작용한다는 것을 입증했다.[7] 뿐만 아니라 King과 Boyatzis의 연구는 부모의 영적 태도와 실천이 자녀의 정체성 형성, 도덕적 사고 그리고 하나님과의 관계 인식에 깊이 영향을 미친다고 강조했고,[8] Papaleontiou-Louca는 부모의 영성이 자녀의 정서적 회복과 영적 탄력성을 형성하는 데 핵심적 역할을 하기 때문에 아동에게 내재되어

---

5 Terrence D. Hill et al., "Religious Involvement and Attitudes toward Parenting Among Low-Income Urban Women," *Journal of Family Issues* 29, no. 7 (2008): 882-900; D. Cain, "The Effects of Religiousness on Parenting Stress and Practices in the African-American Family," *Families in Society* 88 (2007): 263-272; Jean E. Dumas and Jenelle Nissley-Tsiopinis, "Parental Global Religiousness, Sanctification of Parenting, and Positive and Negative Religious Coping as Predictors of Parental and Child Functioning," *The International Journal for the Psychology of Religion* 16, no. 4 (2006): 289-310; Annette Mahoney, "Religion and Conflict in Marital and Parent Child Relationships," *Journal of Social Issues* 61, no. 4 (2005): 689-706.

6 Christian Smith and Melinda Lundquist Denton, *Soul Searching: The Religious and Spiritual Lives of American Teenagers* (Oxford: Oxford University Press, 2005), 112.

7 Manish Kuriakose and Elizabeth Shaji, "Parental Influence in the Formation and Sustenance of Spiritual Attitude in Christian Adolescents," *International Journal of Indian Psychology* 7, no. 4 (2022): 327-335.

8 Pamela E. King and Chris J. Boyatzis, "Spirituality and Religiosity in the Developing Person," in *The Handbook of Spiritual Development in Childhood and Adolescence*, eds. Eugene C. Roehlkepartain et al. (Thousand Oaks, CA: Sage, 2006), 123-135.

있는 영적 특성을 부모가 돌보며 기를 때 자녀의 정신건강과 회복력이 향상된다고 밝혔다.[9] 이처럼 부모의 영성은 자녀 교육의 주변 요소가 아닌 중심축으로 기능하며, 가정 안에서의 신앙 실천은 자녀의 정체성 형성과 신앙적 결단에 결정적인 영향을 미친다.

그러나 오늘날 기독교 가정은 코로나19 팬데믹이라는 전례 없는 위기를 지났고 심각한 영적 침체를 경험하고 있다. 이 세계적 재난은 단순한 보건 문제를 넘어 정서적, 사회적, 영적 영역 전반에 걸쳐 깊은 영향을 미친 전인적 충격이었다. 스탠퍼드대학 연구는 코로나 기간 모든 것이 온라인으로 대체된 상황 속에서 청소년들의 뇌가 3~4년 더 빠르게 노화되었음을 밝혀냈다.[10] 뿐만 아니라 팬데믹 기간 동안 아동과 청소년의 불안이 약 두 배 증가했고, 우울 증상도 약 25%까지 증가한 것으로 보고되었다.[11] Jonathan Haidt는 그의 저서 *The Anxious Generation*에서 팬데믹을 지나온 현대 청소년들은 '전화 기반 어린 시절'(phone-based childhood)이 자리 잡으면서 정신적 불안, 자기 정체성의 혼란 그리고 스마트폰과 소셜미디어 중독이라는 삼중고 속에서 살아가고 있음을 통계와 사례로 보여준다.[12] 이러한 정신건강 위기는 단순한 사회적 요인이 아니라 가정과 교회 공동체의 영적 보호막이

9 Eleonora Papaleontiou-Louca, "Spirituality and Religiosity in the Developing Person," *Journal of Beliefs & Values* 46, no. 1 (2025): 15-46.

10 Ian H. Gotlib et al., "Effects of the COVID-19 Pandemic on Mental Health and Brain Maturation in Adolescents: Implications for Analyzing Longitudinal Data," *Biological Psychiatry: Global Open Science* 3, no. 4 (October 2023): 912-918.

11 Nicole Racine et al., "Global Prevalence of Depressive and Anxiety Symptoms in Children and Adolescents During COVID-19: A Meta-analysis," *JAMA Pediatrics* 175, no. 11 (2021): 1142-1150.

12 Jonathan Haidt, *The Anxious Generation: How the Great Rewiring of Childhood Is Causing an Epidemic of Mental Illness* (New York: Penguin Press, 2024), 3-9.

약화된 결과로 해석할 수 있다. 특히 팬데믹 기간 공예배 중단, 공동체 단절, 온라인 예배 전환 등으로 기독교 가정은 영적 중심축을 상실하였고, 그 여파는 부모의 신앙 실천 약화와 자녀 신앙 교육의 공백으로 이어졌다. George Barna의 2023년 연구에 따르면 팬데믹 이후 기독교 성인의 교회 출석률이 39%에서 33%로 눈에 띄게 하락했고, 가정 내 기도와 말씀 묵상, 자녀와의 신앙적 대화 역시 현저히 줄었다.[13] 뿐만 아니라 성경적 세계관을 지닌 미국인이 단 4%에 불과하다는 연구 결과를 발표하며, 부모가 가정에서 영적 리더십을 회복하지 않으면 다음 세대는 신앙을 상속받지 못할 것이라고 강조했다.[14] 다시 말해 '믿음의 세대 계승'이라는 기독교 교육의 본질이 부모의 신앙 실천 약화와 자녀 세대의 신앙적 혼란 그리고 신앙 교육의 공백으로 이어지며 흔들리고 있음을 보여준다.

그럼에도 불구하고 희망을 가지고 부모의 영성 회복과 믿음의 계승을 위한 자녀 교육을 강조하며 지속할 수 있는 이유는 팬데믹을 지나며 신앙 공동체와 가정의 영적 결속력이 위기 극복의 보호 요인으로 작용했다는 사실을 확인할 수 있기 때문이다. 팬데믹 기간 동안 이루어진 한 연구에 따르면 믿음에 기반을 둔 가족의 응집력과 영적인 지지가 삶의 질을 높이고 우울을 억제하며 방역 행동에도 긍정적인 영향을

---

13 George Barna, *American Worldview Inventory 2023, Release #5: How the Pandemic Reshaped Christian Beliefs and Behaviors* (Arizona Christian University, Cultural Research Center, 2023), 1-7; George Barna, "Key Insights for Raising the Next Generation of 'Spiritual Champions'," *George Barna*, September 2023, https://georgebarna.com/2023/09/key-insights-for-raising-the-next-generation-of-spiritual-champions/.

14 *Ibid.*

주었다.[15] 케임브리지대 연구 역시 종교적 신념과 예배가 불안과 우울 증세 및 스트레스 감소에 유의미한 효과가 있었다고 밝혔다.[16] 이와 같이 팬데믹은 가정의 영성 회복이야말로 자녀 세대를 위한 신앙 회복 뿐만 아니라 정신적, 정서적 회복의 출발점임을 분명히 드러냈다. 따라서 본 연구는 위기 상황 속에서 영적으로 무너진 가정을 다시 세우기 위해 성경이 말하는 부모의 영성과 자녀 교육의 연관성을 조명하고자 한다. 특별히 부모의 하나님과의 관계(영성)가 자녀의 신앙 형성과 어떻게 연결되는지에 대한 신학적, 심리학적, 실천적 논의를 시도하며, 오늘날 교회와 가정이 회복해야 할 신앙 교육의 본질을 되새기려 한다.

II. 영성에 대한 정의

'영성'(spirituality)이라는 용어는 과거에는 전통적인 종교적 맥락에서만 사용되었다. 그러나 오늘날 이 용어는 다양한 맥락에서 사용되며, 그 의미 역시 상황에 따라 상이하게 해석되고 있고 개념 또한 일관되지 않다. 따라서 본 연구는 기독교적 맥락에서의 영성 개념을 명확히 정의

---

15 Grace J. Kim, Seong Y. Lee, and Hee Ra Han, "Faith-Based Community Members, Family, and COVID-19: The Role of Religion and Spirituality in the Pandemic," *Journal of Religion and Health* 61 (2022): 3021-3038.

16 University of Cambridge. "Religious People Coped Better with COVID-19 Pandemic, Research Suggests." University of Cambridge News, October 13, 2022, https://www.cam.ac.uk/research/news/religious-people-coped-better-with-covid-19-pandemic-research-suggests; Girish Bahal, Sriya Iyer, Kishen Shastry, and Anand Shrivastava, "Religion, Covid-19 and Mental Health," *European Economic Review* 160 (2023), Article 104621.

하고자 한다. 먼저 영성에 대한 정의는 매우 다양하며, 일반적으로 비종교적 영성(non-religious spirituality)과 종교적 영성(religious spirituality)으로 구분될 수 있다. 비종교적 영성은 자신, 타인, 세계, 초월적 존재와의 관계에 대한 인식이나 경험에 초점을 맞추는 경향이 있다.[17] 반면 종교적 영성은 보다 명확한 신념 체계와 신적 존재와의 관계를 중심으로 정의되며, 일원론적(monistic) 또는 유신론적(theistic) 관점에 따라 다양하게 이해된다.[18]

기독교적 영성(Christian spirituality)은 유신론적 배경 속에서 하나님이 주시는 은혜의 부르심에 믿음으로 응답하고 성령을 통해 하나님과 이웃과의 사랑의 관계를 맺고 살아가는 삶을 의미한다. Benner는 이를 "하나님의 은혜로운 부르심에 대한 인간의 응답"이라고 정의하며,

---

17 Lewis는 영성을 "자기 자신 및 만물과의 관계에 대한 지향성"으로, Rose, Westefeld, Ansley 는 "우주 또는 초월적 존재와 맺는 관계"로 정의하였다. 또한 Hay와 Nye는 이를 "자기 자신과 만물 간의 친밀한 관계에 대한 자각"으로 보았다. Cf. Jeff Lewis, "Spiritual Education as the Cultivation of Qualities of the Heart and Mind: A Reply to Blake and Carr," *Oxford Review of Education* 26 (2000), 274; E. M. Rose, J. S. Westefeld, and T. N. Ansley, "Spiritual Issues in Counseling: Clients' Beliefs and Preferences," *Journal of Counseling Psychology* 48 (2001), 61; David Hay and Rebecca Nye, *The Spirit of the Child* (London: Fount, 1998), 112.

18 Karen Marie Yust et al., "Traditional Wisdom: Creating Space for Religious Reflection on Child and Adolescent Spirituality," in *Nurturing Child and Adolescent Spirituality: Perspectives from the World's Religious Traditions*, eds. Karen Marie Yust, Aostre N. Johnson, Sandy Eisenberg Sasso, and Eugene C. Roehlkepartain (Lanham, MD: Roman & Littlefield Publishers, Inc., 2006), 8; Kenneth J. Collins, "Introduction," in *Exploring Christian Spirituality*, ed. Kenneth J. Collins (Grand Rapids, MI: Baker Books, 2000), 13. 일원론(Monism)은 "오직 하나의 실체만이 존재한다는 신념을 의미하며, 이는 다원론과 대조된다. 따라서 일원론적 종교는 다양한 외형적 현상에도 불구하고 단 하나의 근본적인 실체만 존재한다고 보는 종교들을 말한다." Cf. John Bowker, ed., *The Oxford Dictionary of World Religions* (New York, NY: Oxford University Press, 1997), s.v. D. W. Hamlyn, "Monism."

영성의 기원과 완성 모두가 하나님의 은혜에 근거한다고 강조한다.[19] Groome은 영성을 "하나님의 사랑의 주도권에 대한 신자의 의식적인 응답"으로,[20] Schneiders는 "성령의 은혜로 가능해진 자기 초월의 능력이며, 그리스도 안에서 하나님과 생명을 주는 관계를 맺도록 하는 힘"이라고 설명한다.[21] 따라서 기독교 영성은 인간이 스스로 신적 존재를 찾는 것이 아니라 먼저 다가오시는 하나님의 사랑에 믿음으로 응답하는 관계 중심의 특성을 지닌다. 이 영성은 하나님과의 사랑의 관계뿐 아니라 성령의 열매(갈 5:22-23)를 통해 이웃과의 관계 속에서도 구체적으로 드러난다. 그러므로 기독교 영성은 하나님과의 연합과 이웃과의 사랑을 함께 실천하는 관계적(relational) 영성으로 정의할 수 있다.[22]

사실 영성(spirituality)이라는 용어는 성경 본문에 직접적으로 등장하지 않는다. 하지만 그 뿌리에 해당하는 '영'(spirit)이라는 단어는 성경 전반에 걸쳐 매우 빈번하게 사용된다.[23] 이는 성경이 영성의 개념을

---

19 David G. Benner, *Sacred Companions: The Gift of Spiritual Friendship and Direction* (Downers Grove, IL: InterVarsity Press, 2002), 18.

20 Thomas H. Groom, "The Spirituality of the Religious Educator," *Religious Education* 83 (1988), 10.

21 Sandra Schneiders, "Theology and Spirituality: Strangers, Revivals, and Partners," *Horizon* 13 (1986), 266.

22 Wiliam Lehmann, Jr., "The Philosophic Roots of Research into Children's Spirituality," in *Exploring Children's Spiritual Formation: Foundational Issues*, ed., S. K. Morgenthaler (River Forest, IL: Pillars Press, 1998), 83; David F. White, "Christian Spirituality," in *Encyclopedia of Religious and Spiritual Development*, eds. Elizabeth M. Dowling and W. George Scarlett (Thousand Oaks, CA: Sage Publication, Inc., 2006), 77-78; Wayne Grudem, *Systematic Theology: An Introduction to Biblical Doctrine* (Grand Rapids, MI: Zondervan, 2000), 804.

23 Walter A. Elwell, ed., *Evangelical Dictionary of Theology* (EDT), 2nd ed. (Grand Rapids, MI: Baker Academic, 2001), s.v. J. M. Houston, "Spirituality"; Christo Lombaard, "What is Biblical Spirituality? Perspectives from a Minor Genre of Old

내포하고 있으며, 이를 통해 성경적 영성을 정의할 수 있음을 시사한다. 히브리어에서 '영'을 뜻하는 단어는 "루아흐"(רוח, ruach)로, 구약 성경 전체에서 약 387회 등장한다.[24] 이 단어는 '숨', '바람', '기운', '영' 등 다양한 의미를 지니며 하나님과 인간 모두와 관련된 개념으로 사용된다. 특히 루아흐는 자주 하나님의 영(the Spirit of God/the LORD)을 지칭하는 데 사용되며 하나님의 창조 사역과 밀접하게 연결되어 있다.[25] 욥기 33장 4절은 "하나님의 영이 나를 지으셨고 전능자의 숨결이 내게 생명을 주셨느니라"고 고백하며 인간의 생명이 하나님의 영, 즉 그분의 숨결에서 비롯되었음을 명확히 드러낸다.[26] Grudem은 인간 창조에 대해 "하나님께서 하나님의 형상대로 사람을 창조하셨기에 인간은 하나님을 닮았고, 하나님을 대표한다"고 말한다.[27] 즉, 인간은 하나님의

Testament Scholarship," *Journal of Theology for Southern Africa* 135 (2009), 99; Edward W. Goodrick and John R. Kohlenberger III, *The NIV Exhaustive Concordance*, eds. Donald L. Potts and James A. Swanson (Grand Rapids, MI: Zondervan Publishing House, 1990), s.v. "Spirit, Spirits, Spiritual, Spiritually."

24 Lehmann, Jr., "The Philosophic Roots of Research," 83; White, "Christian Spirituality," 77-78; Grudem, *Systematic Theolog*, 804.

25 Willem A. VanGemeren, ed., *New International Dictionary of Old Testament Theology and Exegesis [NIDOT]*, vol. 3 (Grand Rapids, MI: Zondervan Publishing House, 1997), s.v. M. V. Van Pelt, W. C. Kaiser, Jr., and D. I. Block, "רוח,"; Stephen D. Renn, ed., *Expository Dictionary of Bible Words: Word Studies for Key English Bible Words Based on the Hebrew and Greek Texts [EDBW]* (Peabody, MA: Hendrickson Publishers, Inc., 2005), s.v. "Spirit."

26 Gerald H. Wilson, *Job in New International Biblical Commentary* (Peabody, MA: Hendrickson Publishers, Inc., 2007), 369; Roy Zuck, *Job* (Chicago: Moody, 1978), 144.

27 Grudem, *Systematic Theology*, 265, 444. 창세기 1:26, "하나님이 이르시되 우리의 형상을 따라 우리의 모양대로 우리가 사람을 만들고…"; 창세기 2:7, "여호와 하나님이 땅의 흙으로 사람을 지으시고 생기를 그의 코에 불어넣으시니 사람이 생령이 되니라." 『개역개정 성경』(서울: 대한성서공회, 2005).

형상대로 창조되었기 때문에 영적인 본성을 지니고 있을 뿐만 아니라 삼위 하나님의 관계를 반영하여 하나님 및 타인과의 관계를 맺을 수 있는 영적 존재라는 것이다.28 이러한 관계성은 단순한 인격적 특성을 넘어서 인간이 하나님과 교제하고 하나님의 뜻에 응답할 수 있는 존재로 설계되었음을 보여준다.

신약에서는 헬라어 프뉴마(πνεῦμα, pneuma)가 구약의 루아흐와 같은 의미로 사용된다. 이 단어는 대부분(250회 이상) 성령(Holy Spirit), 하나님의 영 또는 그리스도의 영을 가리키며 삼위일체 하나님의 존재와 사역을 반영한다.29 다시 말해 영성은 삼위일체 하나님의 관계 속에서 이루어지며, 이는 철저히 그리스도 중심적(Christocentric)이다.30 바울은 믿는 자의 삶을 설명할 때 '그리스도와의 연합' 또는 '그리스도 안에 있음'이라는 표현을 자주 사용하는데, 이는 곧 "그리스도께서 믿는 자 안에 거하시고, 믿는 자 또한 그리스도 안에 거하는 삶"을 의미한다.31 또한 그리스도는 부활을 통해 "살려주는 영"이 되셨으며 모든 믿는 자에게 영적 생명을 주시는 근원이 되신다고 말한다(고전 15:45).32 이처럼 성령은 그리스도와 성도를 연합시키는 매개체로서, 성도는 성령을 통해 그리스도 안에 거하게 되며 그분의 생명을 누리게 된다. 뿐만 아니

---

28 Millard J. Erickson, *Christian Theology*, 2nd ed. (Grand Rapids, MI: Baker Books, 2001), 525-526.

29 Colin Brown, ed., *The New International Dictionary of New Testament Theology [NIDNT]*, vol. 3 (Grand Rapids, MI: Zondervan Publishing House, 1978), s.v. Colin Brown, "Spirit, Holy Spirit,"; *EDBW*, s.v. "Spirit."

30 David E. Garland, *1 Corinthians, In Baker Exegetical Commentary on the New Testament* (Grand Rapids, MI: Baker Academic, 2003), 735.

31 Gerald F. Hawthorne and Ralph P. Martin, eds., *Dictionary of Paul and His Letters [DPHL]* (Downers Grove, IL: InterVarsity Press, 1993), s.v. R. P. Meye, "Spirituality."

32 *EDBW*, s.v. "Spirit."

라 구약에서와 마찬가지로 신약에서도 "영"(spirit)은 인간 존재의 영적 측면을 나타내며 인간이 하나님과 영적 세계에 속해 있음을 의미한다.[33] 예를 들어 로마서 8장 15-16절은 성령이 성도에게 양자의 영을 주어 "아빠 아버지"라 부르게 하며 그리스도께서 하나님을 아버지라 부르셨던 것처럼 우리 또한 하나님과의 자녀 관계를 맺게 하신다고 한다.[34]

성령을 통해 하나님의 자녀가 되고 그리스도와 연합하여 그 안에 거하는 삶을 살아가는 성도들은 영적인 성장을 이루게 되는데, 성경은 이것을 "성화"(sanctification)라고 표현한다. 성화는 삼위 하나님과 인간 사이의 협력적 사역으로 "성령 안에서 그리고 성령을 통해 이루어지는 성장과 성숙의 과정"이다.[35] 고린도전서 3장 6-7절에서 바울은 성장이 하나님이 주도하시는 과정임을 보여주고, 에베소서 4장 13-16절에서는 그리스도를 닮는 성숙을 성도들이 이루어야 할 목표로 강조한다.[36] 성화에 있어서 삼위 하나님의 역할은 다음과 같다: 하나님 아버지는 자녀 된 성도를 훈육하시며 거룩함에 참여하도록 인도하시고(히 12:10; 빌 2:13), 성자 하나님 예수 그리스도는 완전한 본으로서 성도를 도우시며(벧전 2:21), 성령 하나님은 성도 안에서 내적으로 역사하셔서 "성령의 열매"(갈 5:22-23)를 통해 성화의 성품을 형성하시고 삶 속에서 더 큰

---

33 *NIDNT*, s.v. "Spirit."

34 Douglas J. Moo, *The Epistle to the Romans* (Grand Rapids, MI: William B. Eerdmans Publishing Company, 1996), 503.

35 Erickson, *Christian Theology*, 980; DPHL, s.v. "Spirituality."

36 Arthur G. Patzia, *Ephesians, Colossians, and Philemon, in New International Biblical Commentary* (Peabody, MA: Hendrickson Publishes, Inc., 1990), 244; Harold W. Hoehner, *Ephesians: An Exegetical Commentary* (Grand Rapids, MI: Baker Academic, 2002), 551; Garland, *1 Corinthians*, 112.

거룩함을 이루게 하신다.[37] 한편 성도는 성화에 있어 수동적이면서도 능동적인 역할을 하는데, 수동적으로는 하나님께 의지하고 성화를 구하며(롬 6:13), 능동적으로는 자신을 정결하게 하고(요일 3:3), 거룩함을 추구하며(히 12:14), 경건한 삶을 위해 힘쓴다.[38] 그 결과 성도는 점점 성화된 인격의 특성을 형성하게 되며(벧후 1:5), 이는 그들의 성숙으로 이어진다.[39] 다시 말해서 성화는 삼위 하나님과 인간 사이의 협력 속에서 이루어지는 영적 관계의 열매이며, 그 과정은 신자와 하나님의 관계를 더욱 깊게 만든다. 그러므로 성화는 관계적 개념으로 볼 수 있고, 결과적으로 영성이란 곧 하나님과 신자 사이의 관계를 나타낸다고 할 수 있다.

III. 부모의 영성(하나님과의 관계)과 자녀 교육

현대 심리학은 부모와 자녀 간의 정서적 관계가 자녀에게 미치는 영향에 대해 애착이론(attachment theory)을 통해 설명해 왔다. 애착이론이란 영아가 주 양육자와 맺는 안정된 정서적 유대가 이후의 인간관계와 자아 형성에 중요한 기초가 된다고 보는 심리학 이론이다.[40] 이러

---

37 Grudem, *Systematic Theology*, 753-754; James Leo Garrett, Jr., *Systematic Theology: Biblical, Historical, and Evangelical*, vol. 2, 2nd ed. (North Richland Hills, TX: BIBAL Press, 2001), 397.

38 Grudem, *Systematic Theology*, 754-755; Garrett, *Systematic Theology*, vol. 2, 396-400.

39 Erickson, *Christian Theology*, 890.

40 John Bowlby, *Attachment and Loss: Volume I   Attachment* (New York: Basic Books, 1969), 194-195.

한 애착 개념은 1990년대 초반부터 하나님과의 관계에도 확장되어 적용되고 있다. Kirkpatrick에 따르면 하나님은 인간에게 안전 기지(secure base)가 되시기 때문에 인간은 하나님과의 안정적 관계를 통해 세상 속에서 자신감 있게 살아갈 수 있으며 우울감, 불안, 심리적 고립을 예방할 수 있다.[41] 반면 하나님과의 불안정한 관계를 가진 사람은 하나님께 버림받았다고 느끼거나 하나님이 자신의 삶에서 부재한다고 인식하는 경향이 있다.[42]

하나님과의 불안정한 관계는 타인과의 불안정한 애착(insecure attachment)으로 연결되는데, 애착 불안정은 부모-자녀 관계에도 영향을 미쳐 자녀가 정서적으로 불안정하게 성장할 위험을 높이게 된다. 다시 말해 부모의 내면에 하나님과의 관계에 대한 불안, 불신, 거리감이 존재할 경우 자녀에게 신뢰할 수 없는 하나님 상 또는 비일관적인 신앙 모델로 전이되고, 부모가 하나님을 신뢰하지 못하고 의지하지 않는 모습을 지속적으로 보이게 되면 자녀는 하나님과의 관계에 대해 모호하고 부정적인 인식을 형성할 수 있다는 것이다.[43] 또한 자녀는 부모와의 관계 속에서 하나님의 성품을 간접적으로 학습하기 때문에 부모가 자녀를 일관되게 사랑하고 용납하며 인도하면 자녀는 하나님도 신뢰할 수 있

41 Lee Alan Kirkpatrick, "An Attachment-Theoretical Approach to the Psychology of Religion" (Ph.D. diss., University of Denver, Denver, CO, 1988), 190-191; Lee A. Kirkpatrick and Phillip R. Shaver, "Attachment theory and religion: Childhood attachments, religious beliefs, and conversion," *Journal for the Scientific Study of Religion* 29, no. 3 (1990): 315-334.

42 Todd W. Hall and Keith J. Edwards, "The Initial Development and Factor Analysis of the Spiritual Assessment Inventory," *Journal of Psychology and Theology* 24, no. 3 (1996), 237.

43 Eileen Marie Warren, "Spiritual Maturity within an Attachment Framework" (Ph.D. diss., Biola University, La Mirada, LA, 1998), 45-50.

는 분으로 인식하게 된다.44 실제로 한 연구에 따르면 부모에 대한 애착이 강할수록 하나님과의 친밀감도 더 높은 것으로 나타났는데, 부모와의 애착이 높을수록 하나님을 신뢰하고 친밀한 관계로 인식하지만, 애착이 불안정한 경우에는 하나님과의 관계도 불안정하고 하나님에 대한 실망감을 더 많이 경험했다.45

그렇기 때문에 부모의 하나님과의 안정적인 관계는 자녀와도 안정적인 관계를 유발하며 자녀의 신앙 교육에도 영향을 미칠 수 있다. 한 국내 연구에 따르면 부모와의 안정적 애착 경험이 자녀의 성품과 영성 형성에 긍정적인 상관관계가 존재함을 실증적으로 입증했다.46 또 다른 연구에서는 기독교 영적 양육 프로그램에 참여한 부모들이 기도와 성경 읽기와 같은 경건 생활을 실천하게 되며 실제적인 변화가 일어났고, 자녀와의 관계에서 더 깊은 영적 교감을 형성하며 자녀의 영적 민감성과 하나님과의 관계에 긍정적 변화를 경험했다고 보고하였다.47 이 연구는 체계적인 영적 양육 훈련이 부모 자신뿐 아니라 자녀에게도 신앙의 뿌리를 깊이 내리게 하는 데 기여할 수 있음을 나타냈다.

신학적으로 볼 때 하나님과의 안정된 관계는 예수 그리스도를 통한 구속과 성령의 도우심으로 가능하며 회개와 순종의 삶을 통해 지속된

---

44 David H. Rosmarin, *Spirituality, Religion, and Cognitive-Behavioral Therapy: A Guide for Clinicians* (New York: Guilford Press, 2018), 103.

45 Heuikwang (Joseph) Shin, "Asian-American College Students' Parental Attachment and Their Relationship with God," *Christian Education Journal: Research on Educational Ministry* 6, no. 2 (2009): 353-375.

46 함영주, "청년이 인지한 아동기 부모-자녀 애착이 인성 및 영성 발달에 미치는 영향," 「신학과 실천」 53 (2017): 551-580.

47 Zili Wang, "The Experiences of Parents in a Christian Spiritual Parenting Program" (Ph.D. diss., Pepperdine University, 2023), 117-139.

다.48 부모가 이러한 영적 회복과 성화의 과정을 지속할 때, 자녀 교육에 있어서도 성령의 열매를 나타내는 인내와 사랑, 절제 등을 드러낼 수 있다(갈 5:22-23). 따라서 부모가 하나님과의 관계에서 안정성과 진실성을 회복하면, 자녀 교육 또한 건강한 방식으로 이루어지게 되어 자녀들도 하나님과 안정적인 관계를 맺고 영적인 성숙을 이루어 내게 된다.

IV. 부모 역할에 대한 성경적 이해

부모는 "청지기로서의 책임" 의식을 가지고 하나님이 맡기신 자녀가 신체적·지적·사회적·정서적·영적으로 성장할 수 있도록 돕는 중요한 사명을 맡고 있다.49

이러한 사명을 감당하기 위해 부모는 성경이 가르치는 양육의 원리를 바르게 배우고 이해해야 한다. 먼저 셰마(Shema)를 살펴보면, 이 단어는 신명기 6장 4절의 "들으라"에서 유래된 히브리어로, 하나님과 이스라엘 간의 언약적 사랑과 순종의 관계를 상징한다.50 이 본문은 하나님을 유일하신 분으로 고백하는 동시에, 마음과 뜻과 힘을 다해 하나님을 사랑하라는 명령을 중심으로 한다. 셰마의 첫 부분(4-5절)은

---

48 Grudem, *Systematic Theology*, 503; 하나님과의 안정적인 영적 관계는 "내주하시는 성령의 능력 안에서" 가능하며, 성령께서 믿는 자들을 경건하게 만드신다. Cf. John MacArthur, "Romans 1-8," in *The MacArthur New Testament Commentary* (Chicago: Moody Press, 1991), 284.

49 Myron R. Chartier, "Christian Parenting: A Stewardship Responsibility," *Journal of Family Ministry* 10, no. 2 (1996): 24-25.

50 Doug McIntosh, *Deuteronomy, in Holman Old Testament Commentary*, ed. Max Anders (Nashville, TN: Holman Reference, 2002), 85.

"네 마음을 다하고 뜻을 다하고 힘을 다하여" 하나님을 사랑하라는 명령이고, 셰마의 나머지 부분(6-9절)은 자녀 교육에 초점을 맞춘다. 셰마를 통해 하나님은 가족 공동체 안에서 이스라엘이 자녀에게 하나님의 명령을 부지런히 가르치고 일상생활 속 언제 어디서든 말씀을 나누도록 명하신다.[51] 또한 하나님은 이 명령이 세대에서 세대로 이어져야 함을 기대하신다.[52] 이러한 셰마 말씀에 근거할 때, 자녀 양육이란 온 마음을 다해 하나님을 사랑하는 것을 통해 부모가 먼저 하나님과의 사랑의 관계를 맺는 것이다. 또한 하나님의 계명을 자녀에게 가르치고 영적 훈련을 제공함으로써 자녀들이 기꺼이, 기쁨으로 하나님께 순종하는 삶을 살도록 하는 것을 의미한다. 더 나아가 신앙 교육이 형식에 그치지 않고 일상의 모든 순간에 실천되어야 함을 보여준다.

성경은 자녀를 양육하고 돌보는 부모의 역할을 분명히 보여주며, 부모가 자녀를 양육함에 있어 감당해야 할 여러 의무를 제시한다. 자녀를 향한 부모의 다섯 가지 핵심 사역은 다음과 같다.

1. 자녀를 축복하고 사랑하는 일

시편 127편 3절은 자녀를 "여호와의 유업"이라 표현하며 자녀를 하나님의 선물로 간주한다. 또한 디도서 2장 4절은 젊은 여인들에게 "남

---

51 Duane L. Christensen, *Deuteronomy 1:1-21:9, in vol. 6A of World Biblical Commentary* (Nashville, TN: Thomas Nelson Publishers, 2001), 142; J. Ridderbos, *Deuteronomy, in Bible Student's Commentary*, trans. Ed. M. van der Mass (Grand Rapids, MI: Zondervan Publishing House, 1984), 115.

52 Eugene H. Merrill, *Deuteronomy, in vol. 4 of The New American Commentary* (U.S.: Broadman & Holman Publishers, 1994), 166-167.

편과 자녀를 사랑하도록 훈련하라"고 권면하는데, 이는 헬라 및 유대 전통 사회에서 이상적인 어머니의 기준으로 여겨졌기 때문이다.[53] 뿐만 아니라 요한복음 13장 34절과 15장 12절에 나타난 "서로 사랑하라"는 새 계명은 예수 그리스도의 자기희생적 사랑을 본으로 삼고 부모역시 그리스도를 본받아 자녀를 사랑해야 함을 시사한다.[54] 이처럼 부모는 자녀를 사랑으로 대해야 한다. 한편 창세기 48장 15절의 야곱의 축복과 히브리서 11장 20-21절에 나타난 믿음의 행위는, 하나님의 약속을 신뢰하는 가운데 자녀를 축복하는 것이 성경적 부모의 중요한 책무임을 강조한다.[55] 이와 같이 부모는 자녀를 사랑하고 축복하는 사명을 통해 하나님의 사랑과 언약을 다음 세대에 전하는 영적 통로로 부름 받은 존재다.

2. 자녀를 가르치고 훈련하는 일

하나님께서 셰마를 통해 명령하신 것처럼, 부모는 하나님의 말씀을 자녀에게 가르치고 그들을 하나님의 사람으로 훈련시킬 책임을 지닌다. 하나님은 아브라함이 자녀들을 하나님의 뜻에 따라 올바르게 인도하고 하나님과 긴밀한 관계를 유지하도록 가르치는 책임을 기억하길

---

53 Philip H. Towner, *The Letters to Timothy and Titus*, in *The New International Commentary on the New Testament* (Grand Rapids, MI: William B. Eerdmans Publishing Company, 2006), 726.

54 Grant R. Osborne, *The Gospel of John*, in vol. 13 of *Cornerstone Biblical Commentary* (Carol Stream, IL: Tyndale House Publishers, 2007), 209.

55 James W. Thompson, *Hebrews*, in *Commentaries on the New Testament* (Grand Rapids, MI: Baker Academic, 2008), 239.

원하셨다(창 18:16-19).[56] 그리고 잠언 22장 6절에서는 부모에게 자녀를 훈련시키라고 직접적으로 명령하셨다. 이는 자녀들의 마음속에 있는 "타고난 죄성"의 성향을 따르지 않도록 훈련이 필요하다는 것을 의미한 다.[57] 따라서 부모는 자녀가 바른길을 가고 평생 그 길을 떠나지 않도록 인도하기 위해 자녀를 가르치고 훈련시켜야 한다. 그런데 자녀를 가르치고 훈련할 때 부모는 자녀를 "노엽게 하지" 않도록 주의해야 한다. 에베소서 6장 4절에서 바울은 특별히 아버지들에게 자녀를 격분하게 하는 말이나 태도, 행동을 삼가라고 권면한다.[58] 그러므로 부모는 성령의 도우심을 의지하고 자녀를 인격적으로 존중하며 온유와 인내로 자녀를 양육해야 한다.

3. 자녀의 필요를 공급하는 일

성경은 부모가 자녀의 필요를 공급할 책임이 있음을 가르친다. 고린도후서 12장 14절에서 바울은 부모가 자녀를 부양하며 그들의 필요를 채워야 할 책임이 있음을 말해주고 있으며,[59] 디모데전서 5장 8절에서는 이 책임을 다하지 않는 사람을 "믿음을 배반한 자요 불신자보다 더

---

56 Kenneth O. Gangel and Stephen J. Bramer, *Genesis, in Holman Old Testament Commentary*, ed. Max Anders (Nashville, TN: Holman Reference, 2002), 164.

57 Eric Lane, *Proverbs: Everyday Wisdom for Everyone, in Focused on the Bible Commentary* (Great Britain: Christian Focus Publications, Ltd., 2007), 289.

58 Peter T. O'Brien, *The Letter to the Ephesians* (Grand Rapids, MI: William B. Eerdmans Publishing Company, 1999), 446.

59 Murray J. Harris, *The Second Epistle to the Corinthians, in A Commentary on the Greek Text* (Grand Rapids, MI: William B. Eerdmans Publishing Company, 2005), 883.

악한 자"라고 말한다. 이 구절들을 통해 바울은 믿는 자들이 같은 집에 사는 가족들의 모든 필요를 돌보아야 할 책임이 있음을 강조하며, 만일 믿는 자가 가족을 돌보지 않는다면 그는 "기독교 신앙의 의미를 부정하고 불신자처럼 살아가는 자"로 간주된다는 것을 말해준다.[60] 따라서 그리스도인 부모는 책임감을 가지고 자녀를 돌보며 그들의 필요를 채워야 한다.

4. 자녀를 위해 기도하는 일

기도는 모든 신자에게 있어 기본적인 활동이자 의무이다. 그러므로 부모는 자녀를 위해 기도할 의무가 있다. 성경에는 자녀를 위해 기도한 부모들의 여러 사례가 등장한다. 먼저 욥은 자녀들의 죄를 염려하여 매일 아침 자녀 한 명 한 명을 위해 번제를 드렸다(욥 1:5). 욥이 자녀를 위해 드린 제사는 '완전히 불태우는' 번제로 하나님과의 바른 관계를 회복하기 위한 속죄의 의미를 가진 제사였고, 욥의 이러한 제사 행위는 '규칙적인 습관'이었다.[61] 다시 말해 욥은 자녀들이 혹시 지었을 죄의 용서를 구하고 그들이 하나님과의 관계를 회복할 수 있도록 정기적으로 기도했다는 것이다. 또한 성경에는 자녀가 육체적으로 병들었을 때 기도한 부모들도 등장한다. 회당장 야이로는 병든 딸을 위해서(막 5:23), 갈릴리 가나에서 예수님을 찾아온 왕의 신하는 아들을 위해서(요 4:46-50) 예

---

60 William D. Mounce, *Pastoral Epistles, in vol. 46 of Word Biblical Commentary* (Nashville, TN: Thomas Nelson Publishers, 2000), 285-286; Thomas D. Lea and Hayne P. Griffin, Jr., *1, 2 Timothy, Titus, in vol. 34 of The New American Commentary* (Nashville, TN: Broadman Press, 1992), 148.

61 Wilson, *Job*, 20.

수님께 고쳐줄 것을 간청했고, 예수님은 두 경우 모두 부모의 간절한 기도에 응답하시고 자녀를 고쳐주셨다. 이와 같이 오늘날 부모들도 자녀를 위해 기도할 때, 그들의 육체적 필요뿐만 아니라 영적 필요를 위해서도 기도해야 한다. 기도는 정기적이고 지속적으로 이루어져야 할 부모의 중요한 사명이다. 무엇보다 중요한 것은, 자녀가 하나님과 바른 관계를 회복할 수 있도록 부모는 자녀의 영적 구원을 위해 지속적으로 기도해야 한다는 것이다.

5. 자녀를 그리스도께로 인도하는 일

부모의 마지막 책임은 자녀를 그리스도께로 인도하는 것이다. 마태복음 19장 13-15절은 어린이들을 향한 예수님의 태도와 마음을 잘 보여준다.[62] 부모들은 예수께서 자녀를 축복하시기를 기뻐하신다는 것을 알고, 자녀들을 예수께 데려와 그분의 축복을 받게 하려 했다. 예수님은 그들을 반갑게 맞이하시고 그들에게 손을 얹어 기도해 주셨다. 예수님의 그 마음은 오늘날 이 땅의 모든 자녀를 향해서도 동일하다. 부모가 자녀를 예수 그리스도께 인도할 때 주님은 그들을 품에 안아 주시고 복 주시며 "어린아이들을 주께로 인도하는 자는 복되다"고 말씀하신다.[63]

결론적으로 성경은 부모의 역할을 단순한 양육이나 보호의 차원을

---

62 Douglas R. A. Hare, "Matthew," in *Interpretation: A Bible Commentary for Teaching and Preaching* (Louisville, KY: John Knox Press, 1993), 224.

63 John Phillips, "Exploring the Gospel of Matthew," in *The John Phillips Commentary Series* (Grand Rapids, MI: Kregel Publication, 1999), 382-383.

넘어 하나님과의 사랑의 관계 안에서 자녀를 신앙으로 이끄는 거룩한 사명으로 제시한다. 그러므로 부모는 청지기적 책임 의식을 가지고 자녀에게 하나님의 말씀을 부지런히 가르치며 삶의 모든 순간 속에서 하나님의 계명에 기꺼이 순종하는 모습으로 본을 보여야 한다. 이러한 신앙적 양육은 자녀가 하나님과의 관계를 맺고 그분의 뜻 안에서 성장하도록 돕는다. 또한 부모는 말씀과 기도, 사랑과 축복을 통해 자녀를 그리스도께 인도하고 자신의 삶 전체를 통해 하나님 나라의 가치를 계승하는 영적 리더로서의 사명을 감당해야 한다.

V. 부모의 영성과 자녀 교육을 위한 적용

부모의 영성이 자녀에게 미치는 영향에 대한 이론적인 내용들을 바탕으로, 실제 가정에서 어떻게 그 원리들을 구체적으로 적용할 수 있을지를 다루고자 한다. 신앙 교육은 단지 교리 전달이 아니라 하나님과의 살아 있는 관계 속에서 자녀를 양육하는 전인격적 여정이다. 이를 위해 부모는 먼저 하나님과의 깊은 교제를 회복하고, 가정을 작은 교회로 세우며, 자녀와의 관계 속에서 복음을 구현해야 한다. 또한 교회 공동체와 협력하여 다음 세대를 신앙 안에 세우고, 일상의 반복되는 실천 속에서 영성을 삶으로 살아내야 한다. 그러므로 실천적 과제들을 중심으로 네 가지 적용 영역을 제시함으로써, 오늘날 부모들이 교회와 연합하여 자녀와 함께 하나님 나라를 살아갈 수 있는 실제적 지침을 제공하려 한다.

1. 하나님과의 관계에서 시작되는 교육

기독교 자녀 교육의 본질은 단순한 지식 전달이나 도덕적 훈련이 아니라 하나님과의 인격적 관계 속에서 이루어지는 사랑의 양육이다. 셰마(신 6:4-9)는 교육의 출발점이 부모 자신이 하나님을 전심으로 사랑하는 데 있으며, 자녀 교육은 그 사랑이 자연스럽게 가정의 모든 삶 속에서 흘러나오는 것임을 강조한다. 따라서 부모는 자녀가 부모의 말보다 삶과 태도 속에 담긴 복음의 흔적을 통해 하나님을 배우게 된다는 사실을 기억하며 자신이 먼저 하나님 앞에서 신실한 제자로 살아가야 한다. 그러기 위해서는 무엇보다도 먼저 부모 각 개인이 죄로 인해 단절된 하나님과의 관계를 회복해야 하며 하나님과의 안정적인 관계를 유지하기 위해 노력해야 한다.

하나님과 인간의 관계는 삼위일체 하나님이 자신의 형상대로 인간을 만드신 창조에서 시작되었다(창 1:26-27). 그러나 아담과 하와의 죄로 인해 인간은 타락하게 되었고 하나님과의 관계가 훼손되어 영적·육체적·사회적으로 죽음과 분리의 경험을 하게 되었다(롬 5:12, 6:23).64 이 단절된 관계는 오직 중보자 예수 그리스도를 통해 회복될 수 있는데(딤전 2:5), 예수 그리스도는 십자가의 죽음과 부활을 통해 죄와 사망을 이김으로 인간과 하나님의 사이를 연결하는 구원의 길이 되었다(요 3:16-17; 롬 5:10). 그러므로 그리스도를 믿는 자는 하나님과의 관계가 회복되고, 성령을 통해 그 관계는 지속적으로 유지되며 강화된다(요일 5:1; 롬 8:11). 이는 성령이 믿는 자에게 날마다 죄를 이기며 그리스도를 닮아가는

---

64 Grudem, *Systematic Theology*, 504; MacArthur, *Romans 1-8*, 295.

성화의 삶으로 인도하기 때문이다(엡 4:30; 갈 5:22-23). 죄는 인간의 자기 중심성을 강화시켜 타인과의 관계를 파괴하지만, 그리스도를 통한 회복은 자아 중심적 삶을 하나님 중심의 삶으로 변화시킨다.[65] 그렇기 때문에 죄를 이기고 성화의 삶을 살아가는 사람은 하나님과 안정된 관계 속에서 기쁨과 평안을 누리게 되며(롬 15:14), 삶의 모든 영역에서 그리스도의 성품을 반영하게 되어 다른 사람들과의 관계에서도 사랑과 공감, 순종을 나타내는 삶을 살아갈 수 있게 된다. 특히 부모를 비롯하여 가정의 각 구성원이 하나님과의 관계를 회복하고 안정적인 영적 관계를 유지한다면, 그 가정은 평안과 기쁨을 누리는 신앙 공동체로 변화될 수 있다.

그렇다면 교회는 부모가 이러한 믿음의 가정을 세울 수 있도록 어떻게 도울 수 있을까? 무엇보다도 먼저 교회는 각 부모가 예수 그리스도를 인격적으로 만났고 자기 삶의 주인으로 모시고 있는지 확인해야 한다. 만약 아직 복음이 이해되지 않고 그리스도를 영접하지 못한 부모가 있다면, 성령의 인도하심을 간구하며 그들에게 다시 한번 복음을 제시하고 그리스도를 영접하여 구원을 통해 하나님과의 영적 관계를 회복할 수 있도록 인도해야 한다. 또한 하나님과의 관계를 회복한 부모들에게는 그리스도의 제자로서 성화의 삶을 살아갈 수 있도록 교육하고 훈련시켜야 한다. 구체적인 교육과 훈련의 예로는 일대일 성경 공부, 제자반, 사역반과 같은 훈련 프로그램과 QT 학교, 성경 파노라마, 커피 브레이크 등과 같은 양육 프로그램을 통해 부모가 말씀을 읽고 묵상하며 하나님을 더 깊이 알아가도록 교육해야 할 것이다. 이러한 훈련과

---

65 Erickson, *Christian Theology*, 635.

교육은 부모가 말씀을 통해 하나님과 안정적인 관계를 맺어 가고 훈련을 통해 제자로서의 삶을 살아가도록 함으로써 영적인 성장과 성숙을 이룰 수 있도록 할 것이다. 뿐만 아니라 이러한 교육과 훈련을 통해 부모는 세상에서, 특히 가정에서 성령의 열매를 맺으며 삶의 본을 보임으로써 자녀들 또한 하나님의 사랑을 깨닫게 되고, 하나님에 대한 긍정적인 이미지와 사고를 갖게 되어, 결과적으로 하나님을 알아가고 싶은 열망이 생기게 될 것이다. 결국 셰마에서 가르치듯이 부모의 하나님과의 사랑의 관계가 자녀 교육의 시작이자 출발점이기 때문에 부모가 하나님과 안정적이고 깊은 관계를 형성해 갈 수 있도록 돕는 것이 제일 먼저 이루어져야 한다.

2. 작은 교회, 가정

성경은 가정을 단순한 생활 공간이 아닌 신앙의 공동체, 즉 '작은 교회'로 간주한다(딤전 3:15). 그렇기 때문에 부모는 이 작은 교회의 영적 리더로서 말씀과 기도, 사랑과 축복으로 가정을 하나님의 몸된 교회로 세워 가며 자녀를 양육해야 한다. 그러기 위해서 부모는 먼저 가정에서 말씀 중심의 일상을 살아가야 한다. 이는 자녀와 함께하는 생활 속에 하나님의 말씀을 함께 읽고 묵상하는 시간이 있어야 한다는 것이다. 뿐만 아니라 일상에서 일어나는 일들을 성경적 관점에서 바라보며 해석하고, 가르침의 순간(teachable moment)을 포착하여 어떤 상황이나 사건이 발생했을 때 말씀을 인용하여 하나님의 관점에서 설명해 주어야 한다.[66] 이러한 신앙적 해석과 적용은 자녀에게 하나님 중심의 세계관을 심어주고 삶의 모든 순간이 하나님과 연결되어 있다는 인식을 갖게 만든다. 그렇기 때문에 부모는 이러한 순간들을 사용해서 자녀에게 하나님의 성품과 진리를 전수하는 영적 목회자의 역할을 감당해야 한다.

두 번째로 부모는 가정을 작은 교회로 세우기 위해 자신이 먼저 기도의 본을 보일 뿐 아니라 자녀와 함께 기도하는 시간을 가져야 한다. 기도는 단지 종교적인 행위가 아니라 하나님과 인격적인 관계를 맺는 중요한 통로이며, 자녀가 하나님을 살아계신 분으로 인식하고 신뢰하는 신앙의 기초가 된다. 식사 전 감사 기도, 하루를 시작하며 드리는 기도, 문제 상황 속에서 하나님의 도우심을 구하는 기도 등 다양한 삶의 장면 속에서 부모가 자녀와 함께 기도할 때 자녀는 자연스럽게 하나님을 삶의 동반자로 인식하게 된다. 또한 가정이 겪고 있는 문제 앞에서 함께 기도하고 하나님의 응답을 체험할 때 자녀는 살아계신 하나님을 실제로 만나고 경험할 수 있게 된다. 더 나아가 부모는 기도를 통해 자녀의 마음을 살피고, 정서적으로 교감하며, 하나님의 뜻 안에서 함께 방향을 설정해 갈 수 있다. 이런 기도 생활은 단순히 영적 습관을 넘어서 가정이라는 신앙 공동체 안에 하나님의 임재와 인도를 경험하는 살아 있는 신앙 훈련의 장이 될 것이다.

세 번째로 가정을 작은 교회로 세워 가기 위해 부모는 가정에서 축복의 언어를 사용해야 한다. 축복의 언어는 단지 긍정적인 말을 하는 것을 넘어 하나님의 시선과 말씀에 근거하여 자녀의 존재를 인정하고 격려하는 영적 표현이다.[67] 민수기 6장 24-26절은 구약의 제사장들이 이스

---

66 Jim Weidmann and Marianne Hering, *The Power of Teachable Moments: Using Everyday Experiences to Teach Your Child about God* (Wheaton, IL: Tyndale House Publishers, 2004), 7.

라엘 백성을 축복할 때 사용한 대표적인 본문으로, 오늘날 부모가 자녀를 향해 선포할 수 있는 성경적 축복의 모델이 된다. 부모가 자녀를 향해 "여호와는 네게 복을 주시고 너를 지키시기를 원하며…"라고 선포할 때 자녀는 하나님의 사랑과 보호를 몸으로 느끼게 되고, 동시에 부모는 자녀에게 정체성과 소속감을 심어주며 하나님의 은혜 안에서 자신의 삶을 바라보게 하는 거울이 된다.68 다시 말해 부모의 축복의 말한마디가 자녀의 마음을 세우고, 믿음을 자라게 하며, 가정이라는 교회 안에 하나님의 평강을 흘려보내는 통로가 되는 것이다.

가정을 작은 교회로 세우기 위한 이 세 가지 요소는 가정 예배를 통해 종합적으로 실천할 수 있다. 가정 예배는 가족이 함께 모여 하나님의 임재 안에서 영적 격려와 교육, 학습을 경험하는 시간이다.69 뿐만 아니라 가족 구성원 모두가 하나님과 서로에게 더 가까이 다가갈 수 있는 기회를 제공하며, 가정을 영적으로 세우고 하나님과의 안정된 관계를 형성하는 데 중요한 역할을 한다.70 부모가 자녀와 함께 말씀을 읽고 찬양하며 기도할 때, 가족 모두 하나님에 대해 더 깊이 배우게 되고 영적으로 성숙해지면서 하나님을 예배하고자 하는 열망이 더욱 깊어지게 될 것이다.

역사적으로 기독교 가정은 다양한 방식으로 가정 예배를 실천해 왔

67 Gary Smalley and John Trent, *The Blessing: Giving the Gift of Unconditional Love and Acceptance* (Nashville: Thomas Nelson, 2011), 27-31.
68 Timothy R. Jennings, *The God-Shaped Brain: How Changing Your View of God Transforms Your Life* (Downers Grove, IL: InterVarsity Press, 2013), 139-141.
69 Patrick Kavanaugh, *Raising Children to Adore God: Instilling a Lifelong Passion for Worship* (Grand Rapids, MI: Chosen Books, 2003), 75; Evelyn Ruth Mills Duvall, *Faith in Families* (Chicago, IL: Rand McNally and Co, 1970), 24.
70 John C. A. Barrett, *Family Worship* (London: Epworth Press, 1982), 39.

지만, 모든 가정 예배에는 기본적으로 말씀 읽기, 기도, 찬양이라는 세 가지 핵심 요소가 포함되어야 한다. 먼저 말씀 읽기를 위해서 부모는 필요에 따라 자녀의 수준에 맞는 본문 말씀을 구약과 신약의 균형을 이루며 선정해야 한다.[71] 그리고 본문 말씀을 읽을 때 자녀가 글을 읽을 수 없는 경우에는 부모가 큰 소리로 읽어 주고, 글을 읽을 수 있는 경우에는 자녀와 함께 번갈아 가며 읽는다.[72] 본문 말씀을 함께 읽은 후에 부모는 간단한 해설이나 질문을 통해 대화를 나누고 자녀가 묵상 내용을 삶에 적용할 수 있도록 돕는다. 말씀을 나눈 후에는 말씀을 바탕으로 서로를 위한 기도나 삶의 적용을 위한 기도를 함께 한다. 앞서 언급했듯이 가족이 함께 서로를 위해 기도하면 정서적 친밀감이 증진되고 기도 응답을 통해 하나님을 향한 믿음과 신뢰감이 향상되어 가족 모두 하나님과 안정된 관계를 형성해 나갈 수 있게 될 것이다. 말씀과 기도뿐 아니라 찬양 또한 가정 예배에 없어서는 안 될 핵심 요소다. 부모는 찬양을 선택할 때 자녀에게 익숙한 곡을 우선해서 선택하되, 때때로 새로운 곡을 도입해 자녀들에게 가르칠 수 있다. 찬양 시간에는 단순히 노래를 부르는 것을 넘어 가사의 의미를 설명해 줌으로써, 자녀들이 찬양을 더 깊이 이해하고 마음을 다해 하나님께 찬양을 드릴 수 있도록 돕는 것이 중요하다. 이는 자녀가 하나님과의 인격적인 관계 안에서 감정과 믿음을 표현하는 통로가 되어 가정 예배의 은혜를 더욱 풍성하게 만들 것이다.

---

71 Harold MCA Robinson, *How to Conduct Family Worship* (Philadelphia: The Presbyterian Board of Publication and Sabbath School Work, 1923), 21.

72 Donald S. Whitney, *Simplify Your Spiritual Life* (Colorado Springs, CO: NavPress, 2003), 36.

가정에서 부모가 가정 예배를 계획하고 실천할 때 기억해야 할 몇 가지 원칙이 있다. 먼저 가정 예배는 간결해야 한다. 보통 자녀의 집중력(attention span)은 짧기 때문에 가정 예배 시간 또한 간단하고 짧게 구성되어야 한다. 이와 관련해서 Robinson은 "어린 자녀가 있는 가정 예배는 10분 이내가 적절하다"고 제안한다.[73] 두 번째로 가정 예배는 다양성을 가지고 있어야 한다. 어린 자녀의 흥미를 끌고 유지하기 위해서 다양한 예배 요소가 필수적이다.[74] 한 가지 형식만 고집하기보다는 연극, 게임, 비디오 클립, 인형극 등 다양한 요소들을 사용해서 가정 예배에 접목시킬 때 자녀는 예배를 기뻐하고 즐거워하며 그 시간을 기다리게 될 것이다. 세 번째로 가정 예배는 모든 가족 구성원이 함께 참여할 수 있는 구조를 갖추어야 한다.[75] 함께 예배를 준비하고, 찬양하며, 말씀을 나누는 과정에서 가족은 하나님 앞에 한 몸으로 나아가는 공동체로 세워지게 된다. 그리고 이러한 예배는 단순한 형식적 모임이 아니라 성령 안에서 서로의 마음이 열리고 진정한 연합을 경험하는 시간이 될 수 있다. 나아가 각 구성원에게 맞는 역할을 부여함으로써 자녀들도 예배의 주체로서 참여하게 되며, 이는 가정 안에 지속적인 영적 성장의 흐름을 만들어 내게 될 것이다. 마지막으로 부모는 자녀의 발달 단계에 맞는 방식으로 가정 예배를 구성해야 한다.[76] 이는 부모가 자녀 수준에 맞는 예배 형식을 준비하여 함께 가정 예배를 드릴 때 자녀 또한 온전히 예배에 참여할 수 있고, 예배를 통해 하나님에 대해 알아가

---

73 Robinson, *How to Conduct Family Worship*, 12.

74 Ken Anderson, *Family Worship*, ed. Billy Graham (Wheaton, IL: Victor Books, 1971), 109.

75 *Ibid.*

76 Robinson, *How to Conduct Family Worship*, 12.

며 믿음의 기초를 세워 갈 수 있기 때문이다.

결론적으로 가정을 '작은 교회'로 세워 가는 일은 단순한 신앙 활동의 반복이 아니라 부모가 하나님 앞에서 먼저 영적 리더로 서서 자녀와 함께 말씀과 기도, 찬양의 삶을 살아내는 거룩한 사명이다. 이는 또한 부모와 자녀가 함께 하나님의 임재를 경험하고, 서로를 향한 사랑과 축복의 언어로 격려하며, 신앙의 유산을 세대 간에 전수하는 길이다. 특히 가정 예배는 이러한 영적 훈련의 중심이 되어 일상의 순간마다 하나님의 말씀을 중심으로 삶을 해석하고 적용하게 한다. 그러므로 부모는 자녀를 신앙으로 양육하는 이 거룩한 소명을 인식하고, 가정 예배를 중심으로 가정 공동체를 성령의 역사하심 안에서 작은 교회로 든든히 세워 가야 할 것이다.

3. 자녀와의 관계 안에서 드러내는 복음

셰마(신 6:4-9)는 하나님을 전인격과 삶으로 사랑하고, 그 사랑을 자녀에게 일상에서 끊임없이 전수하라는 하나님의 명령이자 부르심이다. 셰마는 부모가 하나님과의 관계 안에서 살아가는 모습을 자녀에게 보여주는 관계 중심의 신앙 교육, 삶의 모든 영역에서 신앙을 실천하는 일상 중심의 신앙 훈련 그리고 "문설주와 성문에 기록하라"는 명령처럼 말씀을 보이고 암송하며 삶 속에 각인시키는 상징적이고 시각적인 도구의 사용을 요구한다.[77] 이러한 셰마의 정신을 실천하기 위해 부모는

---

77 Kevin Swanson, *Family Life: A Simple Guide to the Biblical Family* (Elizabeth, CO: Generations with Vision, 2016), 57.

단순한 보호자나 양육자를 넘어 자녀와의 관계 속에서 하나님의 복음을 드러내며 살아가야 한다. 그리스도께서 우리를 무조건적인 사랑으로 품으신 것처럼, 부모 또한 자녀의 실패와 연약함 앞에서 인내함으로 자녀를 용납하고 사랑으로 자녀를 훈육해야 한다. 특히 부모는 훈육이 징벌이 아니라 "마땅히 행할 길을 아이에게 가르치는 것"(잠 22:6)임을 기억해야 한다. 더 나아가 부모는 훈육과 징계를 통해 하나님의 공의와 자비를 함께 보여주며, 자녀가 하나님을 경외하고 그분의 뜻을 따르도록 돕는 역할을 감당해야 한다.[78] 또한 부모는 그리스도를 통해 자신의 죄가 용서 받았듯이, 자녀의 잘못을 용서할 수 있어야 할 뿐 아니라 자신의 실수나 잘못을 자녀 앞에서 고백하고 용서를 구하기도 해야 한다. 이는 이러한 모습이 자녀에게 복음의 실체를 가르치는 가장 강력한 교육이 되기 때문이다.[79] 결국 셰마의 정신을 삶으로 살아내는 부모의 모습은 자녀에게 가장 강력한 신앙 교육이라 할 수 있다. 부모가 하나님과의 관계 안에서 말씀과 기도로 살아가고, 일상에서 하나님 중심의 세계관을 전하며, 자녀와의 관계 속에서 복음을 실천할 때, 가정은 진정한 '작은 교회'로 세워지고, 자녀는 삶을 통해 하나님을 알고 사랑하게 되는 신앙의 길을 걷게 될 것이다.

---

78 Bruce K. Waltke, *The Book of Proverbs: Chapters 15-31, in New International Commentary on the Old Testament (NICOT)* (Grand Rapids: Eerdmans, 2005), 176-178.

79 Paul David Tripp, *Parenting: 14 Gospel Principles That Can Radically Change Your Family* (Wheaton, IL: Crossway, 2016), 108-110.

4. 교회 공동체와 함께하는 신앙 전수

일반적으로 교회는 다양한 성경 공부와 주일 설교를 통해 성도들이 영적으로 성장하길 기대한다. 물론 성경 공부나 설교만으로도 영적으로 성장해 갈 수 있지만, 좀 더 성숙한 신앙으로 나아가기에 충분하지 않다. 그 이유 중 하나는 대부분의 성경 공부와 설교는 성경에 대한 지식을 주입하는 데 초점을 맞춘 강의와 토의 중심의 방식만 사용하기 때문이다.[80] 신앙적 성숙은 배운 내용을 삶에서 실천하고, 그것을 성찰하는 데서 비롯된다.[81] 그러므로 교회는 부모가 영적으로 성장할 수 있도록 실제적인 영적 훈련을 제공해야 한다. 특히 자녀를 양육하는 과정에서 배운 내용을 실천하려면 부모 대상의 특화된 영적 훈련이 필요하다. 먼저 교회는 부모가 자녀의 신앙 교육을 책임감 있게 감당할 수 있도록 돕기 위해 정기적인 제자 훈련, 영성 수련회, 말씀 묵상 훈련 등을 제공해야 한다. 또한 FatherWise와 MotherWise, 아버지 학교와 부모 학교 등과 같이 단순한 성경 지식의 전달을 넘어 말씀을 삶에 적용하고 성찰하는 과정을 통해 부모의 신앙을 실제화시킬 수 있는 프로그램들도 제공해야 한다. 더 나아가 말씀을 암송하고 삶에 적용할 수 있도록 돕는 303 비전 성경 암송 학교와 AWANA와 같은 프로그램을 제공해서 부모뿐만 아니라 자녀 또한 신앙을 말씀 위에 세우도록 도와야 한다. 뿐만 아니라 교회는 부모가 영적으로 성장할 수 있도록 말씀 훈련

---

80 Nick Taylor, "Spiritual Formation: Nurturing Spiritual Vitality," in *Introducing Christian Education*, ed. Michael J. Anthony (Grand Rapids, MI: Baker Academic, 2001), 96.

81 *Ibid.*, 95.

과 함께 기도 훈련도 제공해야 한다. 금요영성집회나 목요기도골방과 같이 기도에 무게를 둔 예배 형식의 기도 모임이나 말씀을 가지고 자녀를 위해 '기도하는 엄마들'(MIP: Mothers In Prayer)과 같은 프로그램은 부모가 기도에 대해서 배우고 기도를 통해 더 깊이 하나님께로 나아가 하나님과 안정적인 관계를 맺을 수 있도록 도와 줄 것이다.

교회는 또한 온 가족이 하나님 앞에 하나 됨을 경험할 기회를 제공해서 부모와 자녀 모두 함께 영적 성장을 이루어 갈 수 있도록 도와야 한다.[82] 자녀와 부모가 함께 드리는 세대 통합 예배와 찬양의 밤, 온 교인 가족 수양회나 가족 선교 여행 등을 통해 자녀는 교회가 단순히 부모들만의 공간이 아니라 자신 또한 교회 공동체의 일원임을 인식하게 되고 신앙의 유산을 자연스럽게 물려받게 될 것이다. 더 나아가 교회는 자녀 양육에 대한 부담감을 가지고 있는 부모들을 위해 실제적으로 자녀 양육과 신앙 교육에 적용할 수 있는 팁을 제공하고, 서로의 경험을 나누며 지지할 수 있는 공동체를 제공해야 한다. 기도하는 엄마들(MIP)과 같은 소그룹 기도 모임은 삶을 나누며 함께 기도함으로 부모들을 격려하고 지지해 줄 수 있다. 또한 연령별 자녀 교육 세미나나 부모 교육 세미나는 실제적인 적용점과 팁을 제공함으로써 부모가 자녀 양육에 대한 기술적인 부분을 배우고 실천할 수 있도록 돕는다. 특별히 교육 세미나를 통해 디지털 시대와 다원주의 문화 속에서 다양한 가치관과 세계관에 노출된 부모와 자녀가 시대적 흐름을 분석하고 성경적 세계관을 바탕으로 분별력을 키울 수 있도록 도와야 한다.

---

82 Timothy Paul Jones, *Family Ministry Field Guide: How Your Church Can Equip Parents to Make Disciples* (Indianapolis: Wesleyan Publishing House, 2011), 67-69.

신앙 전수는 가정과 교회가 함께 할 때 이루어진다. 그러므로 부모는 가정에서 말씀과 기도를 실천하며 자녀를 양육하고, 교회는 이러한 부모를 훈련하고 지원하며 동역하는 공동체로 기능해야 한다. 이와 같이 교회와 가정이 함께 협력하여 하나님이 주신 사명을 감당해 나갈 때, 비로소 다음 세대는 하나님을 아는 지식에서 자라나고 신앙의 계승이 이루어져 복음의 삶을 살아가게 될 것이다.

VI. 결론

팬데믹을 지나며 많은 가정이 영적으로 무너졌고, 그로 인해 다음 세대의 신앙 계승이 심각한 위기에 처하게 되었다. 이러한 현실은 부모와 가정의 영성 회복이 믿음의 다음 세대를 일으키고 세우는 데 얼마나 결정적인 역할을 하는지를 분명하게 보여준다. 이는 부모의 신앙이 자녀의 영적 정체성과 삶의 방향에 깊은 영향을 미치기 때문이다. 부모는 자녀를 가르치고 가정을 이끌어 가기 위해 하나님께서 세우신 영적 리더이다. 따라서 부모는 이 사실을 기억하며 영적 리더로서 전 존재를 다해 하나님을 사랑하고, 말씀과 삶의 본을 통해 자녀를 양육해야 한다. 왜냐하면 기독교 영성은 하나님과의 사랑의 관계 속에서 성령의 인도하심에 따라 성화되어 가는 것을 말하기 때문이다. 뿐만 아니라 부모가 하나님과의 안정된 관계를 유지할 때, 자녀와의 관계 또한 안정적으로 형성되어 자녀의 신앙과 인격 형성에 결정적인 영향을 미치게 되기 때문이다. 따라서 부모는 청지기로서의 사명을 인식하고 사랑과 축복, 말씀과 기도, 훈육과 본보기를 통해 자녀를 그리스도께로 인도하며,

가정을 '작은 교회'로 세워 일상에서 신앙을 실천해야 한다. 또한 교회는 이러한 부모를 위해 제자 훈련, 영성 훈련, 기도 모임, 부모 교육 등을 제공하고, 세대 통합 예배와 가정 사역을 통해 가정과 협력하여 다음 세대에 신앙을 전수해야 한다. 이와 같이 가정과 교회가 상호 협력할 때, 자녀는 하나님을 알며 믿게 되고 사랑함으로 복음의 삶을 살아가게 될 것이다.

참고문헌

함영주. "청년이 인지한 아동기 부모-자녀 애착이 인성 및 영성 발달에 미치는 영향." 「신학과 실천」 53 (2017): 551-580.

Anderson, Ken. *Family Worship*. Edited by Billy Graham. Wheaton, Illinois: Victor Books, 1971.

Bahal, Girish, Sriya Iyer, Kishen Shastry, and Anand Shrivastava. "Religion, Covid-19 and Mental Health." *European Economic Review* 160 (2023): Article 104621.

Barna, George. *American Worldview Inventory 2023, Release #5: How the Pandemic Reshaped Christian Beliefs and Behaviors*. Arizona Christian University, Cultural Research Center, 2023.

_____. "Key Insights for Raising the Next Generation of 'Spiritual Champions'."

_____. September 2023 [on-line]. Accessed June 12, 2025. Available from https://georgebarna.com/2023/09/key-insights-for-raising the-next-generation-of spiritual-champions/; Internet.

Barrett, John C. A. *Family Worship*. London: Epworth Press, 1982.

Benner, David G. "Spirituality in Personality and Psychotherapy." In *Christian Perspectives on Human Development*. Edited by Leroy Aden, David G. Benner, and J. Harold Ellens. Grand Rapids, MI: Baker Book House, 1992.

Bowlby, John. *Attachment and Loss: Volume I   Attachment*. New York: Basic Books, 1969.

Brown, Colin. "Spirit, Holy Spirit." *The New International Dictionary of New Testament Theology [NIDNT]*. vol. 3. Edited by Colin Brown. Grand Rapids, MI: Zondervan Publishing House, 1978.

Cain, D. "The Effects of Religiousness on Parenting Stress and Practices in the African American Family." *Families in Society* 88 (2007): 263-272.

Chartier, Myron R. "Christian Parenting: A Stewardship Responsibility." *Journal of Family Ministry* 10, no. 2 (1996): 19-32.

Christensen, Duane L. *Deuteronomy 1:1-21:9 in vol. 6A of World Biblical Commentary.* Nashville, TN: Thomas Nelson Publishers, 2001.

Collins, Kenneth J. "Introduction." In *Exploring Christian Spirituality.* Edited by Kenneth J. Collins, 9-18. Grand Rapids, MI: Baker Books, 2000.

Dumas, Jean E. and Jenelle Nissley-Tsiopinis. "Parental Global Religiousness, anctification of Parenting, and Positive and Negative Religious Coping as Predictors of Parental and Child Functioning." *The International Journal for the Psychology of Religion* 16, no. 4 (2006): 289-310.

Duvall, Evelyn Ruth Mills. *Faith in Families.* Chicago, Ill: Rand McNally and Co, 1970.

Elshof, Judy Ten. "Family Life Education." In *Introducing Christian Education: Foundation for the Twenty-First Century.* Edited by Michael J. Anthony. Grand Rapids, MI: Baker Academic, 2001.

Erickson, Millard J. *Christian Theology.* 2nd ed. Grand Rapids, MI: Baker Books, 2001.

Floyd, Scott. "The Family's Role in Teaching." In *The Teaching Ministry of the Church.* 2nd ed. Edited by William R. Yount. Nashville, TN: B & H Academic, 2008.

Gangel, Kenneth O. and Stephen J. Bramer. "Genesis." In *Holman Old Testament Commentary.* Edited by Max Anders. Nashville, TN: Homan Reference, 2002.

Garland, David E. *1 Corinthians. In Baker Exegetical Commentary on the New Testament.* Grand Rapids, MI: Baker Academic, 2003.

Garrett, James Leo, Jr. *Systematic Theology: Biblical, Historical, and Evangelical.* Vol. 2, 2nd ed. North Richland Hills, TX: BIBAL Press, 2001.

Goodrick, Edward W. and John R. Kohlenberger III. "Spirit, Spirits, Spiriual, Spiritually." In *The NIV Exhaustive Concordance.* Edited by Donald L. Potts and James A. Swanson. Grand Rapids, MI: Zondervan Publishing House, 1990.

Gotlib, Ian H., Jonas G. Miller, Lauren R. Borchers, Sache M. Coury, Lauren A. Costello, Jordan M. Garcia, and Tiffany C. Ho. "Effects of the COVID-19 Pandemic on Mental Health and Brain Maturation in Adolescents: Implications for Analyzing Longitudinal Data." *Biological*

Psychiatry: Global Open Science 3, no. 4 (October 2023): 912-918.

Groom, Thomas H. "The Spirituality of the Religious Educator." *Religious Education* 83 (1988): 9-20.

Grudem, Wayne. *Systematic Theology: An Introduction to Biblical Doctrine*. Grand Rapids, MI: Zondervan, 2000.

Haidt, Jonathan. *The Anxious Generation: How the Great Rewiring of Childhood Is Causing an Epidemic of Mental Illness*. New York: Penguin Press, 2024.

Hall, Todd W. and Keith J. Edwards. "The Initial Development and Factor Analysis of the Spiritual Assessment Inventory." *Journal of Psychology and Theology* 24, no. 3 (1996): 233-246.

Hamlyn, D. W. "Monism." *The Oxford Dictionary of World Religions*. Edited by John Bowker. New York, NY: Oxford University Press, 1997.

Hare, Douglas R. A. *Matthew. In Interpretation: A Bible Commentary for Teaching and Preaching*. Louisville, KY: John Knox Press, 1993.

Harris, Murray J. *The Second Epistle to the Corinthians. In A Commentary on the Greek Text*. Grand Rapids, MI: William B. Eerdmans Publishing Company, 2005.

Hay, David and Rebecca Nye. *The Spirit of the Child*. London: Fount, 1998.

Hill, Terrence D., Amy M. Burdette, Mark Regnerus, and Ronald J. Angel. "Religious Involvement and Attitudes toward Parenting among Low-Income Urban Women." *Journal of Family Issues* 29, no. 7 (2008): 882-900.

Hoehner, Harold W. *Ephesians: An Exegetical Commentary*. Grand Rapids, MI: Baker Academic, 2002.

Houston, J. M. "Spirituality." In *Evangelical Dictionary of Theology*. 2nd ed. Edited by Walter A. Elwell. Grand Rapids, MI: Baker Academic, 2001.

Jennings, Timothy R. *The God-Shaped Brain: How Changing Your View of God Transforms Your Life*. Downers Grove, IL: InterVarsity Press, 2013.

Jones, Timothy Paul. *Family Ministry Field Guide: How Your Church Can Equip Parents to Make Disciples*. Indianapolis: Wesleyan Publishing House, 2011.

Kavanaugh, Patrick. *Raising Children to Adore God: Instilling a Lifelong Passion for Worship*. Grand Rapids, Michigan: Chosen Books, 2003.

Kim, Grace J., Seong Y. Lee, and Hee Ra Han. "Faith-Based Community Members, Family, and COVID-19: The Role of Religion and Spirituality in the Pandemic." *Journal of Religion and Health* 61 (2022): 3021-3038.

King, Pamela E. and Chris J. Boyatzis. "Spirituality and Religiosity in the Developing Person." In *The Handbook of Spiritual Development in Childhood and Adolescence*. Edited by Eugene C. Roehlkepartain, Pamela E. King, Linda Wagener, and Peter L. Benson. Thousand Oaks, CA: Sage, 2006.

Kirkpatrick, Lee Alan. "An Attachment-Theoretical Approach to the Psychology of Religion." Ph.D. diss., University of Denver, Denver, CO, 1988.

Kirkpatrick, Lee Alan and Phillip R. Shaver. "Attachment Theory and Religion: Childhood Attachments, Religious Beliefs, and Conversion." *Journal for the Scientific Study of Religion* 29, no. 3 (1990): 315-334.

Kuriakose, Manish and Elizabeth Shaji. "Parental Influence in the Formation and Sustenance of Spiritual Attitude in Christian Adolescents." *International Journal of Indian Psychology* 7, no. 4 (2022): 327-335.

Lane, Eric. *Proverbs: Everyday Wisdom for Everyone. In Focused on the Bible Commentary*. Great Britain: Christian Focus Publications, Ltd., 2007.

Lea, Thomas D., and Hayne P. Griffin, Jr. *1, 2 Timothy, Titus. In vol. 34 of The New American Commentary*. Nashville, TN: Broadman Press, 1992.

Lehmann, Wiliam, Jr. "The Philosophic Roots of Research into Children's Spirituality." In *Exploring Children's Spiritual Formation: Foundational Issues*. Edited by S. K. Morgenthaler, 81-96. River Forest, IL: Pillars Press, 1998.

Lewis, Jeff. "Spiritual Education as the Cultivation of Qualities of the Heart and Mind: A Reply to Blake and Carr." *Oxford Review of Education* 26 (2000): 263-283.

Lombaard, Christo. "What Is Biblical Spirituality? Perspectives from a Minor Genre of Old Testament Scholarship." *Journal of Theology for Southern Africa* 135 (2009): 85-99.

MacArthur, John. *Romans 1-8. In The MacArthur New Testament Commentary*. Chicago: Moody Press, 1991.

Mahoney, Annette. "Religion and Conflict in Marital and Parent-Child Relationships." *Journal of Social Issues* 61, no. 4 (2005): 689-706.

McIntosh, Doug. Deuteronomy. In *Holman Old Testament Commentary*. Edited by Max Anders. Nashville, TN: Holman Reference, 2002.

Merrill, Eugene H. *Deuteronomy*. In vol. 4 of *The New American Commentary*. U.S.: Broadman & Holman Publishers, 1994.

Meye, R. P. "Spirituality." In *Dictionary of Paul and His Letters*. Edited by Gerald F. Hawthorne and Ralph P. Martin. Downers Grove, IL: InterVarsity Press, 1993.

Moo, Douglas J. *The Epistle to the Romans*. Grand Rapids, MI: William B. Eerdmans Publishing Company, 1996.

Mounce, William D. *Pastoral Epistles*. *In vol. 46 of Word Biblical Commentary*. Nashville, TN: Thomas Nelson Publishers, 2000.

O'Brien, Peter T. *The Letter to the Ephesians*. Grand Rapids, MI: William B. Eerdmans Publishing Company, 1999.

Osborne, Grant R. *The Gospel of John. In vol. 13 of Cornerstone Biblical Commentary*. Carol Stream, IL: Tyndale House Publishers, 2007.

Papaleontiou-Louca, Eleonora. "Spirituality and Religiosity in the Developing Person." *Journal of Beliefs & Values* 46, no. 1 (2025): 15-46.

Patzia, Arthur G. *Ephesians, Colossians, and Philemon*. In *New International Biblical Commentary*. Peabody, MA: Hendrickson Publishes, Inc., 1990.

Pelt, M. V. Van, W. C. Kaiser, Jr., and D. I. Block. "חוד." In *New International Dictionary of Old Testament Theology and Exegesis*. vol. 3. Edited by Willem A. VanGemeren. Grand Rapids, MI: Zondervan Publishing House, 1997.

Phillips, John. *Exploring the Gospel of Matthew*. In *The John Phillips Commentary Series*. Grand Rapids, MI: Kregel Publication, 1999.

Racine, Nicole, Brae Anne McArthur, Jessica E. Cooke, Rachel Eirich, Jenney Zhu, and Sheri Madigan. "Global Prevalence of Depressive and Anxiety Symptoms in Children and Adolescents During COVID-19: A Meta-analysis." *JAMA Pediatrics* 175, no. 11 (2021): 1142-1150.

Rekers, George. *The Christian World View of the Family*. Murphys, CA: The Coalition on Revival, Inc, 1999.

Renn, Stephen D. "Spirit." In *Dictionary of Bible Words: Word Studies for Key English Bible Words Based on the Hebrew and Greek Texts*. Edited by Stephen D. Renn. Peabody, MA: Hendrickson Publishers, Inc., 2005.

Ridderbos, J. *Deuteronomy. In Bible Student's Commentary*. Translated by Ed. M. van der Mass. Grand Rapids, MI: Zondervan Publishing House, 1984.

Robinson, Harold MCA. *How to Conduct Family Worship*. Philadelphia: The Presbyterian Board of Publication and Sabbath School Work, 1923.

Rose, E. M., J. S. Westefeld, and T. N. Ansley. "Spiritual Issues in Counseling: Clients' Beliefs and Preferences." *Journal of Counseling Psychology* 48 (2001): 61-71.

Rosmarin, David H. *Spirituality, Religion, and Cognitive-Behavioral Therapy: A Guide for Clinicians*. New York: Guilford Press, 2018.

Schneiders, Sandra. "Theology and Spirituality: Strangers, Revivals, and Partners." *Horizon* 13 (1986): 253-274.

Shin, Heuikwang (Joseph). "Asian-American College Students' Parental Attachment and Their Relationship with God." *Christian Education Journal: Research on Educational Ministry* 6, no. 2 (2009): 353-375.

Slaughter, James R. "Toward a Biblical Theology of Family." In *The Christian Educator's Handbook on Family Life Education*. Edited by Kenneth Gangel and James Wilhoit. Grand Rapids, TN: Baker, 1996.

Smalley, Gary and John Trent. *The Blessing: Giving the Gift of Unconditional Love and Acceptance*. Nashville: Thomas Nelson, 2011.

Smith, Christian and Melinda Lundquist Denton. *Soul Searching: The Religious and Spiritual Lives of American Teenagers*. Oxford: Oxford University Press, 2005.

Swanson, Kevin. *Family Life: A Simple Guide to the Biblical Family*. Elizabeth, CO: Generations with Vision, 2016.

Taylor, Nick. "Spiritual Formation: Nurturing Spiritual Vitality." In *Introducing Christian Education*. Edited by Michael J. Anthony, 91-98. Grand Rapids, MI: Baker Academic, 2001.

Thompson, James W. *Hebrews. In Commentaries on the New Testament*. Grand Rapids, MI: Baker Academic, 2008.

Towner, Philip H. *The Letters to Timothy and Titus. In The New International*

Commentary on the New Testament. Grand Rapids, MI: William B. Eerdmans Publishing Company, 2006.

Tripp, Paul David. *Parenting: 14 Gospel Principles That Can Radically Change Your Family.* Wheaton, IL: Crossway, 2016.

University of Cambridge. "Religious People Coped Better with COVID-19 Pandemic, Research Suggests." University of Cambridge News, October 13, 2022 [on-line]. Accessed June 14, 2025. Available from https://www.cam.ac.uk/research/news/religious-people-coped-better-with-covid-19-pandemic-research-suggests; Internet.

Waltke, Bruce K. *The Book of Proverbs: Chapters 15-31. In New International Commentary on the Old Testament (NICOT).* Grand Rapids: Eerdmans, 2005.

Wang, Zili. "The Experiences of Parents in a Christian Spiritual Parenting Program." Ph.D. diss., Pepperdine University, 2023.

Warren, Eileen Marie. "Spiritual Maturity within an Attachment Framework." Ph.D. diss., Biola University, La Mirada, LA, 1998.

Weidmann, Jim and Marianne Hering. *The Power of Teachable Moments: Using Everyday Experiences to Teach Your Child about God.* Wheaton, IL: Tyndale House Publishers, 2004.

White, David F. "Christian Spirituality." In *Encyclopedia of Religious and Spiritual Development.* Edited by Elizabeth M. Dowling and W. George Scarlett, 77-81. Thousand Oaks, CA: Sage Publication, Inc., 2006.

Whitney, Donald S. *Simplify Your Spiritual Life.* Colorado Springs, CO: NavPress, 2003.

Wilson, Gerald H. *Job. In New International Biblical Commentary.* Peabody, MA: Hendrickson Publishers, Inc., 2007.

Yust, Karen Marie, Aostre N. Johnson, Sandy Eisenberg Sasso, and Eugene C. Roehlkepartain. "Traditional Wisdom: Creating Space for Religious Reflection on Child and Adolescent Spirituality." In *Nurturing Child and Adolescent Spirituality: Perspectives from the World's Religious Traditions.* Edited by Karen Marie Yust, Aostre N. Johnson, Sandy Eisenberg Sasso, and Eugene C. Roehlkepartain. Lanham, MD: Roman & Littlefield Publishers, Inc., 2006.

발달장애 아동을 둔 부모의 건강에 미치는 기독교적 지원과 영향

이주하 교수 / 사회학

I. 서론

2020년 기준 약 5,300만 명의 미국인이 무급 돌봄에 종사하고 있으며, 주로 부모나 배우자들을 돌보고 있는 것으로 나타났다. 많은 돌봄 제공자는 가족을 돌보는 것에 대하여 보람과 도전이 공존하는 가족으로서의 의무 내지는 사랑과 책임의 연장선으로 생각한다. 그러나 통계에 의하면 상당수 돌봄 제공자는 돌봄 책임이 신체적, 정신적 건강에 부정적인 영향을 준다고 보고하였다. 2015년부터 2020년 사이 돌봄 제공자들은, 돌봄을 받는 자가 누구임에 상관없이 자신의 건강 상태를 "보통 이하"(below average)로 평가한 비율이 17%에서 20%로 증가하였다.[1] 2023년 결과에 의하면 돌봄 제공자들은 신체적, 정신적, 정서적, 경제적 건강 측면에서 비돌봄자보다 더 열악한 상태에 있는 것으로 나타났다.

사회의 고령화로 인해 돌봄 대상자들은 주로 연로한 부모나 배우자 등이다. 그러나 주목할 점은 발달장애 아동의 숫자 증가와 함께 특수한 도움이 필요한 자녀를 돌보는 돌봄 제공자 수가 2015년과 2023년 사이에 꾸준히 증가하였다는 사실이다. 발달장애란 신체적인 장애보다는 정신적 장애를 의미한다. '발달장애인'은 "정신 발육이 항구적으로 지체되어 지적 능력의 발달이 불충분하거나 불완전하여 자신의 일을 처리하는 것과 사회생활에 적응하는 것에 어려움을 겪는 사람"으로 정의된다.[2] 발달의 지연으로 인해 일상생활이나 사회생활에 어려움을 경험하기도 하고, 심각할 경우 언어, 신체 표현, 자기조절, 사회 적응 기능 및 능력의 장애는 누군가의 도움이 절실할 수 있다. 이런 증상 때문에 발달장애가 있는 아이의 양육 및 돌봄은 단기간이 아닌 전 생애에 걸쳐 일어날 수 있다. 그러나 현재까지 발달장애 아동을 돌보는 부모들의 경험은 학계에서 상대적으로 소외되어 있다. 이는 발달장애 아동의 숫자가 다른 돌봄 대상자들의 숫자보다 적다는 사실도 있지만, 돌봄과 양육의 개념적 경계가 불분명하기 때문이며, 이런 모호성이 관련 연구를 활발히 진행되지 못하게 하는 요인이 된다.

진단 인식의 향상, 진단 기준의 확대, 의료 접근성의 증가 등으로 인해 지난 20년간 발달장애 아동의 수는 꾸준히 증가해 왔으며, 이는 장기간 자녀를 돌보는 부모의 수 또한 증가하고 있음을 시사한다.[3] 발

---

1 AARP and National Alliance for Caregiving, *Caregiving in the US 2025* (Washington, DC:AARP, July 24, 2025), https://doi.org/10.26419/ppi.00373.001.

2 대한민국, 발달장애인 권리보장 및 지원에 관한 법률 제2조, 법률 제20095호(2024. 1. 23. 일부 개정, 2024. 6. 14. 시행), 국가법령정보센터, https://www.law.go.kr.

3 Boyle et al., "Trends in the Prevalence of Developmental Disabilities in US Children,

달장애는 완치가 되는 것이 아닌 만큼, 발달장애 아동에 대한 돌봄은 일생에 걸친 헌신이 된다. 현재까지 이루어진 연구에 의하면 발달장애 아동을 둔 부모들은 발달장애 아동을 두지 않은 부모보다 육아로 인한 스트레스가 높으며 동시에 불안 혹은 우울증을 앓고 있는 것으로 나타났다. 장애 아동의 행동 특성, 장애 아동을 양육하는 가정에 대한 사회적 낙인, 돌봄 과정에서의 사회적 고립 그리고 재정적 제약 등은 가족이 경험하는 주요 스트레스 원인이 된다. 나아가 다수의 부모는 장래에 본인의 부재로 인해 장애 아동이 자립해야 하는 상황이나 돌봄 제공자가 존재하지 않는 상황을 가장 우려하는 것으로 보고되었다.[4] 물론 특수한 도움이 필요한 자녀를 돌보는 일이 많은 부모들에게 보람 있는 경험으로 나타나기도 한다. 연구에 따르면 발달장애 아동의 부모들은 이러한 경험을 통해 목적의식, 개인적 성장, 적응적 대처 능력을 강화하며 개인적 회복탄력성을 발전시킬 수 있다.[5] 이러한 긍정적 효과는 정신건강 개선과 우울 증상 완화로 이어진다.[6] 하지만 대부분의 실증 연구는 발달장애 아동을 둔 부모와 그렇지 않은 부모 간의 건강과 웰빙(well-being)을 비교하는 데 중점을 두었다. 이들 연구는 발달장애 아동을 둔 부모가 그렇지 않은 부모보다 신체적, 정신적 건강이 더 열악하다

1997-2008," *Pediatrics* 127, no. 6 (2011): 1034-1042.

4 Freedman et al., "Future Planning and Resource Concerns among Parents of Children with Developmental Disabilities," *Journal of Family Psychology* 11, no. 3 (1997): 345-356.

5 Roth et al., "PositiveAspects of Caregiving: AMeta-Analysis of Caregiver Outcomes," *The Journals of Gerontology: Series B* 70, no. 6 (2015): 1172-1182.

6 Martin Pinquart and Silvia Sörensen, "Ethnic Differences in Stressors, Resources, and Psychological Outcomes of Family Caregiving: AMeta-Analysis," *The Gerontologist* 45, no. 1 (2005): 90-106.

는 점을 보여준다.7 이러한 발달장애를 가진 아이를 둔 부모에게 어떠한 지원과 도움을 줄 수 있을까? 대부분의 연구는 발달장애 아동을 양육하는 과정에서 부모들에게 나타나는 건강 문제를 보고하고 있으나, 이들을 위해 어떠한 지원이 필요한지 혹은 실질적으로 어떤 종류의 자원이 이들에게 도움을 줄 수 있는지에 대한 연구는 미비하다. 이는 발달장애 아동을 돌보는 부모들의 건강에 미치는 장기적 영향을 재조명하고, 현재의 지원 체계가 얼마나 적절한지 알아볼 필요가 있다.

　현존하는 돌봄 이론 가운데 돌봄 제공자의 건강에 긍정적인 영향을 미치는 요소, 즉 돌봄을 수행하는 부모들에게 도움과 지원이 될 수 있는 요인으로 사회적 지지(social support)가 빈번하게 언급된다. 본 연구는 이러한 사회적 지지 중 영적 요인 또는 기독교적 지원이 부모들에게 어떠한 역할을 수행하며 어떠한 영향을 미치는지를 규명하고자 한다. 더 나아가 본 논문은 실천적 성격을 지니고, 교회나 지역 공동체가 발달장애 아동을 양육하는 가정에 제공할 수 있는 실질적이고 합리적인 지원 방향을 제시하는 것을 목적으로 한다.

---

7 Ha et al., "Age and Gender Differences in the Well-Being of Midlife and Aging Parents with Children with Mental Health or Developmental Problems: Report of a National Study," *Journal of Health and Social Behavior* 49, no. 3 (2008): 301-316; Mats B. Olsson and Christer P. Hwang, "Depression in Mothers and Fathers of Children with Intellectual Disability," *Journal of Intellectual Disability Research* 45, no. 6 (2001): 535-543; Seltzer et al., Life Course Outcomes of Siblings of Adults with Mental Illness, Intellectual Disability, or Autism," *American Journal on Mental Retardation* 114, no. 4 (2009): 249-267.

II. 발달장애란?

앞서 언급되었듯이 발달장애 아동의 숫자는 꾸준히 증가하는 추세다. 일반적으로 발달장애는 신체적보다는 정신적 장애를 의미한다. 넓은 의미로 발달장애는 지능, 언어, 사회성, 감각 등이 발달이 늦거나 독특한 행동으로 나타나는 장애를 의미하며, 지적장애(intellectual disability), 다운 증후군(Down Syndrome), 자폐성 장애(Autism), ADHD(Attention Deficit/Hyperactivity Disorder) 등이 발달장애로 분류된다. 복잡하고 다양한 발달장애 진단을 고려하여, 돌봄 연구와 관련하여 초기 연구들은 자폐, ADHD, 학습장애 등 특정 장애 유형별로 부모 집단을 구분해 분석하였다. 진단 유형에 따라 발달장애 아동에게 나타나는 특성은 매우 다양하다. 발달장애가 가져오는 행동장애나 왜곡된 행동들은 이들을 돌보는 부모들의 스트레스 요인으로 손꼽히는데, 부모에게 미치는 영향이 상이한 것으로 보고되었다.[8] 예를 들어 자폐성 장애가 있는 아동을 양육하는 부모는 다운 증후군 아동을 양육하는 부모에 비해 정신적 스트레스 수준이 더 높은 것으로 나타났는데, 이는 아동이 가정 외부 환경에서 보이는 행동 문제가 더 심각하게 나타나는 데 기인하는 것으로 해석된다.[9] 부모들의 정신건강 측정을 위해 실시된 설문조사(예: 정

---

8 Olsson and Hwang, "Depression in Mothers and Fathers of Children with Intellectual Disability"; Seltzer et al., "Life Course Outcomes of Siblings"; 전은혜·강연정, "ADHD 자녀를 둔 크리스천 부모의 양육 스트레스와 대처 경험에 관한 연구," 「복음과상담」 31, no. 2 (2023): 101-138.

9 Eisenhower et al., "Preschool Children with Intellectual Disability: Syndrome Specificity, Behaviour Problems, and Maternal Well-Being," *Journal of Intellectual Disability Research* 49, no. 9 (2005): 657-671.

신질환 척도)에 응답함으로써 평가되었을 뿐 아니라 코르티솔(cortisol) 수치와 같이 생물학적 지표를 측정함으로써 분석되었다.[10] 이를 통해 부모들의 정신건강이 단순히 주관적 보고뿐 아니라 생물학적 결과 차원에서 어떠한 영향을 받는지도 알 수 있다.

발달장애의 원인은 복합적이고, 대부분의 경우 밝혀지지 않았으나 주로 인간의 생애주기 중 발달기에 일어나며, 뇌의 미발달, 염색체나 가족력 등이 유전적인 요인으로 거론된다. 정확한 원인이 밝혀지지 않았기에 환경적인 부분도 발달장애 발병 요인으로 볼 수 있다. 임신 시의 음주 혹은 흡연, 조산, 성장기 가정환경 문제 등이 발달을 방해하거나 손상시킬 수 있다. 기존 연구들을 통해 발달장애의 전반적인 특성을 이해할 수 있지만, 증상이 어린 시기에 나타날 경우 발달장애와 발달 지연을 구분하긴 어렵다. 즉, 기록된 연구들을 바탕으로 쉽게 발달장애의 현상을 알 수 있으나, 어릴 때 발병하는 경우 발달장애 증상인지 아니면 발달이 늦은 것인지 구분하기가 매우 어렵다. 이는 초기 단계에서 증상의 차이가 뚜렷하게 나타나지 않으므로 조기 진단이 늦어지면서 발달장애 증상이 더 악화되는 경우가 있다. 유아기나 아동기 때는 단순히 행동적 장애로 나타났다면, 청소년기에는 변태 성욕을 보이는 경우도 있다. 통제하는 능력이 상실되며 "정상"의 범주에 벗어나는 행동 양상을 보인다. 즉, 성장과 발달이 평균치에서 벗어나므로 발달장애의 원인 중 하나로 나이에 맞게 뇌 수준이 발달되지 않는다는 것을 짐작해 볼 수 있다. 그로 인해 발달장애를 가지고 있는 아동들은 대부분

---

10 Seltzer et al., "Maternal Cortisol Levels and Behavior Problems inAdolescents andAdults with ASD," *Journal of Autism and Developmental Disorders* 40, no. 4 (2010): 457-469.

언어 사용이나 사회화에 가장 큰 어려움을 겪는다. 사물에 집착하는 경우가 많고, 변화를 싫어하며, 반복적인 행동을 하거나 시력장애 혹은 사시가 나타난다. 발달장애는 재활 치료와 약물 치료로 그 상태가 나아질 수 있는데, 주로 감각의 통합과 뇌를 자극하는 재활 치료가 효과가 있다고 본다. 발달장애 아동의 상태는 예상이 어렵고, 발달장애마다 그 원인과 결과가 다르다는 사실이 연구를 더 어렵게 만드는 요소다. 이렇게 공통으로 나타나는 요인들이 다른 신체적 장애 아동을 양육하고 돌보는 것보다 발달장애 아동을 양육하는 돌봄 제공자가 더 많은 스트레스를 경험하게 하는 이유다.

III. 돌봄 이론

돌봄 제공자에게 돌봄 경험이 어떠한 영향을 미치는지를 설명하기 위해 다양한 이론적 모델이 제안되어 왔다. 대표적으로 Pearlin[11] 등의 스트레스 과정 모델(stress process model)은 돌봄 자체를 일생에 걸친 주요 스트레스로 간주하며, 1차 스트레스 요인(돌봄 자체)과 2차 스트레스 요인(역할간 갈등)이 건강에 미치는 영향을 설명한다. 스트레스 과정 모델(stress process model)은 만성질환이나 장애를 가진 개인을 돌보는 상황에서 사회구조(배경 요인), 스트레스(일차적 또는 이차적), 건강 결과 그리고 그 기제(매개변수) 간의 관계를 이해하는 데 도움을 주는 이론적

---

11 Leonard I. Pearlin, "Social Structure and Processes of Social Support," in *Social Support and Health*, eds. Sheldon Cohen and S. Leonard Syme (New York: Academic Press, 1985), 43-60.

틀을 제공한다.[12] 돌봄에서 발생하는 감정적 또는 신체적 요구, 일상적인 돌봄 루틴과 같은 조건이나 사건은 1차 스트레서(primary stressor)로 작용할 수 있으며, 이외에도 경제적 어려움, 사회적 고립 등의 추가적인 도전 과제는 2차 스트레서(secondary stressor)로 간주된다. 스트레스 과정 모델에서 배경 요인에는 성별, 인종과 같은 사회인구통계학적 요소뿐만 아니라 자아개념(예: 통제감, 자존감 등)이 포함된다. 이 모델은 사회인구통계학적 요소가 돌봄 책임을 인식하는 방식에 영향을 미칠 수 있다고 가정한다. 예를 들어 사회적 성 역할 기대에 의해 여성은 주요 돌봄 제공자로 간주되며, 이는 남성보다 더 많은 돌봄 책임과 스트레스를 경험할 가능성을 높인다. 이 모델은 또한 사회적 지지와 대처와 같은 중재 요인을 제시하며, 이는 개인이 어려운 상황을 변화시키거나 스트레스의 부정적 영향을 완화하기 위해 사용하는 방어 자원이다. 이와 유사하게 더블 ABC-X 모델[13]도 대처 기술, 가족 응집력 혹은 친구나 종교 집단 같은 사회적 지지 요인 그리고 이들이 스트레서 사건을 해석하는 방식에 미치는 영향을 인정하며, 이는 가족이 스트레서에 적응하는 데 도움이 되는 요인으로 간주된다. 이처럼 스트레스 과정에서 대처와 사회적 지지는 중요한 역할을 한다. 이러한 구성 요소 중 중재 요인의 역할을 탐구하는 것은, 발달장애 아동을 양육하면서 겪는 여러 도전에도 불구하고 어떤 가족이 건강에 거의 영향을 받지 않는 이유를 설명하는 데 도움이 될 수 있다.

---

12 Pearlin et al., "Caregiving and the Stress Process: An Overview of Concepts and Their Measures," *The Gerontologist* 30, no. 5 (1990): 583-594.

13 Hamilton McCubbin and Joan M. Patterson, "The Family Stress Process: The DoubleABCX Model of Adjustment and Adaptation," *Marriage & Family Review* 6 (1983): 7-37.

스트레스 과정 모델에서 대처와 사회적 지지의 역동성은 개인의 정신 및 신체 건강 결과에 대한 경로를 이해하는 데 기여한다. Pearlin과 동료들[14]은 스트레스 과정 모델에서 사회적 지지와 대처를 '매개자원'(mediating resources)으로 명명하였으며, 이는 사회적 지지와 정신건강에 관한 연구 역사 속에서 제시되었다. 사회적 지지는 스트레스 요인이 건강에 미치는 부정적 영향을 완충시켜 주는 자원으로 간주되며, 일차 및 이차 스트레서의 영향을 줄이는 매개변수로 작용할 수 있다. 예를 들어 가족 및 지역사회로부터의 지지와 같은 심리사회적 자원이 있다면, 발달장애 아동을 돌보면서 발생하는 스트레스와 부담이 완화될 수 있다.[15] Turner와 Turner[16] 역시 Pearlin의 스트레스 모델에서 제시된 사회적 지지의 역할에 동의하였다. 그러나 학자들은 스트레스 요인의 유형, 지지의 성격과 출처, 개인차 등의 다양한 요소들도 고려해야 한다고 주장한다.[17] 발달장애 아동을 둔 부모에게 미치는 사회적 지지의 영향은 특정한 상황에 따라 달라질 수 있다. 예를 들어 발달장애 아동을 돌보는 일이 부모의 건강에 미치는 영향은 부모가

---

14 Pearlin et al., "Caregiving and the Stress Process: An Overview of Concepts and Their Measures," *The Gerontologist* 30, no. 5 (1990): 583-594.

15 R. Jay Turner and Blair J. Turner, "Family Caregiving and the Stress Process: A Reappraisal," *The Journals of Gerontology:Series B, Social Sciences* 60, no. 1 (2005): 68-76; Peggy A. Thoits, "Stress, Coping, and Social Support Processes: WhereAre We? What Next?," *Journal of Health and Social Behavior* 35 (1995): 53-79.

16 R. Jay Turner and Blair J. Turner, *Handbook of Family Stress, Coping, and Health: Theory, Research, and Clinical Applications* (New York: Springer Publishing Company, 2013).

17 Pearlin et al., "Caregiving and the Stress Process"; Thoits, "Stress, Coping, and Social Support Processes"; Turner and Turner, "Family Caregiving and the Stress Process."

이미 가지고 있는 대처 능력과 사회적 지지 수준에 따라 달라질 수 있다. 즉, 대처 및 사회적 지지가 돌봄과 건강 간의 관계를 조절한다면, 돌봄의 영향은 각 개인이 가진 대처 및 지지 수준에 따라 달라진다. 반면에 사회적 지지가 이 관계를 매개한다면, 발달장애 아동을 돌보는 것이 사회적 지지의 수준을 변화시키고, 그것이 다시 건강에 영향을 미친다는 의미가 된다. 이러한 경로가 복잡하더라도 조절 변수 혹은 매개변수를 규명하는 일은 돌봄자의 건강과 삶의 질을 개선할 수 있는 개입 전략을 제시하는 데 중요한 의미를 갖는다. 특히 비슷한 상황에 노출된 돌봄자들이 서로 다른 방식으로 영향을 받는 이유를 설명할 수 있는 기반이 된다.

두 번째 이론으로는 Lazarus와 Folkman[18]의 스트레스와 대처의 상호 작용 모델(transactional model of stress and coping)이 있다. 이 이론은 부모의 스트레스 인식과 대처 전략이 건강에 어떤 영향을 미치는지를 설명하며, 문제 중심 대처(problem-focused coping)와 정서 중심 대처(emotion-focused coping)의 중요성을 강조한다.[19] 이 이론은 스트레스가 단순히 외부에서 개인에게 주어지는 것이 아니라 개인이 상황을 어떻게 인지하고 해석하는지(primary appraisal)와 그에 대해 어떤 자원을 가지고 대응할 수 있는지(secondary appraisal)에 따라 달라진다고 본다. 다시 말해 스트레스는 개인과 환경 간의 역동적인 상호 작용 속에서 형성되며, 동일한 스트레스 상황이라도 개인의 인지 방식과 대처 자원

18 Richard S. Lazarus and Susan Folkman, *Stress, Appraisal, and Coping* (New York: Springer, 1984).
19 Baker et al., "Behavior Problems and Parenting Stress in Young Children with Developmental Disabilities: A Transactional Relationship," *American Journal on Mental Retardation* 108, no. 2 (2003): 103-112.

에 따라 전혀 다른 건강 결과를 낳을 수 있다.

발달장애 아동을 양육하는 부모의 경우 자녀의 장애 특성이나 돌봄 요구, 사회적 낙인 또는 제도적 지원의 부재와 같은 스트레스 요인이 존재한다. 하지만 이 모델에 따르면 이러한 요인들이 부모에게 스트레스로 작용하는지는 부모가 해당 상황을 어떻게 해석하는가에 달려 있다. 예를 들어 어떤 부모는 자녀의 특성을 도전 과제로 인식하고 적극적으로 문제 해결을 시도하지만(문제 중심 대처), 다른 부모는 감정적으로 대응하거나 회피적 태도를 보일 수도 있다(정서 중심 대처). 이처럼 문제 중심 대처는 스트레스의 원인을 직접 해결하려는 전략으로, 예를 들어 장애 아동 양육에 필요한 정보 탐색, 치료 계획 수립, 제도적 자원 활용 등이 이에 해당된다. 반면 정서 중심 대처는 스트레스 상황에서 느끼는 감정을 조절하는 데 초점을 맞춘 전략으로, 감정 표현, 종교적 의지 또는 회피적 사고방식 등이 포함될 수 있다.[20] 실제 연구에서도 문제 중심 대처를 활용한 부모들이 더 나은 심리적 안녕과 건강 상태를 보고한 반면, 정서 중심 대처를 주로 사용하는 부모는 우울, 불안 등 정신건강 문제의 위험이 높아지는 경향이 있는 것으로 나타났다. 그러나 모든 정서 중심 대처가 부정적인 것은 아니다. 예를 들어 종교나 명상, 사회적 지지를 통한 정서적 조절은 긍정적인 정서 중심 대처로 작용하여 스트레스를 완화할 수 있다.

두 가지 이론 모두 돌봄 제공자가 겪는 정신적 혹은 육체적 건강이 어떠한 중재 요인으로 인하여 나아지거나 혹은 더 나빠질 수 있음을 시사한다. 특히 두 가지 이론 모두 사회적 지지를 중재 요인으로 언급하

---

20 *Ibid.*

며, 돌봄에 있어서 사회적 지지가 중요한 요인으로 작용한다는 것을 알 수 있다.

다음 소개할 이론은 사회적 지지가 돌봄 제공자에게 어떠한 영향을 직접적으로 끼치는지에 관련되어 있다. Cohen과 Wills가[21] 제안한 사회적 지지 이론은 스트레스와 건강 사이의 관계에서 사회적 지지가 갖는 완충 효과(stress-buffering effect)와 직접적 건강 효과(direct effect)를 중심으로 설명된다. 스트레스 완충 모델에 따르면 사회적 지지는 개인이 스트레스를 인식하고 반응하는 과정을 조절함으로써 스트레스의 부정적인 영향을 줄이는 역할을 한다. 반면 직접 효과 모델은 스트레스 수준과 관계없이 사회적 지지 자체가 개인의 정서적 안정, 건강한 행동 촉진, 삶의 만족도 향상 등 전반적인 건강에 긍정적인 영향을 미친다고 설명한다. 이러한 틀에서 종교는 단순한 신념 체계를 넘어서 다차원적인 사회적 지지의 원천으로 기능할 수 있다.

Cohen과 Wills의 사회적 지지 모델을 보충할 이론으로는 Cren-shaw가[22] 제안한 교차성 이론(Intersectionality Framework)이 있다. 이 이론은 개인이 단일한 사회적 범주로만 구성되지 않으며 성별, 인종, 계층, 이민자 신분, 장애, 종교 등 다양한 정체성이 상호 교차하고 중첩된 방식으로 작용함을 강조한다. 이 이론은 사회적 위치에 따라 개인이 동일한 스트레스 요인을 어떻게 경험하고 해석하는지, 나아가 건강에 어떤 영향을 받는지를 분석하는 데 유용한 틀을 제공한다. 발달장애

---

21 Sheldon Cohen and Thomas A. Wills, "Stress, Social Support, and the Buffering Hypothesis," *Psychological Bulletin* 98, no. 2 (1985): 310-357.

22 Kimberlé Crenshaw, "Demarginalizing the Intersection of Race and Sex:A Black Feminist Critique of Antidiscrimination Doctrine, Feminist Theory andAntiracist Politics," *University of Chicago Legal Forum* 1989, no. 1 (1989): 139-167.

아동을 양육하는 부모의 경우 돌봄 자체가 만성적 스트레스 상황으로 작용할 수 있으나, 그 영향을 결정짓는 요인은 단순히 개인의 심리적 대처 능력만이 아니라 사회구조 속에서 개인이 처한 위치와 접근 가능한 자원의 수준에 따라 달라질 수 있다. 예를 들어 백인 중산층 남성 부모와 유색인종 저소득층 여성 부모는 유사한 돌봄 상황에서도 전혀 다른 건강 결과를 경험할 수 있으며, 이는 제도적 차별, 사회적 낙인, 경제적 자원의 차이 등 구조적 요인에 기인한다. 이러한 맥락에서 교차성 이론은 발달장애 아동을 둔 부모의 건강 격차를 설명하고 분석하는 데 중요한 이론적 틀로 기능한다.

IV. 사회적 지지: 종교

앞서 설명하였듯이 사회적 지지는 돌봄 연구에 있어서, 특히 돌봄 제공자의 건강과 관련하여 중요한 역할을 한다. 이미 많은 연구가 사회적 지지가 가진 긍정적인 효과를 발표하였다. 예를 들어 사회적 지지는 일상적인 스트레스를 받는 사람들에게 신체적, 정서적 안정을 가져다준다.[23] 사회적 지지는 정신건강을 보호하는 심리적 자원으로 인식되며, 유익한 사회적 관계를 촉진함으로써 간접적으로 그리고 스트레스

---

23 Sheldon Cohen and S. Leonard Syme, eds., *Social Support and Health* (Orlando, FL: Academic Press, 1985); Cox et al., "Social Support and Caregiver Stress: Implications for Intervention," *Journal of Marital and Family Therapy* 15, no. 2 (1989): 123-138; Williams et al., "A Model of Mental Health, Life Events, and Social Supports Applicable to General Populations," *Journal of Health and Social Behavior* 22, no. 4 (1981): 324-336.

상황에 대한 완충 역할을 함으로써 직접적으로 정신건강에 긍정적인 영향을 미친다.[24] 사회적 지지와 정신건강에 관한 연구 분야에서 사회적 지지의 구조적 측면은 주효과(main effect)를 가지며, 인지된 사회적 지지(perceived social support)는 스트레스에 대한 완충 과정에서 작용할 수 있다고 학자들은 제안하였다.[25]

발달장애 아동을 양육하는 부모와 관련된 기존의 여러 선행 연구에서는 사회적 지지가 심리적 적응을 예측하는 강력한 요인임을 확인하였다.[26] 특히 발달장애를 가진 아동을 둔 가족에게 있어 사회적 지지는 중요한 대처 기술(coping skill)로 간주된다.[27] 예를 들어 Cantwell 등은[28] 사회적 지지를 조절변수(moderator)로 설정하여 분석한 결과, 사

24 Gariepy et al., "Social Support and Protection from Depression: Systematic Review of Current Findings in Western Countries," *The British Journal of Psychiatry* 209, no. 4 (2016): 284-293; Leonard I. Pearlin, "Caregiving and the Stress Process: An Overview of Recent Advances," *Journal of Health and Social Behavior* 51, suppl. (2010): S1-S9; Thoits, "Stress, Coping, and Social Support Processes."

25 Lisa F. Berkman and Thomas Glass, "Social Integration, Social Networks, Social Support, and Health," in *Social Epidemiology*, eds. Lisa F. Berkman and Ichiro Kawachi (New York: Oxford University Press, 2000).

26 Brehaut et al., "The Health of Primary Caregivers of Children with Cerebral Palsy: How Does It Compare with That of Other Canadian Caregivers?," *Pediatrics* 114, no. 2 (2004): e182-e191; Dunn et al., "Social Networks in Caregiving: Examining the Role of Social Support in Mitigating Caregiver Burden," *Journal of Applied Gerontology* 40, no. 2 (2021): 175-184.

27 Cantwell et al., "Parental Self-Efficacy and Family Resilience in Raising Children with Developmental Disabilities," *Journal of Family Psychology* 28, no. 3 (2014): 345-355; Halstead et al., "The Impact of Caregiving on Quality of Life: A Qualitative Study of Family Caregivers," *Journal of Gerontological Social Work* 60, no. 2 (2017): 93-111; McConnell et al., Resilience in Families Raising Children with Disabilities and Behavior Problems," *Research in Developmental Disabilities* 35, no. 4 (2014): 833-848.

28 Cantwell, Cook, and Baron, "Parental Self-Efficacy and Family Resilience."

회적 지지가 높고 발달장애 아동 양육 스트레스 수준이 낮은 부모는 더 나은 신체 건강 상태를 보였다. 이와 유사하게 자녀의 문제 행동과 가족의 웰빙 간의 관계를 살펴본 McConnell 등의[29] 연구에서는, 자녀의 문제 행동이 심각함에도 불구하고 사회적 지지가 낮은 부모가 더 높은 웰빙 점수를 보고하였다. 또한 대처 방식 및 긍정적 인식 등 다른 보호 요인들과 함께 분석했을 때, 사회적 지지만이 부모의 심리적 건강의 차이를 설명하는 유의미한 조절변수로 나타났다.[30] 더 나아가 McConnell 등은[31] 사회적 지지를 자녀 행동 문제와 가족 웰빙 간의 관계를 설명하는 매개변수(mediator)와 조절변수(moderator)로 각각 검증하였다. 그 결과 가족 내에 심각한 스트레스 요인이 존재하더라도 사회적 지지 수준이 높으면 긍정적인 결과를 가져올 수 있음을 확인하였다. 이처럼 사회적 지지는 발달장애 아동을 돌보는 과정이 부모의 건강에 미치는 영향에서 집단 간 차이를 설명하는 데 중요한 역할을 하며, 그 영향력은 결코 간과할 수 없다.

V. 종교의 역할

돌봄 제공자에게 긍정적인 영향을 미치는 사회적 지지는 다양한 경로를 통해 제공될 수 있으며, 그중에서도 종교는 특히 돌봄 스트레스가

---

29 McConnell, Savage, and Breitkreuz, "Resilience in Families."

30 L. K. Halstead, S. M. Graham, and S. Buchholz, "The Impact of Caregiving on Quality of Life: A Qualitative Study of Family Caregivers," *Journal of Gerontological Social Work* 60, no. 2 (2017): 93-111.

31 McConnell, Savage, and Breitkreuz, "Resilience in Families."

높은 상황에서 여러 방식으로 사회적 지지 자원이 될 수 있다. 사전 연구에 의하면 종교는 개인에게 정서적 위안을 제공하고 삶의 의미를 재구성할 수 있는 심리사회적 자원으로 작용한다. 돌봄과 관련된 이론적 모델에서 종교가 어떤 방식으로 기능하는지 그리고 종교가 사회적 지지의 역할을 어떻게 수행하는지 살펴보고자 한다.

종교는 사회적 지지의 네 가지 유형—정서적, 도구적, 정보적, 평가적 지지—을 모두 포함할 수 있으며, 특히 스트레스 상황에서 보호 요인으로 작용하는 완충 자원(buffering resource)이 될 수 있다. 예를 들어 신앙 공동체에게서 얻는 정서적 위안, 종교 단체에서 제공하는 실질적 도움, 성직자의 조언과 본인의 신앙 등이 종교를 통하여 얻는 종교적 지지의 구체적인 예시다. 좀 더 구체적으로 종교 공동체는 정서적 지지(emotional support)를 제공한다. 예를 들어 공감, 위로, 기도 등을 통해 심리적 안정을 제공한다. 둘째, 도구적 지지(instrumental support)로서 교회나 종교 단체는 식사 제공, 육아 지원, 정보 공유 등의 실질적인 도움을 줄 수 있다. 셋째, 성직자나 신앙 친구들을 통해 정보적 지지(informational support)와 평가적 지지(appraisal support)가 제공되며, 이는 돌봄 상황에 대한 해석과 의미 부여에 영향을 미칠 수 있다. 실제로 발달장애 아동을 둔 부모는 종교를 통해 자신의 돌봄 경험을 영적 사명으로 재구성하거나 신앙을 통해 회복탄력성을 강화하는 경우가 많다.[32] 이런 부분들이 발달장애 부모가 직면하는 돌봄에서 오는 스트레스를 완화시켜 주는 자원이라 볼 수 있다. 다만 종교적 지지의 효과는

---

32 이정은, "지적장애아동 부모의 양육스트레스와 사회적 고립감의 관계에서 양육불안의 매개효과" (학위논문, 신라대학교, 2020).

일률적이지 않을 수 있다. 종교적 지지의 효과는 종교 공동체의 수용성, 교리 해석, 개인의 신앙 수준 등에 따라 상이하게 나타날 수 있으며, 경우에 따라 낙인과 배제로 이어질 위험도 존재한다. 따라서 종교를 Cohen과 Wills의 사회적 지지 모델을 바탕으로 분석할 때는 종교의 이중적 역할(지지와 억압)을 고려하고, 개인의 사회적 위치 및 문화적 맥락과 함께 종합적으로 이해할 필요가 있다.

종교는 이러한 교차성(intersectionality)의 분석 틀에서 주목할 만한 사회적 요인 중 하나로, 개인의 신앙 체계를 넘어 사회적 정체성과 구조적 환경 모두에 영향을 미치는 이중적 기능을 지닌다. 특히 장애 아동을 양육하는 부모에게는 돌봄 상황을 영적 사명 혹은 신의 뜻으로 해석함으로써 스트레스를 완화하고 회복탄력성을 높이는 역할을 하기도 한다. 그러나 종교는 동시에 장애에 대한 낙인을 강화하거나 특정 젠더 역할을 정당화하는 억압적 규범을 내면화하도록 작용할 수도 있다. 예를 들어 일부 종교적 공동체는 여성에게 돌봄을 당연한 의무로 규정하거나 장애 아동을 죄의 결과로 해석하는 담론을 재생산함으로써 부모의 스트레스와 고립감을 심화시킬 수 있다. 따라서 종교는 개인의 삶에 긍정적 자원으로 작용할 수 있는 동시에, 사회구조 속 억압을 강화하는 기제로도 기능할 수 있으며, 이러한 양면적 속성은 개인이 처한 교차적 위치에 따라 상이하게 나타난다. 종교를 정체성과 구조의 차원 모두에서 조망하는 이러한 분석은 돌봄 부모의 건강을 이해함에 있어 심리적, 사회적, 구조적 요인을 통합적으로 설명할 가능성을 제공한다.

또 다른 잠재적인 심리적 자원으로는 종교적 대처(religious coping)가 있으며, 이는 발달장애 아동을 둔 부모의 웰빙과 건강 상태를 향상시키는 데 기여할 수 있다. 종교적 대처는 발달장애 아동을 둔 부모에게 지지의 원천이 될 수 있다. 예를 들어 교회에 출석함으로써 자녀를 신의 선물로 받아들이고 종교 공동체와의 관계를 통해 연대감을 형성하며 정서적 지지를 얻을 수 있다.[33] 지금까지의 선행 연구에서는 발달장애 아동을 둔 부모의 건강 격차에 있어 종교성이 인종 간 차이를 설명하는 변수로 활용된 적은 없다. 그러나 종교적 대처가 흑인 집단에서 백인보다 훨씬 더 뚜렷하게 나타난다는 기존 연구 결과를[34] 고려할 때, 발달장애 아동 양육에 따른 부담에 대한 대처 전략으로서의 종교적 접근이 부모의 건강을 향상시킬 수 있다는 가설을 세울 수 있다. 발달장애 아동 부모를 대상으로 한 연구에서는 흑인 돌봄 제공자가 강한 가족주의(familism)와 종교성(religiosity)에 기반한 비공식적인 대처 자원을 더 많이 활용하며, 그 결과 더 나은 정신건강 상태를 보고했다.[35] 또한 흑인 돌봄 제공자는 백인에 비해 돌봄으로부터 더 큰 보람을 느낀다고 보고되었다.[36]

---

33 Skinner et al., "Role of Religion in the Lives of Latino Families of Young Children with Developmental Delays," *American Journal of Mental Retardation* 106 (2001): 297-313.

34 Neal Krause, "Church-Based Social Support and Health in Old Age: Exploring Variations by Race," *The Journals of Gerontology: Series B, Psychological Sciences and Social Sciences* 57, no. 6 (2002): 332-347.

35 Brown et al., "Measuring More than Exposure: Does Stress Appraisal Matter for Black-White Differences in Anxiety and Depressive Symptoms among Older Adults?," *Innovation in Aging* 4, no. 5 (2020): igaa040; Mouzon et al., "Everyday Racial Discrimination, Everyday Non-Racial Discrimination, and Physical Health among African Americans," *Journal of Ethnic & Cultural Diversity in Social Work* 26, nos. 1-2 (2017): 68-80.

36 Norma G. Cuellar, "A Comparison of African American and Caucasian American Female Caregivers of Rural, Post-Stroke, Bedbound Older Adults," *Journal of Gerontological Nursing* 28, no. 1 (2002): 36-45; Haley et al., "Well-Being, Appraisal, and Coping in African-American and Caucasian Dementia Caregivers: Findings

기존 연구에 따르면 종교는 발달장애 아동을 양육하는 부모에게 긍정적인 영향을 미친다. 특히 양육 과정에서 경험하는 스트레스나 불안은 종교적 신념과 실천을 통해 완화될 수 있으며, 이는 부모의 신체적, 정신적 건강에도 도움을 준다. 그렇다면 기독교는 이러한 맥락에서 어떤 역할을 할 수 있을까? 본 글에서는 발달장애 아동을 양육하는 부모들에게 기독교가 제공할 수 있는 자원과 그 영향을 살펴보고자 한다.

VI. 장애인에 대한 기독교적 세계관

발달장애 아동을 양육하는 가정을 교회 공동체와 혹은 개인이 어떻게 지원할 수 있는지 논의하기에 앞서, 장애를 바라보는 기독교적 세계관을 알아보고, 교회 공동체와 구성원들이 장애인 및 그 가족에 대한 인식이 무엇인지 살필 필요가 있다.

1. 기독교적 세계관

세상적인 가치관과는 구별되는 기독교적 세계관을 가지고 있는 교회 공동체는 모든 인간은 본질적으로 하나님의 형상을 따라 창조된 존엄한 존재라는 것을 전제로, 개개인이 다양한 삶의 의미와 가치를 가지고 있는 존재라고 여긴다. 사회적으로는 물질적인 요소나 유물론적 이론에 의하여 인간을 경제적 혹은 기능적 관점에서 본다면, 기독교

_____

from the REACH Study," *Aging & Mental Health* 8, no. 4 (2004): 316-329.

에서는 능력이 아닌 하나님께서 만드신 목적, 즉 하나님 나라의 백성이
며, 그렇기에 그 존재 자체로 존귀한 것으로 여겨진다. 이러한 의미에서
장애와 비장애의 구분은 기독교적 세계관에서 아무런 의미가 없다. 역
사적으로 보았을 때, 이러한 기독교적 세계관은 특수교육 및 장애인
복지 역사에서 인간의 이해에 긍정적인 기여를 하였고, 나아가 복지제
도에도 많은 변화를 불러왔다. 그럼에도 불구하고 장애인에 대한 인식
은 사회적으로나 교회적으로도 쉽게 개선되기가 어려운 것이 현실이
다. 선행 연구들에 의하면 유엔 장애인 권리협약(UN CRPD)과 세계보건
기구의 「세계 장애 보고서」(World Report on Disability)에 의하면 발달
정도가 높은 국가와 낮은 국가를 구분하는 요소 중 하나는 장애인 포용
의 수준이다.[37] 장애인의 권리 보장, 접근성 확보 그리고 적극적인 사회
참여를 얼마나 체계적으로 실현하고 있는지에 따라 구분될 수 있다.
즉, 국가의 인프라, 사회적 지원 체계, 포용적인 법제, 국민의 인식 수준
등이 장애인 포용의 수준을 결정짓는다. 이러한 장애인에 대한 포용의
수준은 교회 공동체라고 해서 결코 높지 않다. 일부 대형 교회를 중심으
로 장애인 전담 사역부가 운영되고 있기는 하지만, 발달장애 아동에게
맞춘 커리큘럼과 환경이 갖춰진 "사랑 교육부"는 흔하지 않다.

2. 한국교회의 장애인 인식

기독교회나 교인들이 장애인과 관련하여 갖는 태도는 주로 무관심

---

37 World Health Organization and World Bank, *World Report on Disability* (Geneva:
World Health Organization, 2011), https://www.who.int/publications/i/item/978
9241564182.

과 동정심, 불편함 등으로 나타난다. 장애인에 대한 인식은 긍정적이나 장애 교인을 위한 부서 설치에 대해서는 부정적인 교인들이 절반 이상인 경우, 그 이유로는 이질감, 불편함, 소통 곤란 등이 있었다.38 교회나 교인이 장애인에 대해 가지는 시선은 주로 동정이나 자선으로 보이며, 장애인 스스로도 본인을 동등한 인격체가 아닌 차별적 존재로 인식하고 있음을 인터뷰를 통해 밝혔다.39 비록 교회 내의 교인들이 장애인을 향해 갖는 인식이 전반적으로 우호적이지는 않았으나, 장애인들과 통합 예배를 드리는 교회를 대상으로 한 연구에서는 영적, 신앙적 입장에서 장애인과 함께 하는 통합 예배에 대한 인식과 그들에 대한 이해가 점차 나아진 것으로 나타났다.40

앞서 여러 선행 연구에서 목회자들이 장애인 혹은 장애인 사역에 갖는 의견은 대부분 비슷한 것으로 나타났다. 장애인 선교에 대해 우호적이면서, 동시에 교회가 가지고 있는 장애 학생을 위한 편의시설 및 프로그램에 대한 부족함을 앞으로 개선되어야 하는 점으로 꼽았다. 또한 장애인들과 장애 학생을 위한 프로그램이 미비한 것에 대해서는 교회 예산, 일반 성도들의 장애인에 대한 인식 그리고 목회자 자신들의 장애인관에 대한 교육과 계몽이 변화해야 한다고 의견을 표명했다.41 김종복42의 연구에 의하면 목회자들이 갖는 장애인에 대한 관심도는

38 박혜전·김정임·조영길, "한국 교회의 장애인식 및 장애수용(장애인 편의시설 포함)에 관한 연구," 「신앙과 학문」 17, no. 10 (2012): 97-126.
39 이만식, "성경적 관점에서 본 장애인과 장애인을 향한 선한 행위의 진정한 의미," 「교육교회」 no. 377 (2009): 52-57.
40 한정우·장옥례, "장애인복지시설 이용인의 지역사회 통합예배에 대한 비장애성도들의 인식," 「신학과 사회」 32, no. 2 (2018): 169-210.
41 박희경, "교회학교 통합교육에 대한 목회자의 인식" (석사학위논문, 대구대학교 교육대학원, 특수교육전공, 2009).

높은 편이나(63%) 그 이유가 단지 동정심(80%)에서 비롯된 것으로, 목회자들 또한 장애인에 대한 인식이 바뀔 필요가 있음을 시사하였다. 교인을 대상으로 한 연구나 목회자를 대상으로 한 연구 모두에서 장애인을 향한 무관심과 낮은 이해도가 공통으로 나타났다.[43]

선행 연구들은 교인과 목회자 모두에게 있어 장애인을 향한 인식 변화를 이루는 것이 가장 시급한 과제임을 보여준다. 나아가 교회 공동체와 개개인의 인식 변화뿐 아니라 자녀를 양육하는 부모들이 교회로부터 실질적인 도움과 지원을 받을 수 있도록 하여, 하나님의 말씀이 그들의 삶 전반에 함께하며 보다 건강한 삶을 영위하도록 기여해야 한다. 이러한 부분이 개선될 때, 기독교가 가정을 위해 수행할 수 있는 역할은 한층 더 큰 영향력을 발휘할 수 있을 것이다.

VII. 발달장애 아동 양육에 대한 기독교적 접근

자녀가 태어나는 순간 부모가 된다는 것은, 단순히 새로운 역할이 주어지는 것을 넘어서 새로운 생명의 평생을 책임져야 하는 중요한 임무를 부여받게 되는 것이다. 기독교 신앙은 인간이 모두 하나님의 형상대로 창조되었음을 강조하며,[44] 이러한 믿음 아래 많은 크리스천 부모는 자녀가 배 속에 있을 때부터 신앙 안에서 양육을 배우고 실천하

---

42 김종복, "현대사회의 장애인의 현실과 한국 교회의 역할" (발표 자료, 기독교사회복지엑스포 2005, 2005).

43 이천수, "장애인에 대한 신학생의 윤리의식 조사연구" (석사학위논문, 연세대학교 연합신학대학원, 기독교윤리 전공, 2005).

44 창세기 1:27.

고자 한다. 앞서 언급하였듯 발달장애 아동을 양육하는 부모들은 비발달장애 아동을 양육하는 부모와는 다른 다양한 차원의 도전에 직면한다. 의사소통, 행동 혹은 학습 등의 특성이 일반적인 발달과는 다르게 나타나며, 그로 인해 경제적 부담, 신체적 피로, 사회적 고립 등을 경험한다. 나아가 타인이 그들을 바라보는 시선이나 사회에서 느끼는 차별은 발달장애 아동보다 그들을 양육하는 부모 혹은 가족에게 낙인을 경험할 가능성을 제공한다.[45]

이들에게 기독교 신앙은 여러 가지 긍정적인 의미를 제공할 수 있다. 기독교 신앙을 갖는다는 것은 개인이 초자연적인 힘을 지닌 신을 의지하는 것으로 단순한 위로로 여겨질 수 있지만, 삶을 바라보는 관점 자체에 변화를 줄 수 있는 신학적, 실천적 자원이 될 수 있다. 질적 연구의 인터뷰 결과, 발달장애 아동을 양육하는 부모들은 아이들이 처음 태어나고서 그들의 존재를 하나님의 뜻 안에서 찾은 경우가 많았다. 이렇듯 모든 생명이 동등한 가치와 존엄성을 지닌 존재임을 강조하는 기독교 신앙 안에서는 발달장애 아동 역시 하나님 앞에서 귀하고 의미 있는 존재임을 깨달을 수 있게 되며, 나아가 자녀를 있는 그대로 사랑하고 수용할 수 있는 신앙적 기반을 가지게 된다. 양육하는 과정에서 많은 신앙인 부모는 발달장애 아동을 양육하는 과정을 통해 더 깊은 인내와 사랑, 자기 헌신을 경험하고, 나아가 아이와 스스로에 대한 삶의 목적을 깨닫게 되었다고 고백한다. 자신들의 역할이 하나님의 뜻을 실천하는 역할로 확장되면서 이들에게 많은 위로를 가져다 준다. 그러나 이와는

---

45 김기홍, "장애인에 대한 태도의 기독교 세계관적 차별성 탐색," 「신앙과 학문」 27, no. 1 (2022): 39-66.

반대로 자녀의 발달 상황을 지켜보며 본인이 지은 죄로 인해 아이가 고통을 받는다고 자책하는 경우 혹은 자신이 더 좋은 신앙인이 되어야 한다는 압박감과 부담감으로 스트레스가 오히려 상승되는 경우도 종종 찾아볼 수 있다.[46] 예를 들어 ADHD 아동을 양육하면서 우울감, 죄책감, 수치심 등의 부정적 정서를 경험하는 경우가 나타나기도 한다. 이러한 표현들은 결코 부모의 신앙심이 약하거나 문제가 있어서 나타난다고 단순히 해석될 순 없다. 아이를 양육하는 과정에서 나타날 수 있는 어려움의 표현으로, 이들 부모가 하나님과의 관계가 어떤지 점검해 줄 필요가 있다.

개인의 신앙은 내적인 자원으로 주로 본인 스스로가 가지는 마음가짐이나 "나"와 하나님과의 관계에서 비롯되지만, 외적인 자원도 결코 간과할 수 없다. 외적인 자원으로는 공동체적 성향이 강한 "교회"의 역할이 발달장애 아동을 가진 가정에 어떤 영향을 미치는지 반드시 조명되어야 한다. 양적 연구에서 "종교"는 개인의 신앙 혹은 하나님과의 관계로서의 지표로 나타나기도 하지만, 공동체의 역할로 해석된다. 즉, 예배를 드리는 빈도수, 교회에 함께 다니는 시체들과 나누는 시간 혹은 교회 공동체에서 받는 도움 등이 지표로 시험된다. 교회라는 공동체 안에서 비록 개인의 신앙이 단단하게 자리 잡지 않아도, 발달장애 아동을 양육하며 도움과 위로를 받을 수 있다.

이렇게 교회 공동체는 정서적, 실천적, 영적 지지의 장이 될 수 있다. 자녀 양육에 대한 부담을 함께 나누고, 기도와 격려를 주고받으며, 돌봄

---

46 전은혜·강연정, "ADHD 자녀를 둔 크리스천 부모의 양육 스트레스와 대처 경험에 관한 연구," 101-138.

사역이나 교육 프로그램을 통해 부모들이 고립되지 않고 공동체의 일원으로 존중 받는 경험을 할 수 있다. 예를 들어 일부 교회에서는 장애 아동을 위한 특수 주일학교 프로그램, 발달장애 가정 대상 목회 상담, 부모 기도 모임 등을 운영하며 돌봄자 중심의 사역이 활발히 이루어지고 있다.[47] 그러나 앞서 언급되었듯 일부 교회 공동체는 발달장애와 장애 아동에 대해 이해 부족, 편견 또는 침묵으로 반응하는 경우가 존재하기도 한다.[48] 예를 들어 어떤 부모는 자녀의 행동이 예배 방해로 간주되어 눈총을 받거나 특정 봉사에서 배제되는 경험을 하기도 한다. 이 경우 발달장애 아동의 가정이 교회 공동체에 적응하지 못하는 것은 물론, 부모들은 더 큰 죄책감이나 신앙적 갈등을 경험한다. 교회는 종교적 교리나 관습보다 성경에 나와 있는 하나님의 말씀을 기반으로 발달장애 아동을 가진 가정을 도울 필요가 있다. 예수님께서는 장애가 있는 지체들을 향해 장애가 존재하는 이유는 죄 때문에 아니요 하나님의 일이 드러나기 위함[49]이라고 제자들에게 가르치신다. 이것을 통해 우리 모두는 장애를 벌이나 업보로 바라보지 않고 하나님의 역사하심의 통로로 받아들여야 한다.

기독교 신앙은 발달장애 아동을 양육하는 부모에게 영적 위안, 정체성 재확인, 삶의 재해석, 공동체적 연대감이라는 자원을 제공한다. 개인의 신앙과 교회 공동체는 '위안'의 차원을 넘어 발달장애 아동 양육을 일상적이고 지속적인 하나님의 일에 참여하는 신앙의 여정으로 볼 수 있는 관점을 가질 수 있는 생각의 변환을 가져온다. 이제 조금 더 구체적

---

47 앞의 논문.
48 김기홍, "기독교 세계관적 차별성 탐색."
49 요한복음 9:1-3.

으로 기독교적 접근이 진정한 위로와 자원이 되기 위해서 어떠한 실천적 포용성과 교육, 구조적 지원 체계가 함께 마련되어야 하는지 살펴보고자 한다. 교회는 장애에 대한 인식 개선, 교육자 및 사역자 대상의 장애 감수성 훈련 그리고 발달장애 가족과의 소통을 위한 열린 공간을 마련함으로써 신앙 공동체 안에서 모든 가족이 존중 받고 연결될 수 있도록 해야 한다.

VIII. 돌봄 가족을 향한 기독교적 자원과 영향

예수 그리스도의 치유 사역을 통해 많은 이들이 정신적, 육체적 장애로부터 회복되었음을 우리는 알고 있다. 그러나 이러한 치유가 발달장애를 가진 가정에게 동일한 기적이 일어날 수 있다는 희망의 메시지로 국한되어서는 안 된다. 예수님께서 그들을 통해 하나님 나라의 본질과 하나님의 역사하심을 우리에게 보여주신다고 해석되어야 한다. 성경은 여러 차례 하나님께서 연약한 자들과 함께하시고 그들을 돌보시는 분이라는 것을 강조한다. 예를 들어 시편 34편 18절 "여호와는 마음이 상한 자에게 가까이하시고, 충심으로 통회하는 자를 구원하신다"라는 말씀은 하나님께서는 돌봄으로 마음이 지친 부모들과 함께 가까이 계실 것이라는 의미로 해석될 수 있다. 하나님께서는 이렇게 성경의 여러 말씀을 통해 자신의 존재를 추상적인 신의 존재가 아닌 고통의 자리에 함께하는 존재로 각인시키시며 당신의 임재와 동행을 경험하게 하신다.

기독교 신앙은 단순한 심리적 위안을 넘어 삶을 재구성하는 영적 자원이 되어야 하며, 고통 속에서 소망을 발견하고 고난의 의미를 새롭게 해석하는 힘을 주어야 한다. 그리하여 발달장애 아동을 양육하는 가족은 심리적 소진이나 사회적 고립 등에서 벗어날 수 있어야 한다. 그러기 위해서는 개인의 능력과 노력을 넘어 교회 공동체의 자원이 필요하다. 성경은 서로가 서로에게 도움이 되어 줄 것을 끊임없이 선포한다. "너희가 서로 짐을 지라. 그리하여 그리스도의 법을 성취하라"[50]는 말씀은 교회 공동체가 돌봄 가족의 짐을 함께 나누는 책임과 사명을 가지고 있음을 상기시킨다. 실제로 기독교 공동체는 기도, 상담, 물질적 지원, 양육 프로그램 등 다양한 방식으로 돌봄 가족을 지원하는 역할을 할 수 있다. 발달장애 아동의 주일학교 통합, 부모를 위한 기도 모임, 쉼을 제공하는 돌봄 사역 등이 그 예가 될 수 있겠다. 그러나 이런 가정들에게 지원되는 자원 이외에, 이 자원이 좀 더 효과적으로 기능하기 위해서는 교회 공동체의 수용성과 민감성도 고려되어야 한다. 교회 내에서 장애에 대한 무지나 편견, 정형화된 가족상에 대한 기대로 인해 돌봄 가족이 소외되거나 위축되는 경우가 있다. 따라서 교회는 발달장애에 대한 인식을 개선하고 포용적 예배와 사역을 위한 교육과 구조적 지원 체계 또한 마련해야 한다.

기독교는 돌봄을 단순한 의무가 아닌 소명(call)과 섬김의 기회로 해석해야 한다. 연약한 자를 돌보는 행위가 곧 하나님께 드리는 섬김[51]임을 보여주며, 기독교 신앙은 부모가 자녀를 양육하는 과정과 교회 공동체가 이러한 가정을 섬기는 모습을 영적 여정으로 이해하게끔 한다. 즉, 일상의 돌봄 속에서 하나님의 뜻을 실현하는 삶을 살아내야 하는

---

50 갈라디아서 6:2(개역개정).
51 마태복음 45:20.

것이다. 결론적으로 기독교 신앙은 돌봄 가족에게 정서적, 영적 지지뿐 아니라 삶의 의미와 공동체적 소속감을 제공하는 다층적인 자원이다. 성경의 말씀에 근거하여 교회가 돌봄 가정에 대한 사랑과 자비를 어떠한 실천으로 구체화할 수 있는지 규명할 필요가 있다. 본 연구는 교회 공동체 차원의 프로그램 자원과 개인 신자의 역할을 제시하기에 앞서, 장애 포용성이 상대적으로 높은 것으로 평가되는 미국 교회의 사례를 검토하여 장애인 및 그 가족을 위한 예배, 교육, 지원 모델을 알아보고, 우리 맥락에 적용 가능성이 높은 실행 항목은 무엇이 있는지 알아보고자 한다.

1. 미국 교회의 사례

미국 교회는 장애인과의 통합 예배에 비교적 익숙한 편이다. 그렇다고 해서 모든 교회와 교인이 갖는 장애인에 대한 인식이 언제나 우호적인 것은 아니다. 비록 교회 내 통합과 소속감이 중요시되고 포용을 지향하지만, 공간적, 관계적, 역할적 실행이 신학적 지향과 맞물려 일어나기는 힘든 것으로 보고되었다.[52] 교회의 소명은 공동 예배이며 모든 이들의 완전한 참여이지만, 의사소통이나 태도에서 오는 장벽으로 인해 통합 예배가 어려움을 시사하기도 하였다.[53] 2024년 미 전역에 있는 교회 접근성 예비 조사에 의하면 비록 일부 교회는 통합 예배에 우호적

---

52 Erik W. Carter, "The Inclusive Church and Children with Disabilities," *Catholic Education: A Journal of Inquiry and Practice* 23, no. 2 (2020): 289-299; Erik W. Carter et al., *Toward Accessible Worship: The Experiences and Insights of Christians with Disabilities* (Waco, TX: Baylor Center for Developmental Disabilities, 2023).

53 Carter et al., *Toward Accessible Worship*.

이고 실행 역량을 갖추고 있으나, 장애인 주차 시설 같은 기본 인프라도 부족한 교회가 다수인 것으로 확인되었다.[54] 다시 말해 원칙상의 포용은 높은 것처럼 보이지만, 현장 실행의 수준은 낮은 것이다. 선행 연구 또한 교회 공동체에서 자녀가 환영받지 못한다고 느끼거나 필요한 지원이 부족하다고 인식될 때 가족이 예배 및 활동 참여를 회피하는 경향을 보고한다.[55] 다만 이러한 불참은 교회의 환대 부족만으로 환원되기보다 종교성이 높은 부모가 공적 예배 공간에서 자녀의 예측 불가능한 행동을 우려해 스스로 회피 전략을 취하는 요인도 작동할 수 있다는 해석이 제시된다.[56]

미국의 교회들은 교회 건물과 내부 공간에 물리적 접근성을 높이는 장치들을 마련하고 예배 참여를 용이하게 하는 다양한 기술적 지원을 활용하는 방식과 자원으로 교회에 참석하는 장애인들을 배려하고자 한다. 이러한 건물적 혹은 기술적 노력은 건물과 구조적 실행 전반을 점검하는 "장애접근성감사"(Accessibility Audit)를 참고하면 알 수 있다.[57] 체크 리스트에는 경사로, 엘리베이터, 무장애 화장실 및 좌석 등의 설치를 확인하게 되어 있으며 보조기기, 수화 통역, 무향료 권장

---

54 Stewart-Ginsberg et al., "A Preliminary National Survey of Accessible Features of Churches in the United States," *Review of Religious Research* 66, no. 4 (2024): 631-648.

55 Thomas L. Boehm and Erik W. Carter, "Facets of Faith: Spirituality, Religiosity, and Parents of Individuals with Intellectual Disability," *Intellectual and Developmental Disabilities* 57, no. 6 (2019): 512-526.

56 Jessica A. Parker, Barbara Mandleco, Susanne Olsen Roper, Donna Freeborn, and Tina Taylor Dyches, "Religiosity, Spirituality, and Marital Relationships of Parents Raising a Typically Developing Child or a Child with a Disability," *Journal of Family Nursing* 17, no. 1 (2011): 82-104.

57 Western North Carolina Conference of The United Methodist Church, *Annual Accessibility Audit.*

등의 내용도 포함되어 있다. 그 외에 기술적 자원으로는 대활자 자료의 제공, 청각 보조 장치 및 실시간 자막의 활용, 조도 및 음량 조절 등으로 감각 친화적 환경 조정이 보고되었다.[58] 나아가 감각적인 부분에 장애가 있는 아이들을 위해 버지니아에 위치한 마운트올리벳감리교회(Mount Olivet United Methodist Church)는 "Calm Worship"을 도입하여 감각 친화적 예배를 제공하고 있기도 한다. 휴스턴에 위치한 레이크우드교회는 Champions Club을 도입해 발달장애 및 의료적 취약 아동을 위한 다영역 발달 공간과 동반자 지원을 제공하기도 한다. 예배에 동행하는 것은 발달장애 아동을 양육하는 가정에게 선택권을 주는 방법을 택하였다(Lakewood Church, Houston, Texas). 미국 교회 중에는 예배 도중에도 장애 아동이 쉽게 예배 중간에 바깥을 나갈 수 있도록 별도의 공간 (quiet/calm room)을 마련하기도 한다. 그러나 이러한 통합 예배를 향한 노력에도 불구하고 발달장애 아동을 둔 가정은 비장애인 아동을 양육하는 가정보다 교회 출석을 중단할 확률이 약 두 배 높은 것으로 나타났다.[59]

교회 공동체는 기독교 세계관에 근거하여 하나님의 말씀 안에서 모든 이를 포용해야 하는 사명이 있음은 분명하다. 그러나 이를 현실에서 구현하는 일은 한국과 미국 모두에서 여전히 쉽지 않다.

---

58 United Methodist Church, Global Ministries, *Disability Awareness Sunday FAQs*.

59 Andrew L. Whitehead, "Religion and Disability: Variation in Religious Service Attendance Rates for Children with Chronic Health Conditions," *Journal for the Scientific Study of Religion* 57 (2018): 377-395.

Ⅸ. 교회 공동체와 개인 신자의 역할과 개선점

발달장애 아동과 그들을 양육하는 가정을 위해 교회 공동체와 개인 신자는 무엇보다 그들의 하나님 형상으로서 존엄과 가치를 인정해야 한다. 그리고 나아가 교회는 구체적 개선점과 이들을 위한 자원을 제공함으로써 신앙 안에서 충분한 지지와 돌봄을 경험할 수 있도록 하는 중요한 사명을 가지고 있다. 이는 단순히 예배 공간의 개방이나 물질적 지원에 국한되지 않고 신학적 이해와 실천적 구조를 동시에 갖추는 포괄적 접근을 요구한다.

1. 포용적 예배 및 교육 환경 조성

포용적인 예배란 단순히 '함께 예배에 참석하는 것'을 넘어 발달장애 아동이 자신의 특성과 필요에 맞게 참여할 수 있는 공간과 환경을 마련하는 것을 의미한다. 예를 들어 미국의 감리교단에서 사용하는 장애접근성 감사와 같은 체크 리스트가 용이하게 사용될 수 있다. 교단과 지역 차원의 표준화된 접근성 점검 등의 최소 기준 설정을 만들 필요가 있다. 예배당에는 휠체어 접근이 가능한 경사로, 조절 가능한 조명과 음향 장치, 감각 과부하를 줄일 수 있는 'Calm Room'이 마련될 수 있다.

교육 부문에서는 발달장애 아동을 위한 특수 주일학교를 운영할 수 있다. 개별화 교육 계획과 같은 맞춤형 성경 교육을 제공할 수 있으며, 이를 위해 발달장애 아동의 학습·행동 특성을 이해하는 교육 자료와 시청각 자료뿐 아니라, 이를 지도하고 지원할 전문 교사가 필요하다. 자원봉사자의 참여가 중요하나, 일반 교인 중심의 운영은 지속성과 전문성의 한계 및 봉사자 부담을 초래할 수 있으므로 특수교사, 언어치료사, 행동 지원 전문가 등 발달장애 교육에 특화된 전담 인력을 적절히 고용하는 방안이 효과적일 수 있다.

2. 돌봄 가족 지원 사역 강화

교회는 발달장애 아동의 부모와 가족이 겪는 사회적 고립, 정서적 피로, 영적 갈등을 완화하는 지원 사역을 확대할 필요가 있다. 정기적인 부모 기도 모임, 목회 상담 프로그램, 부모 간 네트워크를 통해 경험과 정보를 나누고 서로의 신앙을 격려할 기회를 제공해야 한다. 상담 프로그램은 단기 위기 대응에 그치지 않고, 오랜 관계를 맺고 꾸준히 하는 것을 목표로 한다. 아동을 양육하는 부모들을 대상으로 하는 만큼, 부모가 신학적 관점에서 자녀를 바라보고 이해할 수 있도록 돕는다.

3. 교사 및 봉사자 교육 체계화

발달장애 아동 사역에 참여하는 교사와 봉사자에 대한 전문성 강화가 필수적이다. 외부 전문가 초청 특강이나 장애 인식 개선 워크숍을 통해 교사와 봉사자가 실제 사역에서 자신감을 가지고 섬길 수 있도록 한다. 앞서 언급하였듯 특수교사, 언어치료사, 행동 지원 전문가 등 발달장애 교육에 특화된 전담 인력을 고용하되, 동시에 일반 봉사자들에 대해 (1) 발달장애 아동의 발달 특성 및 행동 이해, (2) 효과적인 의사소통 방법과 긍정적 행동 지원, (3) 위기 상황 대처 방안 및 안전 관리 등과 같은 교육이 정기적으로 이루어질 수 있다.

4. 실질적, 물질적 지원

교회는 단순히 영적, 정서적 돌봄을 넘어 가정의 실질적 필요를 채우는 사역에 적극 나설 수 있다. 예를 들어 경제적 어려움을 겪는 가정을 위한 장학금 및 돌봄 기금, 부모가 휴식을 취할 수 있도록 하는 Respite Care 프로그램 운영 그리고 발달장애 아동 교육·재활에 필요한 교재, 장비, 치료비 일부 지원 등으로 장기적이고 구조적인 형태로 지속되는 것을 목표로 한다.

5. 지역사회와의 연대

교회는 발달장애 가정을 위한 지원을 교회 안에만 국한하지 않고, 지역사회와 협력하여 더 넓은 네트워크를 형성할 수 있다. 지역의 복지관, 특수학교, 장애인 가족지원센터 등과 파트너십을 맺어 필요한 자원을 신속하고 효율적으로 연결하는 브리지 역할을 할 수 있다.

X. 개인 신자의 실천 방안

교회 구성원 개개인 역시 발달장애 가정을 향해 따뜻하고 실질적인 도움을 제공할 수 있다. 가장 중요한 것은 '정상'과 '비정상'이라는 기준을 내려놓고 발달장애 아동과 그 가족을 한 인격체로 존중하는 태도다. 무심한 시선이나 동정심 대신 공감과 경청이 관계 형성의 출발점이 된다. 때로는 말보다 함께 있어 주는 시간과 기도가 더 큰 힘이 될 수 있다. 실질적인 도움을 제공하는 것 또한 개인 신자가 할 수 있는 역할이다. 식사 나눔, 차량 지원, Respite Care 프로그램 봉사, 가정 방문 등이 있다. 마지막으로 정기적으로 발달장애 아동과 그 가족을 위해 중보 기도를 드리고 기도 제목을 나누며 영적 연대감을 형성한다. 이는 부모들에게 "우리는 혼자가 아니다"라는 깊은 위로와 확신을 제공한다.

XI. 결론

발달장애 아동을 양육하는 일은 부모의 정신건강에 영향을 미친다는 사실은 이미 광범위한 연구를 통해 확인되었다. 우울, 불안, 스트레스의 위험이 높다는 일관된 증거가 연구 결과로 도출되었으나, 그들의 삶이 부정적 정서로만 규정되지는 않는다. 다수의 부모는 신앙과 종교성을 중요한 대처 자원으로 삼아 자녀를 "하나님의 선물"로 이해하고 돌봄의 과정에서 삶의 목적과 의미를 발견한다. 동시에 선행 연구는 신앙이 공동체적 지지와 결합되지 않을 경우 그 효과가 제한되거나 오히려 부담으로 나타날 수 있음을 보여준다. 그러므로 기독교적 세계관과 신학적 이해를 구체적 실천으로 전환하는 교회의 역할이 이 가정을 위해 반드시 필요하다.

교회 공동체가 취할 수 있는 실천적 지원은 다음과 같다. 첫째, 포용적 예배 및 교육 환경을 마련한다. 접근성 점검, 의사소통 지원, 감각 친화 조정, 유연한 좌석 배치, 개별화 예배 및 교육 계획을 도입해야 한다. 둘째, 돌봄 가족 지원 사역을 체계화한다. 정기적으로 부모 기도 모임을 갖고 목회 상담과 부모 네트워크를 상시 운영하며 respite care

프로그램을 도입한다. 셋째, 역량 강화를 제도화한다. 교사 및 봉사자 교육을 체계화하여 발달장애 아동의 발달 특성, 의사소통, 긍정적 행동 지원, 위기 대응 교육을 하고, 설교나 교육을 통해 장애 인식과 신학적 토대를 만들 필요가 있다. 마지막으로 교회는 사회 지역과 유대를 쌓아 네트워크 및 자원을 확장할 필요가 있다. 복지관, 특수학교 혹은 가족지원센터와 협력하여 치료, 교육, 상담과 같은 자원을 연결시킨다. 그리고 이러한 것들이 체계적으로 운영되기 위해서는 평가지표를 마련하여 정기적으로 감사를 실시할 필요가 있다. 이 모든 일을 단기간에 이룰 수는 없다. 그러나 이러한 계획과 노력조차 없다면 돌봄 이론이 주장하는 종교가 가져올 수 있는 긍정적인 효과는 그저 이론에만 불과한 것이 될 것이다.

향후 연구에서는 교단, 지역, 문화권에 따른 발달장애 아동과 그 가정을 교회 공동체가 어떻게 도움을 주는지에 대한 비교연구 그리고 한국/미국 교회 맞춤형 실행연구 등을 통해 결과들을 더욱 정교화할 필요가 있다.

예수님께서 소외된 자들과 함께하셨던 것처럼, 교회는 발달장애 아동과 그 가정을 공동체의 중심에 두어야 한다. 발달장애 가정에 대한 교회 공동체의 섬김은 단순한 자선 활동이 아니라 하나님의 나라를 이 땅에 구현하는 사역이다. 개인의 신앙과 공동체의 구조가 함께 일할 때, 이 가정들은 신앙 안에서 회복과 소망을 경험하게 될 것이며, 교회는 지속 가능한 포용의 문화를 만들어 갈 수 있다.

참고문헌

김기홍. "장애인에 대한 태도의 기독교 세계관적 차별성 탐색." 「신앙과 학문」 27, no. 1 (2022): 39-66.

김종복. "현대사회의 장애인의 현실과 한국 교회의 역할." Conference presentation, 기독교사회복지엑스포, 2005.

대한민국. 발달장애인 권리보장 및 지원에 관한 법률 제2조(정의). 법률 제20095호 (2024. 1. 23. 일부개정, 시행 2024. 6. 14.). 국가법령정보센터. https://www.law.go.kr.

박혜전·김정임·조영길. "한국 교회의 장애인식 및 장애수용(장애인 편의시설 포함)에 관한 연구." 「신앙과 학문」 17, no. 10 (2012): 97-126.

박희경. "교회학교 통합교육에 대한 목회자의 인식." Master's thesis, 대구대학교 교육대학원, 특수교육전공, 2009.

이만식. "성경적 관점에서 본 장애인과 장애인을 향한 선한 행위의 진정한 의미." 「교육교회」 no. 377 (2009): 52-57.

이정은. "지적장애아동 부모의 양육스트레스와 사회적 고립감의 관계에서 양육불안의 매개효과." 신라대학교 학위논문, 2020.

이천수. "장애인에 대한 신학생의 윤리의식 조사연구." Master's thesis, 연세대학교 연합신학대학원, 기독교윤리 전공, 2005.

전은혜·강연정. "ADHD 자녀를 둔 크리스천 부모의 양육 스트레스와 대처 경험에 관한 연구." 「복음과 상담」 31, no. 2 (2023): 101-138.

한정우·장옥례. "장애인복지시설 이용인의 지역사회 통합예배에 대한 비장애성도들의 인식." 「신학과 사회」 32, no. 2 (2018): 169-210.

AARP and National Alliance for Caregiving. *Caregiving in the US 2025*. Washington, DC: AARP, July 24, 2025.

Baker, Bruce L., Jan Blacher, Keith Crnic, and Craig Edelbrock. "Behavior Problems and Parenting Stress in Young Children with Developmental Disabilities: A Transactional Relationship." *American Journal on Mental Retardation* 108, no. 2 (2003): 103-112.

Boehm, Thomas L. and Erik W. Carter. "Facets of Faith: Spirituality, Religiosity, and Parents of Individuals with Intellectual Disability." *Intellectual and Developmental Disabilities* 57, no. 6 (2019): 512-526.

Boyle, C. A., S. Boulet, L. A. Schieve, R. A. Cohen, S. J. Blumberg, M. Yeargin-Allsopp, et al. "Trends in the Prevalence of Developmental Disabilities in US Children, 1997-2008." *Pediatrics* 127, no. 6 (2011): 1034-1042.

Brehaut, J. C., D. E. Kohen, P. Raina, S. D. Walter, D. J. Russell, M. Swinton, M. O'Donnell, and P. Rosenbaum. "The Health of Primary Caregivers of Children with Cerebral Palsy: How Does It Compare with That of Other Canadian Caregivers?." *Pediatrics* 114, no. 2 (2004): e182-e191.

Brown, L. L., L. R. Abrams, U. A. Mitchell, and J. A. Ailshire. "Measuring More than Exposure: Does Stress Appraisal Matter for Black-White Differences in Anxiety and Depressive Symptoms among Older Adults?." *Innovation in Aging* 4, no. 5 (2020), igaa040.

Cantwell, K., E. Cook, and E. Baron. "Parental Self-Efficacy and Family Resilience in Raising Children with Developmental Disabilities." *Journal of Family Psychology* 28, no. 3 (2014): 345-355.

Carter, Erik W. "The Inclusive Church and Children with Disabilities." *Catholic Education: A Journal of Inquiry and Practice* 23, no. 2 (2020): 289-299

Carter, Erik W., Michael Tuttle, Emilee Spann, Charis Ling, and Tiffany B. Jones. "Toward Accessible Worship: The Experiences and Insights of Christians with Disabilities." *Journal of Disability & Religion* 28 (2) (2023): 189-219.

Cohen, Sheldon and S. Leonard Syme, eds. *Social Support and Health*. Orlando, FL: Academic Press, 1985.

Cohen, Sheldon and Thomas A. Wills. "Stress, Social Support, and the Buffering Hypothesis." *Psychological Bulletin* 98, no. 2 (1985): 310-357.

Cox, Carol E., Patricia A. Smith, and John D. Brown. "Social Support and Caregiver Stress: Implications for Intervention." *Journal of Marital and Family Therapy* 15, no. 2 (1989): 123-138.

Crenshaw, Kimberlé. "Demarginalizing the Intersection of Race and Sex: A

Black Feminist Critique of Antidiscrimination Doctrine, Feminist Theory and Antiracist Politics." *University of Chicago Legal Forum* 1989, no. 1 (1989): 139-167.

Cuellar, Norma G. "A Comparison of African American and Caucasian American Femalen Caregivers of Rural, Post-Stroke, Bedbound Older Adults." *Journal of Gerontological Nursing* 28, no. 1 (2002): 36-45.

Dunn, Elizabeth W., M. Ng, and L. McCormick. "Social Networks in Caregiving: Examining the Role of Social Support in Mitigating Caregiver Burden." *Journal of Applied Gerontology* 40, no. 2 (2021): 175-184.

Eisenhower, Abbey S., Bruce L. Baker, and Jan Blacher. "Preschool Children with Intellectual Disability: Syndrome Specificity, Behaviour Problems, and Maternal Well-Being." *Journal of Intellectual Disability Research* 49, no. 9 (2005): 657-671.

Ekas, Naomi V., Thomas L. Whitman, and Carolyn Shivers. "Religiosity, Spirituality, and Socioemotional Functioning in Mothers of Children with Autism Spectrum Disorder." *Journal of Autism and Developmental Disorders* 39, no. 5 (2009): 706-719.

Freedman, D. A., M. M. Seltzer, and J. S. Greenberg. "Future Planning and Resource Concerns among Parents of Children with Developmental Disabilities." *Journal of Family Psychology* 11, no. 3 (1997): 345-356.

Gariépy, G., H. Honkaniemi, and M. Quesnel-Vallieres. "Social Support and Mental Health: A Systematic Review of Longitudinal Studies." *PLOS ONE* 13, no. 9 (2018), e0202877.

Ha, J. H., J. Hong, M. M. Seltzer, and J. S. Greenberg. "Age and Gender Differences in the Well-Being of Midlife and Aging Parents with Children with Mental Health or Developmental Problems: Report of a National Study." *Journal of Health and Social Behavior* 49, no. 3 (2008): 301-316.

Haley, William E., Laura N. Gitlin, Steven R. Wisniewski, Diane F. Mahoney, David W. Coon, Laura Winter, Mary Corcoran, Susan Schinfeld, and Marcia Ory. "Well-Being, Appraisal, and Coping in African-American and Caucasian Dementia Caregivers: Findings from the REACH Study." *Aging & Mental Health* 8, no. 4 (2004): 316-329.

Halstead, L. K., S. M. Graham, and S. Buchholz. "The Impact of Caregiving on Quality of Life: A Qualitative Study of Family Caregivers." *Journal of Gerontological Social Work* 60, no. 2 (2017): 93-111.

Krause, Neal. "Church-Based Social Support and Health in Old Age: Exploring Variations by Race." *The Journals of Gerontology: Series B, Psychological Sciences and Social Sciences* 57, no. 6 (2002): 332-347.

Lazarus, Richard S. and Susan Folkman. *Stress, Appraisal, and Coping.* New York: Springer, 1984.

McConnell, David, Amanda Savage, and Rachael Breitkreuz. "Resilience in Families Raising Children with Disabilities and Behavior Problems." *Research in Developmental Disabilities* 35, no. 4 (2014): 833-848.

McCubbin, Hamilton and Joan M. Patterson. "The Family Stress Process: The Double ABCX Model of Adjustment and Adaptation." *Marriage & Family Review* 6 (1983): 7-37.

Mouzon, Dawne M., Robert J. Taylor, Amanda T. Woodward, and Linda M. Chatters. "Everyday Racial Discrimination, Everyday Non-Racial Discrimination, and Physical Health among African-Americans." *Journal of Ethnic & Cultural Diversity in Social Work* 26, nos. 1-2 (2017): 68-80.

Olsson, Mats B. and Christer P. Hwang. "Depression in Mothers and Fathers of Children with Intellectual Disability." *Journal of Intellectual Disability Research* 45, no. 6 (2001): 535-543.

Parker, Jessica A., Barbara Mandleco, Susanne Olsen Roper, Donna Freeborn, and Tina Taylor Dyches. "Religiosity, Spirituality, and Marital Relationships of Parents Raising a Typically Developing Child or a Child with a Disability." *Journal of Family Nursing* 17, no. 1 (2011): 82-104.

Pearlin, Leonard I. "Caregiving and the Stress Process: An Overview of Recent Advances." *Journal of Health and Social Behavior* 51, suppl. (2010): S1-S9.

_____. "Social Structure and Processes of Social Support." In *Social Support and Health.* Edited by Sheldon Cohen and S. Leonard Syme, 43-60. New York: Academic Press, 1985.

Pearlin, Leonard I., Joseph T. Mullan, Shirley J. Semple, and Marilyn M. Skaff. "Caregiving and the Stress Process: An Overview of Concepts and Their Measures." *The Gerontologist* 30, no. 5 (1990): 583-594.

Pinquart, Martin and Silvia Sörensen. "Ethnic Differences in Stressors, Resources, and Psychological Outcomes of Family Caregiving: A Meta-Analysis." *The Gerontologist* 45, no. 1 (2005): 90-106.

Poston, Denise J. and Ann P. Turnbull. "Role of Spirituality and Religion in Family Quality of Life for Families of Children with Disabilities." *Education and Training in Developmental Disabilities* 39, no. 2 (2004): 95-108.

Roth, David L., Laura Fredman, and William E. Haley. "Positive Aspects of Caregiving: A Meta-Analysis of Caregiver Outcomes." *The Journals of Gerontology: Series B* 70, no. 6 (2015): 1172-1182.

Seltzer, Marsha M., J. S. Greenberg, F. J. Floyd, J. Hong, G. Orsmond, and A. J. Esbensen. "Life Course Outcomes of Siblings of Adults with Mental Illness, Intellectual Disability, or Autism." *American Journal on Mental Retardation* 114, no. 4 (2009): 249-267.

Seltzer, M. M., J. S. Greenberg, J. Hong, L. E. Smith, D. M. Almeida, C. Coe, and R. S. Stawski. "Maternal Cortisol Levels and Behavior Problems in Adolescents and Adults with ASD." *Journal of Autism and Developmental Disorders* 40, no. 4 (2010): 457-469.

Skinner, Debra G., Victoria Correa, Marti Skinner, and Donald B. Bailey, Jr. "Role of Religion in the Lives of Latino Families of Young Children with Developmental Delays." *American Journal of Mental Retardation* 106 (2001): 297-313.

Stewart-Ginsburg, J. H., Erik W. Carter, M. J. Ault, A. Tanner, and C. Becker. "A Preliminary National Survey of Accessible Features of Churches in the United States." *Review of Religious Research* 66, no. 4 (2024): 631-648.

Thoits, Peggy A. "Stress, Coping, and Social Support Processes: Where Are We? What Next?." *Journal of Health and Social Behavior* 35 (1995): 53-79.

Turner, R. Jay and Blair J. Turner. "Family Caregiving and the Stress Process:

A Reappraisal." *The Journals of Gerontology: Series B, Social Sciences* 60, no. 1 (2005): 68-76.

_____. *Handbook of Family Stress, Coping, and Health: Theory, Research, and Clinical Applications.* New York: Springer Publishing Company, 2013.

United Methodist Church, Global Ministries. *Disability Awareness Sunday FAQs.* Accessed August 2, 2025. https://umcmission.org/disability-awareness-sunday-faqs-2/?utm_source=chatgpt.com.

Western North Carolina Conference of The United Methodist Church. *Annual Accessibility Audit.* Accessed August 2, 2025. https://www.wnccumc.org/files/tables/content/12978883/fields/files/0b2e4f4160bf447697da1ee555e2346a/umc-accessibility-audit-2019-fillable_rev09_2019.pdf.

Whitehead, Andrew L. "Religion and Disability: Variation in Religious Service Attendance Rates for Children with Chronic Health Conditions." *Journal for the Scientific Study of Religion* 57 (2018): 377-395.

Williams, A. W., J. E. Ware Jr., and C. A. Donald. "A Model of Mental Health, Life Events, and Social Supports Applicable to General Populations." *Journal of Health and Social Behavior* 22, no. 4 (1981): 371-386.

World Health Organization and World Bank. *World Report on Disability.* Geneva: World Health Organization, 2011. https://www.who.int/publications/i/item/9789241564182.

이민교회 청소년의 타문화 경험
— 문화 간 역량 증진을 위한 기독교교육적 탐구

최윤정 박사 / 실천신학

I. 서론

21세기 글로벌 사회의 특징은 자본, 정보, 문화의 빠른 이동이다. 이 시대 청소년들은 과거 어느 때보다 다양한 문화를 경험하며 살아간 다. 실제로 해외 봉사활동, 국제 청소년 캠프, 교환 학생뿐만 아니라 자신이 거주하는 지역의 다문화 팽창으로 인해 타문화를 접할 기회가 크게 확대되었다.[1] 다문화 사회의 확산과 글로벌 이동의 증가로 인한 타문화 접촉 기회는 타문화 감수성에 대한 논의를 함께 증진시켰다.

---

1 Michael Byram, *Teaching and Assessing Intercultural Communicative Competence* (Clevedon, UK: Multilingual Matters, 1997); R. Michael Paige et al., *Maximizing Study Abroad: A Students' Guide to Strategies for Language and Culture Learning and Use* (Minneapolis: University of Minnesota, 2003).

이제 타문화 감수성은 더 이상 선택적 사항이 아니라 세계인의 필수적 역량이 되었다.

타문화 경험은 단순히 언어 습득이나 사회적 교류 활동을 넘어 청소년의 정체성과 가치관 발달 그리고 사회적 역량 발달에 많은 영향을 미친다. 에릭슨은 청소년기를 자아 정체성 확립이 이루어지는 중요한 단계로 규정했는데,[2] 이 시기에 청소년들은 다양한 문화 경험을 통해 자신의 정체성을 탐색하고 확장해 나간다. 실제로 미국 이민 가정 청소년들에 대한 연구에서도 나타나듯이,[3] 다문화 환경에서 자라난 청소년들은 문화적 차이에 대한 민감성을 통해 정체성의 갈등을 조정하고 자아의 개념을 보다 통합적으로 형성해 나간다.[4]

특히 타문화 감수성은 문화적 차이에 대한 인식과 존중 그리고 타문화의 수용 및 대처 능력과 밀접한 관계가 있기에 글로벌 시대 청소년기에 갖추어야 할 핵심 역량으로 주목받고 있다.[5] 무엇보다 타문화 감수성은 타문화 역량에 대한 기초적 토대가 된다는 점에서 글로벌 시민이 갖추어야 할 기본 자질로 간주된다. 디어도르프는 문화 간 상호 작용에서 효과적인 의사소통 능력과 적절한 상호 관계 능력이 타문화 감수성

---

2 Erik H. Erikson, *Identity: Youth and Crisis* (New York: W. W. Norton & Company, 1968).

3 Yoonjung Choi, *Short-Term Mission as Intercultural Learning: A Grounded Theory of the Growth Experiences of Korean-American Adolescents* (Ph.D. diss., Biola University, 2009).

4 최윤정, "이주 배경 자녀를 돌보는 교회," 「목회와 신학」 통권 355호 (2019. 1.): 64-69.

5 Guo-Ming Chen and William J. Starosta, "A Review of the Concept of Intercultural Sensitivity," *Human Communication* 3, no. 1 (2000): 1-16; Milton J. Bennett, "Towards Ethnorelativism: A Developmental Model of Intercultural Sensitivity," in *Education for the Intercultural Experience*, ed. R. Michael Paige (Yarmouth, ME: Intercultural Press, 1993), 21-71.

에서 출발한다고 강조하였다.6 이는 곧 문화적 감수성이 타문화를 존중하는 정서적 태도를 넘어 구체적인 타문화 콘텍스트에서 문화적 차이를 인지하고 조율하며 상대방과 협력적 관계를 형성할 수 있는 실천적 능력으로 이어진다는 것을 의미한다.

이러한 논의는 콜브의 경험학습 이론, 베네트의 타문화 민감성 발달 모델 그리고 디어도르프의 문화 간 역량 평가 모형과도 밀접한 관련을 지닌다. 본 논문은 이들의 이론적 배경을 토대로 청소년들의 타문화 경험을 살펴보고자 한다. 즉, 청소년기의 타문화 경험과 타문화 감수성 간의 상관관계를 이론적 고찰을 통해 분석하고, 특히 타문화 경험이 타문화 감수성 발달에 미치는 긍정적 영향을 통해 글로벌 시대에 타문화 감수성이 갖는 교육적이고 사회적인 의의를 논의해 보고자 한다. 더 나아가 청소년기의 타문화 경험이 이민교회 안에서의 신앙 전수와 한국어와 한국 문화에 대한 교육 그리고 21세기 사회의 글로벌 시민으로 성장하는 데 어떻게 기여할 수 있는지를 탐구함으로써 기독교교육적 함의를 제시하려고 한다. 궁극적으로 이를 통해 이민 사회 청소년 교육의 새로운 방향성과 글로벌 시민 양성에 대한 전략적 필요성을 강조하고자 한다.

II. 경험학습 이론과 문화 간 학습의 교육적 기초

미국 교육 이론가인 데이비드 콜브는 경험학습과 학습자 중심의 교

---

6 Darla K. Deardorff, "Identification and Assessment of Intercultural Competence as a Student Outcome of Internationalization," *Journal of Studies in International Education* 10, no. 3 (2006), 242.

육을 강조하였다. 그의 경험학습(Experiential Learning) 이론은 단순히 정보나 지식을 습득함으로써 인지적으로 변화하는 차원이 아니라 학습자의 구체적인 학습 경험이 실천적 변화로 이어진다는 내용을 골자로 한다.7 그는 듀이의 실용주의적 경험관, 레빈의 현장 이론과 행동 연구, 피아제의 동화와 조절의 개념을 통합하여 학습을 순환적인 과정으로 이해했다.8 콜브는 이를 경험학습 모형으로 체계화하였는데, 이 모형에 의하면 학습은 구체적 경험(Concrete Experience), 성찰적 관찰(Reflective Observation), 추상적 개념화(Abstract Concep- tualization), 능동적 실험(Active Experimentation)의 네 단계가 순환적으로 연결되면서 이루어진다.9

학습자는 우선 구체적인 경험을 통해 새로운 상황에 직면하며 자신이 기존에 가졌던 인식의 틀에 도전을 받는다. 여기에서 학습자는 경험에 몰입하고 자신이 처한 상황을 개인적인 방식으로 다루려고 하면서 사고보다는 감정에 몰입하게 된다.10 이러한 체험을 통해 학습자는 성찰적인 관찰을 하게 되고 자신의 반응과 타인의 행동 방식을 탐색하게 한다. 이 단계에서는 실제적 적용보다 이해에 집중하며 사물과 상황의 의미를 찾고자 노력한다.11 성찰의 단계를 거치면서 학습자는 경험을

7 David A. Kolb, *Experiential Learning: Experience as the Source of Learning and Development* (Englewood Cliffs, NJ: Prentice Hall, 1984).

8 *Ibid.*, 21-38. 여기서 콜브는 듀이로부터 학습을 경험과 반성의 상호 작용으로 본 실용주의적 경험관, 레빈으로부터 경험, 자료 수집, 개념화, 실행으로 이어지는 순환적 행동 연구와 현장 이론, 피아제로부터 새로운 경험을 기존 틀에 통합하거나 변형하는 동화와 조절의 개념을 차용하였다.

9 Alice Y. Kolb and David A. Kolb, "Learning Style and Learning Space: Enhancing Experiential Learning in Higher Education," *Academy of Management Learning & Education* 4, no. 2 (2005), 194.

10 Kolb, *Experiential Learning*, 68.

절대적으로 받아들이는 대신 다양한 관점에서 경험을 재해석하려고 노력하며 추상적인 개념화를 이루게 된다. 여기에서 학습자는 감정보다는 사고를 더 중시하여 새로운 개념을 위해 논리적으로 분석하고 체계적으로 조직하려고 한다.[12] 이어서 학습자는 새롭게 형성한 이해와 개념을 능동적인 행동을 통해 현실에 다시 적용하고자 한다. 이 단계에서 학습자는 절대적 진리보다는 무엇이 실생활에 효과적인가에 관심을 두고 새로운 행동을 나타내고자 한다.[13] 이렇게 학습자는 새로운 시도의 과정을 거치며, 그것을 다시 경험으로 환원시켜 순환을 이어간다.

여기서 중요한 것은 이 네 단계의 과정이 단순히 기계적으로 나타나는 것이 아니라 서로 간에 유기적이고 반복적인 상호 작용을 통해 각 단계의 특징을 강화함으로써 학습자의 학습이 심화된다는 것이다. 즉, 경험은 성찰의 동기가 되고, 성찰은 개념화의 기초가 되고, 개념화는 새로운 행동의 방향을 제시하고, 행동은 다시 경험을 낳는 방식으로 서로를 강화한다. 따라서 학습은 고정된 산물이 아니라 유기적이고 순환적인 과정으로 이해될 수 있다. 다시 말해 콜브는 "학습은 경험의 변형을 통해 지식이 생성되는 과정"이며, "지식은 경험을 파악하고 변형하는 과정의 결합으로부터 나온다"[14]고 보았다.

문화 간 학습(intercultural learning)은 바로 이러한 경험학습의 맥락에서 설명될 수 있다. 타문화를 직접 접하고 익히는 과정은 이론을 통해서는 결코 체득할 수 없는 생생한 경험을 제공한다. 새로운 언어, 사회

---

11 *Ibid.*, 68.
12 *Ibid.*, 69.
13 *Ibid.*, 69.
14 *Ibid.*, 41.

규범, 비언어 의사소통 방식 등 실제로 마주한 상황을 통해 학습자는 생소함과 모호함을 넘어 자신의 경험을 성찰하고 그것을 개념화함으로써 타문화에 대한 새로운 이해와 행동 방식을 획득하게 된다. 이러한 경험은 새로운 지식의 차원을 넘어 개인의 태도와 가치관이 변화되는 원동력으로 작용할 수 있다.15 이는 전환학습(transformative learning) 과정으로도 설명될 수 있다. 메지로우는 전환학습 과정을 통해 새로운 경험이 기존의 왜곡된 인지적 틀을 인식하고 그것을 비판적인 성찰로 이어지게 함으로써 학습자가 포괄적이고 다양한 관점을 획득하고 새로운 신념을 구성하게 되는 것이라고 보았다.16 이러한 논의들을 고려할 때, 문화 간 학습은 단순한 경험에 의한 학습이 아니라 기존에 가지고 있던 인식의 변화와 더 나아가 세계관의 변화까지 수반하는 변혁적인 과정이라고 할 수 있다.

청소년들은 해외 단기 프로그램, 국제 자원봉사, 교환 학생 등 다양한 활동을 통해 타문화에 대한 구체적인 경험을 하게 된다. 이러한 경험 속에서 그들은 자신과 신념 체계와 행동 방식이 다른 타문화권 사람들과의 차이를 발견하고 갈등을 겪으면서 문화 충격(culture shock)을 경험하기도 한다. 그러나 이러한 경험을 성찰하는 과정에서 "타인은 왜 나와 다른 방식으로 행동하는가?", "과연 그러한 방식을 존중해야 하는가"와 같은 질문을 하게 되고, 이러한 성찰은 청소년들로 하여금 자아를 넘어 타인의 관점을 이해하게 됨으로써 자신이 견지해 온 세계관을

15 Guo-Ming Chen and William J. Starosta, "A Review of the Concept of Intercultural Sensitivity," *Human Communication* 3, no. 1 (2000): 1-16.

16 Jack Mezirow, *Transformative Dimensions of Adult Learning* (San Francisco: Jossey-Bass, 1991).

넘어 보다 다원적인 시각을 형성하는 계기를 만들어 준다. 이러한 맥락에서 청소년기의 타문화 경험은 콜브가 말한 학습의 순환 구조 속에서 문화 감수성을 증진시키는 중요한 교육적 기제가 된다. 에릭슨이 강조한 바와 같이 청소년기는 정체성을 형성하는 시기이자 가치관이 형성되고 발달하는 시기이기 때문에 경험을 통한 문화 학습과 타문화 감수성 발달의 효과는 성인기에 비해 더욱 강렬하고 장기적인 영향을 미친다.17 또한 메지로우가 제시한 전환학습 역시 새로운 경험이 기존의 인지적 틀에서 벗어나 보다 다양한 시각을 획득하게 된다는 점에서 이러한 측면을 뒷받침한다. 따라서 청소년기의 타문화 경험은 단순히 문화적 지식을 확장하는 차원을 넘어 자신의 정체성과 가치관을 재구성하고 세계관을 넓혀 가는 변혁적 교육과정이 된다고 할 수 있다.

III. 문화 간 역량과 타문화 감수성의 상관성

앞 장에서 경험학습과 문화 간 학습의 연관성은 청소년기의 타문화 경험이 어떻게 학습으로 전환되는지 보여주었다. 이러한 학습의 결과가 구체적으로 어떤 역량과 태도로 발전하는지는 별도의 정리와 수렴이 필요하다. 이제 그것은 '문화 간 역량'(intercultural competence)과 '타문화 감수성'(intercultural sensitivity)이라는 개념을 통해 설명될 수 있다.

문화 간 역량은 다양한 문화 안에서 타인과 효과적으로 상호 작용할

---

17 Erik H. Erikson, *Identity: Youth and Crisis* (New York: W. W. Norton & Company, 1968).

수 있는 능력을 말한다. 이것은 문화적 지식, 언어 능력, 사회적 행동에 관한 기술뿐만 아니라 태도와 정서적 측면까지 포함한다. 바이람은 문화 간 역량을 '언어적 능력'(linguistic competence)을 뛰어넘어 '사회문화적 능력'(sociocultural competence), '상호 작용 능력'(interactional competence), '비판적 문화 의식'(critical cultural awareness)까지 포함하는 다차원적 역량으로 설명한다.[18] 이는 단순히 외국어를 구사하는 것만으로 문화 간 역량을 지녔다고 말할 수 없고, 상대방이 지닌 세계관의 의미를 파악하고, 자신의 방식을 조정해 유연하게 상호 작용할 수 있으며, 객관적으로 자신의 문화와 상대방의 문화를 비판할 수 있는 포괄적인 역량임을 강조한다.

디어도르프는 문화 간 역량을 피라미드 모델(Pyramid Model of Intercultural Competence)을 통해 설명한다. 피라미드 모형의 하부에는 태도(attitudes)가 있으며, 여기에는 존중(respect), 개방성(openness), 호기심(curiosity)이 포함된다. 이러한 태도 위에 지식과 기술(knowledge & skills)이 습득되면서 타문화에 대한 이해와 상호 작용 기술을 발전시켜 나간다. 상위 단계에서는 내부적 성과(internal outcomes)와 외부적 성과(external outcomes)로 이어진다. 내부적 성과는 개인의 내면에서 나타나는 변화로 유연성과 적응력 그리고 공감의 내적 역량이 자리 잡게 되는 것을 의미한다. 외부적 성과는 내적인 역량을 바탕으로 사회적 상황이나 관계에서 구체적인 행동으로 나타나게 되는 것이며, 효과적이고 적절한 행동 양식이 그 특징이다. 디어도르프의 모델은 문화 간 역량이 고정된 속성

---

18 Michael Byram, *Teaching and Assessing Intercultural Communicative Competence* (Clevedon, UK: Multilingual Matters, 1997).

이 아니라 태도에서 지식과 기술로 또 계속해서 구체적인 행동으로 이어지는 발달의 과정임을 보여준다.[19]

여기서 또한 다루어야 할 개념이 바로 타문화 감수성(Intercultural Sensitivity)이다. 타문화 감수성은 타문화적 상황을 인식하고, 문화의 다름을 존중하며, 그것을 수용할 수 있는 심리적이고 정서적인 성향을 뜻한다. 이는 문화 간 역량의 태도적 기반이라고 할 수 있다. 즉, 문화 간 역량이 인지적이고 행동적인 차원을 포괄한다면, 타문화 감수성은 그의 전제 조건이 되는 정서적인 면을 강조하는 것이다. 베네트가 제시한 '타문화 감수성 발달 모델'(DMIS: Developmental Model of Intercultural Sensitivity)은 이러한 개념을 가장 체계적으로 설명한다.[20]

타문화 감수성 발달 모델

자문화 중심성							자문화 상대성					
거부		방어			최소화		수용		적응		통합	
고립	분리	비하	우월	전도	신체적 보편주의	초월적 보편주의	행동의 다름에 대한 존중	가치관의 다름에 대한 존중	공감	다원화	맥락에 따른 평가	건설적인 경계선

---

19 Darla K. Deardorff, "Identification and Assessment of Intercultural Competence as a Student Outcome of Internationalization," *Journal of Studies in International Education* 10, no. 3 (2006): 241-266.

타문화 감수성 발달 모델(DMIS)은 문화의 차이에 대한 인식과 반응이 자문화 중심에서 자문화 상대성으로 이동하는 연속선상에 있다고 전제한다. 초반부의 '부정'(denial)은 자문화와 타문화를 구별하지 못하거나 타문화의 존재를 거의 인식하지 못하고, 접촉이 있어도 그 차이를 구분할 수 있는 인지적 기반이 부족하여 거의 무감각에 놓인 단계다. 접촉이 심화되면 '방어'(defense)로 넘어가는데, 이 단계에서는 타문화가 자신의 세계관을 위협한다고 느껴 상대 문화를 비하하고 자기 문화를 우월시하거나 반대로 자신의 문화를 오히려 열등하게 느끼고 상대방 문화를 우월하게 여기는 '역전된 현상'(reversal)을 나타내기도 한다. 다음은 '최소화'(minimization)의 단계인데, 여기서는 "인간은 신체나 생각에 있어 모두 비슷하다"는 보편주의적 신념으로써 두 문화 사이의 차이를 덮어버리는 것이 특징이다. 보편주의가 타당하게 보이지만, 가치나 윤리나 종교 등 초월적 보편성에 대한 인식이 오히려 다름과 차이를 희석해 상대방이 지닌 구체적인 면을 보지 못하게 만든다. 이 세 단계는 공통적으로 문화적 차이를 부정적인 감정과 자기 합리화로 처리한다는 점에서 자문화 중심의 스펙트럼을 형성한다.21

'수용'(acceptance)의 단계에서 비로소 인식의 전환점을 맞이하게 된다. 이 단계에서는 자신과 상대방의 문화적 차이를 인정하고 행동 방식과 가치의 다름을 구분해 상대방에 대한 존중의 태도를 갖추게 된다. 그다음으로 '적응'(adaptation)은 공감과 관점의 전환 등 타문화에 대응

---

20 Milton J. Bennett, "Towards Ethnorelativism: A Developmental Model of Intercultural Sensitivity," in *Education for the Intercultural Experience*, ed. R. Michael Paige (Yarmouth, ME: Intercultural Press, 1993), 21-71.
21 *Ibid.*

하는 자신의 레퍼토리를 확장함으로써 자신의 생각과 행동을 타문화의 맥락에 맞게 조율하는 단계다. 마지막으로 '통합'(integration)은 여러 문화 사이를 유연하게 오가며 문화의 경계선에서 문화 간의 중개자로 역할을 하게 되는 단계다. 여기서는 한 문화에만 고정되어 있지 않고 다양한 문화를 넘나들면서 각 문화의 자원들을 창조적으로 결합해 새로운 시도를 하게 된다. 따라서 이 세 단계는 자문화 중심적에서 자문화 상대적으로 발전한 모습을 나타낸다고 할 수 있다.

베네트의 타문화 감수성 발달 모델에 의하면 개인은 경험학습에서 볼 수 있는 것과 같이 경험, 성찰, 개념, 실천이라는 순환을 통해 타문화에 대한 민감성을 안정적인 자기 역량으로 체화시켜 나간다. 또 이 발달 모델에서 알 수 있는 것은 타문화 감수성은 자동으로 습득되는 것이 아니라 타문화에 대한 새로운 경험과 그에 따른 성찰 그리고 관점의 전환과 새로운 행동 방식에 대한 훈련을 통해 점진적으로 심화되는 발달과정이다.[22]

일련의 연구들을 통해 문화 간 역량과 타문화 감수성과의 관련성이 입증되어 온 것을 알 수 있다. 첸과 스타로스타는 타문화 감수성을 문화 간 커뮤니케이션 역량의 핵심 요소로 규정하며, 문화적 민감성이 부족할 경우 타문화 상황에서 효과적인 의사소통이 불가능하다고 강조한다.[23] 또한 해머, 베네트, 와이즈맨이 개발한 문화 간 발달 검사(IDI: Intercultural Development Inventory)는 타문화 감수성의 단계적 발달을

---

22 Milton J. Bennett, "Becoming Interculturally Competent," in Toward Multiculturalism: *A Reader in Multicultural Education*, ed. J. Wurzel (Newton, MA: Intercultural Resource Corporation, 1998), 27.

23 Guo-Ming Chen and William J. Starosta, "A Review of the Concept of Intercultural Sensitivity," *Human Communication* 3, no. 1 (2000): 1-16.

측정하는 대표적 도구로 활용되는데, 이를 통해 교육적 개입이 청소년의 문화적 민감성의 발달에 긍정적 영향을 줄 수 있음이 입증되었다.[24]

문화 간 역량과 타문화 감수성은 서로 다른 차원의 개념이 아니라 상호 밀접한 관계를 맺으면서 영향을 주고받는 것을 알 수 있다. 즉, 타문화 감수성은 문화의 서로 다른 차이를 존중하고 받아들이려는 정서적 태도를 형성하며 문화 간 역량의 기반을 이루는 반면, 문화 간 역량의 습득 과정을 통해서는 타문화 감수성을 강화함으로써 상호 간에 선순환을 이끈다고 할 수 있다.

IV. 청소년기의 다양한 타문화 경험 맥락

청소년기는 인간 발달 과정에서 정체성 형성과 자아 개념 확립이 핵심 과제로 주어지는 시기다. 에릭슨은 이 시기를 정체성 대 역할 혼란의 발달 단계로 규정하면서, 이 시기에 개인은 자신이 누구이며 어떤 집단에 속하는지를 끊임없이 탐색한다고 설명하였다.[25] 이러한 탐색은 단순히 개인적 차원에 머무르지 않고, 사회적 맥락 안에서 문화적 경험을 통해 심화된다고 볼 수 있다.

앞 장에서 경험학습 이론과 타문화 감수성 발달 모델을 통해 문화적 경험으로부터 타문화 감수성이 어떻게 발달하는지를 이론적으로 설명

---

24 Mitchell R. Hammer, Milton J. Bennett, and Richard Wiseman, "Measuring Intercultural Sensitivity: The Intercultural Development Inventory," *International Journal of Intercultural Relations* 27, no. 4 (2003): 421-443.

25 Erik H. Erikson, *Identity: Youth and Crisis* (New York: Norton, 1968).

하였다. 이제 이를 실제적인 맥락 속에서 확인해 보고자 한다. 본 장에서는 청소년기의 타문화 경험이 나타나는 대표적인 세 가지 장면, 즉 단기 프로그램을 통한 타문화 체험, 다문화 사회 속에서 반복적으로 이루어지는 일상의 교류, 이민교회에서 일어나는 세대 간 신앙 전수와 문화 전수에 관해 살펴봄으로써 청소년기의 문화 간 학습과 타문화 감수성 발달이 어떻게 다양한 차원에서 이루어지는지 살펴보고자 한다.

1. 단기 프로그램 경험

국제 캠프나 해외 봉사활동 같은 단기 프로그램은 단순한 문화 체험을 넘어 교육학의 관점에서 볼 때 경험학습의 전형적인 사례라고 할 수 있다. 콜브의 경험학습 이론에 따르면 청소년들은 단기 프로그램을 통해 타문화를 직접 경험하고, 이를 성찰적으로 관찰하며, 차이와 갈등을 개념화함으로써 새로운 행동 전략을 시도하게 된다. 이 과정에서 학습과 성장이 드라마틱하게 일어난다.

타문화 감수성은 문화 간의 차이를 인식하고 자신의 문화와 타문화 사이에서 다름을 상호 조율하는 심리적이고 정서적인 역량이라고 앞서 말했다. 단기 프로그램에 참여한 청소년들은 초기에는 타문화에 대해 거부와 방어적인 태도를 보이지만, 반복적인 접촉과 성찰을 통해 타문화에 적응하고 상대방을 존중하는 단계로 나아간다.

최윤정의 연구에 따르면 청소년들의 타문화권에 대한 단기 선교 경험을 분석한 결과 두 가지 핵심 범주가 도출되었는데, 그중의 하나가 타문화 인식(Intercultural Awareness)이다.[26] 이는 단기 선교 이전에 피상적으로 알고 있던 타문화가 현지에서의 일상적인 상호 작용을 통해 새로운 이해와 구체적인 인식으로 구축되었음을 의미한다. 즉, 청소년들은 언어, 음식, 생활양식 등 다양한 요소를 통해 문화적 이질성을 경험하는데, 이러한 경험이 초기에는 부정적인 인식으로 굳어졌으나, 반복되는 상호 작용과 교류 속에서 점차 상대 문화의 고유한 가치와 의미 체계를 인정하는 단계로 전환되었다. 이는 베네트가 제시한 모델에서 말하는 '부정'이나 '방어' 단계를 지나 점차 '수용'과 '적응'으로 옮겨가는 과정과도 연결된다.27

타문화에 대한 인식은 단순히 외적인 이해를 넘어 자문화 성찰로도 이어진다. 청소년들은 메지로우의 전환학습 이론에서 설명하는 바와 같이 새로운 경험이 학습자의 인지적 틀에 도전하여 보다 포괄적이고 비판적인 시각을 형성하게 하였다. 특히 단기 선교에서 형성된 타문화 인식은 신앙적 차원과 결합하여 더욱 심화된 것을 알 수 있다. 청소년들은 문화적 다양성을 단순히 사회적 현상으로서가 아닌 하나님의 창조질서 안에서의 다양성으로 해석하게 되었으며, 이를 통해 타문화권 사람들과의 관계에 있어 개방성과 존중의 태도로 접근하게 되었다. 이러한 점에서 타문화 인식은 단순한 지적 이해가 아니라 정체성 형성과 세계관 재구성에 영향을 미치는 종합적인 학습 효과라고 할 수 있다.28

---

26 Yoonjung Choi, *Short-Term Mission as Intercultural Learning: A Grounded Theory of the Growth Experiences of Korean-American Adolescents* (Ph.D. diss., Biola University, 2009).

27 Milton J. Bennett, "Towards Ethnorelativism: A Developmental Model of Intercultural Sensitivity," in *Education for the Intercultural Experience*, ed. R. Michael Paige (Yarmouth, ME: Intercultural Press, 1993), 21-71.

28 Choi, *Short-Term Mission as Intercultural Learning*, 85-90.

2. 다문화 사회의 일상적 교류

미국은 이민으로 형성된 다문화 사회로 청소년기의 일상은 다문화
적 경험의 연속이라 할 수 있다. 특히 이민 가정의 청소년들은 가정의
안팎에서 서로 다른 문화적 환경을 동시에 경험한다. 가정에서는 부모
의 모국어와 전통문화를 접하지만, 학교와 지역사회에서는 영어와 주
류 문화뿐만 아니라 주위의 다양한 문화와 접하는 생활을 하게 된다.
이러한 다문화 환경은 청소년의 정체성 발달에 부정적인 영향을 미치
기도 하지만,[29] 동시에 타문화 감수성을 자극하고 발전시키는 긍정적
인 기제로도 작용한다.[30]

특히 학교는 이민 청소년들이 가장 활발하게 타문화를 경험하는 공
간이다. 교실 안에는 다양한 인종과 문화적 배경을 가진 학생들이 모여
있으며, 그들과 함께 학습 활동을 하고 학교생활을 하면서 문화의 차이
를 매일 마주하게 된다. 그러면서 자연스럽게 함께 어울리는 법을 배우
게 된다.[31] 언어와 발음, 외모나 생활 습관 때문에 종종 갈등과 오해가
발생하지만, 지속적인 교류와 상호 작용을 통해 청소년들은 그러한 차
이를 이해하고 서로 존중하는 법을 배운다. 예를 들어 한인 청소년이
히스패닉 친구와 공동 프로젝트를 수행하거나 아프리카계 친구와 스포
츠 활동을 함께 하면서 서로의 문화적 배경을 자연스럽게 배우고 수용

---

29 최윤정, "미국 한인 이민 가정 청소년들의 정체성 문제와 기독교교육," 월드미션대학교 엮음,
『영성시대의 기독교신앙』(서울: 동연, 2024), 161-186.

30 John W. Berry, "Immigration, Acculturation, and Adaptation," *Applied Psychology*
46, no. 1 (1997): 5-34.

31 Min Zhou and Carl L. Bankston, *Growing Up American: How Vietnamese Children
Adapt to Life in the United States* (New York: Russell Sage Foundation, 1998).

하는 과정을 경험한다.

학교생활 외에도 지역사회 역시 타문화를 접하고 교류할 수 있는 중요한 장이 된다. 커뮤니티 활동을 통해 청소년들은 다양한 문화로부터 온 또래들과 우정을 쌓고 협력하며 공동체 안에서 서로를 존중하는 태도를 길러 간다. 지역센터 안에서 하는 봉사활동도 다문화적 만남을 일상화하는 장이 될 수 있으며, 청소년들은 이를 통해 긍정적으로 타문화를 경험하게 된다. 더욱이 커뮤니티 안에서 나누는 음식과 축제는 타문화를 편견 없이 있는 그대로 받아들이게 하는 타문화 감수성의 촉진제가 될 수 있다.

이민 청소년들이 경험하는 이러한 일상적 교류는 단순히 타문화를 구경하는 차원이 아니라 오히려 자신이 속한 문화를 인식하고 그 문화에 속한 자신의 정체성을 재구성하고 확장하는 과정이 된다.32 가정과 사회 그리고 학교와 또래 집단 사이의 문화적 차이를 조율하는 과정에서 그들은 언어의 유연성, 관점의 전환, 상호 교류와 존중의 태도를 습득하는 것이다. 이것은 곧 타문화 감수성의 핵심 요소이며, 더 나아가 다문화적 환경에서 효과적으로 소통하고 협력할 수 있는 문화 간 역량으로 발전하게 된다.33

이렇듯 미국 이민 사회 청소년들의 일상생활과 학교생활은 타문화 감수성 발달이 이루어질 수 있는 좋은 콘텍스트가 된다. 매일의 삶에서

---

32 Alejandro Portes and Rubén G. Rumbaut, *Legacies: The Story of the Immigrant Second Generation* (Berkeley: University of California Press, 2001); Min Zhou and Carl L. Bankston III, *Growing Up American: How Vietnamese Children Adapt to Life in the United States* (New York: Russell Sage Foundation, 1998).

33 Deardorff, *Identification and Assessment of Intercultural Competence.*

일어나는 문화 간 상호 교류와 협력을 통해 청소년들은 단순히 문화 적응을 넘어 글로벌 시민에게 요구되는 포용력과 리더십을 배우게 된다. 이러한 경험은 청소년들이 문화적 정체성에 관한 혼란을 넘어 좀 더 넓은 세상과 성숙한 글로벌 시민으로 나아갈 수 있는 핵심 경로로 삼을 수 있다.[34]

3. 이민교회 안에서의 세대 간 신앙 교류

한인 이민교회는 단순한 신앙 공동체를 넘어 이민자들의 문화적 뿌리와 정체성을 보존하고 다음 세대에 신앙을 전수하는 중요한 장으로 존재해 왔다. 초기 이민 세대에게 신앙은 낯선 환경 속에서 삶의 의미를 부여하고 공동체적 유대를 형성하는 수단이었으며, 이민교회는 이들에게 신앙뿐 아니라 언어와 문화 그리고 정체성을 보존하고 계승하는 장으로 자리매김해 왔다.[35] 따라서 이민교회의 신앙 전수와 문화 전수는 서로 떼려야 뗄 수 없는 관계에 있으며, 이민교회는 문화 간 학습의 활발한 장을 형성해 왔다고 할 수 있다.

이민 1세대의 신앙 실천에는 한국의 고유한 신앙 전승이 깊이 배어 있다. 새벽 기도, 철야 예배, 금식 기도, 공동체 안에서의 섬김과 같은 전통은 단순한 종교적 관습이 아니라 한국인의 정서와 가치 그리고 고난을 극복한 믿음의 승리를 함께 내포하고 있다.[36] 따라서 다음 세대

---

34 Gerard Delanty, *Citizenship in a Global Age: Society, Culture, Politics* (Buckingham: Open University Press, 2000).

35 Pyong Gap Min, *Preserving Ethnicity through Religion in America: Korean Protestants and Indian Hindus across Generations* (New York: NYU Press, 2010).

36 Won Moo Hurh and Kwang Chung Kim, *Korean Immigrants in America: A*

에 신앙을 전수한다는 것은 단순히 교리만을 전달하는 것이 아니라 민족적 뿌리와 문화적 유산을 함께 전하는 행위였다. 이런 점에서 이민 교회의 신앙 교육은 종교 교육을 넘어 문화 간 교육의 실제적인 현장이 된다.

한편 2세 청소년들은 미국 주류 문화 속에서 성장하면서 1세 부모와는 다른 문화 감수성을 형성해 나간다. 영어가 모국어가 되고 개인주의 가치가 일상화된 상황에서 부모 세대의 한국적인 신앙 방식은 매우 낯설거나 답답하게 느껴진다.37 이민교회의 예배 언어와 설교 스타일, 공동체 운영 방식 등은 단순한 세대 차이를 넘어 문화적 차이를 드러내며, 이는 곧 세대 간 갈등으로 이어지기도 한다. 예를 들어 한국어 위주의 예배와 전통적인 리더십 형태는 2세에게 이질감과 소외감을 주는 반면, 영어 예배와 현대적 찬양 문화는 1세에게 생소함과 불편함을 느끼게 한다. 그러나 이 모습은 문화적 상호 관계의 관점에서 바라볼 때 타문화 감수성에 대한 첫 단계로 볼 수 있다.

이민교회는 이러한 차이의 간극을 메우기 위해 그동안 다양한 형태의 세대 간 신앙 교류를 시도해 왔다. 일부 교회는 1세와 2세의 예배를 분리하되 특정한 절기나 행사를 통해 연합 예배를 시도함으로써 교류의 장을 마련했다. 또 어떤 교회는 영어권 목회자를 세워 2세들이 신앙을 자신의 언어와 문화 속에서 마음껏 표현하도록 도왔다. 그러나 이민

Structural Analysis of Ethnic Confinement and Adhesive Adaptation (Rutherford, NJ: Fairleigh Dickinson University Press, 1990).

37 Andrew Eungi Kim and Pyong Gap Min, "The Ethnic Roles of Korean Protestant Churches in the United States," in *Korean Americans and Their Religions*, eds. Ho-Youn Kwon, Kwang Chung Kim, and R. Stephen Warner (University Park: Pennsylvania State University Press, 2001), 71-94.

교회가 문화적 감수성을 키울 수 있는 장이라고 한다면, 교회는 적극적으로 문화적 감수성을 함양할 수 있는 교육적 장치를 마련해야 한다.[38] 부모 세대의 신앙 유산을 단순히 고수하거나 강요하는 것이 아니라 2세의 문화적 맥락 속에서 재해석할 수 있도록 적극적인 문화 학습에 대한 대화와 성찰의 공간을 마련할 필요가 있다. 이렇게 함으로써 세대 간 신앙 교류는 타문화 학습(intercultural learning)에 대한 성과를 낳을 수 있게 된다.

이러한 관점에서 이민교회에서 운영하는 한국 학교는 타문화 감수성 증진에 중요한 역할을 한다고 할 수 있다. 많은 한인 이민교회가 주말에 한국 학교를 열어 한국어 교육과 한국 문화 교육을 병행한다. 한국 학교는 단순히 언어 교육이나 문화 교육의 장이 아니라 정체성 교육과 문화 간 역량을 동시에 추구하는 곳이다.[39] 언어는 단순히 소통의 기능뿐만이 아니라 문화 정체성과 세계관을 담는 그릇으로 작용하기에 2세가 한국어를 학습하는 것은 부모 세대의 가치관과 정서에 직접적으로 다가갈 수 있는 도구를 습득하는 것이다. 한국어 교육과 함께 역사, 전통, 예절 등을 배우는 과정에서 2세들은 자신이 속했다고 생각하는 주류 사회의 문화와 부모 세대의 문화 사이에서 균형을 모색하게 된다. 이로써 그들은 타문화 감수성을 발달시키는 지점에 놓이게 되는 것이다.

베네트의 타문화 감수성 발달 모델에서 볼 때, 2세 청소년들은 이러

---

38 Grace Ji-Sun Kim and Jung Ha Kim, eds., *Christianity in Korean American Community: Religion, Ethnicity, and Social Practice* (New York: Routledge, 2009).

39 Hye Y. Sung, "Heritage Language Maintenance and Cultural Identity Formation: The Role of Korean Saturday Schools in the United States," *Bilingual Research Journal.* 35, no. 2 (2012): 217-235.

한 교회 내에서의 경험을 통해 자문화 중심에서 자문화 상대성으로 이동할 수 있는 중요한 계기가 된다. 처음에는 부모 세대의 신앙과 문화가 답답하고 불필요하게 보일 수 있지만, 교회 공동체 안에서 지속적인 접촉과 교류를 통해 차이를 수용하고 존중하는 태도를 익히게 된다. 더 나아가 이중 문화 정체성을 긍정적으로 수용하고 양쪽 문화의 자원을 창의적으로 활용하는 단계로까지 발전할 수 있다.[40]

이민교회에서의 세대 간 신앙 교류와 한국 학교를 통한 언어와 문화 교육은 문화 간 교육의 중요한 콘텍스트로 이해되기에 충분하다. 부모 세대는 자녀들에게 이민 사회에서 건강한 시민으로 살아갈 수 있는 정체성의 뿌리를 제공하고, 자녀 세대는 이를 주류 사회 속에서 재해석하며 새로운 문화 정체성과 신앙 정체성을 형성하게 된다. 이 과정에서 청소년들은 타문화 감수성을 함양하고 글로벌 시대에 적합한 문화적 역량을 갖춘 시민으로 성장할 수 있다.[41]

V. 기독교교육에서의 의의

앞에서 살펴본 바와 같이 청소년기의 타문화 경험은 단순한 사건적 경험이 아니라 학습과 발달을 촉진하는 중요한 동력이 된다. 청소년들

---

40 Bennett, "Towards Ethnorelativism," 60-67.

41 Pyong Gap Min, *Preserving Ethnicity through Religion in America: Korean Protestants and Indian Hindus across Generations* (New York: NYU Press, 2010); Darla K. Deardorff, "Identification and Assessment of Intercultural Competence as a Student Outcome of Internationalization," *Journal of Studies in International Education* 10, no. 3 (2006): 241-266.

이 단기 프로그램 참가, 다문화적 일상 교류, 이민교회의 세대 간 상호 작용 등을 통해 경험, 성찰, 개념, 실천 등의 경험학습 과정을 밟아 간다는 것은 이론과 실제가 연결되어 있음을 보여준다. 즉, 이들의 경험은 문화적 차이에 대한 단순한 노출이 아니라 자아와 정체성 그리고 신앙과 가치관을 재구성하는 학습의 장이 된다.

특히 베네트의 타문화 감수성 발달 모델이 설명하는 바와 같이 청소년들은 처음에는 타문화에 대해 부정이나 방어의 태도를 보이기도 한다. 그러나 반복된 접촉과 성찰을 통해 차이를 최소화하거나 수용하고, 나아가 적응과 통합의 단계로 이동하게 된다. 단기 프로그램에서의 집중적 타문화 체험은 문화적 충격을 유발하지만, 이는 곧 성찰과 개념화의 자원이 되며, 학교와 지역사회의 일상적 교류는 지속적인 상호 작용 속에서 관점 전환을 이룬다. 또한 이민교회와 한국 학교는 신앙 전수와 문화 전수를 수단으로 하여 세대 간의 차이를 해소하고 새로운 문화적 정체성을 형성할 수 있는 장을 제공한다. 이처럼 다양한 맥락에서의 경험은 청소년들로 하여금 점차적으로 타문화 감수성을 내면화하고, 궁극적으로 문화 간 역량으로 확장할 수 있게 한다.

이러한 논의는 교육적 차원에서 중요한 함의를 지닌다. 첫째, 청소년기의 타문화 경험은 단발적 사건이 아니라 의도적으로 설계된 교육과 훈련의 장이 될 때 가장 효과적이다. 따라서 학교, 지역사회와 교회는 청소년들이 다양한 문화와 접촉하고 성찰할 수 있는 프로그램을 마련해야 한다.[42] 둘째, 타문화 감수성은 인지적 지식이나 기술 습득의

---

42 Alejandro Portes and Rubén G. Rumbaut, *Legacies: The Story of the Immigrant Second Generation* (Berkeley: University of California Press, 2001).

문제가 아니라 정서적 영역에서 출발하기 때문에, 교육은 타문화에 대한 개방성, 존중, 호기심과 같은 태도를 기르는 방향으로 설계될 필요가 있다.[43] 셋째, 신앙 공동체로서 이민교회는 단순한 종교 교육을 넘어서 문화 간 학습의 장으로 기능할 수 있으며, 이를 통해 청소년들은 글로벌 시민으로서 요구되는 역량을 길러 나갈 수 있다.[44]

결국 청소년기의 타문화 경험은 글로벌 시대가 요구하는 중요한 학습 자원이 된다. 이 시대의 경험이 어떻게 설계되고 지원되느냐에 따라 청소년은 문화적 혼란을 겪는 이민 2세대에 머무를 수도 있고, 타문화를 존중하며 협력하는 성숙한 글로벌 시민으로 성장할 수도 있다. 따라서 본 논의는 문화 간 학습의 중요성을 일깨우고 글로벌 시대의 교육 방향을 제시하는 데 기여할 수 있다.

VI. 결론 및 제언

본 논문은 청소년기의 타문화 경험이 타문화 감수성과 문화 간 역량으로 어떻게 확장되는지 이론적 고찰을 통해 탐구하였다. 서론에서는 글로벌 시대 청소년들에게 타문화 감수성은 선택이 아닌 필수 역량임을 제시하였다. 2장에서는 콜브의 경험학습 이론을 통해 경험, 성찰, 개념 형성, 실천의 순환이 타문화 학습의 핵심 기제임을 확인하는 동시에 청소년 발달 과정에서 타문화 경험이 정체성과 가치관 형성에 미치

---

43 Deardorff, *Identification and Assessment of Intercultural Competence.*
44 Grace Ji-Sun Kim and Jung Ha Kim, eds., *Christianity in Korean American Community: Religion, Ethnicity, and Social Practice* (New York: Routledge, 2009).

는 중요성을 살펴보았다. 3장에서는 문화 간 역량과 타문화 감수성 개념을 구체적으로 정리하며 두 개념이 상호 작용 속에서 청소년기의 문화 학습을 심화시킨다는 점을 밝혔다. 4장에서는 단기 프로그램 참가, 다문화 사회 속 일상적 교류, 이민교회의 세대 간 신앙 전수라는 세 가지 맥락을 통해 이론이 실제 경험 속에서 어떻게 구체화되는지를 분석하였다.

논의를 종합해 보면, 청소년기의 타문화 경험은 단순한 언어 습득이나 문화 적응을 넘어 정체성 재구성과 세계관 확장을 이끄는 결정적 계기임을 알 수 있다. 특히 타문화 감수성은 정서적 태도에 머무르지 않고 경험학습을 통해 문화 간 역량으로 구체화되며, 이는 곧 글로벌 시민으로의 성장과 성숙으로 이어진다. 따라서 청소년 교육의 목표는 타문화 감수성을 자극하고, 이를 역량으로 발전시키는 환경을 마련하는 데 있어야 한다.

연구의 논의에 기초하여 몇 가지 제언을 덧붙이자면, 우선 학교 교육에서는 다문화 프로그램을 단순한 행사 차원에 머물지 않고, 교과와 생활 속에 통합하여 청소년들이 일상적으로 타문화를 접하고 성찰할 기회를 마련해야 한다. 지역사회와 이민교회는 세대 간 신앙 전승과 문화 교육을 단순히 보존의 관점에서만 이해할 것이 아니라 함께 배우고 대화하는 상호 학습의 장으로 재구성할 필요가 있다. 더 나아가 교육자와 지도자들은 청소년들이 경험을 나누고 해석하고 성찰할 수 있는 멘토링 구조를 마련함으로써 문화적 차이를 긍정적으로 수용하도록 도와야 한다.

청소년기의 타문화 경험은 개인적 성숙을 넘어 사회적 자본으로 기능한다. 따라서 글로벌 시대의 교육은 이러한 경험을 단순히 부수적

활동으로 여기는 것이 아니라 청소년을 글로벌 시민으로 성장시키는 핵심 전략으로 인식해야 한다. 본 논문의 제언들은 여전히 문헌적 논의에 기초한 것이기에 실제 현장에서 어떻게 적용될 수 있는지에 대해서는 후속 연구와 실천적 검증이 요구된다. 특히 한인 이민교회의 구체적 사례 연구와 청소년들의 목소리를 담은 실제적인 연구가 뒤따를 때, 문화 간 학습은 더욱 생생하고 효과적으로 확산될 수 있을 것이다.

참고문헌

최윤정. "미국 한인 이민 가정 청소년들의 정체성 문제와 기독교교육." 월드미션대학교
　　엮음. 『영성시대의 기독교신앙』. 서울: 동연, 2024.
_____. "이주 배경 자녀를 돌보는 교회." 「목회와 신학」 통권 355호 (2019. 1.): 64-69.

Abelmann, Nancy and John Lie. *Blue Dreams: Korean Americans and the Los
　　Angeles Riots*. Cambridge, MA: Harvard University Press, 1997.
Bennett, Milton J. "Becoming Interculturally Competent." In *Toward
　　Multiculturalism: A Reader in Multicultural Education*. Edited by J.
　　Wurzel. Newton, MA: Intercultural Resource Corporation, 1998.
_____. *Towards Ethnorelativism: A Developmental Model of Intercultural
　　Sensitivity. In Education for the Intercultural Experience*. Edited by R.
　　Michael Paige. Yarmouth, ME: Intercultural Press, 1993.
Berry, John W. "Immigration, Acculturation, and Adaptation." *Applied Psychology*
　　46, no. 1 (1997): 5-34.
Byram, Michael. *Teaching and Assessing Intercultural Communicative
　　Competence*. Clevedon: Multilingual Matters, 1997.
Chen, Guo-Ming and William J. Starosta. *Foundations of Intercultural
　　Communication*. Boston: Allyn & Bacon, 2000.
Choi, Yoonjung. *Short-Term Mission as Intercultural Learning: A Grounded
　　Theory of the Growth Experiences of Korean-American Adolescents*.
　　Ph.D. diss., Biola University, 2009.
Deardorff, Darla K. "Identification and Assessment of Intercultural
　　Competence as a Student Outcome of Internationalization." *Journal
　　of Studies in International Education* 10, no. 3 (2006): 241-266.
Erikson, Erik H. *Identity: Youth and Crisis*. New York: W. W. Norton, 1968.
Hammer, Mitchell R., Milton J. Bennett, and Richard Wiseman. "Measuring
　　Intercultural Sensitivity: The Intercultural Development Inventory."
　　International Journal of Intercultural Relations 27, no. 4 (2003):
　　421-443.

Hurh, Won Moo and Kwang Chung Kim. *Korean Immigrants in America: A Structural Analysis of Ethnic Confinement and Adhesive Adaptation*. Rutherford, NJ: Fairleigh Dickinson University Press, 1990.

Kolb, Alice Y. and David A. Kolb. "Learning Style and Learning Space: Enhancing Experiential Learning in Higher Education." *Academy of Management Learning & Education* 4, no. 2 (2005): 193-212.

Kolb, David A. *Experiential Learning: Experience as the Source of Learning and Development*. Englewood Cliffs, NJ: Prentice Hall, 1984.

Lee, Tong-Soon. "The Role of the Korean Language School in the Maintenance of Korean-American Identity." *International Journal of Bilingual Education and Bilingualism* 5, no. 3 (2002): 213-230.

Mezirow, Jack. *Transformative Dimensions of Adult Learning*. San Francisco: Jossey-Bass, 1991.

Min, Pyong Gap. *Preserving Ethnicity through Religion in America: Korean Protestants and Indian Hindus across Generations*. New York: NYU Press, 2010.

Paige, R. Michael, Andrew D. Cohen, Barbara Kappler, Julie C. Chi, and James P. Lassegard. *Maximizing Study Abroad: A Students' Guide to Strategies for Language and Culture Learning and Use*. Minneapolis, MN: University of Minnesota, 2003.

Park, Joseph Sung-Yul. "The Local Construction of a Global Language: Ideologies of English in South Korea." *Language in Society* 41, no. 5 (2012): 605-631.

Portes, Alejandro and Rubén G. Rumbaut. *Legacies: The Story of the Immigrant Second Generation*. Berkeley: University of California Press, 2001.

Sung, Hye Y. "Heritage Language Maintenance and Cultural Identity Formation: The Role of Korean Saturday Schools in the United States." *Bilingual Research Journal*. 35, no. 2 (2012): 217-235.

Zhou, Min and Carl L. Bankston III. *Growing Up American: How Vietnamese Children Adapt to Life in the United States*. New York: Russell Sage Foundation, 1998.

제 2 부

∴
∴

새 시대의 설교 전략과
정신적 위기관리

만능 육하원칙과 강화체 설교 준비

김수영 박사 / 해석학과 설교학

I. 서론

보통 설교를 준비할 때 어떤 '툴'을 갖느냐에 따라 접근이 쉽기도 하고, 그렇지 않기도 하다. 사실 강해 설교를 준비하려면 본문을 본문이 요구하는 대로 잘 이해하는 것이 첫 출발이자 기본이 되어야 한다. 그러나 생각보다 이 부분에 시간을 들이고자 하는 설교자가 많지 않다. 한편으로는 목회 현장이 너무 바쁘기 때문이다. 한국 목회의 현장은 설교자로 하여금 많은 타협을 하도록 유도한다. 또 한편으로는 설교를 준비하는 방법을 잘 익히지 않아서 그럴 수 있다. 어떤 이유로든 설교 준비가 잘되지 않았다는 것은 오래 목회해야 하는 설교자에게는 큰 짐이 아닐 수 없다. 남의 설교나 예화를 베끼는 것에는 한계가 있기 때문이다. 최근에는 AI를 통해서 주제를 주고 설교 작성을 요청하는 일도 생기고 있다. 그럴듯한 설교 내용을 받고서 조금 수정을 하면 제법 쓸만한 설교가 나올 수 있다. 하지만 나의 정성과 묵상, 감동과 적용이 들어간 설교 과정에서 성령의 도움을 받아서 나온 결과물이 설교여야 한다. 정보를 제공하는 도구들의 도움을 얻을 수 있지만, 그것을 전적으로 의지한다면 설교의 "불한당"이 되어 갈 것이다. 설교자는 어떤 모양으로든지 자기만의 설교 준비법을 터득해야 한다.

어떤 설교자는 주제별(topical sermon) 설교에 익숙하다. 본문의 대지를 설교자가 정하고 그 대지에 맞는 본문을 끌어와 설교를 준비하는 방식이다. 대지가 잘 준비되는 한, 논리적이고 매끄러운 설교를 준비할 수도 있다. 때로는 주제 설교가 필요하다. 어떤 설교자는 본문 설교 (textual sermon)에 익숙하다. 본문에서 가르침을 끌어내기는 하지만, 어떤 때는 본문이 요구하는 것보다 더 많은 가르침이나 내용을 다른 성경의 구절에서 들여온다. 그래서 본문이 요구하는 구조나 내용보다 더 방대하거나 자세하게 전개된다. 설교자의 틀에 맞게 본문을 이용하기도 한다. 그래서 본문이 요구하는 구조를 설교자의 의도나 더 강력한 본문의 요구에 따라 바꾸기도 한다. 성경에 없는 이야기를 말한다는 것이 아니다. 단지 주어진 본문을 벗어나는 경우가 많다는 말이다.

그러나 강해 설교는 본문이 요구하는 구조를 잘 활용한다. 본문에서 가르치고자 하는 원리를 끄집어낸다. 이 말은 강해 설교가 다른 평행 구절이나 보조 구절을 사용하지 않는다는 것은 아니다. 필요하면 언제든지 사용할 수 있다. 그러나 그 구절들은 보조적인 역할을 해 준다. 주어진 본문을 밝혀 주고 보조해 주는 역할을 한다. 강해 설교에서 가장 중요한 것은 오늘 내가 읽은 본문이 어떤 사상(idea or concept)을 전달하려고 하는가이다. 사상을 파악하려면 어떤 수단이 동원되어야 한다. 길이를 재려면 자가 동원된다. 무게를 알려면 저울이 동원된다. 부피를 알려면 부피를 재는 용기가 동원된다. 그리고 각 수단마다 각각의 수치를 표시하는 눈금이 있게 마련이다. 수학에도 원리를 표시하는 공식이 존재한다. 상대성의 원리를 설명하기 가장 좋은 방법은 수학의 방정식으로 표시하는 것이다. 마찬가지로 강해 설교에도 방정식이 있다. 본문의 구조를 파악하는 방정식이 있다. 우리는 그 방정식을 사용해서 얻은 총체를 석의(exegesis)라고 한다. 필요한 수단들이 있다. 문법적인 수단, 문학적인 수단, 역사적인 수단, 신학적인 수단 등이다. 각각의 수단이나 방법은 본문을 잘 분석하고 종합해서 어떤 가르침을 주고 있는지를 알아내기 위해서 존재한다.

이 모든 방법을 여기서 다 다룰 수는 없다. 석의를 하는 모든 방법을 다루는 것이 이 글의 목적이 아니다. 단지 시간이 없는 설교자들에게 그리고 강해가 어렵다고 생각하는 설교자들에게 가장 손쉽게 강해를 하는 방법을 소개하려는 데 있다. 좋은 소식이긴 하다. 그러나 약간의 노력이 필요하다. 연습이 필요하다는 뜻이다. 익숙하지 않은 것을 활용하려면 익숙해질 때까지 연습해 보는 것 외에는 다른 방법이 없다. 여기서 소개하려는 방법은 바로 육하원칙을 사용해서 설교를 작성하는 것이다. 이 소논문에서는 육하원칙을 활용하여 강화체(discourse) 본문을 다루는 훈련을 나누려고 한다. 또한 육하원칙과 더불어 흐름이라는 단서를 사용해서 설교를 작성하는 방법이 있는데, 이것은 이야기체를 위한 것으로, 추가적인 소논문이 필요할 것이다. 이야기체(narrative)에 대한 연구와 훈련은 다른 기회를 통해 다룰 수 있을 것이다.

II. 본론

1. 육하원칙이 왜 필요한가?[1]

　많은 사람이 육하원칙이 무엇인지를 알면서도 잘 쓰지 않는다. 육하원칙은 신문기자나 칼럼을 쓰는 사람들이 가장 익숙하게 쓰는 원칙이다. 그러나 성경을 공부하는 설교자들은 이것을 무시해 버린다. 가장 친근하게 지내야 하는 친구요 동반자인데, 있는 둥 마는 둥 취급해 버린다. 육하원칙의 입장에서 보면 무척이나 섭섭한 일이다. "글을 쓸 때는 다 나를 사용하면서, 분석할 때는 왜 나를 사용하지 않는가?"라고 물을 것이다. 저자가 이 원칙을 사용했다면, 독자도 이 원칙을 사용해야 하지 않을까? 바로 그것이다. 우리가 보통 사건을 묘사하거나 사실을 강조할 때 육하원칙을 쓴다. 모든 육하원칙이 다 사용되는 것은 아니다. 물론 이야기에서는 육하원칙이 거의 다 사용된다. 그러나 강화체(서신서 같은 강화체)에서는 몇 요소가 생략될 수 있다. 사건이나 이야기가 아니기 때문이다. 그럼에도 불구하고 육하원칙은 사상을 전개하는 데도 사용된다. 바로 이 점에 착안해서, 강해 설교를 준비할 때 육하원칙을 활용하여 준비하고자 한다. 우리가 아는 육하원칙은 "언제, 어디서, 누

---

1 헨드릭스 교수는 삶을 변화시키는 성경 연구에서 육하원칙을 써서 관찰하라고 조언한다. 그의 설명은 이야기체를 중심으로 전개된다. 하워드 헨드릭스·윌리암 헨드릭스, 『삶을 변화시키는 성경연구』 (디모데, 2017), 121-128. 하지만 그는 그것을 강화체에 적용시키기 위해서 별도의 연구와 시험을 통해서 이 원칙이 강화체에 명확하게 적용될 수 있다는 확신을 갖게 되었다. 그래서 여기서 다루는 내용은 다른 어떤 책에서 발견되지 않는 내용이라고 확신한다. 그렇다고 없는 것으로 만들어 냈다는 말은 아니다. 원래 존재하던 육하원칙을 강화체의 특징에 맞게 적용했다고 할 수 있다.

가, 무엇을, 어떻게, 왜"라는 여섯 가지 질문이다. 여기에다 '그러므로' 를 하나 추가해서 칠하원칙이라고도 한다.

2. 육하원칙을 어떻게 쓰는가?

육하원칙을 쓰는 방법을 알아야 설교 준비에 적용할 수 있다. 복잡한 것은 아니다.

첫째, 육하원칙은 다음에 열거하는 차례대로 써달라는 것이다: (1) 언제, (2) 어디서, (3) 누가, (4) 무엇을, (5) 어떻게, (6) 왜. 처음 두 가지 '언제'와 '어디서'는 배경을 설명한다. 시간과 공간을 설명해 주기 때문이다. 다음 두 가지 '누가'와 '무엇'은 본문의 핵심을 드러낸다. 그 핵심을 '사상'이라고 부르자. 본문에서 드러내고자 하는 주제를 알려준다. 마지막 '어떻게'와 '왜'는 앞의 핵심을 설명해 준다. '어떻게'는 방법을, '왜'는 이유나 목적을 대표하기 때문이다. 그러므로 간단하게 설명하면 육하원칙은 '배경+주제+보충 설명'이라는 틀을 갖고 있다. 배경이 빠지면 '주제+보충 설명'이 된다. 이 틀에 대해서는 계속 연습 문제를 통해서 설명할 기회가 있을 것이다.

둘째, '언제'와 '어디서'보다 '누가'와 '무엇을'에 더 많은 신경을 써야 한다. 물론 '어떻게'와 '왜'보다 먼저 '누가'와 '무엇을'을 파악해야 한다. 이것이 무슨 뜻인가? 곧 본문의 뼈대가 '무엇'에 집중되어 있기 때문이다. 이 '무엇'을 파악하는 것이 육하원칙의 핵심이다. 이것을 놓치지만 않으면 육하원칙은 만능의 원칙이 될 수 있다. 성경에서 가장 짧은 구절의 예를 들어보자. 우리말 성경 요한복음 11장 35절은 세 마디의 단어로 되어 있다. 그렇지만 헬라어로는 단지 두 단어로만 되어 있다. 영어 성경도 두 단어로 표현한다("Jesus wept"). 문장의 길이에 상관없이 이 한 절을 가지고 육하원칙을 연습해 보자.

예수께서 눈물을 흘리시더라(요 11:35).

1) 언제(when): 35절만 가지고는 알지 못하기 때문에, 문맥을 보아야 한다. 이 사건은 나사로가 죽은 지 나흘이 되던 때 일어난 사건이다. 당시에 유대인들은 사흘 정도 안에는 죽은 사람이 다시 살 수도 있다는 가능성을 열어놓고 있었다. 그러나 나흘은 불가능을 의미하는 숫자였다. 하여간 나사로가 죽은 지 나흘이 된 시점이었다. 이미 몸의 내장들이 썩기 시작하는 시간이었다.

2) 어디서(where): 넓은 의미의 장소로는 베다니였다. 그러나 좁은 의미의 장소는 바로 베다니 근처에 있는 나사로의 무덤 앞이라고 할 수 있다.

3) 누가(who): 예수께서.

4) 무엇을(what): 많은 사람들이 '무엇'이 무엇인가? 물으면, '눈물을'이라고 대답한다. 바로 이 부분이 혼동되는 부분이다. 육하원칙에서의 '무엇'은 목적어가 아니다. '무엇'은 어떤 동작(motion)이나 상태(state)를 물어보는 질문이다. 예를 들어 "당신 뭐 하고 있어?"라고 물었을 때, 밥을 먹고 있는 사람이 "밥"이라고 대답하는가? 보통 "밥을 먹고 있다"라고 답한다. 주로 동사에 집중해야 한다. 그러므로 35절에서 '무엇을'은 "눈물을 흘리시더라"이다. 이것만 조심하면 나머지는 쉽게 이해할 수 있다.

5) 어떻게(how): 35절은 "어떻게 눈물을 흘리셨는가?" 하는 질문에 쉽게 답을 주지 않는다. 이 질문에 답하려면 헬라어의 단어를 공부해야 한다. 이것은 소리를 내어서 엉엉 우는 그런 종류의 울음이 아니다. 눈물이 뚝

뚝 떨어지면서 조용히 슬퍼하는 모습을 나타낸다. 우리 표현으로 한다면 감정이 복받쳐서 눈물을 줄줄 흘리신다고 말할 수 있다.

6) 왜(why): 왜 예수께서 우셨는가? 33절에 보면 그 이유가 나와 있다. 첫째 통분히 여기셨기 때문이다. 예수님이 계심에도 불구하고 사람들이 죽음 때문에 슬피 우는 모습을 보시면서 통분히 여기셨다(33). 그들의 믿음이 없는 것 때문이다. 또한 아마도 죽음 앞에서 예수님이 개입하지 않았다고 원망하고 있는 주위의 사람들 때문일 것이다(37). 둘째, 민망히 여기셨기 때문이다. 죽은 나사로는 깊이 사랑하셨기 때문이다. 깊은 슬픔이 마음으로부터 밀려왔기 때문이다. 이런 이유들로 예수님은 눈물을 흘리셨다.

7) 그러므로(therefore): 이 결과 사람들의 다양한 반응이 나타난다(36-37). 그리고 드디어 예수님은 죽은 나사로를 무덤에서 불러내신다.

위에서 연습한 것과 같이 한 절에 불과하지만, 육하원칙을 통해서 많은 것을 알아낼 수 있다. 여기까지 우리가 한 것은 한 본문 안에서 육하원칙을 어떻게 활용하는지에 대한 것이었다. 아직 설교를 위한 준비 과정까지는 가지 않았다. 그러나 육하원칙을 어떻게 쓰는지를 안다면 다음 단계로 넘어갈 수 있다. 다음 단계로 가기 전에 본문 하나를 더 가지고 연습해 보자.

다니엘이 이 조서에 어인이 찍힌 것을 알고도 자기 집에 돌아가서는 그 방의 예루살렘으로 향하여 열린 창에서 전에 행하던 대로 하루 세 번씩 무릎을 꿇고 기도하며 그 하나님께 감사하였더라(단 6:10).

1) 언제: 다니엘을 시기하는 사람들이 다리오를 설득하여 왕 외에 어느 신이나

사람에게 구하지 못하게 하는 금령을 세우고 어인을 찍은 것을 알았을 때.

2) 어디서: 자기 집에(으로) 그리고 자기 집에서.

3) 누가: 다니엘이.

4) 무엇을: 집에 돌아가서, 무릎을 꿇고, 기도하며, 감사하였다(계속되는 동작의 연속).

5) 어떻게: 전에 행하던 대로, 하루에 세 번씩.

6) 왜: 하루에 세 번씩 기도하기로 하나님 앞에서 작정하였기 때문에. 믿음의 헌신과 하나님의 뜻을 알고자 했기 때문에.

7) 그러므로: 다니엘은 고소를 당하여 사자굴에 들어가게 되었다.

일단 육하원칙이 익숙해질 때까지 본문을 가지고 연습하는 것이 중요하다. 강화체에서 하나를 가지고 연습해 보자.

그러므로 우리가 믿음으로 의롭다 하심을 받았으니, 우리 주 예수 그리스도로 말미암아 하나님과 화평을 누리자(롬 5:1).

1) 언제: 우리가 믿음으로 의롭다 하심을 얻은 때.

2) 어디서: 분명하지는 않지만, 믿음으로 의롭다 하심을 얻은 그 현장에서.

3) 누가: 우리가.

4) 무엇을: 화평을 누리자.

5) 어떻게: 우리 주 예수 그리스도로 말미암아.

6) 왜: 우리가 믿음으로 의롭다 하심을 얻었기 때문에.

강화체에서도 육하원칙이 그대로 적용될 수 있다. 우리는 이 구절의 핵심이 '무엇'에 있다는 것은 명심해야 한다. 나머지는 그 핵심 되는 뼈대에 붙어 있는 보조 역할을 하는 것들이다. 핵심 되는 뼈대를 먼저 추려내면 나머지는 쉽게 따라온다. 육하원칙을 이렇게 훈련하면 본문을 쉽게 볼 수 있다. 결국 설교의 간단한 개요는 긴 본문에서 제일 핵심 되는 뼈대를 추려내는 것이다. 그 중심 되는 뼈대가 대지의 역할을 할 것이다.

3. 강화체에 육하원칙을 적용하라

강화체에서도 육하원칙이 그대로 적용될 수 있다는 것을 위의 내용에서 이미 언급하였다. 거듭 강조하자면 '무엇'에 핵심이 있다는 것을 명심해야 한다. 나머지는 그 핵심 되는 뼈대에 붙어 있는 보조 역할을 하는 것들이다. 핵심 되는 뼈대를 먼저 추려내고, 나머지는 뼈대에 맞추어 분리하면 된다. 이번에는 비교적 긴 본문에서 육하원칙을 어떻게 활용할 수 있는지를 같이 보려고 한다. 긴 본문이나 짧은 본문이나, 중요한 것은 제일 핵심 되는 뼈대를 추려내는 것이다. 그 중심 되는 뼈대가 대지의 역할을 한다. 야고보서 1장 2-8절의 본문을 훈련해 보도록 하자.

> [2]내 형제들아 너희가 여러 가지 시험을 당하거든 온전히 기쁘게 여기라 [3]이는 너희 믿음의 시련이 인내를 만들어 내는 줄 너희가 앎이 [4]인내를 온전히 이루라 이는 너희로 온전하고 구비하여 조금도 부족함이 없게 하려 함이라 [5]너희 중에 누구든지 지혜가 부족하거든 모든 사람에게 후히 주시고 꾸짖지 아니하시는 하나님께 구하라 그리하면 주시리라 [6]오직 믿음으로 구하고 조금도 의심하지 말라 의심하는 자는 마치 바람에 밀려 요동하

는 바다 물결 같으니 [7]이런 사람은 무엇이든지 주께 얻기를 생각하지 말라 [8]두 마음을 품어 모든 일에 정함이 없는 자로다

이 구절에서 핵심 되는 '무엇'의 내용은 명령어이다. 행동을 표시하는 주된 명령형을 띠고 있는 동사가 무게를 가지고 있기 때문이다. 주된 동사를 중심으로 종속되는 구절들은 성격에 따라 '언제', '어디서', '어떻게' 혹은 '왜'에 해당된다. 따라서 이 본문에 육하원칙을 적용하면 다음과 같이 정리된다.

1) 언제: 여러 가지 시험을 만날 때.
2) 어디서: 여러 가지 시험을 만나는 삶의 현장에서.
3) 누가: 야고보의 형제들.
4) 무엇을: (1) 기쁘게 여기라(2절)
　　　　　(2) 인내를 이루라(4절)
　　　　　(3) 구하라(6절)
　　　　　(4) 의심하지 말라(6절)
5) 어떻게: (1) 온전히(2절)
　　　　　(2) 온전히(4절)
　　　　　(3) 오직 믿음으로(6절)
　　　　　(4) 조금도(6절)
6) 왜: (1) 믿음의 시련이 인내를 만들어 내기 때문에(3절, "이는" — 이유)
　　　(2) 온전하고 구비하여 조금도 부족함이 없게 하기 때문에(4절 하, "이는" — 이유)
　　　(3) 지혜가 부족하기 때문에(5절, 조건절은 이유로 바꿀 수 있다)

(4) 의심하는 사람은 두 마음을 품어서 아무것도 없을 수 없기 때문에 (6-8절, 의심하는 사람이 어떤지에 대한 '설명' 내지는 '이유'나 '근거'를 제공한다)

4. 육하원칙을 사용해서 대지를 만들라

이런 결과를 가지고 설교의 대지를 작성하는 연습을 할 수 있다. 위의 본문에서 우리는 네 개의 '무엇'을 추려내었다. 그러나 엄밀한 의미에서 (3)과 (4)는 서로 보충되는 내용이기 때문에 하나의 대지로 합칠 수 있다. 그렇게 하면 세 개의 대지를 갖는다. 가장 핵심 되는 내용만 가지고 간단하게 만든다면 다음과 같은 대지가 나온다.

첫째 대지: 성도들은 여러 가지 시험을 온전히 기쁘게 여겨야 한다(2-3절).
둘째 대지: 성도들은 인내를 온전히 이루어야 한다(4절).
셋째 대지: 성도들은 지혜를 구하고 의심하지 말아야 한다(5-8절).

이 뼈대 이외에 다른 내용들은 생략되었다. 일단 가장 기본적인 골격을 갖춘 다음에 나머지는 채워 넣으면 된다. 항상 뼈대의 핵심은 '무엇'에 있다는 것을 기억하면 된다. 그러면 이 기본적인 뼈대를 가지고 구체적인 대지와 소지를 만들어 보자. 곧, 설교의 개요를 만들어 보는 작업을 하려고 한다.

I. 성도들은 인내를 기대(혹은 확신)하고 시험을 온전히 기쁘게 여겨야 한다 (2-3절).

II. 성도들은 신앙의 성숙을 기대(혹은 확신)하고 인내를 온전히 이루어야 한다(4절).

III. 성도들은 하나님의 도움을 기대(혹은 확신)하고 지혜를 달라고 기도해야 한다(5-8절).

위의 세 개의 대지 아래에 소지들을 만들면 다음과 같이 할 수 있다.

I. 성도들은 인내를 기대(혹은 확신)하고 시험을 온전히 기쁘게 여겨야 한다 (2-3절).

  A. 성도들은 여러 가지 시험을 만날 때 온전히 기뻐해야 한다(명령).

  B. 온전히 기뻐해야 하는 이유는 온전한 기쁨이 인내를 만들어 내기 때문이다(앞의 명령의 이유).

II. 성도들은 신앙의 성숙을 기대(혹은 확신)하고 인내를 온전히 이루어야 한다(4절).

  A. 성도들은 인내를 온전히 이루어야 한다(명령).

  B. 온전히 이루어야 하는 이유는 온전한 인내가 인격과 신앙의 성숙을 가져오기 때문이다(앞의 명령의 이유).

III. 성도들은 하나님의 도움을 기대(혹은 확신)하고 지혜를 달라고 기도해야 한다(5-8절).

  A. 성도들은 풍성히 주시는 하나님께 지혜를 달라고 기도해야 한다(명령).

  B. 시련을 받을 때, 온전히 기뻐하거나 인내를 온전히 이룰 수 없기 때문이다(앞의 명령의 이유).

  C. 지혜를 구할 때, 의심하지 말아야 한다(구하는 태도나 자세).

    1. 지혜를 구하는 사람은 의심하지 말아야 한다.

2. 의심하는 사람은 두 마음 때문에 하나님께 얻을 수 없다.

개요를 만드는 훈련은 도움과 시간이 필요하지만, 간단한 몇 가지 내용을 알면 어느 정도는 할 수 있다.

첫째, 대지는 소지들의 상위개념이다. 상위개념이란 하위개념들을 합친 개념이라는 말이다. 합쳤다는 말은 단어들만을 합친다는 말이 아니다. 소지 두 개가 합쳐서 하나의 대지를 만들어 내야 한다. 그 하나의 대지는 소지 두 개를 합친 것보다 짧아야 한다. 우리는 이것을 포괄적인 개념(overarching concept)이라고 한다. 상위개념은 하위개념들을 포괄할 수 있어야 한다. 또한 포괄하는 하나의 개념을 가지고 있어야 한다. 이상하지만 "1+1=1"의 공식이 성립한다. 하나하나의 하위개념이 포괄적인 하나의 상위개념이 되어야 한다는 뜻이다. 하위개념이 셋이어도 합친 상위개념은 항상 하나여야 한다.

둘째, 하나의 상위개념은 하나의 문장으로 표현되어야 한다. 하나의 동사를 가진 문장이 되어야 한다. 그래야 한 문장이 무엇을 강조하는지를 알 수 있기 때문이다. 대지 I을 보자. "성도들은 인내를 기대(혹은 확신)하고 시험을 온전히 기쁘게 여겨야 한다." 이 문장에서 주어는 하나다. 동사도 하나다(기쁘게 여기다). 수식어가 있는데, 그것은 동사를 꾸며주는 역할을 한다(인내를 기대하고). 이와 같은 표현법으로 하나의 개념을 표현해야 한다.

셋째, 하위개념들은 동등한 무게를 가지고 있어야 한다. 다른 말로 표현하면, 상위개념을 여럿(대개 경우, 둘 내지 셋)으로 쪼갠다면 몇 개의 하위개념이 될 것인가를 결정해야 한다. 결정하는 원칙이 각 문장이나 각 문장의 구성 요소가 동등한 무게를 가지고 있는지를 확인해야 한다.

예를 들어 위의 두 번째 대지는 "성도들은 신앙의 성숙을 기대(혹은 확신)하고 인내를 온전히 이루어야 한다"이다. 그런데 두 번째 대지를 만드는 4절은 한 절에 두 문장으로 되어 있다. 뒤 절은 이유나 설명하는 종속절이다. 종속이 되는 절은 주절(main clause)을 꾸며주지만, 나눌 때만큼은 같은 무게를 가진 절로 취급한다. 왜냐하면 종속을 나타내는 "이는"이란 연결어가 앞과 뒤를 이어주는 역할을 하기 때문이다. 연결어가 있다는 말은 나눌 수 있다는 뜻이다. 나눌 수 있는 '힌트'가 바로 연결어이다. 한글은 연결어가 잘 쓰이지 않아서 파악하기 어려울 때도 있다(7, 8절의 경우). 이럴 경우에는 간단한 영어 번역을 보면 도움을 받을 수 있다. 정리해 보면 4절은 두 개의 소지를 가진다. 첫째 소지는 "성도들은 인내를 온전히 이루어야 한다"(명령), 둘째 소지는 "온전히 이루어야 하는 이유는 온전한 인내가 인격과 신앙의 성숙을 가져오기 때문이다"(앞의 명령의 이유)이다. 두 개의 소지가 합쳐져서 한 개의 대지가 된다. "성도들은 신앙의 성숙을 기대(혹은 확신)하고 인내를 온전히 이루어야 한다."

넷째, 하나의 상위개념 아래에서 하위개념은 항상 복수가 되어야 한다. 하나의 상위개념은 그 아래에 있는 작은 개념들을 아우르는 큰 개념이기 때문에 복합적이다(complex and comprehensive concept). 복합적인 개념이 자세하게 하위개념이 되면 여러 개로 나뉠 수밖에 없다. 예를 들어 우리의 몸은 하나다. 그렇지만 몸은 여러 개의 큰 덩어리로 나누어 묘사할 수 있다. 머리 부분, 몸통 부분, 팔다리 부분으로 나뉠 수 있다. 몸은 상위개념이며, 나머지는 하위개념들이다. 몸은 포괄적이고 함축적이며, 나머지는 좀 더 자세한 개념이다. 마찬가지로 머리 부분을 나눈다면 다시 여러 개의 더 적은 부분으로 나눌 수 있다. 머리의 안과 밖의 기관으로 나눌 수 있다. 그렇다면 머리를 크게 둘로 나눈다고 말할 수 있다. 머리가 대지의 역할을 한다면, 머리 안과 머리 밖의 부분들은 소지의 역할을 한다고 할 수 있다. 이 경우에서 보듯이 소지는 복수의 형태를 가진다. 소지는 세 개일 수도 있고, 네 개일 수도 있다. 대지나 소지를 만드는 경우 셋을 넘어가지 않으려는 이유는 사람들이 내용을 듣고 기억할 때 둘이나 셋이 훨씬 간단하기 때문이다. 셋을 넘어가면 많다고 생각한다. 사람들의 본능 속에는 많은 것을 기억하기보다는 적고 간단한 것을 기억하려는 경향이 있기 때문이다.

위와 같은 몇 가지 가이드라인을 염두에 두고 설교를 준비한다면 쉽게 설교를 작성할 수 있다. 물론 위에서 만든 개요는 본문의 구조와 논리를 그대로 표현한 것이다. 우리는 이것을 석의 개요라고 말한다. 본문이 요구하는 내용을 요구하는 대로 논리적으로 만들어 낸 것이다. 이것은 본문을 연구하는 설교자가 본문에 충실하다는 것을 보여준다. 이것이 어떻게 설교 개요로 발전되는가 하는 것은 다음에 다룰 것이다. 이 단계에서 우리가 배울 것은 육하원칙을 가지고 본문의 개요를 잡을 수 있다는 것이다.

이미 연습했던 로마서 5장 1절에 2절을 추가해서 석의 개요를 만들어 보자.

그러므로 우리가 믿음으로 의롭다 하심을 받았으니, 우리 주 예수 그리스도로 말미암아 하나님과 화평을 누리자. 또한 그로 말미암아 우리가 믿음으로 서 있는 이 은혜에 들어감을 얻었으며 하나님의 영광을 바라고 즐거워하느니라.

1) 언제: 우리가 믿음으로 의롭다 하심을 얻은 때.

2) 어디서: 분명하지는 않지만, 믿음으로 의롭다 하심을 얻은 그 현장에서.

3) 누가: 우리가.

4) 무엇을: (1) 화평을 누리자

　　　　　(2) 이 은혜에 들어감을 얻었으며

　　　　　(3) 바라고 즐거워하느니라

5) 어떻게: (1) 하나님으로 더불어, 우리 주 예수 그리스도로 말미암아

　　　　　(2) 그로 말미암아

　　　　　(3) 없음

6) 왜: 우리가 믿음으로 의롭다 하심을 얻었기 때문에.

　I. 칭의의 결과(혹은 칭의 때문에), 성도(우리)는 그리스도로 말미암아 하나님과 화평을 누린다.

　II. 칭의의 결과(혹은 칭의 때문에), 성도는 그리스도로 말미암아 하나님의 은혜에 들어와 있다.

　III. 칭의의 결과(혹은 칭의 때문에), 성도는 그리스도로 말미암아 하나님의 영광을 바라고 즐거워한다.

본문에서 강조되고 있는 '무엇'은 독립된 개념을 가지고 있는 세 개의 문장이다. 첫째가 "누린다"이고, 둘째가 "들어감을 얻었다"이고, 셋째가 "바라고 즐거워한다"이다. 1절 상반절은 종속절로서 뒤에 나오는 결과에 대해 원인을 제공한다. 따라서 칭의의 결과 내지는 칭의의 열매가 무엇인지를 말하고 있다. 이에 따라서 좀 더 정리하자면 다음과 같이 바꿀 수도 있다.

I. 칭의의 첫째 결과: 성도는 그리스도로 말미암아 하나님과 화평을 누린다.

II. 칭의의 둘째 결과: 성도는 그리스도로 말미암아 하나님의 은혜에 들어갔다.

III. 칭의의 셋째 결과: 성도는 그리스도로 말미암아 하나님의 영광을 즐거 워한다.

육하원칙을 적절하게 적용함으로 간단한 본문의 대지를 얻을 수 있 다. 이런 대지를 가지고 어떻게 설교 개요를 만들어 가는지를 다음에서 살필 수 있다.

5. 설교 개요로 발전시키라[2]

육하원칙을 적절하게 사용함으로 간단한 본문의 대지를 얻을 수 있 다. 간단하게 정리된 대지를 가지고 설교 개요를 만들 수 있다. 예를 들어 이미 다루었던 야고보서 1장 2-8절의 간단 개요는 다음과 같다.

I. 성도들은 인내를 기내(혹은 확신)하고 시험을 온전히 기쁘게 여겨야 한다 (2-3절).

   A. 성도들은 여러 가지 시험을 만날 때 온전히 기뻐해야 한다(명령).

   B. 온전히 기뻐해야 하는 이유는 온전한 기쁨이 인내를 만들어 내기 때문 이다(앞의 명령의 이유).

II. 성도들은 신앙의 성숙을 기대(혹은 확신)하고 인내를 온전히 이루어야 한다(4절).

---

2 설교 개요에 대한 자세한 설명에 대해서는 제임스 브라가, 『설교 준비』, 35-59.

A. 성도들은 인내를 온전히 이루어야 한다(명령).

B. 온전히 이루어야 하는 이유는 온전한 인내가 인격과 신앙의 성숙을 가져오기 때문이다(앞의 명령의 이유).

III. 성도들은 하나님의 도움을 기대(혹은 확신)하고 지혜를 달라고 기도해야 한다(5-8절).

A. 성도들은 풍성히 주시는 하나님께 지혜를 달라고 기도해야 한다(명령).

B. 시련을 받을 때 온전히 기뻐하거나 인내를 온전히 이룰 수 없기 때문이다(앞의 명령의 이유).

C. 지혜를 구할 때 의심하지 말아야 한다(구하는 태도나 자세).

1. 지혜를 구하는 사람은 의심하지 말아야 한다.

2. 의심하는 사람은 두 마음 때문에 하나님께 얻을 수 없다.

이 개요를 가지고 어떻게 설교 개요를 만들 수 있는가? 본문을 다루기 전에 설교 개요를 만드는 법을 다루고 적용해 보자. 여기서 다루는 것은 가장 기본적인 설교 개요의 형태다. 얼마든지 상황에 따라서 응용이 가능하다. 보통 설교의 틀은 다음과 같은 부호를 사용한다.

I. (첫째 대지)

A. (첫째 소지)

B. (둘째 소지)

II. (둘째 대지)

A. (첫째 소지)

B. (둘째 소지)

III. (셋째 대지)

A. (첫째 소지)

B. (둘째 소지)

이 틀을 사용할 때 다음과 같은 사항을 염두에 두고 연습하자.

첫째, 본문의 대지(여기서는 I, II, III에 해당함)는 본문이 가르치는 영원한 진리로 표현되어야 한다. 강해 설교의 가장 큰 특징이 바로 본문이 대지와 메시지를 정하는 것이다. 내가 읽고 싶은 대로 본문을 읽는 것이 아니다. 본문이 무엇이라고 말씀하는지를 드러내 주는 역할을 설교자가 해야 한다. 본문이 무엇이라고 말씀하는가 하는 부분이 바로 영원한 가르침이다. 우리는 이것을 명제나 원리(principle), 진리(truth) 혹은 가르침(teaching)이라고 한다. 성경이 가르치는 원리는 영원하고(universal) 모든 시대(timeless)에 적용될 수 있어야 한다. 각 대지는 바로 이 영원한 가르침이 무엇인지를 그대로 표현해야 한다. 이 가르침 아래에 석의한 내용이 들어가고 적용하려는 내용이 들어가야 한다. 다시 말하면 대지는 본문을 나눈 작은 문단의 전체를 이끌고 가는 명제라고 할 수 있다. 하나님께서 나와 내 청중에게 어떤 가르침을 주시는지를 보여주는 역할을 대지가 한다.

둘째, 각 대지가 어떤 과정을 통해서 그 대지가 되었는지를 보여주어야 한다. 본문을 다루는 설명이 있어야 한다. 바로 본문을 다루는 설명이 각 대지 아래 첫 번째 소지가 된다. 여기에서는 각 대지의 첫째 소지(A)에 해당한다. 곧 첫째 소지는 본문을 설명하는 역할을 한다. 여기서 알아야 할 것은 위의 형태가 설교의 정확한 순서가 아니라는 것이다. 대지를 먼저 말하고, 소지를 설명하고, 또 다음 소지로 넘어가는 그런 순서적인 틀이 아니다. 이것은 논리적인 틀이다. 물론 어느 정도는 순서를 보여주고 있기는 하다. 대지를 먼저 선포하고 첫째 소지를 다룰지, 아니면 첫째 소지를 다루고 대지에 있는 가르침이 이것이라고 선포할지는 설교자의 작전 계획에 달렸다. 어느 것을 먼저 하느냐에 따라 귀납적인 접근이냐 아니면 연역적인 접근이냐가 달려 있다. 먼저 대지를 던져주고 설명하면 연역적인 접근이라고 할 수 있다. 반면에 설명을 다 한 다음에 가르침을 던져주면 귀납적인 접근이라고 할 수 있다. 작은 한 대지를 다루는 면에서도 연역과 귀납이 다르다.

셋째, 둘째 소지(B)는 적용점을 다룬다. 곧, 본문에서 선포된 가르침(대지에 해당함)을 오늘의 청중에 맞게 적용 포인트를 찾는 것이다. 적용의 표현은 직설적(straightforward)이고 적극적(active)이고 긍정적(positive)인 것이 좋다. 또한 개인적(personal)이고 실제적(practical)인 내용들이 나와야 한다. 내용을 잘 분석하고 가르침을 끄집어내고도 실패하는 이유가 대부분이 여기에서 실패하기 때문이다. "옳은 말씀 같은데, 나하고는 상관이 없는 것 같아!" 이런 반응은 둘째 소지에서 다루는 내용이 너무 객관적이거나 실제 생활을 건드려 주지 못했기 때문이다. "목사님이 어떻게 간밤에 우리 집에서 일어난 일을 아시냐?" 이런 반응이 나온다면 이 대목에서 성공한 것이다.

이와 같은 내용을 참고로 해서 다시 틀을 정리하면 다음과 같이 된다.

I. 첫째 가르침(첫째 대지): 시간에 구애받지 않는 가르침

  A. 첫째 대목의 설명(첫째 소지): 시간에 구애받는 당시 상황이나 본문 설명

  B. 첫째 가르침의 적용(둘째 소지): 오늘의 청중에 국한된 적용

II. 둘째 가르침(둘째 대지): 시간에 구애받지 않는 가르침

  A. 둘째 대목의 설명(첫째 소지): 시간에 구애받는 당시 상황이나 본문

설명

　　B. 둘째 가르침의 적용(둘째 소지): 오늘의 청중에 국한된 적용

III. 셋째 가르침(셋째 대지): 시간에 구애받지 않는 가르침

　　A. 셋째 대목의 설명(첫째 소지): 시간에 구애받는 당시 상황이나 본문

설명

　　B. 셋째 가르침의 적용(둘째 소지): 오늘의 청중에 국한된 적용

여기에서 서신서와 같이 이미 가르침이 분명하게 나오는 본문은 첫째 소지에 이미 가르침이 등장한다. 서신에서는 시간에 구애받는 가르침도 있지만, 대부분의 경우에는 오늘날에도 그대로 적용될 수 있는 것이 많기 때문이다. 야고보서 1장 2-8절만 하더라도 모든 명령이 그대로 오늘날에도 변함없이 적용된다. 이 원칙에 따라서 야고보서 1장 2-8절의 설교 개요를 만들어 보면 다음과 같이 구성할 수 있다.

I. (원리) 성도들은 인내를 기대(혹은 확신)하고 시험을 온전히 기쁘게 여겨야 한다(2-3절).

　　A. (본문 설명) 온전한 기쁨이 인내를 만들어 내기 때문에, 성도들은 여러 가지 시험을 만날 때 온전히 기뻐해야 한다.

　　　1. 성도들은 여러 가지 시험을 만날 때 온전히 기뻐해야 한다(명령).

　　　　a. 여러 가지 시험은 다양한 칼라의 시험이 시시각각 그 시대의 성도들을 위협하고 있음을 말해준다.

　　　　b. 잘하다가도 시험이 오래 지속되거나 종류가 많아지면 탈락하는 경우가 생기곤 하였다. 그래서 온전히 기쁨으로 여기고 견디라고 권면하고 있다.

2. 온전히 기뻐해야 하는 이유는 온전한 기쁨이 인내를 만들어 내기 때문이다(앞의 명령의 이유).

B. (적용) 다양한 시험을 만나게 되면, 온전히 기뻐하는 법을 배워야 한다.

1. 다양한 색깔의 시험이 우리를 찾아온다.

2. 다양한 색깔의 시험 앞에서, "온전히" 기뻐하는 법을 배워야 한다. "온전히"가 강조되어 있는 것을 보면 이것이 쉽지 않기 때문이다.

3. 기뻐하는 훈련이 쌓이다 보면 예수님의 인내가 내 안에서 쌓이게 된다. 나의 인내는 칼을 입에 문 인내다. 이것은 사람을 다치게 한다. 그러나 예수님의 인내는 나도 살고, 주위의 사람도 살게 하는 인내이다.

II. 성도들은 신앙의 성숙을 기대(혹은 확신)하고 인내를 온전히 이루어야 한다. (4절)

A. (본문 설명) 온전한 인내가 인격과 신앙의 성숙을 가져오기 때문에, 성도들은 인내를 온전히 이루어야 한다.

1. 성도들은 인내를 온전히 이루어야 한다(명령).

2. 온전히 이루어야 하는 이유는 온전한 인내가 인격과 신앙의 성숙을 가져오기 때문이다(앞의 명령의 이유).

a. 온전하다. "mature" — "성숙하다"

b. 구비하다. "complete" — "잘 갖추어져 있다. 완성되다. 훌륭하다."

c. 조금도 부족함이 없다. "lacking in nothing" — "모난 부분이 없고, 골고루 갖추어져 있다."

B. (적용) 우리가 예수님의 인내를 쌓으면, 성숙한 인격의 사람이 될 것이다.

1. 내가 정한 선에서 인내하지 말고, 하나님이 원하시는 선에서 인내해야 한다. 내 힘으로 안 되기 때문에 주님의 도우심이 필요하다.

2. 예수님의 도움으로 인내가 쌓이면, 개인과 공동체의 삶에서 성숙한 열매를 맺는다. 나로 말미암아 관계가 성숙해진다. 일이 완성된다. 사람이 자란다.

3. 어떤 환경 속에서도 예수님의 향기를 발할 수 있는 그리스도인이 된다. 우리의 목표는 그것을 이루는 것이다. 환경을 뛰어넘는 그리스도인이 되어야 한다.

III. 성도들은 하나님의 도움을 기대(혹은 확신)하고 지혜를 달라고 기도해야 한다(5-8절).

A. (본문 설명) 시련의 때에 온전히 기뻐하거나 인내를 온전히 이룰 수 없기 때문에, 성도들은 풍성히 주시는 하나님께 지혜를 달라고 기도하고 의심하지 말아야 한다.

1. 성도들은 풍성히 주시는 하나님께 지혜를 달라고 기도해야 한다(명령).

2. 시련을 받을 때, 온전히 기뻐하거나 인내를 온전히 이룰 수 없기 때문이다(앞의 명령의 이유).

3. 지혜를 구할 때 의심하지 말아야 한다(구하는 태도나 자세).

B. (적용) 시련을 온전하게 이기려면 산설한 마음으로 하늘의 지혜를 구해야 한다.

1. 그리스도인마다 잘 넘어지는 부분이 있다. 약점이 있다. 사단은 이 부분을 집중 공략한다.

2. 비틀거릴 때마다 풍성한 하나님의 지혜를 의지하면 이길 수 있다. 과거의 나의 경력이나 경험, 돈이나 사람을 의지하면 백전백패한다.

3. 지혜는 선물이기 때문에 겸손하게 구하고, 믿음으로 선포하며 살아야 한다.

대지 세 개를 가진 간단한 설교 개요는 육하원칙으로부터 왔다. 육하원칙을 이용해서 본문의 흐름과 중심 사상이 잘 살아나는 개요를 만들 수 있다.3 물론 육하원칙과 본문의 흐름을 관찰하고 개요를 잡는 훈련을 지속적으로 해야 한다. 본문의 중심 사상은 세 개의 대지를 전부 아우를 수 있는 한 개의 문장이어야 한다. "하나님의 도움으로 시련을 잘 참고 견디면, 성품과 관계가 성숙해진다." 결국 시련을 통해서 한 사람을 다루시는 하나님의 솜씨를 알 수 있다. 더 나아가서는 가정이나 공동체를 축복해 주시려는 하나님의 계획이 있다. 당시에는 보이지 않아도, 결국 시간이 지나면서 나타난다. 이런 전체 흐름을 잃지 않으면서, 각각의 대지가 무엇을 말하려고 하는지를 살려내면 된다. 통일성 (unity and thrust)을 잃지 않으면서, 각 대지의 독특함(particulars)을 살려내는 것이 관건이다. 각 대지만을 강조하면 통일성을 잃는다. 너무 통일성만을 강조하면 각 대지의 풍성함을 맛보지 못하게 할 수 있다. 이 두 가지를 살려내는 훈련이 중요하다.

6. 설교의 살을 채우라

간단한 설교 개요가 작성된 다음에는 설교의 살을 채우는 것을 하면 된다. 설교의 살에는 예화, 통계, 인용 등이 있다. 적절한 장소에 이런 것들을 사용함으로 본문의 내용을 더 실감 나게 만들 수 있다. 오늘의

---

3 석의(exegetical)와 강해(expositional) 과정은 본문의 해석과 그 해석을 통해 진리를 끄집어 내는 것이다. 이 과정에서 우리는 역사적, 신학적, 문법적, 문학적 해석을 해야 한다. 그 주제에 관해서는 해돈 로빈슨 엮음, 『성경적인 설교와 설교자』, 338-349. 중심 사상에 대한 연구는 로빈슨의 책에 자세히 나온다. 그는 중심 사상을 설교에 접목시킨 것으로 널리 알려져 있다. 해돈 W. 로빈슨, 『강해설교』, 36-58, 539-548.

청중들이 본문을 더 잘 이해하게 만들기 위해 예화를 사용할 수 있다. 이것을 "설명적 예화"(explanatory illustration)라고 한다. 가르침이 영원한 진리인 것을 증명하는 예화를 "증명적 예화"(proving illustration)라고 한다. 또한 적용을 위해서 사용하는 예화를 "적용적 예화"(applicational illustration)라고 한다. 각각의 용도에 맞게 사용함으로 설교의 살을 채울 수 있다. 이 내용을 자세히 다룰 수는 없어서 이 정도에서 멈추기로 한다. 더 나아가서 설교의 서론과 결론을 만들어 내는 것이 개요의 살을 채우는 마지막 단계이다. 서론과 결론은 설교 준비의 마지막 작업에 해당된다. 간단하게 말해서 서론은 흥미(interest)와 의미(implication)와 관심(concern and focus)을 가져올 수 있는 도입이어야 한다. 결론은 서론에서 제기했던 문제나 내용을 갈무리하고 해답을 제공하는 것이어야 한다. 야고보서 1장 2-8절의 간단한 설교 개요를 위한 서론이 있다면, "사람들이 왜 시험 앞에서 실패하는가?" 하는 명제가 될 수 있다. 혹은 "모든 면에서 성숙한 사람이 되고 싶다면?"이라는 질문을 제기함으로써 시작할 수 있다. 흥미를 유발하는 방법은 워낙 다양해서 여기서 다룰 수 없지만, 적어도 서론은 청중들이 이 설교를 왜 들어야 하는지에 대한 당위성을 제공해야 한다. 부담스럽고 무겁게 주지 말고, 재미있으면서도 관심을 끌 수 있는 접근으로 시작해야 한다. 마음을 여는 것이 서론의 기능이다. 전체 설교 길이의 1/10에 해당하는 서론이 잘 준비되면 다음은 쉽게 굴러갈 수 있다. 그러나 서론이 힘들면 그다음 또한 힘들어진다. 서론과 결론은 항상 같은 맥락 선상에 있다. 결론은 결론다워야 한다. 그래야 사람들은 설교 들은 것 같은 느낌을 받는다. 인상적이어야 하고 머리와 가슴에 찬 느낌을 주어야 한다. 설교는 impact이기 때문에, 변화를 결심한다면 성공한 것이다.

7. 자세한 설교 개요를 만들라

앞에서 야고보서 1장 2-8절을 가지고 설교 개요를 만들어 보았다. 이 단락에서는 로마서 5장 1-2절을 가지고 간단한 설교 개요와 자세한 설교 개요를 만들어 보자. 우리가 가진 로마서 5장 1-2절의 간단한 개요(석의 및 강해 개요)는 다음과 같다.

I. 칭의의 결과(혹은 칭의 때문에), 성도(우리)는 그리스도로 말미암아 하나님과 화평을 누린다.
II. 칭의의 결과(혹은 칭의 때문에), 성도는 그리스도로 말미암아 하나님의 은혜에 들어와 있다.
III. 칭의의 결과(혹은 칭의 때문에), 성도는 그리스도로 말미암아 하나님의 영광을 바라고 즐거워한다.

위의 내용을 토대로 좀 더 공통 분모를 살려서 다음과 같은 개요를 만들어 볼 수 있다.

I. 칭의의 결과, 성도는 그리스도 때문에 하나님과 화평한 관계를 누린다(혹은 누릴 수 있다).
II. 칭의의 결과, 성도는 그리스도 때문에 하나님의 은혜를 누린다(혹은 누릴 수 있다).
III. 칭의의 결과, 성도는 그리스도 때문에 하나님의 영광을 누린다(혹은 누릴 수 있다).

중심 사상은 "칭의의 결과, 성도는 그리스도 때문에 하나님과 하나님의 선물을 누린다(누릴 수 있다)"이다. 5장 1-2절은 모두 칭의의 결과를 말하고 있기 때문에, 개략적인 주제는 '칭의의 결과'라고 말할 수 있다. 그리고 '칭의의 결과'에 해당되는 내용이 '하나님과 하나님의 선물'(그분의 은혜와 영광)이다. 그리고 그 내용을 이끄는 동사는 '누린다'이다. 하나님 아버지를 누릴 수 있다는 것은 엄청난 영광이다. 아버지와의 관계 회복은 단순히 멋쩍은 관계를 말하는 것이 아니다. 얼마든지 만날 수 있고, 대화할 수 있고, 같이 즐길 수 있는 그런 관계를 말하고 있다. 아버지를 즐길 수만 있다면 나머지는 다 덤으로 따라오는 것들이다. 그런데 이 모든 것을 가능하게 하신 분이 바로 예수 그리스도이시다. 그래서 중심 사상이나 각 대지에서 빼놓지 말아야 할 수식어가 있다면 바로 '그리스도 때문에'이다. 로마서 3장과 4장에서 말하고자 하는 모든 것은 '그리스도를 통해서' 혹은 '그리스도 때문에' 이루어진 일들이다. 우리가 '이신칭의'라고 말하는 것이 바로 그리스도 때문에 주어진 것이다.

위와 같은 내용을 참고해서 이미 나누었던 설교 개요를 만드는 방법을 적용해 보자. 설교 개요의 가장 기본적인 틀은 다음과 같다.

I. 첫째 가르침(첫째 대지): 시간에 구애받지 않는 가르침

  A. 첫째 대목의 설명(첫째 소지): 시간에 구애받는 당시 상황이나 본문 설명

  B. 첫째 가르침의 적용(둘째 소지): 오늘의 청중에 국한된 적용

II. 둘째 가르침(둘째 대지): 시간에 구애받지 않는 가르침

  A. 둘째 대목의 설명(둘째 대지의 첫째 소지): 시간에 구애받는 당시 상황

이나 본문 설명

　B. 둘째 가르침의 적용(둘째 대지의 둘째 소지): 오늘의 청중에 국한된 적용

III. 셋째 가르침(셋째 대지): 시간에 구애받지 않는 가르침

　A. 셋째 대목의 설명(셋째 대지의 첫째 소지): 시간에 구애받는 당시 상황

이나 본문 설명

　B. 셋째 가르침의 적용(둘째 소지): 오늘의 청중에 국한된 적용

이 틀에 로마서 5장 1-2절의 석의 및 강해 내용을 집어넣어 보자.

I. 칭의의 결과, 성도는 그리스도 때문에 하나님과 화평한 관계를 누린다(혹
은 누릴 수 있다).

　A. (본문 설명) 칭의의 결과, 성도는 그리스도 때문에 하나님과 화평을 누
린다.

　　1. 성도는 그리스도 때문에 하나님과 화평을 누린다.

　　2. 그 이유는 의롭다 하심을 얻었기 때문이다.

　B. (적용 원리) 하나님을 아버지로 알고, 그분을 누리고 즐거워하자.

　　1. 그리스도 때문에 얻은 최대의 선물은 아버지와의 관계다.

　　2. 아버지를 아버지로 알고, 언제 어디서나 아버지를 즐거워하자.

II. 칭의의 결과, 성도는 그리스도 때문에 하나님의 은혜를 누린다(혹은 누
릴 수 있다).

　A. (본문 설명) 칭의의 결과, 성도는 그리스도 때문에 하나님의 은혜 안에
들어와 있다.

　　1. 성도는 하나님의 은혜의 보좌 앞으로 들어갔다.

　　2. 그리스도 때문에 믿음으로 서 있게 되었다.

B. (적용 원리) 우리는 마음껏 하나님의 은혜의 보좌 앞에서, 그분의 은혜를 누리자.

    1. 은혜의 보좌 앞에 언제든지 갈 수 있다. 두려워하지 않아도 된다.

    2. 아버지가 베푸시는 은혜가 바로 내 것이다. 얼마든지 즐길 수 있다. 빼앗기지 않는다.

III. 칭의의 결과, 성도는 그리스도 때문에 하나님의 영광을 누린다(혹은 누릴 수 있다).

  A. (본문 설명) 성도는 그리스도 때문에 하나님의 영광을 바라고 즐거워한다.

  B. (적용 원리) 우리는 지금 하나님의 영광을 미리 즐거워할 수 있다(그 영광을 미리 맛보고 있다).

위와 같이 가장 중요한 개념의 뼈대를 작성하고 나서 이 틀에 살을 채우면, 자세한 설교 개요가 된다. 제목은 칭의로 인해서 얻은 세 가지 축복을 염두에 두고 정했다. 서론은 중심 사상의 핵심 내용 중 하나인 '누린다' 혹은 '즐긴다'를 강조하기 위해서 사람들이 빠져 있는 운동의 예를 사용하였다. 사람들이 즐기는 운동이나 어떤 취미 활동을 관심을 끄는 시작으로 삼을 수 있다. 혹은 관계가 있으면서 그 관계를 누리지 못하는 것이 얼마나 비참한 것인가를 강조함으로 시작할 수 있다. 하나의 예화를 들고, 그리스도인들이 혹 그렇게 살고 있다면 얼마나 안 좋은가 하는 문제를 제기함으로 시작을 이끌어 갈 수 있다.

제목: 칭의가 준 세 가지 축복(롬 5:1-5)

중심 사상: 우리는 예수님 때문에 아버지와 그의 선물을 언제든지 즐길 수 있다.

<서론> 내가 가장 좋아하고 즐기는 것은 무엇인가? 남자라면 즐기는 운동이 하나쯤은 있을 수 있다. 요즘 우리 교회에는 탁구 붐이 일어나서 남자들이 편을 짜서 시간만 나면 탁구를 한다. 어떤 때는 수요 예배가 끝나고 새벽 1시까지 쳤다는 소문을 들은 적도 있다. 이 정도면 '탁구의 영'에 사로잡힌 정도이지만, 운동을 통해서 가까워진다는 것은 좋은 일이다. 여기에 참여한 사람들은 운동을 즐기고 자기들끼리의 교제를 즐기고 있다. 그런데 오늘 성경은 이것보다 더 진하게 즐길 수 있는 것들이 있다고 말씀하신다. 이것은 그리스도 때문에 우리가 받은 선물이다.

<연결구> 우리가 가진 가장 최고의 선물은 무엇인가?(첫째 대지로 이끔)

<본론>
I. 예수님 때문에 하나님을 즐길 수 있다(5:1).
 A. (본문) 성도는 하나님의 가족이 되었기 때문에 아버지와의 관계를 즐긴다.
  1. 칭의의 의미: 관계를 정상화하였다.
  2. 화평의 의미: 아버지를 즐길 때 가장 큰 기쁨이 있다.
 B. (적용) 하나님을 아버지로 알고, 그분을 누리고 즐거워할 수 있다.
  1. 그리스도 때문에 얻은 최대의 선물은 아버지와의 관계다.
  2. 소유와 누림은 다르다. 아버지를 아버지로 알고, 언제 어디서나 아버지를 즐거워하자.
   (예화) 우리 아이들은 언제든지 엄마 아빠 방에 들락거린다. 침대에서도 마음대로 벌렁 누워서 놀기도 한다. 침대에서 아이들과 씨름하는 날이면 방 안이 온통 먼지가 된다.

<연결구> 아버지를 기뻐하면, 아버지에게서 나올 것이 무엇인가? 아버지가 주시는 선물이 있다(둘째 대지로 이끔).

II. 예수님 때문에 하나님의 선물을 즐길 수 있다(5:2상).

  A. (본문) 칭의의 결과, 성도는 그리스도 때문에 하나님의 은혜 안에 들어와 있다.

    1. 우리가 현재 들어가 있는 은혜의 자리는 시은좌를 의미한다.

    2. 우리는 그 은혜의 자리에 언제든지 들어가, 그 은혜를 누릴 수 있다.

  B. (적용) 우리는 마음껏 하나님의 은혜의 보좌 앞에서, 그분의 은혜를 누릴 수 있다.

    1. 은혜의 보좌 앞에 나아갈 수 있다.

      (예화) 내 아이는 "아빠 나 집에 들어가도 돼요?"라고 묻지 않고, 집에 들어온다.

    2. 언제든지 즐길 수 있는 선물인 은혜가 있다. 그의 선물을 마음껏 누려야 한다.

<연결구> 하나님의 선물 중에 미래에 주실 것을 현재로 당겨주시는 것이 있다. 그것이 무엇인가?(셋째 대지로 이끔)

III. 예수님 때문에 하나님의 약속을 즐길 수 있다(5:2).

  A. (본문) 미래의 영광을 기뻐하며, 환난 중에서도 소망 때문에 기뻐한다.

    1. 그리스도 때문에 미래에 이루어질 영광을 기대하며 기뻐한다.

    2. 미래뿐만이 아니라 현재의 고난 속에서도 미래의 완성을 확신하기 때문에 기뻐할 수 있다.

B. (적용) 우리는 지금 하나님의 영광을 미리 즐거워할 수 있다(그 영광을 미리 맛보고 있다).

1. 우리의 소원은 그리스도의 영광에 참여하는 것이다. 그 영광을 지금 미리 맛보고 있다.

   (예화) 다 차려진 상에서 미리 맛보기를 한 사람은 더 참기 힘들다. 곧 시작될 만찬을 잔뜩 기대한다.

2. 지금과는 비교할 수 없는 찬란한 미래를 보장받고 산다. 아버지의 약속은 확실하기 때문에 기뻐한다.

<연결구> 우리는 예수님 때문에 아버지와 그의 선물을 언제든지 즐길 수 있다(결론으로 이끔).

<결론> 우리는 예수님 때문에 인류 최고의 선물인 하나님 아버지를 아버지로 모시고 사는 기쁨을 받았다. 또 그가 주시는 선물인 은혜를 넘치도록 받고 있다. 또한 소망 가운데서 진행되는 미래와 완성될 미래를 기뻐하며 기다린다. 그러므로 현재 우리가 어떤 환경에 처해있다 하더라도, 그 환경을 넉넉히 이기며 산다.

III. 귀납적 접근인가 혹은 연역적 접근인가?[4]

중심 사상을 결론에 와서 종합해서 전달하였다. 세 번째 대지가 끝나고 결론 부분에서(여기에서는 결론에 이르는 연결구) 세 개의 대지를 종합하였다. 그리스도인이 된 다음에 우리는 즐기는 것들과 가득 차 있다는 것을 강조하였다. 최고는 아버지(아버지와의 관계)이고, 나머지는 아버지와의 관계에서 덤으로 오는 것임을 강조하였다. 원래 중심 사상이 맨 뒤에 오면 귀납적인 설교라고 할 수 있다. 그렇지만 각 대지마다 적용이 나왔기 때문에, 명확하게 말하면 순수한 귀납적 설교라고 할 수도 없다. 쉽게 말하면 '짬뽕' 식이다. 원래 순수 귀납적인 접근은 서론에서는 다루려고 하는 넓은 주제만을 전달한다. 로마서 5장 1-2절의 경우는 "그리스도인의 삶에는 즐길 수 있는 것들이 널려 있다" 정도의 문장이 될 것이다. 그리고 각 대지마다 즐길 수 있는 것이 무엇인지를 하나씩 전개해 나간다. 그러나 각 대지에서는 실제 적용은 하지 않은 채로 본문을 설명하고 증명하는 데 모든 에너지를 쏟는다. 그리고 결론 즈음에 와서 마지막으로 그 세 가지를 모두 종합해서 보여준다. 종합한 것을 중심 사상이라고 한다. 그리고 모든 적용은 결론에서 모아서 한다. 대지별로 세 개의 적용을 할 수 있다. 혹은 중심 사상을 중심으로 하나의 굵직한 적용을 할 수도 있다.

순수한 연역적인 접근은 서론의 말미에서 중심 사상을 미리 보여준다. 그리고 그 중심 사상이 각 대지에서 하나씩 전개시켜 나간다. 그리

---

4 설교를 어떻게 전개할 것인가에 대해서는 토마스 G. 롱, 『증언설교』, 241-279. 그는 귀납적 방법 및 구성의 흐름 등을 이용한 접근법을 비교적 자세히 설명한다.

고 각 대지의 연결 부분에서 중심 사상을 계속 강조한다. 그리고 결론 전에서도 다시 한번 중심 사상을 강조한다. 대지가 세 개면 적어도 중심 사상이 네 번(서론, 각 연결 부분) 반복된다. 연역적인 설교의 강점은 '반복 학습'이다. 계속 강조함으로써 설교자가 무엇을 강조하는지를 청중의 귀에 못이 막히도록 하는 것이 이 접근의 장점이다. 단지 강조의 힘이 각 대지로 분산되기 때문에 클라이맥스를 만들기가 쉽지 않다. 설교자는 어딘가에서 가장 강조하는 시점을 찾아야 한다. 반면에 귀납적인 접근은 결론에서 모든 강조를 집중할 수 있다. 이것이 귀납적인 접근의 강점이다. 그렇지만 저자는 이 둘을 합쳐서 시도해 보았다. 서론에서 중심 사상을 보여주지 않고 큰 주제만을 던졌다. 그리고 각 대지에서 답을 하나씩 제시하였다. 동시에 적용도 각 대지마다 던져주었다. 그리고 결론에 와서 전체를 종합하고 가장 중요하다고 생각한 것을 강조하였다. 어떤 접근을 하든지 설교자 자신에게 가장 어울리고 효과적인 것을 택하여 연습해야 한다. 다양한 시도를 해 볼 수도 있다. 이런 본문은 이렇게, 저런 본문은 저렇게 접근하면서 다양한 접근으로 청중의 상황에 맞게 적용을 시도한다면, 자기에게 맞는 접근 방법을 찾아갈 것이다.

IV. 결론

육하원칙이 만능이라는 말은 대부분의 강화체에나 설화체에나 크게 유용하게 사용될 수 있기 때문이다. 보통 어떤 기계를 사게 되면 매뉴얼이 따라오는데, 그것이 가르치는 대로 따라 하면 조립이나 사용이 용이해질 것이다. 육하원칙은 성경을 좀 더 쉽게 그리고 논리적으로 이해하는 매뉴얼과 같은 것이다. 그런데 그 매뉴얼은 복잡하지 않다. 어떻게 사용되는지를 안다면 적절하고 유용하게 쓰일 것이다. 이 소논 문을 통해서 가장 흔하지만 홀대받고 있던 육하원칙의 가치를 강조해 보았다. 그 필요성을 다시 들춰 보았고, 어떻게 사용하는지를 살펴보았 다. 그것을 이용해서 강화체 본문에 적용하는 법 또한 살펴보았다. 육하 원칙을 통해서 간단한 설교 개요를 작성하는 것이 가능해진다. 설교 개요가 제대로 작성되면, 그것을 발전시켜서 자세한 설교 개요를 만들 어 낼 수 있다. 그 내용을 풀어서 글로 작성하게 되면, 설교문이 작성된 다. 이 모든 과정을 "설교화"라고 말한다. 본문에서부터 시작해서 전달 되기 직전의 설교문이 되기까지 차근차근 단계를 밟아 간다면, 설교의 내용은 준비하는 자의 마음과 생각 속에 이미 깊숙이 자리 잡을 것이다. 그러면 설교문과 설교자는 하나가 되고, 설교자는 설교하는 동안 자유 를 누릴 수 있을 것이다.

참고문헌

로빈슨, 해돈 W. 『성경적인 설교준비와 전달』. 두란노, 2006.

_____ 엮음. 『성경적인 설교와 설교자』. 두란노, 2006.

롱, 토마스 G. 『증언설교』. 기독교문서선교회, 2019.

브래가, 제임스. 『설교준비』. 생명의 말씀사, 1981.

헨드릭스, 하워드 · 윌리암 헨드릭스. 『삶을 변화시키는 성경연구』. 디모데, 2017.

Chapell, Bryan. *Christ-Centered Preaching: Redeeming the Expository Sermon*. 3rd ed. Baker, 2018.

Craddock, Fred. *Preaching*. Abingdon Press, 1985.

Fee, Gordeon and Stuart Douglas. *How to Read the Bible for All Its Worth*. 3rd ed. Grand Rapids: Zondervan, 2003.

Johnston, Graham. *Preaching to a Postmodern World*. Baker, 2001.

Larsen, David L. *Telling the Old, Old Story: The Art of Narrative Preaching*. Grand Rapids: Kregel, 2000.

Lewis, Ralph and Gregg Lewis. *Inductive Preaching: Helping People Listen*. Crossway, 1983.

Long, Thomas G. *Preaching and the Literary Forms of the Bible*. Philadelphia: Fortress, 1989.

_____. *The Witness of Preaching*. 3rd ed. Westminster John Knox Press, 2016.

Lowry, Eugene. *The Homiletical Plot: The Sermon as Narrative Art Form*. Westminster John Knox Press, 2001.

Mathewson, Steven and Haddon Robinson. *The Art of Preaching Old Testament Narrative*. Baker, 2002.

Pagitt, Doug. *Preaching Re-imagined*. Zondervan, 2005.

Richard, Ramesh. *Scripture Sculpture*. Baker, 1995.

Robinson, Haddon. *Biblical Preaching*. 2nd ed. Grand Rapids, Baker, 2001.

Stanley, Andy. *Communicating for a Change*. Multmonah, 2006.

Warren, Timothy S. "A Paradigm for Preaching." *Bibliotheca Sacre* 148 (October-December), 1991.

Post-Covid 시대 강단의 변화를 위한 전략

― '귀납적 방향'을 중심으로

신성욱 박사 / 설교학

I. 들어가는 말

지난 이천 년 기독교 역사 가운데 가장 중요한 위치를 차지해 온 것이 있으니, 이는 설교다. 기독교는 하나님의 말씀인 설교와 함께 그 운명을 같이해 왔다고 해도 과언이 아니다. 설교가 흥왕할 때마다 교회가 부흥했던 반면, 설교가 약화되었을 땐 어김없이 교회가 쇠퇴했다.[1] 교회의 부흥과 쇠퇴는 가장 크게는 설교에 달려 있음을 기독교 역사는 잘 말해주고 있다.[2] 그런 점에서 교회의 역사를 설교의 역사라 표현해

---

1 포사이트(P. T. Forsyth)는 교회와 설교의 관계를 "설교와 함께 흥하였거나 설교와 함께 망하는 것"으로 묘사했다. P. T. Forsyth, *Positive Preaching and the Modern Mind* (Grand Rapids: Baker Book House, 1980), 3; H. C. Brown, H. Gordon Clinard, and Jesse J. Northcutt, *Steps to the Sermon: A Plan for Sermon Preparation* (Nashville: Broadman. 1963), 28-29.

도 틀린 말은 아닐 것이다.

불행하게도 최근 들어 세계 교회는 더 이상 부흥과 성장이 아닌 정체와 쇠퇴 현상을 보이고 있다. 유럽 교회와 미국 교회는 물론,[3] 기독교 역사상 가장 큰 부흥의 기적을 경험했던 한국교회 역시 동일한 위기를 맞고 있는 안타까운 현실이 되고 말았다. 교회가 건강하지 못하고 질적·양적으로 문제를 보이고 있다면, 이는 분명 강단에 심각한 문제가 있음을 의미한다.[4]

가장 큰 이유는 변화하는 시대에 재빠른 대처를 하지 못하는 점을 들 수 있다. 최근 우리는 코로나19라는 전혀 예상치 못한 질병으로 인해 교회가 아닌 각자의 집에서 유튜브나 줌으로 예배드리고 말씀을 듣는 일을 2년 이상 길게 지속했다. 물론 지금은 비대면 상황이 많이 완화되어 교회에서의 예배와 설교 듣는 것이 가능해진 현실이 되었다. 하지만 성도들이 이전만큼 교회에 출석하지 못하고 있는 가운데 목회자들의

---

2 D. Martyn Lloyd Jones, *Preaching & Preachers* (Grand Rapids, MI: Zondervan Publishing House, 1971), 25.

3 Win Arn, *The Pastor's Manual for Effective Ministry* (Monrovia: Church Growth, Inc., 1988), 16.

4 브라이언 버드는 자신의 소논문에서 "나의 모든 연구들의 결과 교회의 강단에 청중들은 가득한데 설교들은 허공을 치는 서구사회를 보고 있다"라고 말한다. Brian Bird, "Biblical Exposition: Becoming a Lost Art?," *Christianity Today* 30 (1984), 34. 코로나 팬데믹을 거치면서 한국 교회 이미지가 하락했다는 통계들이 넘쳐난다. 최근 「국민일보」와 '사귐과 섬김'이 공동으로 조사한 바에 따르면 한국교회 신뢰도는 18.1%로, 코로나 이전보다도 더욱 하락했다. 종교별 호감도에서 기독교는 천주교나 불교의 3분의 1 수준이다. 기독교는 배타적·물질적·세속적·위선적으로 여기는 반면, 천주교는 도덕적이고 헌신적인 이미지를 점유하며, 불교는 포용적이고 상생하는 종교로 여긴다. 한국교회에 대한 부정적 이미지가 높아지면 선교와 전도에도 그 영향이 가해질 것이다. 가나안 성도, 탈교회 현상도 교회에 대한 실망과 회의가 주요인이었음은 부인할 수 없다. 이로 인해 교회는 전도를 통한 외연 확장은 고사하고 내부 구성원의 이탈부터 막아야 하는 심층 위기를 겪고 있다. 김선일, "비신자와 새신자의 신앙에 대한 인식," 두란노, 「목회와 신학」 (2022. 8.), 56.

시름은 깊어져 가고 있다.

이유가 뭔지 분석해 보면, 가장 근본적인 문제는 코로나19 이전과 별 차이 없는 예배와 설교 방식 때문이다. 따라서 오늘 한국 강단에서는 Covid 시대를 경험한 성도들에게 어필될 수 있는 설교의 변화가 절실하다. 지금도 여전히 온라인으로 비대면 예배를 드리고 있는 소수나 대면 예배를 드리고 있는 다수의 성도 모두가 좋아할 만한 새로운 방향의 설교 대안을 찾는 것은 전략상 아주 중요한 일이다.

사실 강단에서의 새로운 변화에 대한 얘기는 코로나19 이전의 포스트모더니즘 시대에도 있어 왔다. 하지만 그에 대한 대안이 제시되어 강단에서의 변화로 나타나지 않은 상태에서 갑자기 아무도 예상하지 못한 코로나19 시대가 시작됨으로 인해 강단에서 얼마나 큰 혼란이 야기되었는지 모른다. 굳이 Covid 시대가 아니더라도 제4차 산업혁명이 가져올 O2O(Online to Offline, 온라인과 오프라인이 결합하는 현상) 방식으로의 변화 추구는 물론,5 메타버스라는 가상공간 내에서 이루어지는 예배와 설교에 대한 변화가 필요한 상황이었다.6 그 변화의 필요성이 코로나19로 인해 더욱 가속화된 셈이다.

이러한 다급한 상황 속에 있는 오늘의 설교자들에게 강단에서 어떤 전략을 준비해야 할 것인가는 매우 중요한 사안이다. 이전처럼 다시 대면 예배가 허용되고 있는 현시점에서, 유재원의 말대로 우리의 설교

---

5 정인교, "엔데믹 시대, 설교를 다시 생각한다," 두란노, 「목회와 신학」 397 (2022. 7.), 46.
6 조기연, "엔데믹 시대, 예배의 변화와 회복을 위한 제언," 「목회와신학」 397 (2022. 7.): 42-43; 한상열, "메타버스 플랫폼 현황과 전망," 과학기술정책연구원, *FutureHorizon* 49 (2021), 20; 김형락, "기독교 메타버스(Metaverse) 공동체와 예배에 대한 연구," 「신학과 실천」 76 (2021), 46; 허호익, "4차 산업혁명과 메타버스의 문명사적 이해," 『메타버스 시대의 신학과 목회』 (서울: 도서출판 동연, 2022), 24.

가 단순한 과거 방식으로의 회귀가 되어선 안 됨을 설교자들은 인지하고 있다.7

그렇다면 팬데믹 시대를 넘어서 '엔데믹' 시대에 접어든 현실 속에서 어떻게 하면 강단에 구체적인 변화를 가져올 것인가? 이것은 현재 설교자들에게 최고의 이슈와 관심사로 부각되고 있다. 분명 Covid 이전 시대와는 달리 설교해야 하겠는데, 어떤 설교의 변화가 필요하고 필수적인지 설교자들은 고심하지 않을 수 없다.

어느 시대보다 강단의 변화가 강력하게 요구되고 있는 절박한 상황에 제대로 대처하기 위하여 본고에서 필자는 엔데믹 시대에 한국교회의 예배와 설교에 있어서 나타난 변화를 통계적으로 살펴보고, 이러한 변화를 위하여 여러 학자가 내린 대안을 소개한 다음, 그에 따른 구체적이고도 실제적인 전략 네 가지를 고찰해 보고자 한다.

II. 펴는 글

1. '엔데믹'(or '뉴 노멀') 시대가 가져온 예배의 변화

코로나19가 우리 사회를 뒤덮고 마비시킨 지 3년이 지난 지금, 세상은 소위 '엔데믹'(Endemic, 주기적 발병)8 혹은 '뉴 노멀'(New Normal, 새로운 기준)9 시대로 급속히 진입하고 있다. 팬데믹으로 인해 한국교회는

---

7 유재원, "뉴노멀 시대의 비대면 설교에 대한 신학적 성찰," 「신학과 실천」 78 (2022), 81.
8 「중앙일보」 2020. 5. 14., https://www.joongang.co.kr/article/23776686#home.
9 '뉴 노멀'(New Normal)이란 말은 '새로운 표준'이란 의미로 '시대의 변화에 따라 새롭게 떠오

교세가 50%, 재정이 30% 넘게 줄었으며, 코로나 방역 비협조 단체라는 오명으로 대사회적 신뢰도마저 21% 아래로 급락하는 위기에 봉착했다.[10] 아울러 선교, 사역, 봉사 등 교회의 역할 또한 소극적으로 축소됐다.

코로나19가 3년째 지속되고 있는 현재 정부는 코로나를 '엔데믹'으로 분류해 방역 지침과 거리두기를 최소한으로 완화하고 해제했으며, 사회는 여러 영역에서 일상의 회복을 위해 노력하고 있다. 이런 와중에 교회 역시 대면 예배로 전환해서 코로나19 이전의 상태로 교회를 회복시키기 위해 나름대로 열심히 노력하고 있다.

하지만 대면 예배가 제한되었던 2020년 4월과 7월에 목회 데이터연구소에서 실시한 설문조사에 따르면 주일 예배에 참석하지 않은 기독교 신자는 4월에 13%에서 7월에 18%로 5% 증가한 것으로 조사되었고, 코로나 팬데믹을 지나면서 MZ세대를 중심으로 한 인원들의 교회 이탈 현상이 가속화되었다. 코로나 종식 후 대면 예배 참석에 대한 질문에 "예전과 동일하게 교회에 대면으로 출석하여 예배드릴 것이다"라고 응답한 비율이 4월에는 85%, 7월에는 76%로 9% 감소하였다. 이에 반해 "필요한 경우 온라인 예배로 드릴 것이다"라고 응답한 비율은 4월에는 2%에서 7월에는 6%로 4% 증가하였다. 대면 예배가 제한되었던 3개월 동안 한국 교인들은 대면 예배에 대한 갈급함보다는 온라인 예배에 익숙해져 가는 심정적 변화를 겪고 있음을 알 수 있다.[11]

르는 기준'을 뜻하는 말이다. 한마디로 '비정상이 정상이 되는 시대의 현상'을 뜻한다. 정창균, "뉴 노멀 시대, 온라인 설교의 전망과 준비," 「목회와신학」 (2021. 4.), 37.

10 김한호, "엔데믹 시대의 디아코니아 목회, '찾아가는 교회'," 「목회와신학」 (2022. 7.), 54.

11 지용근, "코로나 시대 다음 세대를 위한 교회의 전략," 「극동방송」 193 (2021. 3, 4.): 10-11.

2020년 5월 28일부터 6월 1일 통합 측 담임 목사 1,135명에 대한 설문조사를 통해 57%가 코로나 종식 후에 교인 수가 줄어들 것으로 예상하고 있음이 밝혀졌다. 이들에게 다시금 교인 수가 얼마나 감소하리라고 예상하느냐 묻자 감소 폭은 27%라고 답했다.[12] 또 2020년 11월 14일부터 23일 사이에 합동 측 교인 1,000명을 대상으로 온라인 조사를 실시했는데, 이 가운데 77%만이 코로나 종식 후 예전처럼 현장 예배를 드리겠다고 답했다.[13]

또 2021년 코로나19 시대 "한국교회 신생태계 조성 및 미래전략 수립을 위한 조사"에서 목회자 600명과 기독교인 1,000명을 대상으로 각각 실시한 최근 여론조사에서 교세가 감소하고(33.6%), 작은 교회들의 어려움이 가중(30.5%)될 것으로 예상한다고 응답하였다. 1년 후 조사에서는 코로나19 이후 예상되는 변화 가운데 '출석 교인 수 감소'를 가장 많이 꼽았다(46%).[14]

코로나 이후 2022년 통계에 따르면 실제로 거리두기 전면 해제 후 주일 현장 예배 참석률은 코로나 이전 대비 장년 73%로 나타났다.[15] 사람들의 예상과 비슷한 통계 수치가 나온 것을 확인할 수 있다.

---

12 목회데이터연구소, "2021 통계로 보는 한국 사회 그리고 한국 교회," 3 (2022. 2.), 59.

13 앞의 논문, 48.

14 목회데이터연구소, "코로나 추적조사 결과 3(목회자조사)," *Numbers* 148 (2022), 10, https://www.kidok.com/news/articleView.html?idxno=209643.

15 목회데이터연구소, "한국 개신교인의 온라인 신앙생활," *Numbers* 151 (2022), 9; "코로나 추적조사 결과 3 (목회자조사)," 4.

2. '엔데믹'(or '뉴 노멀') 시대를 위한 학자들의 전략

코로나 이후에 전개되는 새로운 시대를 맞아 한국교회의 예배와 설교에 있어서 바람직한 변화와 대안의 필요성이 다양하게 요구되고 있다. 이에 최근 여러 학자가 제시한 전략들이 있어 소개하고자 한다.

첫째, 송인규가 언급한 Post-Covid 시대에 필요한 세 가지 제언 중 하나를 소개하면 다음과 같다.

설득력 있고 영감 넘치는 설교를 통해 교인들을 예배 현장으로 이끌어야 한다. 설교는 목회 사역에서 늘 중차대한 위치를 차지해 왔지만 코로나를 지나면서 그 중요성이 더욱 커졌다. ⋯ 전통적 대면 예배에서 교인들은 처음부터 끝까지 수동적이고 비주도적인 상태로 남아 있어야 했다. 그러나 온라인 프로그램에 참여할 때는 교인들이 자기 주도적으로 예배 흐름과 진행에 반응하는 것이 가능했다.[16]

오늘의 설교자는 청중들이 예배와 설교 속에 수동적이거나 비주도적이 되지 않고 능동적이고 주도적이 되도록 하라는 것이다.

둘째, 최광희는 포스트 코로나 시대의 교회 활성화를 위한 청중의 설교 참여 방안을 소개하면서 다음과 같이 말한다.

설교에서 청중은 수동적인 존재들이 아니라 설교에 적극적으로 참여하는 자이다. ⋯ 설교의 목적이 '청중을 대화 테이블로 초대하는 것'이라면 대화

---

16 송인규, "포스트 코로나 환경의 평신도 사역," 「목회와신학」 (2022. 7.), 64.

테이블에 모여서 할 일은 무엇인가?[17]

오늘의 설교자는 청중을 수동적인 존재로 놓아두지 말고 설교 속에 참여시켜야 한다고 주장한다. 송인규의 주장과 별 차이가 없다.

셋째, 류병수 역시 기존 강단에서 행해지던 전통적인 설교 방식과 청중을 수동적 타자로 소외시키는 것으론 더 이상 대안을 찾을 수 없다며 다음과 같이 지적한다.

> 연역적 방법론은 매우 교리적인 변화를 강요하게 되고 또한 명제 중심으로 이분법적 적용이 강함으로 온라인 예배 안에 청중은 스스로 적극적인 참여자가 되지 못하고 수동적 타자로 남게 된다. 이러한 온라인 설교 형태는 예배의 시간은 채울 수 있을지 모르나 결국 청중의 참여나 변화를 기대하기 어렵게 된다.[18]

오늘의 설교자는 현재 온라인 비대면 설교를 듣는 이나 현장 대면 예배에 출석하고 있긴 하지만, 장기간 온라인 비대면 설교에 젖어 있는 이들에게 귀납적 설교의 구조와 움직임을 적극 활용하는 것이 중요한 선택지가 될 것임을 주장한다.

넷째, 정인교는 엔데믹 시대를 맞아 설교자들이 설교의 형식을 달리 해야 한다면서 다음과 같이 언급한다.

---

17 "포스트 코로나 시대 참된 예배를 회복하기 위해서는 '전인적 참여'를 통한 대면(현장) 예배의 회복"에 관해서는 박현신, "포스트 코로나 시대의 위기와 교회의 대응 방향: 실천신학적 조망을 중심으로" (미발표 논문).

18 류병수, "코로나 시대의 온라인 목회를 위한 설교," 「복음과 실천신학」 74 (2021), 181, http://dx.doi.org/10.14387/jkspth.2021.74.171.

엔데믹 시대의 설교적 대안 가운데 빼놓을 수 없는 것이 전달 체계의 혁신이다. 주지하는 것처럼 한국의 전통적인 설교인 연역적 대지 설교는 종교적 심성이 예민해지는 새벽 예배나 장례 예배 설교에 강점을 가진다. … 오늘의 귀납적 시대 흐름에 맞춰 설교자는 전통적인 연역적 삼대지(three points Preaching) 외에 다양한 설교 형식으로 장착해야 한다. 가령 하나의 주제를 중심으로 한 원 포인트 설교 방식을 적절하게 활용해야 한다.[19]

오늘의 설교자는 성경이 다양한 장르로 기록되었듯이 연역적인 삼대지 설교가 아닌 다양한 설교의 형식, 즉 가장 바람직한 방식으로 평가되어 온 원 포인트의 설교 방식을 잘 활용하라고 주장한다.

다섯째, 신승범은 엔데믹 시대가 도래한 지금 변화를 맞이할 준비를 해야 한다면서 다음과 같이 설명한다.

팬데믹 시대를 넘어 엔데믹 시대가 도래했다. 우리는 또 한 번의 변화를 맞이할 준비를 해야 한다. 과학이 기술의 발전으로 교육 매치와 교수 방법은 변화해도 신앙 교사로서의 정체성과 일은 변하지 않는다. … 한 영혼을 사랑하는 것, … 학생의 눈높이에 맞추는 것에 최선을 다하자.[20]

오늘의 설교자는 한 영혼을 천하보다 소중한 존재로 사랑하면서 청중의 눈높이에 맞추는 설교를 하라는 내용으로 적용할 수 있다.

정리하면 첫째, 청중을 수동적 참가자로 두지 말고 설교에 적극적인

---

19 정인교, "엔데믹 시대, 설교를 다시 생각한다," 「목회와신학」 (2022. 7.): 48-49.
20 신승범, "엔데믹 시대, 교회 교육을 다시 생각한다," 「목회와신학」 (2022. 7.), 61.

동참자로 만들라는 것이고, 둘째, 전통적 연역적 방식이 아니라 귀납적 방식의 설교를 하라는 것이고, 셋째, 삼대지의 획일화된 방식이 아니라 원 포인트 형식의 설교를 활용하라는 것이고, 넷째, 청중의 눈높이에 맞추는 설교 방식을 활용하라는 것이다.

3. 오늘의 설교가 나아가야 할 방향

Post-Covid 시대에 위에서 소개한 다섯 명의 학자가 제시하는 전략에서 얻을 수 있는 공통된 내용이 있다. 온라인의 비대면 예배를 장시간 경험해 본 청중들로 하여금 코로나19 이전 시대와 똑같은 방식으로 가만히 앉아서 수동적으로 설교를 듣게 해서는 안 되고, 설교라는 여행에 그들을 적극적이고 능동적으로 동참시키는 방식으로 해야 한다는 것이다.

Fred B. Craddock은 『권위 없는 자처럼』(As One Without Authority) 이란 책에서 전통적인 설교는 청중의 경청을 이끌어 내는 일에 실패했다고 지적했다. 실패의 원인은 아리스토텔레스식의 합리적 전달과 권위적 어조에 있다고 했다. 크래독은 권위적인 방식을 지양하고 청중들로 하여금 설교에 동참하고 자발적으로 결론을 내리도록 하는 설교를 대안으로 제시했다. 그는 그 대안을 '귀납적인 방향'(Inductive direction)이라고 말했다.[21]

다시 말해서 Post-Covid 시대의 청중들에게 어필할 수 있는 설교는 전통적 방식의 연역적 방향이 아니라 귀납적 방향이어야 한다는

---

21 Fred Craddock, *As One without Authority*, 김운용 옮김, 『권위 없는 자처럼』 (Edin, Okla: Phillips University, 2003), 56.

것이다. 그러면 연역적 방향과 귀납적 방향의 차이점이 무엇인지를 구체적으로 살펴보자.

연역적 형식은 설교 초반에 본문의 중심 사상이나 주제를 다 제시하고 그것을 차례대로 증명하는 방식이다. 이 연역적 방식은 우선 청중들이 설교에 참여하기 어렵다는 단점을 지니고 있다. 이 방식은 청중들에게 정보를 제시하거나 증명 혹은 설명하는 방식의 주입식 전달이 중심을 이루기 때문에, 결국 청중으로 하여금 수동적으로 설교를 가만히 듣기만 하게 하므로 설교가 딱딱한 강의처럼 들릴 수 있다.[22]

반면에 '귀납적 형식'은 구체적인 사실이나 경험, 즉 듣는 이들이 실감하고 관심을 가질 수 있는 구체적인 주변 이야기나 사건으로부터 시작해서 일반적인 진리(본문)로 움직임을 갖는 방식을 말한다. 삶의 경험이나 사건이나 내용들은 설교자가 보다 흥미 있고 효과적인 방식으로 본문을 드러내므로 적절한 접촉점의 역할을 제공하기 때문에, 구체적인 경험이나 사례들로 설교를 시작하는 것이 필수적이다.[23] ·

귀납적으로 전개되는 설교에서는 청중이 긴장감을 느낄 뿐 아니라 마지막 단계에서는 무언가 자신이 스스로 새로운 사실을 발견하는 일에 동참했다는 뿌듯한 느낌마저 갖게 하는 장점이 있다.

또 귀납적 방법은 설교의 중심 사상이나 결론을 처음부터 드러내는

---

22 황병준·최민용, "청중과의 소통을 위한 설교: 데이비드 랜돌프(David Randolph)를 중심으로," 「신학과 실천」 62 (2018), 122; Henry Eggold, *Preaching is Dialogue* (Grand Rapids: Baker Book House, 1980), 11; Lucy A. Rose, "The Parameters of Narrative Preaching," in *Journey toward Narrative Preaching*, ed. Wayne Bradley Robinson (New York: The Pilgrim Press, 1990), 25-29.

23 귀납적으로 설교해야 하는 이유에 관해서는 박영재, 『설교가 전달되지 않는 18가지 이유』(서울: 규장, 1998), 170-181.

것이 아니라 마지막에 청중 스스로 간파해서 삶에 적용 결단하도록 자유롭고 민주적으로 이끌어 주는 장점이 있다. 이것을 '개방 결론' (Open-ended) 방식이라 한다.

류병수는 아래와 같이 귀납적 방향 중 하나가 청중에게 결론을 개방하는 방식임에 동의한다.

> 연역적 구조의 설교는 온라인 예배에 참여한 성도들의 눈과 마음을 말씀 밖으로 돌리게 한다. … 귀납적 방법 역시 일방적으로 내려진 결론을 거부하고 청중 스스로 결론으로 다가가도록 길을 안내한다. 이러한 설교적 요소들이 온라인 예배 안에 적용될 때 청중의 적극적 참여를 기대할 수 있고 비대면의 상황에서 소통의 기능을 극대화할 수 있는 부분이라 생각한다.[24]

다시 정리하면 '일반적인 원칙으로부터 특수한 예를 나열하는 것'이 '연역법'이라면, '개별적인 사건을 나열하고 일반적인 원리를 나중에 제시하는 전개 형식'을 '귀납법'이라 말한다. 연역적 설교는 설교자가 홀로 진리의 탐구를 위해 떠나는 외로운 여행과도 같다. 하지만 귀납적 설교는 설교자와 청중이 함께 설교의 중심 사상과 결론을 탐색하게 된다. 자연적으로 청중은 설교 전개에 호기심을 갖게 된다. 그리고 청중이 설교의 흐름에 동참하여 설교의 결론에 함께 공감하게 된다.

예수님의 설교도 귀납적 설교였다. 예수님은 잃어버린 영혼에 대한 하나님의 마음을 설명하실 때 어떤 어려운 신학적 설명을 하지 않으셨

---

24 류병수, "코로나 시대의 온라인 목회를 위한 설교," 「복음과 실천신학」 74 (2021), 178, https://dx.doi.org/10.14387/jkspth.2021.74.171; 박문석, "강해적 내러티브 설교에 대한 실적 방향에 관한 연구," 「신학과 실천」 72 (2020), 149.

다. 목축에 대해 잘 알고 있는 팔레스타인 회중들에게 잃은 양의 비유를 통해 이야기를 전개하셨다. 그래서 회중은 잃은 양을 찾아 헤매는 목자의 심정을 온 가슴으로 느끼며 말씀을 이해할 수 있었다. 이처럼 귀납적 전개는 삶의 자리에서부터 출발한다는 점에서 청중의 몰입(involvement)과 참여(participation)를 가능하게 한다.[25]

한국교회에서 강해 설교의 대가로 칭해지는 이동원 목사는 귀납적인 설교 접근을 주장하며 이렇게 말했다.

> 필자가 설교 초기에 강해 설교를 하면서 강조한 것은, 사람들의 필요를 따라가지 말고 하나님의 원리를 제시하라는 것이었다. 그러나 지금은 필자의 생각이 바뀌었다. 설교 시에 하나님의 궁극적인 원리를 제시해야 한다는 궁극적인 생각에는 변함이 없지만, 그 원리를 가르치고 그곳에 도달하기 위해서는 먼저 사람들의 필요에 민감하며 그들과 고민을 함께 나누고, 같이 동참하면서 설교를 시작해야 한다는 것이다. 필자는 청중들의 삶의 현장에서 먼저 시작하는 것이 훨씬 더 효율적이라는 사실을 목회 현장에서 거듭 발견하여 왔다. 따라서 이러한 귀납적인 설교가 청중들의 필요를 더 채워주고, 그 효과 면에서도 청중들의 민감한 반응을 유도해 낼 수 있다고 생각하게 되었다.[26]

귀납적 설교는 몹시도 기다려지는 목적지를 향하여 설교자와 청중이 함께 탐색하고 모험하며 여행하는 것이다. 그러나 연역적인 설교는 설교자가 그의 권위를 가지고 목적지를 일방적으로 결정하고, 설교자

25 홍영기, 『설교의 기술』 (서울: 교회 성장연구소, 2007), 81-82.
26 이동원, 『청중을 깨우는 강해설교』 (서울: 요단출판사, 1991), 142.

혼자서 나 홀로 여행을 떠나는 것에 비유할 수 있다. 연역적인 설교에서는 설교자 홀로 성경의 원리와 설교의 명제와 중심 사상을 정하고 적용함으로 회중의 참여가 제외된다. 한마디로 연역적 설교는 '설교자 자신의 입장에서 출발'한다.27

그러나 귀납적인 형식은 삶의 현장에서 일어나는 구체적인 일이나 공감하기 쉬운 경험으로부터 시작하여 점진적으로 설교의 주제나 중심 사상 혹은 결론을 향하여 나가는 방식을 말한다. 다시 말해서 귀납적 설교는 삶의 현장으로부터 설교자와 청중이 설교의 중심 사상, 명제를 함께 탐색하고 발견·경험함으로 설교에 적극적으로 참여할 수 있게 된다. 따라서 귀납적인 설교는 '청중의 입장을 세심하게 고려하는 설교의 방식'이라 할 수 있다.

Calvin Miller는 귀납법이 복음을 설교하는 하나의 방법이 아니라 유일한 방법(the only way)이라고 강조한다. Ralph Lewis에 의하면 연역적 설교는 논리적이고 변증적이라면, 귀납적 설교는 경험적이고 공감 유발적이다.28

크래독은 귀납적 설교가 효과적인 설교에 통일성도 제공하고 청중의 관심도 유발할 수 있는 최적의 방식이라고 보았다. 청중들을 설교속에 동참시켜 설교자와 청중이 함께 말씀을 호흡하고 체험하기에 유익하다는 것이다. 이에 반해 연역적인(deductive) 설교는 하나의 흐름으

---

27 고신대 신대원의 설교학 교수인 한진환은 그의 책 『설교, 그 영광의 사역』에서 '연역법'을 범인이 누구라는 걸 알아차리게 하는 유명한 추리극 <형사 콜롬보>로, '귀납법'을 처음부터 범인을 밝히지 않는 셜록 홈즈가 나오는 소설로 구분해서 잘 설명하고 있다. 한진환, 『설교, 그 영광의 사역』 (서울: 프리셉트, 2013), 196-200.

28 Ralph L. Lewis and Gregg Lewis, *Inductive Preaching: Helping People Listen* (Westchester, IL: Crossway Books, 1983), 109.

로 통일되지 않기에 원 포인트 설교를 하기에는 결함이 많다.

연역적 설교는 '세 개의 설교 부스러기(sermonettes)'를 간신히 아교로 붙여 놓은 것 같은 느낌을 준다고 한다. 그러나 귀납적 설교는 설교 전체를 하나로 묶을 뿐 아니라 설교자와 청중을 하나로 묶을 수 있게 해 준다고 한다.[29]

크래독에 의하면 예수님의 성육신은 결론을 미리 내려놓고 청중에게 그렇게 살도록 권면하는 연역적 설교가 아니었다. 오히려 청중이 그분의 모범적인 삶의 모습을 보고 들은 후에 "나도 저렇게 살아야겠다!"라고 자발적으로 결론을 내리게 하는 귀납적 설교의 근거가 된다는 것이다.

그렇다면 설교가 귀납적인 방향으로 흘러가기 위해서 구체적인 방안은 무엇인지 네 가지로 살펴보기로 한다.

4. 귀납적 방향의 구체적인 설교의 전략

1) 원 포인트의 드라마틱한 상해 설교(Dramatic expository sermon of one-point) 방식 활용

한국 강단에서의 첫 번째 문제로 서지마는 '설교 형식의 부재'[30]를 손꼽고 있다. Thomas G. Long은 설교 형식의 중요성을 강조하고 있다.[31]

---

29 Fred B. Craddock, *As One Without Authority*.

30 서지마, 『고난설교, 어떻게 할 것인가』 (수원: 설교자하우스, 2022), 151.

31 Thomas G. Long, *The Witness of Preaching*, 3rd ed. (Louisville, KY: Westminster John Knox Press, 2016), 137; Halford E. Luccock, *In the Minister's Workshop* (New York, NT: Abongdon Cokesbury Press, 1944), 118.

그렇다. 설교 형식이 중요하기에 다양한 설교의 형식 활용이 절실하다.

한국교회 설교자들이 가장 많이 활용하는 설교 형식은 '삼대지 방식'이다. 삼대지가 나오지 않는 본문이 대부분임에도 주일만 되면 어김없이 삼대지의 설교 형식이 나온다는 것은 그만큼 비성경적인 설교를 할 가능성이 다분하다는 얘기다.[32] 아울러 대지가 세 가지로 많기에 설교하고 나면 청중은 물론 설교자조차도 한 주가 되기 전에 설교의 내용을 잊어버리는 경우가 많다. 그럼에도 본문의 내용에 상관없이 설교할 때마다 매번 획일화된 삼대지 형식의 설교를 한다는 것은 현명한 방법이 아니라는 점을 지적하지 않을 수 없다.

설교의 내용(content)에만 집중할 뿐 설교 형식(fom)의 중요성을 인식하지 못하는 설교자가 적지 않다. 성경은 다양한 장르에 의해 기록된 책이다. 단 하나의 장르로 모든 성경 본문의 내용을 전하지 않는다.[33] 이처럼 삼대지라고 하는 하나의 획일화된 설교의 형태로 성경의 모든 내용을 담아서 전하려 하면 안 된다. 본문의 장르(형식)는 본문의 의미

---

32 삼대지 설교는 본문에서 벗어난 설교를 할 가능성이 많다는 내용에 대해서는 서지마, 『고난설교, 어떻게 할 것인가』 (수원: 설교자하우스, 2022), 168-169.

33 스티븐 스미스(Steven W. Smith)가 다음과 같이 언급했다: "성경에는 생명력 넘치는 시들로 엮은 시편, 직접적인 지혜를 담고 있는 잠언, 매서운 역설의 전도서, 충격적인 이야기로 구성된 구약의 내러티브, 풍부한 이야기가 들어 있는 복음서, 개인적인 특성이 드러나는 서신서, 하나님 왕국 완성의 영광스러운 기쁨을 담고 있는 요한계시록 등이 있다. 그리고 각 장르는 그것이 전달하는 단어들의 의미에 영향을 준다." Steven W. Smith, *Recapturing the Voice of God: Shaping Sermons like Scripture*, 김대혁 · 임도균 옮김, 『본문이 이끄는 장르별 설교』 (서울: 아가페출판사, 2016), 13, 15. 장르의 맛과 멋을 살리는 설교(Genre-Sensi- tive Preaching)에 대해서는 Mike Graves, *The Sermons as Symphony: Preaching the Literary Forms of the New Testament* (Valley Forge: PA: Judson Press, 1997), 3-25; Jeffrey D. Arthurs, *Preaching with Variety: How to Recreate the Dynamics of Biblical Genres*, 박현신 옮김, 『목사님 설교가 다양해졌어요』 (서울: 베다니, 2010), 36; Thomas G. Long, *Preaching and the Literary Forms of the Bible*, 박영미 옮김, 『성서의 문학유형과 설교』 (서울: 대한기독교서회, 1995), 64; 권호 외, 『새강해설교』 (용인: NEP, 2016), 118-121.

(내용)에 지대한 영향을 미친다. 설교의 내용과 형식은 서로 떨어질 수 없는 긴밀한 연관성을 갖고 있다는 말이다.34 따라서 성경적인 설교를 추구하는 설교자라면 성경 본문의 내용뿐 아니라 그 내용을 효과적으로 잘 전달하는 설교의 형식까지 고려한 다양한 형식의 설교를 활용해야 한다.35

삼대지 설교는 서로 연관성이 적은 세 개의 대지를 억지로 하나로 묶어 놓은 것이다. 반면 귀납적 설교는 삼대지 설교가 아니라 설교 내용 전체를 하나로 줄곧 전개해 나가는 것이다. 이렇게 해서 귀납적 설교는 설교자와 청중을 자연스럽고 친밀하게 하나로 묶어준다.

David Buttrick은 삼대지 설교가 '대지'(요점, point)를 잡고 그것을 논리적으로 전달하는 식인 반면, 원 포인트의 드라마틱한 설교는 '흐름' 혹은 '움직임'(moves)을 통해 절정을 향해 가는 방식이라고 강조한다.36

Eugene L. Lowry에 의하면 '원 포인트 드라마틱한 설교'는 어떤 플롯을 가지고 꾸준히 결말을 향해 연결되어 움직여 가는 것이라 본다. 설교가 '1대지', '2대지', '3대지'로 끊어지는 방식이 아니라 대지와 소지 없이 한 주제와 메시지로 죽 연결되어 흘러가는 방식이다.37 따라서 원 포인트의 드라마틱한 설교를 하기 위해선 '귀납적인 방향'(Inductive direction)으로 가야 함이 필수적이라 할 수 있다.

---

34 Fred B. Craddock, *Overhearing the Gospel* (Nashville: Abingdon, 1978), 77.

35 Fred B. Craddock, *Preaching* (Nashville: Abingdon Press, 1985), 170; Fred B. Craddock, *As One Without Authority* (Nashville: Abingdon Press, 1987), 113. 크래독은 성경의 형태를 시, 영웅담, 역사적 내러티브, 잠언, 찬송, 일기, 전기, 비유, 서신, 드라마, 신화, 대화, 복음으로 구분하였다.

36 David Buttrick, *Homiletic: Moves and Structures* (Philadelphia: Fortress, 1987), XII.

37 Eugene L. Lowry, *The Homiletic Plot*, 이연길 옮김, 『이야기식 설교 구성』 (서울: 한국장로교출판사, 1996), 25.

모든 성경은 저자가 의도하는 하나의 중심 메시지를 갖고 있다. '중심 사상'(central theme), '중심 아이디어'(central idea), '중심 명제'(central proposition), '핵심 주제'(main theme) 등 다양한 단어로 표현할 수 있는 용어를 '핵심 메시지'라는 말로 정리할 수 있다. 성경이 저자의 핵심 메시지를 갖고 있다면 당연히 한 편의 설교 속에는 통일된 하나의 핵심 메시지가 들어가야 한다. 그래야 강해 설교가 될 수 있다.

포스트모던 시대 사람이나 코로나19를 경험한 사람들은 또한 이야기를 좋아한다. 반전이나 드라마틱한 흐름이 없이 밋밋하게 흘러가는 이야기는 내러티브로 살아남지 못한다.38 『청중을 사로잡는 구약의 내러티브 설교』의 저자 Steven D. Mathewson은 자신의 과거 설교가 주해적인 내용과 역사적이고 문화적인 자료가 가득한 것들이었는데, 이런 딱딱한 내용을 분석적이고 논리적인 삼대지 형식의 틀 속에 담아서 전했다고 평가했다. 그래서 그는 자신이 하나님의 백성들로 하여금 그분의 생생한 말씀을 대면하게 하고 그들의 실제 삶의 생생한 드라마 속으로 데리고 가는 일을 효과적으로 잘하지 못했다고 증언한다.39

원 포인트로 드라마틱하게 흘러가는 설교문을 작성하되 정답이 훤히 들여다보이는 제목에다 '첫째, 둘째, 셋째'로 끊어지는 전환을 통해서 인위적으로 연결시켜 가는 연역적 방식이 아닌40 궁금증을 유발하고 예상 뒤엎음과 서스펜스와 반전에 의해 드라마틱하게 흘러가는 귀납적 방식의 설교는, 청중들을 설교를 듣는 객이 아니라 스스로가 진리

---

38 Craig A. Loscalzo, *Apologetic Preaching: Proclaiming Christ to a Postmodern World* (Downers Grove, IL: InterVarsity, 2000), 22.

39 Steven D. Mathewson, *The Art of Preaching Old Testament Narrative*, 이승진 옮김, 『청중을 사로잡는 구약의 내러티브 설교』 (서울: CLC, 2002), 9.

40 권성수, 『성령 설교』 (서울: 도서출판 국제제자 훈련원, 2009), 23.

를 발견해 나가는 일에 설교자와 동참하는(participant) 주체가 되도록 만드는 장점이 있다.[41]

Mimi Goss 교수는 『한마디로 말하라』에서 다음과 같이 조언한다: "한 번에 한 가지 주제에만 집중하라. 머릿속에 떠오르는 여러 말을 뱉어내다 보면 서로 엉켜서 중언부언하게 된다. 꼭 해야 할 단 한 가지만 분명하게 전달하라."[42] 오바마 전 대통령도 대통령 당선 연설에서 같은 주제를 7회 이상 반복해서 전한 바 있다. "Yes, we can!"이란 한마디 말이다. 그래서 아직도 필자의 기억에 생생하게 남아 있다.

만일 연설이나 설교에서 키워드나 핵심 주제가 확실하지 않거나 여러 개가 되면 논리성이 떨어지고 복잡해서 횡설수설하게 된다. 설교에 힘이 실리지 않고, 파급력이 약화되고, 설득력도 힘을 잃어 메시지 전달에 백발백중 실패하게 된다. 하지만 키워드나 중심 메시지를 따라 설교를 전개해 나가면 본문 저자의 의도를 흐트러뜨리지 않고 한 방향으로 나아가서 청중의 가슴에 꽂히게 할 수 있다.

한진환 목사도 설교의 영광에서 날 선 검과 같은 설교는 주제가 하나여야 한다고 했다.

> 설교란 모름지기 뚜렷한 한 가지 주제를 가지고 시종일관 그것을 강조함으로 청중의 뇌리 속에 강렬한 인상을 심어야 한다. … 거리 조정이 잘못되어 초점이 산만하게 퍼진 볼록렌즈는 아무리 오래 들고 있어도 종이에 구멍을

---

41 Fred Craddock, *As One Without Authority*, 57, 146; Haddon Robinson, *Biblical Preaching* (Grand Rapids: Baker Academic, 1980), 125; 이재기, 『새로운 강해설교』 (서울: 요단, 2011), 89.

42 Mimi Goss, *What Is Your One Sentence?*, 김세진 옮김, 『한마디로 말하라』 (서울: 중앙북스), 17-18.

뚫을 수 없다. 주제가 여러 개인 설교는 초점이 산만하게 퍼져 있는 볼록렌즈와 같다. 그래서는 결코 강퍅한 심령들을 날 선 검과 같은 말씀으로 찔러 쪼갤 수 없다.[43]

그렇다. 한 방향으로 떨어지는 낙숫물에는 바위도 뚫리는 법이다. 두세 개의 방향으로 분산되는 대지로는 청중의 가슴을 뚫을 수가 없다. Reuel Howe는 청중들이 설교자들에게 느끼는 첫 번째 문제는 한 편의 설교 속에 너무 많은 아이디어가 들어 있어서 청중이 도저히 따라갈 수가 없고 기억할 수도 없는 것이라고 했다.[44] 해돈 로빈슨 교수는 "설교는 '명중탄'(bullet)이 되어야지 '산탄'(buckshot)이 되어서는 안 된다"고 했다.[45] 총신신대원 박태현 교수는 "훌륭한 설교는 언제나 한 번의 설교에 하나의 주제만을 취급해야 한다. 비록 삼대지 설교라 할지라도 하나의 초점을 지닌 하나의 주제만을 다루어야 한다. 결코 '한 지붕 세 가족'이 되어서는 안 된다"[46]고 말했다.

이처럼 설교는 명확하고 구체적인 하나하나의 주제나 핵심 메시지를 가지고 전개됨으로 청중의 가슴 속에 잘 박힌 못처럼 선명히 새겨지

---

43 한진환, 『설교, 그 영광의 사역』, 150.
44 한 가지 주제의 중요성에 대해서는 Thomas G. Long, *The Witness of Preaching* (Louisville, Kentucky: Westminster/ John Knox Press, 1989), 86; Reuel Howe, *Partners in Preaching* (New York: The Seabury Press, 1967), 26; Duane Litfin, *Public Preaching: An Handbook for Christians*, 2nd ed. (Grand Rapids: Baker, 1992), 80-83; Bryan Chapell, *Christ-Centered Preaching: Redeeming the Expository Sermon* (Grand Rapids: Baker Academic, 2005), 139-142; William T. Brooks, *High Impact Public Speaking* (Englewood Cliffs, N.J.: Prentice Hall, 1988), 105-106.
45 Haddon W. Robinson, *Biblical Preaching*, 박영호 옮김, 『강해설교』 (서울: 기독교문서선교회, 2007), 37.
46 서천석, 『설교, 예수님처럼 하라』 (고양: 엔크리스토, 2017), 219.

게 해야 한다. 설교를 듣고 난 후에도 남는 것이 별로 없다거나 무엇을 얘기했는지 감을 잡을 수 없거나 한마디로 말할 수 없을 때, 그 설교는 실패로 돌아가고 만다. 이런 원인은 그 설교에 하나의 분명한 핵심 주제나 메시지가 없는 데서 비롯된다. 우리가 대화할 때나 스피치할 때 핵심에서 벗어나 산만해지면 상대방이 화자의 의도를 알아차릴 수 없다. 설교도 마찬가지다. 따라서 설교자는 본문에서 뚜렷한 하나의 핵심 메시지를 추출하여 그것을 설교의 명제로 삼아 설교 원고를 작성해야 한다.

Donald R. Sunukjian은 원 포인트 형식에는 어울리지 않는다고 생각하는 바울 서신서도 철저히 원 포인트로 설교되었다고 주장한다.

바울의 메시지를 보면 그 하나하나가 하나의 단일 주제 또는 사상을 중심으로 전개되고 있다. 어느 설교라도 하나의 문장으로 집약되어 표현될 수 있다. 그것은 전체 설교의 요약이요 본질이라 말할 수 있다. 설교에 나오는 모든 것은 전체에 통일성을 주는 하나의 테마로 지향된다. 그것은 그 테마를 발전시키거나 그 테마로부터 나오는 것이다.[47]

신의식 역시 신약 시대 사도들의 설교 패턴을 분석하면서 베드로의 설교가 한 설교에 하나의 주제를 선포하는 원 포인트 드라마틱한 설교라고 설명한다.[48]

---

47 Donald R. Sunukjian, "Patterns for Preaching: 사도행전 13, 17 그리고 20장에 나타난 바울 설교의 수사학 분석," 31; Haddon W. Robinson, 『강해설교의 원리와 실제』, 34에서 재인용.
48 신의식, "원 포인트 설교연구 — 강해설교와 귀납적 설교의 적용 가능성 모색" (Ph.D., 서울장신대학교 일반대학원, 2019), 12-17.

원 포인트 드라마틱한 설교는 쉽고 단순하지만 한 가지 주제를 깊이 있게 다루게 된다. 이러한 설교 방법은 쉽고 간결한 메시지를 원하는 현대인들에게 적합한 설교 방법이라 할 수 있다. 코로나19 시대를 경험한 청중들에게 삼대지의 복잡한 설교보다는 원 포인트의 심플하고도 드라마틱한 설교가 보다 큰 위력을 발휘할 수 있는 것은 자연스러운 일이다.

예수님의 설교는 항상 간결하고 이해하기 쉬운 방식으로 전해졌다. 오늘 우리 역시 그 길을 따름이 필요하다. 복잡한 설교로 청중들을 혼잡케 하지 말고 하나의 큰 메시지로 청중의 가슴에 달라붙는 설교를 계획함이 엔데믹 시대의 청중들을 위해 시도해 볼 만한 첫 번째 전략이 될 수 있다고 본다.

2) '직설법+명령법'(Indicative+Imperative) 구조 활용

서신서에서 바울은 '직설법(Indicative)과 명령법(Imperative)'이라는 독특한 구조를 통해 하나님의 구원을 서술하는 것에서 멈추지 않고, 그리스도인들이 구원의 은혜에 근거하여 하나님 나라 백성(Being)으로서 거룩한 삶을 살 것(Doing)을 명령한다. 기독교의 복음은 훈계나 책망이나 명령으로 시작하지 않는다. 반드시 '승리와 축복과 위로와 은혜의 선포'로 시작한다. 이것이 바로 '직설법'(indicative)이다. 그러나 그 복음은 직설법으로 끝나지 않고 명령법(imperative)에 의해 적용된다. '명령법'은 '하나님이 우리를 위해 이루신 일과 그분의 축복의 약속을 기초로 해서 그분의 자녀들이 해야 할 순종과 행함'을 의미한다. 기독교의 메시지는 항상 직설법으로 출발해서 명령법을 향해 나아가야 한다. 이 중

어느 하나가 빠져서도 안 되고, 순서가 뒤바뀌어도 안 된다.[49]

그런데 이 '직설법+명령법'(Indicative+Imperative)의 패턴은 권위주의적인 훈계나 설교조의 명령 등에 반감 있는 엔데믹 시대를 살아가는 청중들에게 잘 어필될 만한 전략이 될 수 있다. 우리의 설교가 조건부의 율법적이거나 인위적인 설교가 아니라 은혜에 의해 믿음을 통해 이끌려 가는 하나님 주권적인 설교로 나아가게 해 준다는 점에서 '직설법+명령법' 구조는 큰 장점을 가지고 있다.[50]

오늘날 설교자들의 설교 대부분이 조건부의 율법주의적 훈계나 명령으로 가득 차 있음을 자주 본다. 이들은 "~를 행하라. 그러면 복을 받으리라" 혹은 "~을 드리라. 그러면 복이 임하리라"고 외친다. "복을 받기 위해 순종해야 한다"고 가르친다. 대부분 '만일'(if)이라는 조건부의 전제를 깔고 있다.

하지만 참 복음주의자는 이렇게 말한다. "하나님과 예수 그리스도께서 ~하도록 해놓으셨으니 믿음으로 행하라. 그러면 너희 것이 되리라"고 말이다. 항상 '직설법', 즉 '복음'(Being)이 앞서고, 그다음에 '명령법', 즉 '순종'(Doing)이 뒤따르는 패턴으로 되어야 한다.[51]

'직설법'은 '축복과 승리로 가득 찬 복의 원리를 제시하는 것'이며, '명령법'은 '직설법에 기초하여 그에 합당한 삶과 행위와 열매를 촉구하는 것'이다. 하나님이 우리를 위해 이뤄놓으신 구원 역사와 약속의 성취를 바라볼 때, 사명과 책임에 대한 자발적 확신과 의지와 사명을 가질

---

49 신성욱, "번영신학과 설교학적 대응," 「한국설교학회」 4 (2012. 2.): 83-93.

50 강정훈, 『신수성가』 (서울: 생명의말씀사, 2012), 20-21.

51 율법과 복음의 선명한 대조에 관해서는 한나 휘톨 스미스, 『그리스도인의 행복한 삶의 비밀』 (서울: 살림, 2009), 192-197.

수가 있다. 직설법이 전제되지 않는 명령법의 강조는 위험한 반쪽짜리의 복음(Half gospel)으로 전락하고 만다.

이것은 또한 오늘 Covid 시대를 경험한 청중들에게도 부담이 되고 거부감을 주기에 충분한, 온전하지 못한 복음이다. 하나님의 은혜에 의한 약속이나 예수 그리스도의 십자가 대속으로 말미암은 진리에 대한 확신과 은혜의 경험 없이 율법적 교리나 인간의 노력과 수고만을 강조하는 권위적이고 명령조의 설교로는 그들에게 다가서기 힘들다. Bryan Chapell의 말처럼, 삼위 하나님과 관련되지 않은 채 진리의 기초가 제시되지 않고 도덕적이고 윤리적인 삶만을 강조하는 율법주의적이고 권위주의적인 설교는 힘이 없고 결국은 허공을 칠 수밖에 없다.52

성경은 예수 그리스도의 대속으로 말미암은 구원을 우리에게 선물로 약속하셨다. 모든 종교가 인간 자신이 지키고 따르고 행하고 이루어야 하는 도덕주의와 규칙주의와 개선주의를 강조하는 반면, 기독교만이 유일하게 그리스도가 우리를 위해 이루시고 행하시고 완성하신 일을 알고 그것에 기초한 감사와 섬김과 순종의 삶을 강조하는 은혜의 종교임을 알게 할 필요가 있다. 이처럼 권위적인 촉구나 명령이 아닌 은혜와 축복의 법칙을 우선으로 제시하면서 그에 합당한 삶과 행위를 청중들에게 전한다면, 비록 기독교만의 유일성과 배타성이 노출된다 하더라도 오늘의 청중들에게 어필될 것이다.53

그렇다. 기독교의 복음 진리는 그럴 만한 가치와 능력과 차별성과

---

52 Bryan Chapell, *Christ-centered Preaching*, 김기제 옮김, 『그리스도 중심의 설교』 (서울: 은성, 1999), 359-365; 권성수, 『성령 설교』, 115.

53 Tllian Tchividjian, *Jesus+Nothing=Everything*, 정성묵 옮김, 『Jesus All』 (서울: 두란노, 2013), 146-203.

유일성을 충분히 내포하고 있다. 하나님의 은혜와 사랑에 기초한 믿음과 신뢰와 확신으로 하나님이 준비하신 은혜와 복을 맘껏 누리며 감사와 순종과 행함의 사명적 삶을 잘 살아가라는 설교의 전략은 분명 오늘의 청중들에게 충분히 매력적으로 다가가는 대안이 될 것이다.[54]

기독교 복음 진리의 핵심이 규칙 준수나 의무나 명령조의 억압적인 내용이나 권위주의가 아니라는 사실을 제대로 증명하고 보여준다면, 분명 포스트모던 시대와 코로나19 시대를 경험한 청중들 속에 있는 영적인 갈증과 갈망에 어필할 여지가 많음이 사실이다.

따라서 오늘의 설교자들은 우리 기독교의 복음이 의무나 율법적 규율이나 훈계 등에 거부감을 가지고 있는 엔데믹 시대를 살아가는 청중들에게 충분히 호감을 줄 수 있는 차별성을 갖고 있다는 확신이 있어야 한다. 뿐만 아니라 이런 종교다원주의 시대에 기죽거나 위축되지 말고, 기독교의 복음만이 도리어 사람들이 쉽게 따르고 좇을 수 있는 유일한 진리라는 사실에 자신감을 갖고 이전보다 더욱 담대하게 복음 선포의 사역을 감당해야 할 것이다. 그럴 때 성령께서도 설교자들과 함께하셔서 놀라운 부흥과 영혼의 결실을 가져다주실 줄로 확신하는 바다.

---

54 기독교인들 사이에 이 시대 청중들에 대한 잘못된 편견이나 오해가 하나 있다. 그들이 배타적인 진리에 대해서 강한 거부와 저항감을 갖고 있기 때문에 기독교나 성경만이 진리라고 가르치는 것은 절대로 먹혀들지 않을 것이란 생각이다. 물론 그들이 독선적인 진리에 대한 부정적 사고를 갖고 있는 건 사실이지만, 실제로 그들의 마음과 영혼은 자신들이 전적으로 의지하고 신뢰할 수 있는 절대적인 진리에 대한 갈증이 있음을 설교자들은 결코 놓쳐서는 안 된다. 이 갈증이 바로 그들의 영혼 깊숙한 곳에 감추어져 있는 진리와 신앙과 영원을 향한 고민과 필요성(real need)이기 때문이다. Brain McLaren, *Church on the Other Side*, 이순영 옮김, 『저건너편의 교회』(서울: 낮은 울타리, 2002), 225.

3) '자기동일시'(Identification) 기법 활용

코로나19 발생 직전인 2020년 1월에 측정한 한국교회 신뢰도가 32%('개신교인'은 70%, '비개신교인'은 9%)로 나타난 반면, 코로나 팬데믹 기간을 지나면서 한국교회 신뢰도가 21%까지 추락하였다는 통계가 있다.[55]

코로나19 시대 청중들의 특성 중 다른 하나는 '절대적인 권위에 대한 반발'이다. 불과 20년 전만 해도 나이가 많고 가르치는 위치에 있는 사람들에 대한 존경과 존중이 있었다. 하지만 이제는 권위적으로 리더십을 행사하려는 시도 자체가 무모한 시대가 되었다. 하나님의 말씀을 대언한다는 이유만으로 청중들로부터 권위를 보장받던 때는 지나갔다.

이런 시대에 설교자들의 설교가 청중들로부터 권위와 존중을 얻을 수 있는 비결은 무엇일까? 본고에서는 그에 관한 두 가지 대안을 제시한다. 먼저 '자기동일시(Identification) 기법'의 활용이다. 자기동일시 기법은 '설교자가 청중과 자신을 동일시하는 장치'를 말한다. 그것은 한마디로 청중에 대한 설교자의 선한 의지나 깊은 관심의 한 요소다.[56] 설교자가 청중과 자신을 하나로 여긴다면 권위적인 태도를 꺼리는 엔데믹 시대의 청중들에게 효과적으로 잘 다가갈 수 있을 것이다.

청중과 자기를 동일시하는 설교자는 그들로부터 호의적 반응이 보장되어 있기 때문에 청중들을 쉽게 설득하고 크게 확신을 줄 수 있다.

---

55 목회데이터연구소, "2021 한국 교회에 대한 국민 인식," *Numbers* 82 (2021), 3.
56 랠프 루이스에 따르면 "선한 의지는 인간의 친절과 개인의 관심사, 목자의 마음으로 행하는 보호의 핵심이다. 선한 의지는 전염성을 가지고 있다." Ralph Lewis, *Persuasive Preaching Today* (Ann Arbor, Michigan: LithoCrafters, Inc), 89.

어떤 설교자의 설교는 감동을 주는 반면, 어떤 설교자의 설교는 무감각하다. 둘 사이의 차이는 무엇일까? Craig A. Loscalzo는 헨리 미첼(Henry Mitchell)의 책 『설교의 회복』(*The Recovery of Preaching*)에서 그 답을 발견했다.

> 하나님의 선지자가 되라는 에스겔의 부르심에 관한 설교는 오랫동안 잃어버린 친구와의 만남처럼 흥분으로 나를 잡아끌었다. 미첼은 자기 청중들이 앉은 곳에 앉고, 청중들이 본 것을 보고, 그들이 느낀 것을 느끼고, 그들이 아파한 것을 아파하고, 그들이 웃은 것을 웃기 위해 에스겔의 큰 용기에 관해서 말했다. 에스겔은 그들을 대면해서 서 있기보다는 그들과 하나가 되면서 자기 청중과 자신을 동일시했다. 이것이 나의 관심을 사로잡은 그의 설교의 핵심 비결이었다.[57]

오늘날 많은 설교자가 설교와 청중 사이의 상호 작용을 무시하는 경향이 있다. 설교는 설교자에 의한 일방적인 선포가 아니라 설교자와 청중 사이의 '상호 관계'(Communication)이다. 청중의 현실과 동떨어진 설교, 청중의 삶과 격리된 설교에는 반응하거나 행동하지 않는다. 오늘의 청중들은 더 이상 권위주의적 설교에 반응하지 않는다. 특히 코로나 19 시대를 경험한 청중들은 더욱 그렇다.

장기간 서로 접촉하거나 대면하지 못한 상황을 경험해 온 청중들에게는 그들의 아픔과 고난, 관심사와 요구 사항에 대해 공감하는 설교가 어필할 수밖에 없다. 설교자와 청중 사이의 관계를 완전히 이해하지

---

57 Loscalzo, *Apologetic Preaching*, 16.

않는 사람은 그의 설교를 향상시킬 수 없다. 생명이 넘치고 살아 꿈틀대는 설교는 모두가 청중과 하나 된 설교자들로부터 나오는 설교이다.

효과적인 설교를 위한 전략 가운데 강력한 것 하나가 자기동일시 기법[58]이다. 자기 청중과 동일시하는 설교자는 청중들로부터의 호의적인 반응이 보장되기 때문에 쉽게 청중들을 설득할 힘을 가진다.

구약의 선지자 에스겔은 텔아비브의 유대 포로들에게 설교하기 전 의도적으로 그들과 동일시했다. 느헤미야 역시 조국의 동포들과 자신을 동일시해서 하나님께 회개의 기도(느 1:6)를 드렸다. 바울 역시 그런 점에서 둘째가라면 서러울 설교자였다.[59] Bailey가 말했듯이 바울은 자기동일시 기법 활용의 달인이었다.[60] 누구보다 예수님은 청중이 누가 되었든 간에 그들의 자리로 가서 그들에게 맞는 눈높이로 메시지를 전하는 챔피언이셨다.

20세기 현대 수사학자인 Kenneth Burke는 자기동일시 기법[61]으로 유명하다. 벌크는 '자기동일시'와 '설득'은 서로 떨어지려야 떨어질

---

58 '자기동일시'란 설득의 수단으로 의사소통에 사용되는 수사적 장치(Identification is a rhet-orical device used in communication as a means of persuasion)를 말한다. 이것의 구체적인 개념에 대해서는 Kenneth Burke, *A Rhetoric of Motives* (Berkeley: University of California Press. 1969); 박영재, 『설교자가 꼭 명심할 9가지 설득의 기법』 (서울: 규장, 1977), 58-55.

59 바울의 동일시 기법에 관해서는 앞서 소개한 필자의 박사 논문을 참조하라. Sung Wook Shin, "Paul's Use of Ethos and Pathos in Galatians: Its Implication for Effective Preaching" (Ph.D., University of Pretoria, 2004).

60 Raymond Bailey, *Paul the Preacher* (Nashville, Tennessee: Broadman Press, 1991), 25.

61 케네스 벌크(Kenneth Burke)에 관한 더 상세한 정보를 위해서는 Stanley Louis Craig, "An Approach to a New Rhetoric for Preaching" (Th.M. Thesis, The Southern Baptist Theological Seminary, 1975), 59-63. 고대 수사학의 목적은 '설득'(Persuasion)이고, 현대 수사학의 목적은 '청중과의 일체감'(Identification)이다. 송길원, 『말, 3분이면 세상을 바꾼다』 (서울: 랜덤하우스, 2006), 69.

수 없는 관계라고 주장한다.[62] 남침례신학교 설교학 교수인 크레이그 로스칼조도 설교를 좌우하는 이 자기동일시 기법에 흠뻑 빠져든 사람이다. 그는 이렇게 주장한다: "자기동일시에 의한 설득력 있는 설교는 청중들과의 공통적인 것을 강조하고 차이점을 최소화한다."[63]

청중들에게 어필하는 설교가 되려면 그들과의 어떤 긴밀한 관계가 구축되어야만 한다. 이럴 때 '눈높이 기법'(Identification)은 설교자와 청중 사이에 관계를 맺어주는 요긴한 역할을 한다. 그것도 공통된 인간성, 즉 인간 본성의 죄와 악에 대한 이중성과 공통된 비극적이고 부정적인 경험 등을 통해서 말이다.[64]

사람이면 누구나 실연, 실패, 절망, 수치 등과 같은 부정적 경험이나 불행했던 경험을 다 갖고 있다. 이런 경험 중에 하나를 골라서 설교 시 청중에게 진솔하게 나누어 보라. 설교자 자신의 실수와 허물 혹은 불행한 과거에 관한 솔직한 고백과 나눔을 접하는 순간, 청중들은 설교자의 인간적인 모습에 마음이 열려, 그때부터 둘 사이에 잠시 지속되었던 차가운 냉기류가 순식간에 훈훈한 기운으로 바뀌는 분위기를 감지하게 될 것이다.

---

62 크레이그 로스칼조, "청중과 동일시하는 설교," 두란노, 「그말씀」 (1999. 7.): 61-66; Burke, *A Rhetoric of Motives*, 20.

63 Craig A. Loscalzo, *Preaching Sermon that Connect: Effective Communication through Identification* (Downers Grove, IL: InterVarsity Press, 1992), 23; Richard F. Ward, *Speaking from the Heart: Preaching with Passion* (Nashville: Abingdon Press. Ward, 1992), 45.

64 아네트 시몬스, 『대화와 협상의 마이더스 스토리텔링』 (서울: 한언, 2001), 160-167.

4) '개방 결론'(open-ended) 방식 활용

청중의 적극적인 설교의 참여와 체험을 강조하는 새설교학자들 가운데 특히 크래독은 기존의 연역적 전달을 버리고 귀납적 방법을 주창한다. 설교에서 일반적으로 '귀납적 방법'이라고 할 때 의미하는 것은 '주제를 설교 서두에 모두 공개하지 않고 구체적 사건을 예로 들어가면서 결론을 향해 나아가는 것'이다.

즉, 결론을 설교의 서두에 미리 제시함으로써 청중의 관심을 약화시키지 않고 설교에서 흐름과 기대와 긴장을 살려내자는 것이다. 크래독이 강조하는 설교의 출발점은 매우 설득력이 있다. 연역적 전달 방식도 나름의 장점이 조금 있지만, 일상생활의 모습을 잘 대변한다는 점에서 귀납적 전달 방식은 전달의 효과면에서 보다 탁월한 결과를 기대할 수 있다.

그러나 설교의 결론을 자유적이고 민주적으로 청중에게 맡기자는 새설교학자들의 주장을 자유주의 신학이 내포한 위험한 발상으로 보는 비판의 눈들이 있다.[65] 그들은 결론과 적용을 청중의 손에 넘기자는 주장이 성경 본문의 절대 진리를 인식함에 있어서 치명적인 문제를 야기시킬 위험성이 있다고 보는 것이다. 성경을 하나님의 말씀으로 확신하는 설교자는 반드시 그 말씀의 권위에 기초하여 자신이 청중에게 확실하게 결론을 내려야 하며, 본문에 근거하여 청중의 삶에 가장 적실

---

65 "설교자가 본문의 메시지를 청중의 삶에 적용하는 것을 일방적인 횡포로 간주하며 적용을 청중의 손에 맡길 것"을 강조한 유진 로우리의 주장은 본 논고에 나오는 '개방 결론 방식'이 뜻하는 "적용을 청중의 손에 맡길 것"이란 내용의 취지와는 다름에 유의해야 한다. Eugene L. Lowry, *The Homiletical Plot* (Atlanta, GA: John Knox Press, 1980), 69.

한 적용을 담대하게 선포해야 한다고 힘주어 강조한다.[66] 류응렬은 다음과 같이 말한다.

청중 중심의 귀납법적 설교는 간접적 설교를 지향한다. 크래독은 청중이 복음을 '엿듣게' 할 것을 강조한다. 직접적으로 설교하는 것은 청중을 불편하게 할 뿐이며 청중의 마음을 닫아버린다는 것이다. 설교의 결론을 청중에게 맡겨놓는다는 말은 결국 성경 본문에는 의도된 의미가 없으며 독자나 청자가 의미를 결정한다는 말이다. … 우리에게는 복음을 감출 권한이 없다. 그리스도의 십자가와 부활의 복음은 가능한 명확하게 선포해야 한다.[67]

하지만 이런 부정적 시각과 비판은 새설교학자들의 의도를 제대로 이해하지 못한 무지와 오해에서 비롯되었음을 지적하고 싶다. 특별히 이와 관련해서 크래독의 말을 직접 들어보자.

설교에 있어서 귀납적 움직임을 강조하는 두 번째 이유는 이것이 잘 행해질 때, 설교자는 청중의 삶에 어떤 결론을 다시 적용하려고 하지 않아도 되기 때문이다. 만약 청중이 설교자와 귀납적인 여행을 함께 했다면 설교자의 결론은 청중의 결론이 되고, 각자의 상황이 함축한 것은 분명해지고 개인적으로는 피할 수 없는 것이 될 것이다.[68]

---

66 류응렬, "예수님처럼 설교하라?: 크래독의 설교신학과 평가," 「신학지남」 76권 301 (2009), 170; Raymond Bailey, *Paul the Preacher* (Nashville: Broadman Press, 1991), 53; Hershael W. York and Bert Decker, *Preaching with Bold Assurance: A Solid and Enduring Approach to Engaging Exposition* (Nashville: Broadman & Holman Publishers, 2003), 17-18; 권성수, 『성령 설교』, 36.

67 류응렬, "최근의 설교학(New Homiletics), 어떻게 이해할 것인가?," 「복음과 실천신학」 11 (2011, 봄), 314.

청중이 제대로 설교자와 함께 여행하고 본문을 푸는 작업에 동참했다면, 설교자가 의도한 대로 청중도 그와 똑같은 결론을 스스로 내릴 수 있다는 얘기다. 한마디로 새 설교학자들이 주장하는 바는 청중이 자기 맘대로 적용하거나 결론을 내리도록 내버려두고 방치하자는 식의 발상이 아니라, 설교자가 의도한 본문에 따른 결론을 내리게 하되 설교자 자신이 강압적으로 내려주기보다는 청중들 스스로 자발적이고 자의적으로 결론을 내리는 방식을 취하자는 것이다.

다시 말해 청중들이 스스로 결론을 내리도록 열어놓고 있긴 하지만, 그들의 자발적인 결론이라는 것도 따지고 보면 설교자 자신이 처음부터 의도한 방향과 목표를 향해 청중들이 알게 모르게 유도 당한 결과라는 사실을 놓쳐서는 안 된다.

설교 내내 청중들을 따분함과 지겨움 속으로 몰아넣은 설교자가 마지막 부분의 결론에서까지 권위적으로 강요한다면 역효과를 가져올 것이다. 지금까지의 설교가 대부분 그런 식이었음을 부인할 수 없다. 반면 설교하는 내내 청중들로 하여금 흥미와 감동을 자아내게 함으로써 설교자가 의도적으로 권위적인 결론을 강요하지 않음에도 청중 스스로 자발적인 의지에 의해 본문이 의도하는 명확한 결론이 내려지게끔 만든다면 그보다 더 좋은 방법이 어디 있겠는가? 이것이 바로 크래독의 의도임을 파악할 필요가 있다.

예수님 역시 결론을 청중들에게 개방하는 이 기법을 자주 활용하셨다. 이에 대해『화술의 달인 예수』의 저자 Jedd Medefind는 다음과

---

68 Fred B. Craddock, *As One Without Authority*, 김운용 역, 『권위 없는 자처럼』 (서울: 예배와 설교 아카데미, 2004), 96-97.

같이 적절하게 말한다.

예수는 모든 사람을 기꺼이 받아들일 자세는 되어 있었지만 그의 주장과 질문과 행동은 마지막 결정을 청중이 하도록 했다. 예수는 어중간하게 중립에 서 있는 사람을 용납하지 않았다. 그 자신이 위대한 질문이 되었다. 마지막으로 예수의 질문은 청중이 스스로 결정할 수 있도록 여지를 남긴다. 진리에 대한 그의 열정에도 불구하고 예수의 커뮤니케이션은 조작적이지도 강압적이지도 않았다. 질문을 하거나 하지 않거나 예수는 청중이 결론을 도출할 수 있도록 여지를 남겨두었다. ⋯ 결론은 요한 스스로가 내려야 했다.[69]

개방 결론과 관련하여 권성수는 다음과 같이 주장한다.

기독교 진리를 잘 아는 청중은 설교를 들은 후에 스스로 합당한 결론을 내릴 수 있을 것이다. 그러나 기독교적 진리를 잘 모르는 후기독교 청중은 스스로 알아서 바른 결론을 내리지 못할 것이다. 따라서 후기독교 청중에게는 "알아서 결론을 내리십시오"라고 설교하기보다는 "진리가 이러니 이렇게 사십시오"라고 하는 것이 더 필요하다. 후기독교 청중은 귀납적 설교보다는 연역적 설교가 더 필요하다.[70]

하지만 지금 설교자들의 설교를 듣는 청중들은 기독교의 진리를 잘 모르는 이들이라기보다는 기독교 진리를 잘 아는 대상들인 경우가 대

---

69 Erik Medefind, Jedd; Lokkesmoe, *The Revolutionary Communicator*, 김수련 옮김, 『화술의 달인 예수』(서울: 리더북스, 2004), 45.

70 권성수, 『성령 설교』, 36.

다수이다. 그렇기 때문에 권위적이고 강압적인 방식을 싫어하고 자발적이고 자유로운 방식의 결론 제시와 선포를 선호하는 청중들에게 개방 결론 방식의 설교는 엔데믹 시대를 살아가는 이 시대에 아주 유익한 전략 중 하나라 할 수 있다.

III. 나가는 글

Covid-19가 한국 강단에 가져온 파장과 지각변동은 결코 만만한 것이 아니다. 그렇다면 코로나19는 한국 강단에 적지 않는 해를 끼치기만 한 위협적 공격이었을까, 아니면 보다 견고하고 탄탄한 설교의 교두보를 다질 새로운 기회와 가능성이었을까? 여기에는 두 가지 견해가 공히 존재한다.[71] 한자어로 '위기'(危機)는 '위험'(危)에다가 '기회'(機)를 합한 것이다. 즉, 실패로 귀결될 위험의 가능성을 내포하기도 하지만, 성공을 위한 풍부한 기회는 물론, 새로운 도전의 가능성도 내포하고 있는 긍정의 의미이기도 하다.[72]

그렇다. 코로나19 시대를 겪고 난 지금 준비되지 않은 교회들은 이전보다 더 빠른 속도로 쇠퇴하고 있고, 준비된 교회들은 이전과는 비교

---

71 Thomas C. Oden, *After Modernity... What?: Agenda for Theology* (Grand Rapids: Zondervan Publishing House, 1990); Diogenes Allen, *Christian Belief in a Postmodern World* (Louisville: Westminster John Knox Press, 1989); Ronald A. Allen, "Preaching and Postmodernism," *Interpretation* 55/1 (2001): 34-48; Gene Edward Veith, Jr., *Postmodern Times*, 오수미 옮김, 『현대사상과 문화의 이해』 (서울: 예영커뮤니케이션, 1999) 등.
72 김의환, 『현대신학과 개혁주의 신앙』 (서울: 총신대출판부, 1999), 276-284; 목창균, "포스트모더니즘과 포스트모던 신학," 「교수논총」 9 (1998), 14.

할 수 없을 정도의 급속도로 빠른 부흥과 성장을 경험하고 있다. 관건은 예배와 설교에 있어서의 변화다.

오늘의 청중들이 온라인에 익숙해져 있어서 절대주의나 권위주의를 싫어하고, 다원주의를 표방하고, 민주적이고 자발적인 방식의 동참을 원하는 이들이라고 해서 위축될 필요가 없다. 오히려 그것이 변화를 싫어하고 게을러 온 설교자들로 하여금 효과적인 설교의 방향을 찾는 호기임은 물론이요 유익을 가져다줄 차별화된 전략으로 승부할 수 있는 복된 기회임을 모든 설교자는 기억할 필요가 있다.[73]

본 논고에서 필자는 Post-Covid 시대의 청중들에게 효과적으로 잘 전달될 수 있는 설교의 방향을 제시했다. 이것은 이 시대 설교학의 전문가들이 공통으로 제시하는 방향이기도 하다. 바로 '귀납적 방향'(Inductive direction)을 말한다. 이 방향으로 설교를 진행해 보자는 것이다. 마지막으로 필자는 귀납적 방향을 구체적으로 적용하고 실천하기 위한 네 가지 실제적인 전략들을 소개했다.

첫째는 '원 포인트의 강해 설교'(Expository sermon of one-point) 방식 활용, 둘째는 '직설법+명령법'(Indicative+Imperative) 구조 활용, 셋째는 '자기동일시'(Identification technique) 기법 활용, 넷째는 '개방 결론'(Open-ended) 방식 활용이다.

설교자는 변천하는 시대적 흐름 속에서도 결코 놓쳐서는 안 될 진리의 말씀들을 보다 선명하게 드러내어 차별화시켜야 함과 동시에, 그것들이 오늘의 청중들에게 효과적으로 잘 전달될 수 있도록 최선을 다해

---

73 이우제, "포스트모더니즘 시대의 말씀 사역이 직면한 도전과 가능성," 「기독신학 저널」 6 (2004), 16.

야 한다.

그렇게 한다면 코로나19가 가져온 파장과 충격이 우리의 말씀 사역을 가로막는 장애물이 아니라 오히려 강단에 새로운 부흥을 가져오게 하는 디딤돌의 역할을 하게 될 것을 확신한다.

참고문헌

강정훈. 『신수성가』. 서울: 생명의말씀사, 2012.

권성수. 『성령 설교』. 서울: 도서출판 국제제자 훈련원, 2009.

권호·임도균·김대혁·박현신. 『새강해설교』. 용인: NEP, 2016.

김선일. "비신자와 새신자의 신앙에 대한 인식." 두란노. 「목회와신학」 (2022. 8.), 56.

김의환. 『현대신학과 개혁주의 신앙』. 서울: 총신대출판부, 1999.

김한호. "엔데믹 시대의 디아코니아 목회, '찾아가는 교회'." 「목회와신학」 (2022. 7.), 54.

로스칼조, 크레이그. "청중과 동일시하는 설교." 「그말씀」 (1999. 7.): 61-66.

류병수. "코로나 시대의 온라인 목회를 위한 설교." 「복음과 실천신학」 74 (2021), 181. http://dx.doi.org/10.14387/jkspth. 2021.74.171.

류응렬. "최근의 설교학(New Homiletics), 어떻게 이해할 것인가?." 「복음과 실천신학」 11 (2011, 봄), 314.

목창균. "포스트모더니즘과 포스트모던 신학." 「교수논총」 9 (1998), 14.

목회데이터연구소. "코로나 추적조사 결과 3(목회자조사)." *Numbers* 148 (2022), 4, 10. https://www.kidok.com/news/articleView.html?idxno=209643.

_____. "한국 개신교인의 온라인 신앙생활." *Numbers* 151 (2022), 9.

_____. "2021 통계로 보는 한국 사회 그리고 한국 교회." 3 (2022. 2.), 48.

박문석. "강해적 내러티브 설교에 대한 실천적 방향에 관한 연구." 「신학과 실천」 72 (2020), 149.

박영재. 『설교가 전달되지 않는 18가지 이유』. 서울: 규장, 1998.

_____. 『설교자가 꼭 명심할 9가지 설득의 기법』. 서울: 규장, 1977.

박현신. "포스트 코로나 시대의 위기와 교회의 대응 방향: 실천신학적 조망을 중심으로." 미발표 논문.

송길원. 『말, 3분이면 세상을 바꾼다』. 서울: 랜덤하우스, 2006.

송인규. "포스트 코로나 환경의 평신도 사역." 두란노. 「목회와신학」 (2022. 7.), 64.

서지마. 『고난설교, 어떻게 할 것인가』. 수원: 설교자하우스, 2022.

서천석. 『설교, 예수님처럼 하라』. 고양: 엔크리스토, 2017.

스미스, 한나 휘톨. 『그리스도인의 행복한 삶의 비밀』. 서울: 살림, 2009.

시몬스, 아네트. 『대화와 협상의 마이더스 스토리텔링』. 서울: 한언, 2001.

신성욱. "번영신학과 설교학적 대응." 「한국설교학회」 4 (2012. 2.): 83-93.

신승범. "엔데믹 시대, 교회 교육을 다시 생각한다." 「목회와신학」 (2022. 7.), 61.

신의식. "원 포인트 설교연구 — 강해설교와 귀납적 설교의 적용 가능성 모색." Ph.D., 서울장신대학교 일반대학원, 2019.

유재원. "뉴노멀 시대의 비대면 설교에 대한 신학적 성찰." 「신학과 실천」 78 (2022), 81.

이동원. 『청중을 깨우는 강해설교』. 서울: 요단출판사, 1991.

이우제. "포스트모더니즘 시대의 말씀 사역이 직면한 도전과 가능성." 「기독신학 저널」 6 (2004), 16.

이재기. 『새로운 강해설교』. 서울: 요단, 2011.

정인교. "엔데믹 시대, 설교를 다시 생각한다." 「목회와신학」 (2022. 7.), 46.

정창균. "뉴 노멀 시대, 온라인 설교의 전망과 준비." 「목회와신학」 (2021. 4), 37.

「중앙일보」. 2020. 5. 14. https://www.joongang.co.kr/article/23776686#home.

지용근. "코로나 시대 다음 세대를 위한 교회의 전략." 「극동방송」 193 (2021. 3, 4.): 10-11.

한진환. 『설교, 그 영광의 사역』. 서울: 프리셉트, 2013.

홍영기. 『설교의 기술』. 서울: 교회 성장연구소, 2007.

황병준·최민용. "청중과의 소통을 위한 설교: 데이비드 랜돌프(David Randolph)를 중심으로." 「신학과 실천」 62 (2018), 122.

Allen, Diogenes. *Christian Belief in a Postmodern World.* Louisville: Westminster John Knox Press, 1989.

Allen, Ronald A. "Preaching and Postmodernism." *Interpretation* 55/1 (2001): 34-48.

Arthurs, Jeffrey D. *Preaching with Variety: How to Recreate the Dynamics of Biblical Genres.* 박현신 옮김. 『목사님 설교가 다양해졌어요』. 서울: 베다니, 2010.

Arn, Win. *The Pastor's Manual for Effective Ministry.* Monrovia: Church Growth, Inc., 1988.

Bailey, Raymond. *Paul the Preacher.* Nashville, Tennessee: Broadman Press, 1991.

Bird, Brian. "Biblical Exposition: Becoming a Lost Art?." *Christianity Today*

30 (1984), 34.

Brooks, William T. *High Impact Public Speaking*. Englewood Cliffs, N. J.: Prentice Hall, 1988.

Brown, H. C., H. Gordon Clinard, and Jesse J. Northcutt. *Steps to the Sermon: A Plan for Sermon Preparation*. Nashville: Broadman, 1963.

Burke, Kenneth. *A Rhetoric of Motives*. Berkeley: University of California Press, 1969.

Buttrick, David. *Christ-centered Preaching*. 김기제 옮김. 『그리스도 중심의 설교』. 서울: 은성, 1999.

_____. *Homiletic: Moves and Structures*. Philadelphia: Fortress, 1987.

Chapell, Bryan. *Christ-Centered Preaching: Redeeming the Expository Sermon*. Grand Rapids: Baker Academic, 2005.

Craddock, Fred B. *As One Without Authority*. Nashville: Abingdon Press, 1987.

_____. *As One Without Authority*. 김운용 역. 『권위 없는 자처럼』. 서울: 예배와설교 아카데미, 2014.

_____. *Overhearing the Gospel*. Nashville: Abingdon, 1978.

_____. *Preaching*. Nashville: Abingdon Press, 1985.

Craig, Stanley Louis. "An Approach to a New Rhetoric for Preaching." Th.M. Thesis, The Southern Baptist Theological Seminary, 1975.

Eggold, Henry. *Preaching is Dialogue*. Grand Rapids: Baker Book House, 1980.

Forsyth, P. T. *Positive Preaching and the Modern Mind*. Grand Rapids: Baker Book House, 1980.

Goss, Mimi. *What Is Your One Sentence?*. 김세진 옮김. 『한마디로 말하라』. 서울: 중앙북스, 2012.

Graves, Mike. *The Sermons as Symphony: Preaching the Literary Forms of the New Testament*. Valley Forge: PA: Judson Press, 1997.

Howe, Reuel. *Partners in Preaching*. New York: The Seabury Press, 1967.

Lewis, Ralph. *Persuasive Preaching Today*. Ann Arbor, Michigan: LithoCrafters, Inc.

Lewis, Ralph L. and Gregg Lewis. *Inductive Preaching: Helping People Listen*. Westchester, IL: Crossway Books, 1983.

Litfin, Duane. *Public Preaching: An Handbook for Christians*. 2nd ed. Grand

Rapids: Baker, 1992.

Lloyd Jones, D. Martyn. *Preaching & Preachers*. Grand Rapids, MI: Zondervan Publishing House, 1971.

Long, Thomas G. *Preaching and the Literary Forms of the Bible*. 박영미 옮김. 『성서의 문학유형과 설교』. 서울: 대한기독교서회, 1995.

_____. *The Witness of Preaching*. 3rd ed. Louisville, KY: Westminster John Knox Press, 2016.

Loscalzo, Craig. A. *Apologetic Preaching: Proclaiming Christ to a Postmodern World*. Downers Grove, IL: InterVarsity, 2000.

_____. *Preaching Sermon that Connect: Effective Communication through Identification*. Downers Grove, IL: InterVarsity Press, 1992.

Lowry, Eugene L. *The Homiletical Plot*. Atlanta, GA: John Knox Press, 1980.

_____. *The Homiletic Plot*. 이연길 옮김. 『이야기식 설교 구성』. 서울: 한국장로교출판사, 1996.

Luccock, Halford E. *In the Minister's Workshop*. New York, NT: Abongdon Cokesbury Press, 1944.

Mathewson, Steven D. *The Art of Preaching Old Testament Narrative*. 이승진 옮김. 『청중을 사로잡는 구약의 내러티브 설교』. 서울: CLC, 2002.

McLaren, Brain. *Church on the Other Side*. 이순영 옮김. 『저 건너편의 교회』. 서울: 낮은 울타리, 2002.

Medefind, Erik and Jedd Lokkesmoe. *The Revolutionary Communicator*. 김수련 옮김. 『화술의 달인 예수』. 서울: 리더북스, 2004.

Oden, Thomas C. *After Modernity... What?: Agenda for Theology*. Grand Rapids: Zondervan Publishing House, 1990.

Robinson, Haddon. *Biblical Preaching*. Grand Rapids: Baker Academic, 1980.

Robinson, Haddon, W. *Biblical Preaching*. 박영호 옮김. 『강해설교』. 서울: 기독교 문서선교회, 2007.

Rose, Lucy A. "The Parameters of Narrative Preaching." In *Journey toward Narrative Preaching*. Edited by Wayne Bradley Robinson. New York: The Pilgrim Press, 1990.

Shin, Sung Wook. "Paul's Use of Ethos and Pathos in Galatians: Its Implication for Effective Preaching." Ph.D., University of Pretoria, 2004.

Smith, Steven W. *Recapturing the Voice of God: Shaping Sermons like Scripture*. 김대혁·임도균 옮김,『본문이 이끄는 장르별 설교』. 서울: 아가페출판사, 2016.

Tchividjian, Tllian. *Jesus+Nothing=Everything*. 정성묵 옮김.『Jesus All』. 서울: 두란노, 2013.

Veith, Jr. Gene Edward. *Postmodern Times*. 오수미 옮김.『현대사상과 문화의 이해』. 서울: 예영커뮤니케이션, 1999.

Ward, Richard F. *Speaking from the Heart: Preaching with Passion*. Nashville: Abingdon Press. Ward, 1992.

York, Hershael W. and Bert Decker. *Preaching with Bold Assurance: A Solid and Enduring Approach to Engaging Exposition*. Nashville: Broadman & Holman Publishers, 2003.

정신건강 위기 대응을 위한
교회의 역할
― 낙인 효과 감소 및 정신건강 코칭 사역을 중심으로

김경준 박사 / 임상심리학

I. 들어가는 말

COVID-19 팬데믹은 전 세계적으로 개인과 공동체의 삶에 깊은 영향을 미쳤으며, 특히 정신건강 문제를 심각하게 악화시키는 주요 요인이 되었다.[1] 세계보건기구(WHO)는 2022년 보도자료를 통해 팬데믹 기간 동안 사회적 거리두기와 고립, 경제적 불안정, 질병과 죽음에 대한 두려움이 심리적 부담을 가중시키며 우울장애와 불안장애의 유병률이 25% 증가했다고 발표하였다.[2] 그러나 더 심각한 문제는 팬데믹이 공

---

1 Betty Pfefferbaum and Carol S. North, "Mental Health and the COVID-19 Pandemic," *New England Journal of Medicine* 383, no. 6 (2020), 511.

2 World Health Organization, "The COVID-19 pandemic triggers a 25% increase in the

식적으로 종료된 이후에도 이러한 정신건강 위기가 지속되고 있다는 점이다. 실제로 한국의 경우 2023년 10월 1일자 「의협신문」에 따르면 "현재는 불안점수가 많이 떨어졌음에도 우울과 자살 사고는 크게 감소하지 않았다"고 보도되었다.[3] 미국에서도 2020년 4월 팬데믹 초기 성인의 35.9%가 불안과 우울을 경험한 반면, 2023년 6월 조사에서도 여전히 32.4%의 성인이 동일한 증상을 호소하고 있었다.[4] 이는 정신건강 문제가 단기적 현상이 아니라 사회에 지속적으로 영향을 미치는 심각한 문제임을 시사한다.

팬데믹 이후 정신건강 서비스에 대한 수요는 급격히 증가했지만, 기존의 의료 시스템과 공공 지원 체계만으로는 이를 충분히 해결하기 어려운 상황이다. 많은 이가 높은 치료 비용, 의료진 부족, 정신질환에 대한 사회적 낙인 등으로 인해 적절한 도움을 받지 못하는 현실에 직면해 있다. 이러한 위기는 단순한 의료적 개입뿐만 아니라 사회적 및 영적 치유를 필요로 한다.[5] 이와 같은 상황에서 교회는 정신건강 문제 해결을 위한 대안적 역할을 수행할 수 있는 신앙 공동체로 주목받고 있다.

역사적으로 교회는 개인과 공동체의 정서적, 영적, 사회적 안정을 제공하는 중심적인 기관이었다.[6] 기독교 신앙 전통에서 교회는 단순한

---

prevalence of anxiety and depression worldwide," *News Release*, 2022. 3. 2., https://www.who.int/news/item/02-03-2022-covid-19-pandemic-triggers-25-increase-in-prevalence-of-anxiety-and-depression-worldwide.

3 김미경, "팬데믹 3년간 쌓인 정신건강 '대위기'… 정신응급도 '표류'," 오피니언, 「의협신문」, 2023. 10. 1., https://www.doctorsnews.co.kr/news/articleView.html? idxno=151481.

4 손해인, "코로나19 이후 정신건강위기에 대한 미국 정신건강정책의 대응과 시사점: 뉴욕주를 중심으로," 「국제사회보장리뷰」(2023, 가을), 91.

5 Harold G. Koenig, "Maintaining Health and Well-Being by Putting Faith into Action During the COVID-19 Pandemic," *Journal of Religion and Health* 59, no. 5 (2020): 2205-2214.

예배 공간을 넘어 상처받은 영혼을 치유하고 사회적 약자를 보호하는 역할을 수행해 왔다. 예수 그리스도의 사역 또한 신체적 질병뿐만 아니라 심리적 고통을 겪는 사람들에게 치유와 위로를 제공하는 데 집중하였으며, 이러한 전통은 오늘날에도 유효하다.7 특히 조직신학 그리고 그중에서도 교회론적 관점은 교회가 단순한 신앙 공동체를 넘어 하나님 나라를 실현하며 인간의 전인적 회복을 돕는 사명을 감당해야 함을 강조한다. 정신건강 문제는 단지 개인적인 문제가 아니라 교회의 사명과 깊이 연결된 사회적 사안으로 인식되어야 하며, 신앙 공동체는 신자들의 영적 성장과 함께 정신적, 정서적 건강을 증진하는 역할을 수행해야 한다.

본 논문은 교회의 정신건강 사역을 조직신학, 특히 교회론의 관점에서 분석하고, 이를 기반으로 실천적 대안을 제시하는 것을 목적으로 한다. 이를 통해 교회의 전통적 사명과 정신건강 사역 간의 연관성을 논증하며, 현대 사회에서 교회가 수행할 수 있는 역할을 구체적으로 탐색하고자 한다. 특히 교회가 정신건강 문제 해결을 위해 실천할 수 있는 네 가지 방안—목회자에 의한 부정적 낙인과 편견 감소, 훈련된 평신도 지도자(예: 정신건강 코치) 양성, 상담 전문가 초빙을 통한 체계적 상담 사역 실행, 재정 지원 기금 조성—을 제시함으로써, 신앙 공동체가 보다 적극적으로 정신건강 문제에 개입할 수 있는 전략적 방향을 모색하고자 한다. 이를 통해 본 연구는 교회의 정신건강 사역이 신학적 정당성을 가지며, 실천 가능한 구체적 방법을 제시하는 데 기여할 것이다.

---

6 Harold G. Koenig, *Religion and Mental Health: Research and Clinical Applications* (San Diego: Academic Press, 2018), 45-78.
7 마태복음 11:28-30.

II. 본론

1. 한국과 미국의 정신건강 돌봄 자원의 부족 현황

서론에서 소개한 바와 같이 한국과 미국에서는 팬데믹 기간에 정신건강 문제가 폭발적으로 증가하였으며, 팬데믹 종식 이후에도 정신건강 문제는 여전히 줄어들지 않고 있다. 그러나 이 문제를 대처하기 위한 정신건강 돌봄 인프라는 이러한 수요를 따라가지 못하고 있는 실정이다.

먼저 한국의 경우 최근 국립정신건강센터의 보고서에 따르면 2023년 지역사회 정신건강 집행액을 추계 인구수로 나눈 결과, 국민 1인당 정신건강 예산은 8,710원으로 나타났으며, 이는 2022년의 7,934원보다 9.8% 증가한 수치이다. 그러나 여전히 OECD 국가들과 비교하면 낮은 수준이다. 또한 인구 10만 명당 정신건강 전문 인력 수는 20.3명에 불과하며, 이는 효과적인 정신건강 서비스 제공을 위한 최소 기준에도 미치지 못한다. 더욱이 정신건강 증진을 위한 교육을 받은 일반 국민의 수를 추계 인구수로 나눈 지역사회 정신건강 증진 교육 수혜율은 고작 4.0%였으며, 의사 또는 정신건강 전문가와 상담(상의)해 본 적이 있다고 한 응답자 수를 평생 중에 정신장애를 진단받은 대상자 수로 나눈 정신건강 서비스 이용률도 겨우 12.1%였다. 이는 캐나다의 46.5% 그리고 미국의 43.1%와 비교해 볼 때, 한국이 미국과 캐나다에 비해 정신건강 서비스 접근성이 세 배 가까이 낮으며 공공 및 민간 의료 시스템이 정신건강 문제를 충분히 해결하지 못하고 있음을 시사한다.[8]

---

8 곽영숙, 「국가정신건강현황 보고서 2023」 (서울: 국립정신건강센터, 2024), 46-49.

그나마 다행인 것은 2024년 7월부터 한국 정부에서 전국민 마음투자 지원사업을 실시하여 두 달 만에 전국적으로 약 1천 개의 서비스 제공 기관과 약 4천 명의 상담 서비스 제공 인력이 등록되었다는 것인데,9 이마저도 약 50%의 서비스 기관은 서울과 경기도에 집중되어 있으며 강원특별자치도와 경상북도의 경우에는 절반이 넘는 도내 시·군에 서비스 기관이 단 한 곳도 없는 실정이다.10

한편 미국의 경우는 한국보다 상황이 조금 나은 편이지만, 일반 대중이 정신건강 문제를 해결하는 데 충분한 인프라를 갖추었다고 보기는 어렵다. 연구에 따르면 팬데믹 이후 미국에 우울과 불안증을 포함한 정신건강 문제에 대한 유병률이 세 배나 증가하여 성인의 약 3분의 1에 영향을 미치고 있으나, 정신건강 전문가의 숫자는 이에 비례하여 증가하지 못하였다. 그리하여 2023년 통계로 약 1억 6,300만 명의 미국인들이 정신건강 전문가가 부족한 지역에 살고 있으며 특히 소수 인종 그룹에게 더욱 불공정하게 영향을 미쳤다고 보고되었다.11 또한 건강 자원 및 서비스 관리국(Health Resources & Services Administration)의 자료에 의하면 2037년까지 약 5만 명의 정신과 의사와 약 8만 명의 심리학자 그리고 약 8만 7천 명의 정신건강 상담사가 부족하게 될 것이라고

9 보건복지부, "전국민 마음투자 지원사업 시행 두 달간 1043개소 서비스 제공기관 모집, 1만 4545명 서비스 신청," 보도자료, 2024. 9. 3., https://www.mohw.go.kr/board.es?act=view&bid=0027&list_no=1483002&mid=a10503000000

10 김은영, "전국민 마음투자 지원사업' 서울 쏠림… '지방 마음건강 사각지대'," 뉴스/기관 단체, 「청년의사」 2024. 9. 23., https://www.docdocdoc.co.kr/news/articleView.html?idx no=3021168

11 Franz F. Belz et al., "Lessons from Low-and Middle-Income Countries: Alleviating the Behavioral Health Workforce Shortage in the United States," *Psychiatric Services* 75 no.7 (2024), 699.

예측하였다.[12] 이는 미국에서도 정신건강 서비스가 수요를 따라가지 못하고 있음을 보여준다.

이러한 정신건강 문제 위기에 대해 Matthew S. Stanford는 성도들의 필요에 대한 교회의 역할을 다음과 같이 정리하였다.[13] 첫째, 정신건강 문제로 고통을 겪는 사람들은 정신건강 전문가보다 목회자를 먼저 찾는 경향이 높다. 이는 신앙 공동체가 기존 의료 시스템보다 심리적 접근성이 높다는 점을 시사한다. 둘째, 목회자의 44.5%가 1년에 2~5회, 32.8%가 6회 이상 정신질환 관련 상담 요청을 받았지만, 정신건강 문제를 효과적으로 다룰 수 있는 교육을 받지 못한 경우가 많다. 셋째, 2017년 라이프웨이 리서치(LifeWay Research) 연구에 따르면 전체 교회 중 28%만이 정신건강 지원 네트워크를 보유하고 있었다. 넷째, 기존의 정신건강 돌봄 자원은 매우 중요하지만, 인적(holistic) 접근을 제공하지 못하는 한계가 있다. 반면 교회는 신체적, 정신적, 영적, 관계적 필요를 동시에 채울 수 있는 전인적 접근이 가능하다. 다섯째, 교회는 접근성이 높아 정신건강 서비스를 필요로 하는 사람들이 쉽게 다가갈 수 있는 환경을 제공할 수 있다.

앞서 논의한 바와 같이 교회는 단순한 치료 공간을 넘어 정신질환을 겪는 이들에게 희망과 사랑을 제공하는 필수적인 공동체가 될 수 있다. 그렇다면 이러한 역할이 전통적인 교회론의 관점에서 어떻게 해석될 수 있는지 살펴볼 필요가 있다.

---

12 Health Resources & Services Administration, "Health Workforce Projections," *Data & Research*, accessed February 14, 2025, https://bhw.hrsa.gov/data-research/pro-jecting-health-workforce-supply-demand.

13 Matthew S. Stanford, *Grace for the Afflicted: A Clinical and Biblical Perspective on Mental Illness* (Downers Grove, IL: InverVarsity Press, 2017), 252-253.

2. 교회론에서 제시된 교회의 사명과 역할

현대 사회에서 정신건강 문제에 대응하는 교회의 사역은 점점 더 중요해지고 있다. 그러나 먼저 고려해야 할 것은, 이러한 정신건강 돌봄 사역이 과연 신학적으로 교회의 본래 사명과 역할에 부합하는가 하는 점이다. 역사적으로 교회의 기능은 주로 복음 선포, 성례 집행, 신자 양육에 초점을 맞추었으나, 최근 내적 치유와 정신건강 돌봄의 필요성 이 대두되면서 새로운 사역 영역이 추가되었다. 이러한 변화가 지속적 으로 발전하기 위해서는 반드시 건강한 신학적 교회론에 입각하여 그 타당성이 검증되어야 한다.

이를 위해 복음주의 조직신학자로 잘 알려진 밀라드 에릭슨(Millard J. Erickson)이 교회론에서 제시한 교회의 기능들을 살펴보기로 하자. 에릭슨은 교회의 기능을 크게 네 가지로 제시하며 교회의 본질과 사명을 신학적으로 설명한다. 그는 교회의 핵심 기능으로 복음 전도(Evangelism), 덕성 함양(Edification), 예배(Worship), 사회적 관심(Social Concern)을 제시한다.[14]

첫째는 복음 전도(Evangelism)이다. 복음 전도는 교회의 가장 중요한 사명 중 하나로, 마태복음 28장 19-20절에서 명령한 대로 온 세상에 복음을 전파하는 것을 의미한다. 교회는 하나님의 말씀을 선포하고, 예수 그리스도를 알지 못하는 자들에게 구원의 길을 제시하며, 성령의 역사 가운데 새 신자들을 양육하는 역할을 수행해야 한다. 또한 에릭슨

---

14 Millard J. Erickson/신경수 옮김, 『복음주의 조직신학 하권』(서울: 크리스챤 다이제스트, 1995), 243-262.

은 지역사회 전도나 세계 선교가 교회의 본질적 사명임을 강조하며, 이를 소홀히 하는 교회는 영적으로 쇠퇴할 수밖에 없다고 주장한다.

둘째는 덕성 함양(Edification)이다. 그리스도의 몸인 교회의 모든 신자는 서로 덕을 세우는 일에 전념해야 한다. 이는 고린도전서 14장 26절 "모든 것을 덕을 세우기 위하여 하라"에 함축적으로 표현되어 있다. 에릭슨은 성도들이 서로를 격려하고 위로하며 짐을 나누는 친교, 설교를 포함한 기독교교육 그리고 성령의 은사를 활용하는 것이 덕성 함양의 핵심 요소라고 설명한다.

셋째는 예배(Worship)로서, 이는 하나님께 경배를 드리는 행위로 하나님께 집중하는 것이다. 교회는 예배를 통해 하나님께 찬양과 찬미를 드리고, 그의 위대하심을 인정하고 선언하며 하나님께 영광을 돌린다. 예배는 단순한 형식적 활동이 아니라 신자들이 하나님의 임재를 경험하며 삶 속에서 그분의 뜻을 실천할 힘을 얻는 중요한 과정이다.

넷째는 사회적 관심(Social Concern)으로서, 교회는 믿는 자들뿐만 아니라 믿지 않는 자들도 포함하여 어려움을 겪는 이웃을 돌보며 하나님의 사랑을 실천해야 한다. 이는 누가복음 10장에 나오는 선한 사마리아인의 비유에 분명하게 나타나 있다. 에릭슨은 또한 불의를 비난하는 일도 교회가 해야 할 일이라고 명시한다. 단순히 영적 구원만을 강조하는 것이 아니라 사회 속에서 그리스도의 사랑과 정의를 실천하며 가난한 자, 억눌린 자, 소외된 자들에게 적극적으로 다가가는 것이 교회가 해야 할 일이라는 것이다.

다른 신학자들의 견해는 어떠한가? 개혁주의 신학자로 잘 알려져 있는 루이스 벌코프(Louis Berkhof)는 그의 조직신학 교회론에서 교회의 기능과 역할에 대하여 따로 독립된 장을 할애하여 서술하지 않았다.

그러나 벌코프는 그의 교회론 여러 곳에서 교회의 기능과 역할에 대하여 언급한다. 그는 에릭슨이 제시한 교회의 중요한 네 가지 기능 이외에 참된 교회가 나타내는 표지(mark)를 설명하는 장에서 교회에게 주어진 말씀을 지키고 보호하는 일, 성례의 바른 시행과 교리를 순수하게 지키기 위한 권징을 시행하는 것 또한 교회의 사명과 역할임을 적시하였다.[15] 그러나 본 연구의 주제와 관련하여 정신건강 돌봄 사역은 벌코프가 추가로 제시하고 있는 교회의 역할과 연결점을 찾기는 어렵다고 판단된다. 이는 벌코프가 교회의 표지를 진술하면서 거짓 교회와 참된 교회를 구분하는 기준을 세움에 있어서 교리적 순수성과 성례의 바른 시행에 중점을 두었기 때문일 것이다.

그러면 이제부터 에릭슨이 제시한 교회의 사명과 역할에 정신건강 돌봄 사역이 어떻게 부합할 수 있는지 고찰해 보기로 한다.

3. 정신건강 돌봄 사역과 교회의 사명과 역할과의 적합성

우선 정신건강 돌봄 사역은 교회가 선교와 전도의 사명을 온전히 이루는 데 효과적으로 사용될 수 있다. 또한 이 사역은 성도들의 덕을 세우는 데 있어서 서로를 돌아보고 서로의 짐을 지는 교회에서의 친교의 기능과 교회에서의 설교를 비롯한 교육의 기능을 더욱 견고히 할 수 있으며, 성도들이 신실한 예배 공동체로 나아갈 수 있도록 도울 수 있다. 그리고 이 사역은 정신건강 문제로 고통받는 이웃들에게 봉사와 지원을

---

15 Louis Berkhof, *Systematic Theology* (Chicago: William B. Eerdmans Publishing Company, 2018), 704-705, 722.

제공할 수 있다는 점에서 교회의 사회적 책임과 밀접하게 관련된다.

첫째로 정신건강 돌봄 사역과 교회의 복음 전도적 사명과의 연관성을 살펴보도록 한다. 2024년 대한민국 인천에서 개최된 로잔 대회에서 발행한 「대위임령 현황 보고서」에서는 전 세계의 모든 사람은 인종, 지위, 교육 수준 등과 상관없이 정신건강 문제를 경험한다고 밝힌다. 특히 사회적 변화 속에서 정신건강 문제가 단순한 개인의 문제가 아니라 공동체 전반에 영향을 미치는 중요한 이슈임을 지적하며, 교회가 이에 적극적으로 대응할 필요가 있음을 강조한다. 보고서에 따르면 정신건강 돌봄 사역이 기존의 전통적 목회 사역을 확장하는 역할을 한다고 분석한다. 특히 교회가 사회적 약자와 고통받는 이들을 위해 희망과 치유를 제공해야 하는 선교적 사명에 대해 강조한다. 교회는 의료 시스템이 빈약하거나 과부하가 걸려 있는 곳에서는 사람들이 도움을 찾는 첫 번째 장소가 될 수 있으며, 이때 정신질환에 대한 이해가 부족하여 도움이 필요한 사람들에게 다가갈 기회를 놓치게 되면 대위임명령을 수행하지 못하는 결과를 초래하게 된다는 것이다. 2023년 시점에서, 전 세계 80억 명의 사람 중에 16억 명이 정신건강 문제를 가지고 있는 상황에서 정신건강 돌봄 사역은 세계복음화를 위한 효과적인 전략이 될 수 있다는 점에서 교회의 복음 전도 사명과 명확하게 부합한다.[16]

둘째, 정신건강 돌봄 사역은 에릭슨이 언급한 교회의 덕성 함양 기능을 위한 방편 중 친교의 영역과 깊이 연관되어 있다. 현대 사회에서

---

16 Karen Bomilcar, Esther Malm, and Edmund Ng., "정신건강," 로잔운동 대위임명령 현황: 2024 로잔 글로벌 콩그레스 서울-인천을 위한 보고서 작성, accessed 2025. 2. 17., https://lausanne.org/ko/report/%ec%a7%80%ec%86%8d-%ea%b0%80%eb%8a%a5%ec%84%b1ec%9d%b4%eb%9e%80-%eb%ac%b4%ec%97%87%ec%9d%b8ea%b0%80/%ec%a0%95%ec%8b%a0-%ea%b1%b4%ea%b0%95.

많은 개인들은 고립감, 스트레스, 우울증 등의 정신적 어려움을 겪고 있다. 교회는 이러한 문제를 해결하기 위해 상담, 기도 모임, 소그룹 활동 등을 통해 구성원들이 서로의 이야기를 듣고 공감하는 공간을 제공할 수 있다. 이러한 과정은 친교를 심화시키고 공동체 내에서의 신뢰와 유대감을 강화한다. 친교는 단순한 교제를 넘어 서로의 어려움을 나누고 지지하는 관계를 의미하며, 이는 정신건강 돌봄 사역의 핵심적 가치와 일치한다. 이것이 에릭슨이 말한 서로를 격려하고 위로하는 성도들이 서로의 짐을 나누어 져주는 교회의 지체들이 세움을 받을 수 있는 방편인 것이다.[17] 또한 정신건강 돌봄 사역은 목회자, 선교사 그리고 다른 사역자들을 세우는 일과도 직접적으로 연관되어 있다. 2020년에 발행된 「라이프웨이 리서치」에 따르면 미국 목회자의 23%가 개인적으로 정신건강 문제로 고통당하고 있으며, 49%의 목회자들은 이러한 자신의 어려움에 대하여 성도들에게 말하지 못하는 것으로 나타났다.[18] 교회에서 성도를 가르치고 설교를 담당하는 목회자들의 정신적 어려움은 당연히 그 교회 성도들의 덕성 함양에 심각한 악영향을 끼치게 될 것은 자명하다. 그러므로 사역자들을 대상으로 하는 정신건강 돌봄 사역의 중요성이 이 점에서 더욱 부각되며 교회의 덕성 함양 역할에 있어 필수적인 사역임을 알 수 있다.

셋째로 정신건강 돌봄 사역은 상처 입은 영혼을 위로하고 치유함으로 하나님과의 관계 회복을 도와 예배 공동체를 더욱 튼튼히 세워 가도

---

17 Millard J. Erickson, 『복음주의 조직신학 하권』, 247.
18 Aaron Earls, "Mental Health Declines Among Americans, Except Weekly Churchgoers," 2020. 12. 11., https://research.lifeway.com/2020/12/11/mental-health-declines-among-americans-except-weeklychurchgoers/.

록 도울 수 있다. 정신적 어려움을 겪는 이들은 종종 고립감과 소외감을 경험하며 주위 사람들은 물론 하나님과의 관계도 멀어지게 된다. 교회가 정신건강 돌봄 사역을 통해 이러한 이들을 적극적으로 포용하고 지원할 때, 공동체는 더욱 통합된 예배 공동체로 성장할 수 있을 것이며, 이러한 측면에서 이 사역은 예배 공동체를 이루는 교회의 사명과 잘 부합된다.

넷째로 교회의 정신건강 돌봄 사역은 교회가 정신건강 문제로 고통받는 사람들에게 봉사와 지원을 제공하며 사회적 책임을 다할 수 있도록 한다. 정신건강 돌봄 사역은 교회가 지역사회의 치유와 회복을 주도하는 데 기여할 수 있다. 교회는 지역사회 내에서 신뢰받는 기관으로서, 정신건강 문제로 고통받는 이들에게 안전한 공간과 지원을 제공할 수 있다. 위에서 언급한 로잔운동 「대위임명령 현황 보고서」에는 교회가 지역 공동체에 제공할 수 있는 정신건강 서비스의 목록을 다음과 같이 제시해 준다.[19]

— 도움이 필요한 사람들을 외면하지 않고 지원하는 회복/재활 프로그램을 마련한다.
— 교회와 지역사회에서 정서적, 정신적 건강 문제가 있는 사람들을 돕기 위해 일대일 상담과 사역을 수행한다. 이를 위해 신체적 질병의 경우와 마찬가지로 언제 적절한 정신건강 전문가에게 의뢰할 것인지를 이해해야만 한다.

---

19 Karen Bomilcar, Esther Malm, and Edmund Ng., "정신건강." 한글 번역판의 번역이 어색하여 연구자가 임의로 영문 원문에서 수정·보완하였음을 밝혀 둔다.

— 애도, 효과적인 부부 관계, 독신, 갈등, 이혼, 중독, 육아 등에 초점을 맞춘 지원 그룹을 제공한다.

— 정신건강 주제에 대한 무료 커뮤니티 대담을 진행하고 특정 도움이 필요한 사람들에게 후속 조치를 취한다.

— 재난 구호 및 복구 지원 활동에서 디브리핑(debriefing), 트라우마, 애도에 대한 개입 서비스를 제공한다.

— 조기 아동 개입 및 기타 지역사회 자원을 제공하기 위해 의료 서비스 제공자를 늘리거나 협력한다. 이는 스트레스(및 궁극적인 정신건강 상태)와 질병의 부담을 줄이게 될 것이다.

교회는 위와 같은 사역을 통해 지역사회의 정신건강을 증진시키고, 궁극적으로 지역사회 전체의 건강성을 강화할 수 있다. 이를 통해 교회는 어렵고 소외된 이웃들에게 그리스도의 사랑과 정의를 실천하며 사회를 향한 책임을 감당할 수 있을 것이다.

이제까지의 논의를 통해 에릭슨이 제시한 조직신학적에서의 교회의 네 가지 사명과 역할에 있어 어떻게 정신건강 문제 해결을 돕는 사역이 연관될 수 있는지를 살펴보았다. 비록 벌코프가 제시한 말씀을 지키고 보호하는 일과 성례의 집행 그리고 권징의 시행과 같은 교회의 사명에 관해서는 연관성을 찾을 수 없었지만, 현대 교회에서 주목받고 있는 정신건강 돌봄 사역은 교회의 사명과 역할에 건강한 신학적인 근거를 갖는 중요한 사역이 됨을 알 수 있었다. 그러므로 참된 교회는 교회의 사명과 역할에 맞도록 더욱 적극적으로 정신건강을 돌보는 사역을 펼쳐 가야 할 것이다. 다음 절에서는 이러한 신학적 근거를 바탕으로 교회가 정신건강 위기에 대응하기 위하여 로잔운동 보고서에서 언급하지 않은 다른 실제적인 실천 방안들을 논의해 보도록 한다.

4. 정신건강 위기 극복을 위한 교회의 실천적 접근

정신건강 문제는 단순히 개인적인 문제가 아니라 사회적, 영적, 공동체적 대응이 필요한 복합적인 사안이다. 교회는 신앙 공동체로서 신자들과 지역사회의 정신건강을 지원하는 중요한 역할을 감당할 수 있으며, 다양한 실천적 접근을 통해 정신건강 문제를 해결할 수 있다. 본 절에서는 교회가 수행할 수 있는 네 가지 주요 실천 방안, 즉 정신건강 문제에 대한 낙인 감소를 위한 설교와 교육, 정신건강 코칭 사역, 기독교 상담실 운영 및 정신건강 기금 마련을 자세히 다루도록 한다.

1) 정신건강 문제에 대한 낙인 감소를 위한 설교와 교육

정신건강 문제에 도움을 주기 위해 교회가 실천할 수 있는 가장 손쉽게 접근할 수 있는 사역은 정신질환에 대한 사람들의 인식을 변화시키는, 즉 낙인을 감소시키는 일이다. 우선 낙인(stigma)이란 용어에 대해서 살펴보자. 낙인의 사전적 의미는 원래 목재나 기구, 가축 또는 죄인의 피부에 쇠붙이로 만들어 뜨거운 불에 달구어 찍는 도장을 말하며, 두 번째로 "다시 씻기 어려운 불명예스럽고 욕된 판정이나 평판을 이르는 말"을 의미한다.[20] 이러한 기본적인 낙인에 대한 정의를 정신건강에

---

20 국립국어원 표준국어대사전, "낙인," accessed 2025. 2. 20., https://stdict.korean.go.kr/search/searchResult.do?pageSize=10&searchKeyword=%EB%82%99%EC%9D%B8#none.

대한 낙인으로 의미를 확장해 보면, 정신건강에 대한 낙인이란 "정신건강 문제를 가진 개인에 대해 부정적인 고정관념과 편견, 차별적 태도를 형성하여 그들이 스스로의 상태를 숨기고 도움을 구하기 어렵게 만드는 사회적, 심리적 장벽"[21]이라고 할 수 있다.

(1) 낙인의 종류

학자들은 이러한 낙인을 그 성격에 따라 네 가지로 분류한다. 즉, 공공 낙인(Public Stigma), 자기 낙인(Self-Stigma), 구조적(또는 제도적) 낙인(Structural Stigma) 그리고 낙인 회피(Label Avoidance)이다.[22] 첫 번째 유형은 공공 낙인이다. 이는 사회 전체가 정신질환을 가진 사람들을 부정적으로 바라보며 편견과 차별을 조장하는 현상을 의미한다. 많은 사람들이 정신질환자를 "위험하다", "무능하다", "예측할 수 없다"고 인식하는데, 이는 이들이 직장을 구하거나 교육을 받는 데 있어서 큰 장벽이 된다. 또한 미디어에서 정신질환을 부정적으로 묘사하는 경우도 공공 낙인의 한 형태로 볼 수 있다. 연구에 따르면 공공 낙인은 정신질환을 겪는 사람들이 치료를 받으려는 의지를 감소시키며 사회적 배제를 더욱 심화시킨다. 둘째, 자기 낙인은 정신질환을 가진 개인이 사회적 편견을 내면화하여 스스로를 부정적으로 평가하는 현상이다. 공공 낙인이 지속될 경우 정신질환을 가진 사람들은 자신이 무가치하거나 나약하다고 생각할 가능성이 높아지며, 이는 치료를 기피하는 원인이 될 수 있

---

21 ChatGPT, "정신건강에 대한 낙인을 효과적으로 정의를 내린다면?"에 대한 답변, 2025. 2. 20., https://chat.openai.com/.

22 Patrick W. Corrigan, Benjamin G. Druss, and Deborah A. Perlick, "The Impact of Mental Illness Stigma on Seeking and Participating in Mental Health Care," *Psychological Science in the Public Interest* 15, no.2 (2014), 42.

다. 예를 들어 우울증을 가진 사람이 "나는 나약하다"라고 생각하며 치료를 포기하는 경우가 이에 해당한다. 셋째, 구조적 낙인은 사회 시스템과 정책이 정신질환을 가진 사람들에게 불리하게 작용하는 구조적 차별을 의미한다. 이는 정신질환자가 생명보험을 가입할 때 높은 보험료를 부담해야 하거나 정신건강 치료가 의료보험에서 충분히 보장되지 않는 경우와 같은 형태로 나타난다. 마지막으로 낙인 회피는 정신질환을 가진 사람과 가까운 관계를 맺고 있는 개인(예: 가족, 친구, 치료사)이 함께 낙인을 경험하는 현상을 의미한다. 예를 들어 정신질환을 가진 가족을 둔 사람이 직장에서 편견을 경험하거나 정신건강 치료사들이 정신질환자들과 관계를 유지하는 것이 직업적으로 불이익이 될까 두려워하는 경우가 있다. 이는 정신질환자의 사회적 네트워크를 축소시키고, 지지 시스템을 약화시킬 수 있으며, 정신질환자들이 가족과 지역사회에서 정서적, 물질적 지원을 받는 것을 더욱 어렵게 만들 수 있다.

(2) 기독교 공동체 내에서의 낙인

이런 의미에서 정신건강 문제를 겪는 사람들은 종종 자신에 대한 부정적 인식과 사회적 편견과 낙인 때문에 도움을 받지 못하거나 치료를 미루게 된다. 특히 기독교 공동체 내에서는 정신건강 문제가 "믿음의 부족" 또는 "신앙의 실패"로 여겨지는 경우가 많아 더욱 어려움을 겪는다. 그러나 이러한 편견은 성경적 근거가 부족하며, 오히려 신앙 공동체가 정신건강 문제를 열린 마음으로 수용하는 것이 필요하다. 에린 프릿차드(Erin Pritchard)는 기독교인들에게서 발생하는 정신건강에 대한 낙인의 원인을 다섯 가지로 정리해 주고 있다.[23] 첫째는 정신건강 문제를 단순히 "영적인 문제"로 간주하기 때문이다. 많은 기독교인은 정신건강 문제를 단순히 영적인 문제로 여기며 생리적 또는 심리적 상태로 보지 않는다. 또는 어떤 기독교인들은 아예 정신질환이라는 것은 실제로는 존재하지 않는다고 배우면서 자라난다. 이에 대해 스탠포드는 이들이 그렇게 생각하는 이유는 특정 정신질환을 진단하기 위한 의학적 검사가 존재하지 않고 한 사람에 대해 진단을 내리는 것에 전문가마다 다른 의견을 내기 때문에 진단의 일관성이 없는 것처럼 보이며, 정신과 약물이 정신장애를 치료하는 데 있어서 항상 효과적이지 않고 모든 역기능적인 행동이 뇌의 장애로 인해 발생하는 것은 아니라는 믿음 때문이라고 하였다.[24]

둘째는 정신건강 문제는 "약한 믿음의 표시"로 여겨지기 때문이다. 몇몇 성경 구절은 해석하기에 따라 정신건강 문제가 약한 믿음의 표시라고 생각할 여지를 주기 때문인데, 예를 들면 빌립보서 4장 6-7절, "아무것도 염려하지 말고 다만 모든 일에 기도와 간구로, 너희 구할 것을 감사함으로 하나님께 아뢰라. 그리하면 모든 지각에 뛰어난 하나님의 평강이 그리스도 예수 안에서 너희 마음과 생각을 지키시리라"는 구절은 염려(불안)를 기도와 감사로 해결하라는 말씀이지만, 상황에 따라 잘못 해석할 경우 염려나 불안을 느끼는 것은 믿음이 부족한 것으로 해석될 수 있다. 또한 성경 구절을 오해하여 정신건강 문제를 죄의 결과로 보는 경우도 있다. 예를 들어 시편 32편 3-4절, "내가 죄를 자복하지 아니하였을 때에는 종일 신음하므로 내 뼈가 쇠하였도다. 주의 손이 주야로 나를 누르시오니 내 기력이 여름 가뭄에 마름 같이 쇠하였나이

23 Erin Pritchard, "Mental Health Stigma in Church," 2023. 6. 15., https://www.seaglassohio.com/blog/why-is-there-stigma-about-mental-health-for-christians.
24 Stanford, *Grace for the Afflicted*, 50-54.

다"라는 구절은 원래 죄를 자복하지 않아 고통을 받은 시편 기자의 경험을 말하지만, 이를 모든 고통은 죄의 결과라고 잘못 해석할 수 있다. 이러한 생각들은 불안, 우울, 트라우마와 같은 정서적 고통을 경험하는 사람들에게 죄책감과 수치심을 안겨준다.

셋째는 기도만으로 정신건강 문제가 치료될 것이라는 믿음 때문이다. 많은 기독교인은 충분히 기도하면 정신건강 문제가 해결될 것이라고 믿는다. 그들은 뼈가 부러졌거나 암에 걸렸을 때 의학적 수술을 해야 하는 것에 누구도 의의를 제기하지 않지만, 정신질환을 치료하는 데 있어서는 기도가 우선이며 전문적인 치료는 필요 없다고 생각한다.

넷째는 정신건강 문제에 대한 공동체의 이해와 지원 부족 때문이다. 아직도 많은 교회 내에서 정신건강 문제에 대한 이해가 부족하여, 단편적인 목회 상담만으로 심각한 정신질환까지도 해결하려는 경향이 있다. 이는 전문적인 치료를 방해하고, 오히려 더 큰 피해를 초래할 수 있기 때문에 목회 상담자의 자질이 중요하다. 또한 교회 공동체 내의 사람들이 정신건강 문제를 겪는 사람들이 치료를 받는 데 대해 비난하거나 무시하는 경우도 교회 내에 정신건강에 대한 낙인 효과의 원인이 된다.

다섯째는 교회 공동체가 정신질환에 대한 잘못된 인식이 있기 때문이다. 이는 위에서 언급한 정신건강 문제를 죄나 약한 믿음의 결과로 보는 오해가 널리 퍼져 있기 때문인데, 이로 인해 정신건강 문제를 겪는 사람들이 고립감을 느끼고 도움을 요청하기 어려워진다는 것이다.

(3) 낙인 효과 감소를 위한 심리학적 접근

이러한 정신건강에 대한 낙인을 치유하기 위해서는 어떤 접근이 필요할까? 일반 심리학계에서는 세 가지 전략을 제시한다. 그것은 교육

(education), 접촉(contact), 항의(protest)이다.25 교육은 정신질환에 대한 잘못된 정보와 편견을 바로잡고 올바른 인식을 확산시키는 데 초점을 맞춘다. 이를 위해 정신질환의 원인, 증상, 치료 가능성 등에 대한 과학적 정보를 제공하고, 대중매체와 연계한 인식 개선 캠페인을 진행할 수 있다. 이러한 교육적 접근은 정신질환에 대한 사회적 이해를 높이고 부정적인 고정관념을 줄이는 데 기여한다. 접촉은 정신질환을 가진 사람과의 직접적인 교류를 통해 편견을 줄이는 방법을 말한다. 지역사회에서 정신질환을 가진 사람들이 자신의 경험을 공유하는 프로그램을 운영하거나 정신질환자와 일반인 간의 교류를 촉진하는 활동이 이에 해당한다. 이러한 긍정적인 상호 작용은 정신질환자에 대한 두려움을 감소시키고 공감과 이해를 증진시키는 효과를 갖는다. 마지막으로 항의 전략은 정신질환에 대한 부정적인 묘사와 차별적 관행을 비판하는 활동을 포함한다. 부정적인 미디어 표현(예: 영화, 드라마, 광고)에 대한 항의 캠페인을 전개하고, 정신질환자에 대한 차별적 정책을 지적하며, 정신질환자의 권리 보호를 위한 사회적 운동을 촉진하는 방식으로 실행될 수 있다. 이러한 전략은 정신질환에 대한 부정적 태도를 변화시키고 정신질환자의 존엄성과 권리를 보호하는 역할을 한다.

(4) 교회에서 낙인 효과 감소를 위한 실천 방안

그렇다면 교회는 정신질환에 대한 이 낙인 효과를 감소시키기 위해서 어떤 역할을 할 수 있겠는가? 위에서 언급된 세 가지 전략 중에서

---

25 Patrick W. Corrigan and David L. Penn, "Lessons from Social Psychology on Discrediting Psychiatric Stigma," *American Psychologist* 54, no.9 (1999): 765-772.

교회 내에서 가장 쉽게 접근할 수 있는 방법은 바로 교육 전략이라고 할 수 있다. 또한 교육 전략으로 교회가 실천할 수 있는 대표적인 영역은 설교일 것이다. 설교는 정신질환에 대한 오해를 바로잡고 신앙적인 지지를 제공하는 중요한 도구가 될 수 있으며, 이러한 설교의 접근 방식을 상담적 설교라고 할 수 있다. 그러나 1990년대 우리나라에 상담적 설교가 도입되면서, 일부 복음주의 설교자들은 심리학을 교회에 침투한 적대적 요소나 불순물로 여기며 부정적으로 바라보는 시각이 존재했다. 이들은 설교에서 심리학을 다루는 행위 자체를 심리학과의 결탁으로 간주하여, 설교의 본질과 권위를 훼손한다고 보았다. 더 나아가 미국에서는 심리학과 심리치료가 크게 발전했을 뿐만 아니라 인간 생활에 깊이 스며들어 학문적 권위를 확고히 자리 잡아서 심리학이 '현대 미국 대중문화의 종교'로까지 불리고 있다. 그렇기 때문에 이들은 이러한 인간 중심의 학문과 하나님 중심의 설교를 동등하게 논의하는 것은 불가능하며, 심지어 이교적이라고 여기는 견해도 있다.[26]

그럼에도 불구하고 시워드 힐트너(Seward Hiltner)는 설교의 대상이 인간이기 때문에 목사가 심리학의 도움을 받아 인간을 이해하는 것은 너무나 당연한 것이며, 설교가 심리학의 도움을 받게 되면 좀 더 효과적으로 복음을 전할 수 있게 되고 성도들과 소통하는 데 많은 도움이 될 것이라고 하였다. 또한 해리 포스딕(Harry E. Forsdick)은 설교를 집단상담으로 이해하면서 상담적 설교를 수립하는 데 기여했다. 그 후 에드문드 린(Edmund H. Linn)은 상담학적 또는 심리학적 접근을 접목하는 설교를 상담 설교(counseling preachig)라고 부르기 시작하였다. 엄밀하게

---

26 전요섭, "상담적 설교의 심리학적 적용," 「신학과 실천」 59 (2018), 97.

구분하자면 상담 설교는 상담의 주제에 대해 설교하는 것이고, 상담적 설교는 상담학적으로 성경을 이해하고 해석하여 설교하는 것이라 할 수 있다.[27] 그러나 어떤 용어를 사용하든 설교에 심리학 또는 상담학적인 지식을 접목하는 것은 현대에 널리 받아들여지고 있다. 이를 바탕으로 설교가 낙인 효과를 감소시키기 위해 교육적인 전략으로 사용되는 내용을 살펴보자.

설교를 통한 정신질환에 대한 성경적 이해 제공

많은 신자는 신질환을 단순히 영적인 문제로만 해석하거나 기도로만 해결될 수 있다고 생각하는 경향이 있다. 그러나 정신질환은 신체적 질병과 마찬가지로 생물학적, 심리적, 환경적 요인이 복합적으로 작용하는 결과이며 신앙의 부족과는 직접적인 관련이 적다. 이러한 이해를 바탕으로 교회의 목회자들은 설교를 통해 성도들이 성경적 관점에서 정신질환을 올바르게 이해하도록 도울 수 있다.

먼저 인간의 존엄성과 가치를 강조하는 설교를 할 수 있다. 예를 들면 창세기 1장 27절, "하나님이 자기 형상 곧 하나님의 형상대로 사람을 창조하시되 남자와 여자를 창조하시고"의 말씀을 바탕으로 모든 인간은 하나님의 형상(*Imago Dei*)대로 창조되었으며, 이는 정신질환을 가진 사람들도 동일한 존엄성과 가치를 지닌 존재임을 의미한다는 설교를 통해 정신질환에 대한 낙인 효과를 감소시키고 정신질환을 가진 신자들이 소외감을 느끼지 않도록 할 수 있다. 또는 설교 내용에 성경 속 정신적 고통을 겪은 인물 조명함으로써 정신장애에 대한 낙인 효과

---

27 전요섭, "상담적 설교의 심리학적 적용," 100-104.

를 감소시킬 수 있다. 성경에는 정신적 고통을 경험한 여러 인물이 등장하며, 하나님은 그들의 고통을 외면하지 않으셨다. 예를 들어 다윗은 시편 42편 11절에서 깊은 절망과 우울함을 경험하며 하나님께 도움을 구하였고, 엘리야도 열왕기상 19장 4-8절에서 극심한 스트레스로 인해 생을 포기하려 했으나 하나님께서 영적, 신체적 회복을 제공하셨다. 심지어 마태복음 26장 38절에는 예수님도 겟세마네 동산에서 극도의 불안과 슬픔을 경험하신 이야기를 소개해 주고 있다. 이러한 인물들의 이야기를 설교에서 다룸으로써 정신적 고통이 신앙의 부족 때문이 아니라 인간이 겪을 수 있는 정상적인 경험임을 강조함으로 낙인을 감소시키는 것을 도울 수 있다.

한편 정신질환에 대한 낙인은 종종 무지에서 비롯되므로 정신질환에 대한 이해와 공감을 촉진하는 설교는 성도들이 정신건강 문제를 더 깊이 이해하고 공감할 수 있도록 도울 중요한 수단으로 작용할 수 있다. 예를 들면 갈라디아서 6장 2절, "너희가 짐을 서로 지라 그리하여 그리스도의 법을 성취하라"의 말씀을 통해 교회 공동체가 정신질환을 겪는 신자들에게 지지와 돌봄을 제공해야 한다는 메시지를 전달할 수 있다. 즉, 정신질환은 개인이 홀로 해결해야 할 문제가 아니라 교회 공동체가 함께 나누어야 할 짐임을 설교에서 강조할 수 있다는 것이다. 이와 더불어 설교에서 정신질환을 경험한 신자들의 실제적인 증언을 활용하면 성도들이 정신질환에 대해 더 깊이 이해하고 공감할 수 있다. 예를 들어 우울증을 극복한 신자의 간증을 공유하거나 신앙과 정신건강 치료가 함께 조화를 이룰 수 있음을 강조하는 사례를 소개하는 것이 효과적일 것이다.

정신질환의 낙인 효과 감소를 위한 설교에 있어 또 다른 접근 방식은 신앙과 전문가의 도움을 함께 받는 것이 결코 믿음 없음의 증표가 되지 못함을 강조하는 것이다. 신체 질병을 치료할 때 의학적 도움을 받는 것과 마찬가지로, 정신건강 문제도 전문적인 상담과 치료가 필요함을 전파해야 한다. 예를 들어 디모데전서 5장 23절, "이제부터는 물만 마시지 말고 네 위장과 자주 나는 병을 위하여 포도주를 조금씩 쓰라"의 말씀에서 바울은 디모데에게 건강을 위해 실용적인 방법을 사용하라고 권면하였다. 이는 성경이 신앙과 실질적인 치료를 분리하지 않음을 보여준다. 따라서 설교에서 신앙이 정신건강 치료와 조화를 이루어야 한다는 점을 강조할 수 있다. 여기에서 더 나아가 교회는 정신건강 전문가와 협력하여 성도들이 올바른 치료를 받을 수 있도록 도울 수 있다. 설교에서 기독교 상담이나 정신건강 서비스의 필요성을 언급하고 신자들이 적절한 치료를 받을 수 있도록 지원하는 것이 중요하다. 이에 대해서는 다음 절에서 좀 더 다룰 것이다.

세미나 또는 교육 프로그램 운영

교회 내의 성도 뿐만 아니라 지역사회 정신건강 문제에 대한 낙인 효과를 감소시키기 위해서는 교회의 목회자와 당회원들이 설교 이외에도 정신건강 관련 세미나 또는 교육 프로그램을 운영함으로써 그 목적을 달성할 수 있다. 교회는 "언제나 모이기를 힘쓰라"고 하는 히브리서 10장 25절의 말씀의 원리에 따라 많은 사람들이 모일 수 있는 여러 모임이 있다. 이것은 교육의 기회적 측면에 있어서 교회가 가지는 큰 장점으로서, 교회는 여러 계층과 지위의 성도들에게 다양한 주제의 세미나나 교육 훈련을 제공하는 데 좋은 환경을 태생적으로 가지고 있다고 해도 과언이 아니다. 교회는 연중에 여러 모임 시간을 이용하여 기독교 신앙에 바탕을 둔 정신건강 전문가를 초청하여 단기적인 정신건강 관련 세미나를 열거나 여러 회기에 걸친 교육 프로그램을 운영할 수 있을 것이다. 이러한 교회 내에서 실시할 수 있는 정신건강 관련 세미나나 교육은 다음과 같은 주제를 다룰 수 있다.

- 정신건강의 개념과 중요성
- 정신질환에 대한 낙인 감소 훈련 ― 정신질환에 대한 오해와 진실 16
- 우울증, 불안장애, 외상 후 스트레스 장애(PTSD) 등의 이해와 대처 방법
- 교회 내 정신건강 문제에 대한 신앙적 대응 방안
- 정신건강 치료 방법 및 전문가 상담의 필요성
- 더 많이 용서하는 그리스도인 되기
- 세대 간의 갈등을 이해하고 해결하기
- 아동-청소년 및 성인 주의력결핍-과잉행동장애(ADHD)에 대한 이해와 대처 방안
- 양극성장애, 조현병 등 중증 정신질환에 대한 이해와 교회적 돌봄 등

이와 같이 단회적 또는 여러 회기의 세미나나 정기적인 교육 프로그램을 통해 신자들이 자신 또는 가족의 정신건강 문제를 보다 개방적으로 논의하고 도움을 요청하는 것을 정상적인 과정으로 받아들이도록 돕는 것이 교회 내의 낙인 효과를 감소시키는 데 중요할 것이다.

2) 정신건강 코칭 사역을 통한 지원

두 번째 정신건강 위기 극복을 위한 교회의 실천 방안은 바로 정신건

강 코칭 사역이다. 원래 코칭은 1880년대 영국 케임브리지의 캠강에서 조정 경기의 노 젓는 기술을 가르치는 용어에서 유래하였으며 주로 스포츠계에서 많이 사용되는 용어다. 최근에는 경영과 접목되어 비즈니스 코칭 영역도 확대되고 있으며 개인의 진로나 경력 개발, 영양 관리 또는 학습의 영역까지 코칭의 영역은 상당히 폭이 넓다. 한국에서는 2000년대 초 외국의 코칭 프로그램이 도입되었고, 2003년에 한국코치협회가 설립되었다. 그러던 중 기독교인 코치들과 목회자 및 선교사들이 2021년 한국기독교코칭학회를 설립하여 기독교 영성 코칭을 보급시키는 활동을 하고 있다.[28] 본 논문에서는 미국기독교상담자협회(American Association of Christian Counselors) 내에서 활발히 사역하고 있는 기독교 정신건강 코칭을 중심으로 논의해 보겠다.

(1) 관련 용어의 정의

이 논의를 위해서는 먼저 몇 가지 용어를 알아보는 것이 유익하다. 첫째는 준전문가(paraprofessional)이다. 준전문가란 정신질환을 가지고 있는 개인들을 돕기 위해 훈련을 받았지만 전문 학위나 국가 자격증(미국의 경우에는 주공인 자격증, state license)은 없는 사람을 의미한다. 준전문가들은 정신건강 서비스를 필요로 하는 사람들에게 격려와 지침, 공감을 제공함으로써 정신건강 전문가들의 업무 부담을 덜어주는 동시에 보다 접근성 높은 지원을 가능하게 할 수 있다. 초기 단계에서의 이러한 정신건강 개입은 고위험 치료의 필요성을 줄이는 효과가 있는

---

28 박은정, "여대생을 위한 '기독교 코칭 상담 모델' 적용 사례 연구," 「복음과 상담」 31, no. 3 (2023), 73.

것으로 과학적으로 입증되었다. 따라서 준전문가의 역할을 확대한다면, 정신건강 인력 부족 문제를 해소하고, 더 많은 사람들이 포괄적이고 통합적인 치료를 받을 수 있는 환경을 조성할 수 있을 것으로 기대할 수 있다.[29]

둘째로 동료 지원 서비스(peer support services)다. 동료 지원 서비스란 "상호 동의하에 자신이 스스로 정신건강 문제를 가지고 있거나 가지고 있었다고 인정하는 사람에 의해 제공되는 삶의 경험을 통해 얻은 전문 지식과 사회적, 심리적 그리고 의학적 도전(이는 서비스 사용자에게 자기 결정적인 개인적 변화를 일으키도록 비슷한 도전을 공유하는 것을 말한다)을 결합하는 사회적 그리고(또는) 감정적인 지원"[30]을 말한다. 이는 정신질환을 겪은 당사자가 자신의 경험을 바탕으로 타인을 지지하는 상호적 지원 관계를 형성하는 데 초점을 맞추고 있다. 동료 지원의 핵심은 공통된 경험을 바탕으로 보다 실질적이고 공감적인 관계를 형성하는 데 있으며, 연구에 따르면 동료 지원은 정신건강 문제를 가진 사람들의 삶의 질을 향상시키고, 증상을 완화하며, 사회적 관계를 개선하는 데 긍정적인 영향을 미친다고 보고되었다. 특히 동료 지원은 정신건강 치료의 보완적 역할을 하며 더 심각한 치료가 필요해지는 상황을 예방하는 데 기여할 수 있다.

---

29 Matthew S. Stanford et al., "Mental Health Coaching: A Faith-Based Paraprofessional Training Program," *Mental Health, Religion & Culture* 26, no.10 (2023): 1007-1008. https://doi.org/10.1080/13674676.2024.2307347.

30 Karen L. Fortuna, Phyllis Solomon, and Jennifer Rivera, "An Update of Peer Support/Peer Provided Services Underlying Processes, Benefits, and Critical Ingredients," *Psychiatric Quarterly* 93, no.2 (2022), 573. https://doi.org/10.1007/s11126-022-09971-w.

동료 지원 서비스는 다양한 환경에서 제공될 수 있으며 외래 진료, 응급 서비스, 지역사회 정신건강 센터, 입원 치료 시설 등에서 활용될 수 있다. 동료 지원 서비스 제공자는 '인증된 동료 전문가'(Certified Peer Specialist), '회복 코치'(Recovery Coach), '동료 옹호자'(Peer Advocate) 등으로 불리며 일정한 훈련과 자격 인증 과정을 통해 활동하게 된다. 고무적인 것은 미국에서는 메디케이드(Medicaid)와 같은 공공의료 서비스의 비용 지원을 받을 수 있으며 정신건강 시스템 내에서 중요한 지원 서비스로 자리 잡고 있다는 것이다.[31]

한편 이 동료 지원 서비스는 미국 바이든 정부에 의해서 공식적으로 그 중요성을 언급하며 정책이 확대되도록 예산 지원을 시작했다는 점에서 큰 의의가 있다. 많이 알려진 정신건강 핫라인 "988"을 개설하게 했던 2022년 3월 1일에 발표된 백악관 공식 브리핑에서 동료 지원 서비스에 대한 정책도 함께 언급되었다. 미국의 정신건강 위기를 타개하기 위해 발표된 이 공식 브리핑에서 바이든 정부는 소외된 지역사회(미주 한인 사회도 포함된다)에서 정신건강 지원을 포함한 서비스를 제공하는 지역사회 보건 종사자 및 기타 건강 지원 종사자의 수를 늘리기 위해 2억 2,500만 달러 이상의 교육 프로그램을 지원할 예정이며 전국 규모의 동료 전문가(위에서 언급된 peer specialists) 자격증 프로그램을 도입할 것이라고 밝혔다.[32] 이러한 미국 정부의 정책은 이후에 논의하게 된

31 Stanford et al., "Mental Health Coaching," 1008.
32 White House, "FACT SHEET: President Biden to Announce Strategy to Address Our National Mental Health Crisis, As Part of Unity Agenda in his First State of the Union," Statements and Releases, 2022. 3. 1., https://bidenwhitehouse. archives. gov/briefing-room/statements-releases/2022/03/01/fact-sheet-presidentbiden-to-announce-strategy-to-address-our-national-mental-health-crisis-as-part-of-unity-

교회 내의 정신건강 코칭 사역의 효용성과 당위성을 뒷받침해 준다고 할 수 있다.

그다음 생각해 볼 용어는 평신도 기독교 상담(Lay Christian Counseling) 이다. 평신도 기독교 상담은 교회에서 목회자가 아닌 일반 평신도가 준전문가의 형태로 정신건강과 영적 안녕을 증진시키기 위해 시행되는 상담 치유 사역이라고 할 수 있다. 이 경우 대개의 경우 상담 센터를 갖춘 형태로 서비스가 제공되며, 센터의 책임자는 수퍼비전을 제공할 수 있는 전문가가 맡고 있는 형태가 주류를 이룬다. 평신도 기독교 상담 에서는 주로 적극적 경청, 인지행동적 접근 및 해결중심적 접근 방법이 사용되며, 여러 연구에서 정신건강과 영적 안녕을 증진시키는 데 효과 적이라는 점이 밝혀졌다.[33]

(2) 동료 지원 서비스와 평신도 기독교 상담의 한계점

스탠포드와 그의 동료들은 동료 지원 서비스와 평신도 기독교 상담 이 정신건강 치료의 질을 높일 가능성이 있지만, 이들의 고유한 약점으 로 인해 이러한 방법의 효과는 상당히 제한적이라고 밝힌다. 즉, 2007 년 미국 보건복지부가 동료 지원 서비스를 근거 기반 실천으로 공식 인정하고 Medicaid가 이에 대한 비용을 지급할 것이라고 발표했음에 도 불구하고, 동료 지원 서비스의 광범위한 확산은 여전히 미미하다. 비록 바이든 정부가 동료 지원 서비스의 확대를 2022년에 발표하긴 하였으나, Mental Health America의 2023년 보고서에 따르면 현재

---

agenda-in-his-firststate-of-the-union/ ?utm_source=chatgpt.com.
33 Stanford et al., "Mental Health Coaching," 1009.

전국적으로 동료 지원 전문가는 약 3만 명에 불과하다. 또한 Medicaid 의 낮은 환급률은 동료 지원 서비스를 제공할 의사가 있는 기관의 수를 줄이고, 이는 동료 지원 전문가의 활동 기회를 감소시킨다. 동료 지원 전문가들은 비용 절감과 치료 결과 측면에서 큰 가치를 제공하지만, 낮은 임금 수준으로 인해 이 분야에 진입하거나 계속 일하려는 사람들의 의욕을 저하시키고 있는 것이다.[34] 한편 평신도 기독교 상담은 복잡한 정신건강 문제를 다루기 위한 공식적인 훈련 부족으로 인해 그 영향력이 제한적이다. 또한 평신도 상담사들은 동료 지원 전문가와 달리 정신건강 치료 시스템과의 연결이 약해 전문 서비스로의 의뢰나 접근이 어려운 실정이다.[35]

(3) 기독교 정신건강 코칭

이러한 정신건강 위기를 극복하기 위한 위의 두 가지 준전문가 그룹, 즉 동료 지원 서비스와 평신도 기독교 상담의 장단점을 보완하기 위하여 스탠포드와 그의 동료들은 42시간 분량의 기독교 정신건강 코칭 자격증 과정을 개설하여 보급하고 있다. 본 연구에서는 스탠포드와 그의 동료들이 개발한 기독교 정신건강 코칭 자격증 프로그램을 소개하고,[36] 이를 어떻게 효과적으로 한국교회 상황에 적용할 것인가에 대해 살펴보도록 하겠다.

스탠포드와 그의 동료들은 동료 지원 전문가들은 낮은 임금으로 진

---

34 Mental Health America, "The peer workforce," accessed 2025. 2. 24., https://www. mhanational.org/peer-workforce

35 Stanford et al., "Mental Health Coaching," 1009-1010.

36 후에 소개되는 기독교 정신건강 코칭 자격증 프로그램의 내용은 Stanford et al., "Mental Health Coaching"의 내용을 요약 정리한 것이다.

입장벽이 높으며 평신도 기독교 상담자들은 충분한 훈련이 되어 있지 않은 점을 보완하고자, 교회 내에서 정신건강에 관심이 많고 영성을 통합하는 방식으로 다른 사람들을 기꺼이 도우려는 마음을 가진 많은 자원봉사자들이 있음을 주목하고, 이들을 잘 훈련시켜서 정신건강 위기 극복을 위해 기여할 수 있는 프로그램을 개발하고자 하였다. 그리하여 1차로 주정부에서 시행하고 있는 동료 지원 서비스 자격증 프로그램들을 분석하여 정신건강 코칭의 기초, 정신건강 코칭 기술 그리고 정신질환, 세 가지 주제를 추출하여 총 42시간의 기독교 정신에 바탕을 둔 새로운 코칭 프로그램을 개발하였다. 이들은 2017년부터 2019년까지 예비 연구를 통해 그 효용성을 입증한 후, AACC의 온라인 훈련 부서인 Light University를 통하여 2020년 5월부터 정식으로 자격증 과정을 진행하고 있다. 현재 이 과정은 AACC의 한 부분인 International Board of Christian Care(IBCC)를 통하여 인가된 자격증을 발급하고 있으며,[37] 이 과정의 강사진은 AACC의 회장을 맡고 있는 팀 클린턴 (Tim Clinton)을 비롯하여 각 분야의 기독교 상담 최고 전문가들이 참여하고 있다. 다음 [표 1]은 기독교 정신건강 코칭 자격증 과정의 교육 내용이다.

[표 1] 기독교 정신건강 코칭 교육 내용

정신건강 코칭의 기초(15시간)
단원 1: 소개
  ▪ 정신건강 코칭 소개
  ▪ 교회에서 정신건강 코치의 역할
단원 2: 신앙과 영성

---

[37] https://www.ibccglobal.com/.

- ▪ 효과적인 사람 도우미
- ▪ 사람들을 하나님의 임재 안으로 인도하기
- ▪ 영성과 상담
- 단원 3: 윤리와 코칭의 책임
  - ▪ 정신건강 코칭의 전문적 윤리
  - ▪ 경계와 위반 I
  - ▪ 경계와 위반 II
  - ▪ 당신을 돕는 것이 나에게 상처가 될 때
  - ▪ 공적인 코치: 시간 관리 및 정리정돈하기
- 단원 4: 위기 개입
  - ▪ 트라우마와 학대
  - ▪ 트라우마 및 위기 대응을 위한 모범 사례: 파트 I
  - ▪ 트라우마 및 위기 대응을 위한 모범 사례: 파트 II
  - ▪ 자살의 위기
  - ▪ 자살 개입 수행하기

정신건강 코칭 스킬(14시간)
- 단원 1: 코칭 기술
  - ▪ 성공적인 코칭: 코칭의 고유하고 필수적인 기술
  - ▪ 안전한 공간 만들기: 경청, 공감, 신뢰 얻기
  - ▪ 관계와 커뮤니케이션: 핵심 코칭 기술
  - ▪ 다른 사람들이 인생에서 의미를 찾도록 돕기
  - ▪ 격려의 힘: 소망 코칭의 열쇠
  - ▪ 막힘에서 벗어나기: 치유와 회복으로 가는 길
  - ▪ 의도적 경청의 놀라운 힘
  - ▪ 서로의 차이 이해하기: 성격과 대처법
  - ▪ 사람들의 변화를 돕는 방법
  - ▪ 그리스도를 위한 간단하고 해결책 중심의 상담하기
  - ▪ 더 나은 방법: 내담자의 인생 전환을 돕는 방법
- 단원 2: 소그룹
  - ▪ 역동적인 소그룹과 영적 돌봄 팀
  - ▪ 변화와 회복: 소그룹의 치유의 힘
  - ▪ 소그룹의 유형: 역동적인 사역을 위한 개요

정신 및 행동 건강 장애(13시간)
- 단원 1: 중독
  - ▪ 중독의 모델

- 알코올, 약물 남용 및 중독 문제가 있는 다른 사람 돕기
- 이중 진단 및 동반 질환
- 오피오이드와 중독: 놀라운 쓰나미

단원 2: 정신건강의 어려움과 장애
- 정신질환 및 성격 장애
- 우울증, 기분 장애 및 자살
- 스트레스 및 불안: 두려움, 공포증 및 공황 장애 극복하기
- 양극성 및 스펙트럼 기분 장애
- 섭식 장애: 진단, 치료 및 의뢰
- 슬픔, 상실 및 복잡한 슬픔
- 외상 후 스트레스 장애 및 복합 트라우마
- 정신과 치료 및 약물 치료
- 향정신성 약물: 신뢰의 문제

위의 교육 내용을 평가해 보면 기독교 영성과 윤리적 측면을 다루고 있는 점, 구체적인 코칭 기술을 가르치고 있는 점, 대표적인 정신질환의 내용을 망라하고 있다는 점에서 교회 내에서 기독교 정신건강 코칭 사역을 시행하는 데 필요한 지식들을 매우 체계적으로 전달하고 있다고 할 수 있다. 다만 한국교회에 이 교육과정을 도입하는 데 있어서 약간의 상황화가 필요하다고 보인다. 우선 언급할 사항은 교회 내에서 평신도들끼리 다루기 꺼리는 자살에 관한 내용이다. 물론 자살에 대한 주제는 정신건강에서 매우 중요한 문제이기는 하나, 한국인 평신도 훈련생에게는 매우 부담이 되는 주제라고 생각된다. 또한 중독의 문제에 있어서 마약성 진통제인 오피오이드 중독을 따로 제시하고 있는데, 다른 OECD 국가에 비해 한국은 아직 오피오이드 사용량은 적은 편이므로[38] 이 부분은 한국교회 상황에서는 불필요한 과정으로 보인다.

---

38 윤새롬, "죽음 부르는 마약성 진통제(오피오이드) 오남용 문제, 국내는 어떨까?," 「HiDoc 뉴스」 헬시라이프면, 2023. 3. 16., https://news.hidoc.co.kr/news/articleView.html?idxno= 29588.

기독교 정신건강 코칭 사역은 한인 교회 내에서 자체 상담실을 운영하기 어려운 중소형 교회에서 이중 관계를 맺지 않아야 하는 상담 윤리적 문제에 얽히지 않으면서 정신건강 위기에 대응하는 데 적용 가능한 효율적인 실천 방안이 될 수 있다. 그러므로 미국 AACC에서 진행하고 있는 이러한 교육 훈련 프로그램을 한국어로 진행할 수 있는 플랫폼이 하루속히 만들어지길 기대하며, 월드미션대학교 소그룹 사역센터에서 시행 예정인 정신건강 소그룹 코칭 훈련을 통해 한국형 기독교 정신건강 코칭 자격증 프로그램까지 확대될 수 있기를 바란다.

3) 기독교 상담 센터 운영

교회가 정신건강 위기 문제에 대처하는 데 있어서 세 번째 실천 방안은 교회 내에 기독교 상담실을 운영하는 것이다. 이는 앞에서 코칭 사역을 논할 때 평신도 기독교 상담자에 대한 용어를 다루면서 간단히 언급하였다. 기독교 상담실은 현재 몇몇 대형 교회들이 이미 하고 있는 사역이다. 다만 한국과 미국은 상담에 대한 문화적 차이로 인해 약간의 차이가 존재한다. 미국의 경우는 정신건강에 관한 주정부 자격증을 엄격하게 관리하고 있기 때문에,[39] 교회 내의 상담실의 경우 수퍼바이저는 자격증이 있는 평신도를 두고 상담에 은사가 있는 평신도들이 실제 상담을 진행하고 수퍼비전을 받는 형식을 취하는 경우가 대부분이다.

---

[39] 상담과 관련된 자격증은 대표적으로 네 가지인데, 박사 학력의 심리학자(psychologist), 석사 과정 졸업 학력을 요구하는 결혼과 가족치료사(marriage and family therapist: MFT), 전문상담사(licensed professional counselor: LPC), 임상사회복지사(licensed clinical social worker: LCSW)가 있다.

그러나 한국의 경우에는 국가 공인 상담 자격증이 아직 도입되기 전이기 때문에, 미국과 달리 교회 상담실에서 사역하는 상담사들은 거의 모두 대학원 이상에서 상담을 공부한 사람들이다.

문제는 한인 교회에서는 아직까지 신자가 천 명 이상의 대형 교회라 할지라도 상담실이 없는 교회가 많다는 것이다(참고로 규모가 작은 교회에서는 같은 교회 내 성도가 서로 잘 아는 다른 성도를 상담 가능성이 있어 이중 관계의 윤리적인 문제가 있기 때문에 기독교 상담실 사역은 대형 교회에서 하는 것이 적절하다). 이미 많은 연구가 평신도 기독교 상담을 통해 정신건강 문제들이 감소하고 영적인 건강이 증진된다는 것을 보여주었다.[40] 그러므로 정신건강 위기의 시대에 상담실을 운영할 수 있는 재정적인 능력이 되는 대형 교회들이 이 문제를 해결하기 위한 사역이 교회의 사명과 역할을 다하는 일임을 깨닫고 교회와 지역사회를 위해서 기독교 상담실을 오픈할 수 있기를 바란다. 설령 교회 내에 기독교 상담 전문가가 없거나 고용하기 어려운 경우라도 지역의 기독교 상담 기관과 협력하여 감독을 받을 수도 있다는 사실도 기억할 만한 사항이다.

4) 교회에 정신건강 관련 재정 도움을 위한 기금 마련

마지막 네 번째, 정신건강 위기 대처를 위해 교회가 감당할 수 있는 실천적 사역은 바로 정신건강 문제 해결을 돕기 위한 재정을 마련하는 것이다. 정신질환 문제로 상담을 받기 위해서는 재정적으로 많은 부담이 된다. 미국의 경우에는 상담 치료도 의료보험으로 처리되기도 한다.

---

40 Stanford et al., "Mental Health Coaching," 1009.

그러나 정신건강에 대한 상담 치료 비용이 처리되는 의료보험은 대부분 매우 비싼 보험료를 내야 한다. 그렇기 때문에 많은 경우 보험 처리가 되지 않는 의료보험에 가입되어 있어서 주정부 자격증이 있는 공인 치료자들에게 상담을 받는 경우 그 상담 비용은 대부분 50분 한 회기당 150불에서 250불 사이다. 한국에서도 작년부터 전국민 마음투자 지원 사업으로 8회기까지 상담자의 자격 상황에 따라 최대 7만 원에서 8만 원의 상담비 지원을 받지만, 개인의 소득에 따라 개인 부담액이 30%까지 적용된다. 게다가 8회기가 넘는 회기에 대해서는 지원을 받을 수 없다는 한계가 있다.[41] 따라서 경제적으로 어려운 사람은 정신질환이 있더라도 상담 서비스를 받는 것이 쉬운 일이 아니다. 다른 조건은 상관없이 정신질환에 대한 낙인 효과 때문에 상담을 받는 것을 꺼리는 문화 안에서 경제적인 걸림돌은 정신질환을 치료하는 데 있어서 이중으로 어려움을 낳는 것이다.

이러한 상황에서 교회 내에 정기적인 헌금 이외에 별도의 정신질환 상담비 지원 명목의 헌금을 통해 정신건강 문제로 인해 상담을 받는 데 어려움을 겪는 성도나 지역사회 구성원들에게 경제적인 지원을 베풀 수 있다. 이 사역은 상담실 운영이나 코칭 사역을 운영할 여력이 되지 않는 작은 교회에서도 얼마든지 실천할 수 있는 사역이 될 수 있다. 실제로 미국 교회에서는 이와 같은 사역을 진행하는 교회들이 많다. 한 가지 예로 미 동부 매사추세츠주 보스턴에 있는 Cornerstone Church of Boston교회에서는 십일조, 감사헌금과 같은 헌금의 종류에 Mental

---

41 보건복지부, "전국민 마음투자 지원사업 시작… 전문 심리상담 이용권 제공," 대한민국 정책브리핑, 2024. 7. 1., https://korea.kr/news/policyNewsView.do?newsId=148930946.

health fund라는 항목을 두어서 상담이 필요한 성도 중에서 경제적으로 어려운 사람이 상담 치료를 받을 수 있도록 지원하는 사역을 하고 있다. 이렇게 정신건강 문제에 대한 위기의식을 교회가 가지고 있다면 작은 규모의 교회라 할지라도 얼마든지 그 역할을 감당할 수 있을 것이다.

III. 나가는 말

현대 사회에서 정신건강 문제는 단순한 개인의 문제가 아니라 공동체적, 사회적 차원의 대응이 필요한 복합적인 이슈로 자리 잡았다. 특히 COVID-19 팬데믹 이후 정신질환 유병률이 증가하고 있는 가운데, 기존의 공공 및 의료 시스템만으로는 이를 충분히 해결하기 어려운 실정이다. 한국의 정신건강 서비스는 OECD 국가 대비 접근성이 낮으며 정신건강 문제에 대한 사회적 낙인 또한 치료의 장애 요소로 작용하고 있다. 이러한 상황에서 교회가 수행할 수 있는 정신건강 사역의 역할은 더욱 중요해지고 있다. 교회는 본질적으로 신앙 공동체이지만, 동시에 사회적 책임을 수행해야 하는 기관이기도 하다. 본 논문에서 살펴본 바와 같이 조직신학적 교회론을 바탕으로 볼 때, 교회의 정신건강 사역은 단순한 부가적 활동이 아니라 교회의 네 가지 핵심 사명(복음 전도, 덕성 함양, 예배, 사회적 책임)과 깊이 연결되어 있다. 따라서 교회가 정신건강 문제 해결에 적극적으로 개입하는 것은 신학적으로도 정당성을 가질 뿐만 아니라 신앙 공동체의 본질적인 역할을 수행하는 것이기도 하다.

이러한 배경을 바탕으로 한국교회가 정신건강 문제에 대응하기 위해 실천할 수 있는 네 가지 전략을 제안하였다. 첫째, 정신질환에 대한 사회적 낙인을 감소시키기 위해 설교 및 교육을 강화해야 한다. 기독교 공동체 내에서 정신질환이 믿음의 부족이나 영적 실패로 여겨지는 인식을 바로잡기 위해 상담적 설교를 활용하고 정신건강 관련 세미나 및 교육 프로그램을 운영할 필요가 있다. 둘째, 교회 내에서 정신건강 코칭 사역을 활성화하여 준전문가적 접근을 통해 성도들에게 보다 직접적인 심리적 지원을 제공해야 한다. 기독교 정신건강 코칭 프로그램을 기반으로 한 훈련된 평신도 지도자는 교회 내에서 중요한 역할을 수행할 수 있으며, 이는 기존 상담 서비스의 공백을 보완하는 기능을 한다. 셋째, 대형 교회를 중심으로 기독교 상담실을 운영하여 보다 체계적인 정신건강 지원 체계를 구축해야 한다. 마지막으로 정신건강 관련 재정 지원 기금을 마련하여 경제적 이유로 치료를 받지 못하는 신자들이 적절한 상담을 받을 수 있도록 도와야 한다.

결론적으로 정신건강 문제 해결을 위한 교회의 역할은 단순히 개인적인 돌봄 차원을 넘어 보다 구조적이고 체계적인 접근이 필요하다. 교회는 신앙과 심리적 돌봄이 통합될 수 있는 공간을 제공함으로써 정신건강 위기 속에서 중요한 사회적 책임을 감당할 수 있다. 한국교회가 이러한 사명을 인식하고 적극적으로 실천할 때, 신앙 공동체의 본질을 더욱 강화하고 지역사회에 긍정적인 영향을 미칠 수 있을 것이다.

참고문헌

곽영숙. 「국가정신건강현황 보고서 2023」. 서울: 국립정신건강센터, 2024.

박은정. "여대생을 위한 '기독교 코칭 상담 모델' 적용 사례 연구." 「복음과 상담」 31, no. 3, (2023): 69-94.

손해인. "코로나19 이후 정신건강위기에 대한 미국 정신건강정책의 대응과 시사점: 뉴욕주를 중심으로." 「국제사회보장리뷰」 (2023, 가을), 91. doi:10.23063/2023.9.8.

전요섭. "상담적 설교의 심리학적 적용." 「신학과 실천」 59 (2018), 97.

Belz, Franz F., Natan J. Vega Potler, Isaac N. S. Johnson, and Rick P. F. Wolthusen. "Lessons From Low-and Middle-Income Countries: Alleviating the Behavioral Health Workforce Shortage in the United States." *Psychiatric Services* 75, no.7 (2024): 699-702.

Berkhof, Louis. *Systematic Theology*. Chicago: William B. Eerdmans Publishing Company, 2018.

Bomilcar, Karen, Esther Malm, and Edmund Ng. "정신건강." 로잔운동 대위임명령 현황: 2024 로잔 글로벌 콩그레스 서울-인천을 위한 보고서. accessed 2025. 2. 17. https://lausanne.org/ko/report/%ec%a7%80%ec%86%8d-%ea%b0%80%eb%8a%a5%ec%84%b1%ec%9d%b4%eb%9e%80-%eb%ac%b4%ec%97%87%ec%9d%b8ea%b0%80/%ec%a0%95%ec%8b%a0-%ea%b1%b4ea%b0%95.

Corrigan, Patrick W. and David L. Penn. "Lessons from Social Psychology on Discrediting Psychiatric Stigma." *American Psychologist* 54, no.9 (1999): 765-776.

Corrigan, Patrick W., Benjamin G. Druss, and Deborah A. Perlick. "The Impact of Mental Illness Stigma on Seeking and Participating in Mental Health Care." *Psychological Science in the Public Interest* 15, no.2 (2014): 37-70.

Earls, Aaron. "Mental Health Declines Among Americans, Except Weekly Churchgoers." 2020. 12. 11. https://research.lifeway.com/2020/12/11/mental-health-declines-among-americans-except-weekly-churchgoers/.

Erickson, Millard J./신경수 옮김. 『복음주의 조직신학 하권』. 서울 크리스챤 다이제스트, 1995.

Fortuna, Karen L., Phyllis Solomon, and Jennifer Rivera. "An Update of Peer Support/Peer Provided Services Underlying Processes, Benefits, and Critical Ingredients." *Psychiatric Quarterly* 93, no.2 (2022): 571-586. https://doi.org/10.1007/s11126-022-09971-w.

Health Resources & Services Administration. "Health Workforce Projections." Data & Research. accessed February 14, 2025. https://bhw.hrsa.gov/data-research/projecting-health-workforce-supply-demand.

Koenig, Harold G. "Maintaining Health and Well-Being by Putting Faith into Action During the COVID-19 Pandemic." *Journal of Religion and Health* 59, no. 5 (2020): 2205-2214.

＿＿＿＿. *Religion and Mental Health: Research and Clinical Applications.* San Diego: Academic Press, 2018.

Mental Health America. "The peer workforce." accessed 2025. 2. 24. https://www.mhanational.org/peer-workforce.

Pfefferbaum, Betty and Carol S. North. "Mental Health and the COVID-19 Pandemic." *New England Journal of Medicine* 383, no. 6 (2020): 510-512.

Pritchard, Erin. "Mental Health Stigma in Church." 2023. 6. 15. https://www.seaglassohio.com/blog/why-is-there-stigma-about-mental-health-for-christians.

Stanford, Matthew S. *Grace for the Afflicted: A Clinical and Biblical Perspective on Mental Illness.* Downers Grove, IL: InverVarsity Press, 2017.

Stanford, Matthew S., Madeline R. Stiers, Tim Clinton, and Ron Hawkins. "Mental Health Coaching: A Faith-Based Paraprofessional Training Program." *Mental Health, Religion & Culture* 26, no. 10. (2023): 1007-1020. https://doi.org/10.1080/13674676.2024.2307347.

White House. "FACT SHEET: President Biden to Announce Strategy to Address Our National Mental Health Crisis, As Part of Unity Agenda in his First State of the Union." Statements and Releases, 2022. 3. 1. https://bidenwhitehouse.archives.gov/briefing-room/statements-releases/2022/03/01/fact-sheet-president-biden-to-announce-strategy-

to-address-our-national-mental-health- crisis- as-part-of-uni-
ty-agenda-in-his-first-state-of-the-union/?utm_source=chatgpt.
com.

World Health Organization. "The COVID-19 pandemic triggers a 25% increase
in the prevalence of anxiety and depression worldwide." News
Release. 2022. 3. 2. https://www.who.int/news/item/02-03-2022-
covid-19-pandemic-triggers-25-increase-in-prevalence-of-
anxiety-and-depression-worldwide.

국립국어원 표준국어대사전. "낙인." accessed 2025. 2. 20. https://stdict.korean.
go.kr/search/searchResult.do?pageSize=10&searchKeyword=
%EB%82%99%EC%9D%B8#none.

보건복지부. "전국민 마음투자 지원사업 시작… 전문 심리상담 이용권 제공." 「대한민
국 정책브리핑」 2024. 7. 1. https://korea.kr/news/policyNewsView.
do?newsId=148930946.

_____. "전국민 마음투자 지원사업 시행 두 달간 1043개소 서비스 제공기관 모집,
1만 4545명 서비스 신청." 보도자료. 2024. 9. 3. https://www.mohw.go.
kr/board.es?act=view&bid=0027&list_no=1483002&mid=a105030
00000.

ChatGPT. "'정신건강에 대한 낙인을 효과적으로 정의를 내린다면?'에 대한 답변."
2025. 2. 20. https://chat.openai.com/.

제 3 부

⋮

소그룹 사역과
교회의 성장

팬데믹 이후 교회와 사회 변화 이해와 소그룹 사역이 나아가야 할 방향

─ 조사통계 데이터 중심으로

지용근 대표 / 목회데이터연구소

I. 들어가며

현대 사회는 물질적 풍요와 기술 발전이라는 눈부신 성장을 이루었음에도 불구하고, 그 이면에 사람들의 깊어지는 소외감과 고독감이라는 그림자를 드리우고 있다. 급변하는 사회는 개인에게 끊임없는 적응과 경쟁을 요구하며, 이 과정에서 많은 이들이 단절감과 외로움을 호소하고 있다. 특히 인터넷과 소셜 미디어의 발달은 역설적으로 피상적인 관계만을 양산하며 진정한 유대와 소통의 부재를 심화시키는 경향이 있다. 더군다나 코로나 이후 비대면 문화의 확산은 물리적 거리를 넘어 심리적 거리감마저 키우면서, 파편화된 현대인들은 이전보다 더욱 고립된 섬처럼 존재하게 되어 정서적 지지 기반을 상실하고 삶의 의미와 방향성을 잃어가고 있다.

　이러한 현대 사회의 특징은 개신교 교회에도 중요한 질문을 던진다. 과거보다 느슨한 인간관계를 추구하는 현대인들의 성향이 교회 내로 들어와 목회적으로 개개인의 필요와 상처를 깊이 있게 돌보는 데 한계를 보인다. 요즘은 성도들이 가정 심방도 거부하는 추세여서 목회자가 성도와 깊이 있는 상담, 신앙적 이야기를 할 기회가 점점 줄어들고 있다.

　따라서 교회는 시대적 요청에 응답하여 공동체의 본질적 기능을 회복하고 성도들이 서로에게 진정한 위로와 지지가 되어줄 수 있는 대안을 모색해야 하는데, 이러한 맥락에서 소그룹은 현대 사회의 소외된 영혼들에게 필수적인 공동체적 해법으로 부상하고 있다. 소그룹은 교회의 본질적인 기능인 친교, 교육, 봉사, 전도/선교 등의 사역을 효과적으로 수행하는 핵심적인 단위로서, 대그룹 예배에서는 성도 간에 경험하기 어려운 친밀하고 역동적인 관계 형성을 가능하게 한다.

　소그룹은 단순히 몇몇 사람이 모여 친교를 나누는 것을 넘어 성도들이 삶의 기쁨과 아픔을 함께 나누고, 영적으로 성장하며, 서로를 격려하고 세워주는 역동적인 공동체이다. 소그룹 안에서 성도들은 익명성을 벗어나 진정한 자아를 드러내고, 깊은 신뢰와 사랑을 경험하며, 개인의 신앙 여정을 공동체 안에서 풍성하게 나눌 수 있다. 소그룹은 분절된 현대 사회 속에서 교회 공동체가 살아있는 유기체로서 기능하고, 성도들이 예수 그리스도 안에서 참된 연합과 치유를 경험할 수 있도록 돕는 핵심적인 장치가 된다.

　본 글은 교회 소그룹의 목회적 의미를 고찰하고, 그 실제적인 운영 방식과 효과성을 심층적으로 분석하고자 한다. 특히 조사통계 데이터를 바탕으로 소그룹이 성도들의 영적 성장과 교회 공동체의 건강성에 미치는 영향, 나아가 교회 성장에 미치는 영향에 주목할 것이다. 또한 소그룹 운영 시 발생할 수 있는 문제점과 한계점을 진단하고, 이를 극복하기 위한 실제적인 대안을 제시함으로써 교회 내 소그룹이 나아가야 할 방향을 이야기하고자 한다. 궁극적으로 이 연구는 소그룹이 현대 교회의 중요한 사역 단위로서 성도들의 삶과 신앙을 풍요롭게 하고, 교회가 세상의 빛과 소금으로서 핵심적인 역할을 수행할 수 있음을 밝히는 것을 목적으로 한다.

II. 현대 사회의 변화, 한국 사회의 특징

현대 사회를 파편화된 사회라고 한다. 사회학에서 '사회'(Society)란 구성원이 어려움을 당할 때 의지하고 도움을 받을 기대가 있을 때 성립된다고 하는데, 한국 사회의 경우 그렇지가 않은 것 같다. 보건복지부의 「고독사 사망자 실태조사」 보고서에 따르면 고독사 사망자 수는 2017년 2,412명에서 2023년 3,661명으로 6년 사이 무려 52%나 증가했다. 특히 50~60대 중장년층 고독사 비율이 전체의 62%의 비율을 보이는데, 남성이 83%로 대부분을 차지하고 있다.[1] 한국 사회의 중장년층 남성들의 고립도가 심하다는 증거다.

알다시피 우리나라는 세계에서 가장 잘산다는 OECD 국가 중 자살률 1위 국가다. 이 순위가 깨지질 않는다. 현재 우리나라의 자살자 수는

---

[1] 보건복지부, "2022년 고독사 예방 실태조사 연구" (2023. 2.); "2024년 고독사 사망자 실태조사 결과" (2024. 10.).

2023년 기준 연간 13,978명으로, 시간당 1.6명이 스스로 목숨을 끊고 있다. 서울 한강 다리에서 투신자살을 많이 하여 경찰 보트가 하루에 80번을 이동한다는 보고도 있다. 10대 청소년의 사망원인을 보면 자살이 전체 사망자의 46%나 되고, 20대 청년들의 경우 전체 사망자의 53%까지 된다.[2] 주변인의 자녀가 사망했다고 하면 자살일 가능성이 높다는 이야기다.

이번에는 우울증을 살펴보자. 우리나라는 이미 우울증으로 진단받은 환자가 100만 명이 넘는다. 2018년 75만 명이었던 우울증 환자가 2013년에는 100만 명을 넘겼다.[3] 4년 사이에 무려 33%가 증가한 것이다. 특히 20대 우울증 환자의 경우 4년 사이 무려 90%가 증가한 것으로 발표되었다.

이러한 사회적 상황에서 사람들이 갖는 인간관계에도 변화가 생기고 있다. 한국 사회를 지배해 온 인간관계는 학연, 지연, 혈연에 의한 인간관계다. 이런 관계의 특징은 사람들 간의 관계가 수평적이기보다 수직적인 경향이 강하다. 이 관계에서는 호칭도 주로 '선배, 형님'과 '후배, 동생'으로 불린다. 이런 모임에서 어떤 이슈에 대해 자기 생각을 뚜렷하게 이야기하면 '튀는 사람'으로 낙인찍힌다. 그저 여러 사람에게 두루두루 맞추어 주어야 한다. 요즘 우리 사회에서는 기존의 권위주의적이고 수직적인 일방적 관계의 사회적 모임과 조직에서 벗어나 민주적이고 수평적인 소통이 이루어지는 '살롱 문화'가 부상하고 있다. 개인의 취향 중심으로 모이는 살롱 모임에서는 나이와 직업, 성별을 따지지

---

2 통계청, "2023년 사망원인통계 결과" (2024. 10.).
3 남인순 국회의원실, "우울증 환자 100만 명 시대 20대 여성 가장 많다," 보도자료 (2023. 10.).

않는다. 호칭도 대개 '~님'으로 부른다. 모임에서는 강요가 없고, 나의 사생활을 묻지도 따지지도 않는다. 느슨한 관계를 유지할 뿐이다. 모임에 참석하고 말고는 전적으로 자신의 판단과 결정에 의해 이루어진다. 나와 생각과 취향이 다른 사람을 맞추기 위해 감정 노동을 할 필요도 없다. 직장에서는 나의 영혼과 상관없이 주어진 일을 한다면, 살롱 모임에서는 내 자아를 찾아 키워가는 행복을 누린다.

그래서 요즘 사람들은 사회적인 관계에 신경 쓰는 것보다 가족, 친한 친구 같은 소수의 몇 명에게 충실하고 싶어 한다. 인간관계도 더 많은 친구를 만들고 싶어 하지 않고, 심지어는 인간관계를 정리하고 싶어 한다. 소위 느슨한 인간관계를 원한다. 이러한 사회 트렌드 변화에 대한 조사 결과를 살펴보면, "느슨한 인간관계를 선호하는 사람이 많아진다" 71%, "가족과 친한 친구 몇 명에 충실하고 싶다" 76%로 인간관계에 대한 사람들의 생각이 바뀌고 있음을 보여주고 있다.

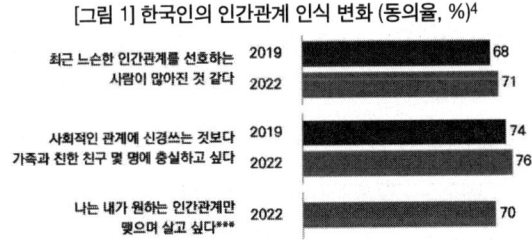

[그림 1] 한국인의 인간관계 인식 변화 (동의율, %)[4]

한국인들은 돈을 좋아한다. 아니 사랑한다는 표현이 맞을지 모르겠다. 자본주의 사회에서 돈을 좋아하는 것은 당연한 것이겠지만, 한국인

---

4 엠브레인 트렌드모니터, "2022 모임 및 취향 소비 관련 인식 조사" (2022. 9.), 정기적 모임 참여 경험이 있는 전국 만 19~59세 성인 남녀 1,000명, 온라인 조사, 2022. 7.

은 좀 유별나다. 미국의 퓨리서치센터가 경제 선진국 17개국 국민을 대상으로 "삶의 의미 있게 만드는 것"(What makes life meaningful?)에 대해 조사한 적이 있다. 조사 결과 대부분의 국가가 '가족'을 1위로 응답했는데, 한국만 '물질적 풍요', 즉 돈을 1위로 응답했다.5 이 데이터는 국내 언론에도 소개될 정도로 우리 사회에 충격을 주었다. 마크로밀엠브레인 트렌드모니터에서 조사한 바에 따르면 우리 국민에게 5~10년 이루고 싶은 꿈과 목표가 무엇이냐고 질문했더니 1위로 '돈'이라 응답했다 (53%). 그만큼 한국인들이 돈에 대해 집착이 크다는 것을 알 수 있다.

위에서 언급한 팬데믹 이후 한국 사회의 특징을 다시 한번 정리해 보자. 고독사, 자살률, 우울증 등 사회적 병리 현상이 심각한 상태에서 사람들은 인간관계를 줄이고 느슨한 관계를 지향하는 흐름으로 바뀌어 가고 있다. 한편으로 어린아이부터 노인까지 물질적 풍요, 돈에 대해 지나치게 집중한다. 이러다 보니 자연스럽게 한국인은 외롭다.

"나는 평소 일상생활에서 외로움을 느낀다"에 대해 우리 국민 55% 가 '그렇다'라고 대답한다. 두 명 중 한 명 이상이 외롭다는 것이다. 이는 고독부가 정부 부처로 있는 영국(44%)보다도 높은 수치이다. OECD 지표인 사회적 고립도, 즉 스스로 고립돼 있다고 느끼는 사람이 전체 국민 중 33%(2023년 기준)로 세 명 중 한 명꼴이다.6 이는 OECD 국가 중 최상위권(2위)이다.7

---

5 Pew Research Center, "What Makes Life Meaningful?," *Views From 17 Advanced Economies*, 2021. 11. 18., 17개 경제선진국 성인남녀 18,850명, 전화/온라인 조사, 2021. 2~5. 이 조사는 "삶을 의미 있게 만드는 것"(What Makes Life Meaningful?)을 주관식으로 질문하여 세 개까지 응답을 받아, 20개 항목으로 분류하여 항목별 응답률을 집계한 것이다.
6 지표누리, 국민삶의지표, "사회적 고립도" (2024. 12.).
7 노컷뉴스, "빈곤이 낳은 '외로운 죽음'… 취약계층에 왜 늘어갈까," https://www.nocutnews.

이번에는 외로움이라는 주제를 교회로 갖고 가보자. 목회데이터연구소에서 교회 출석자를 대상으로 교회에서의 외로움을 조사해 보았다. 조사 결과 36%의 성도들이 외롭다고 응답했다. 다음으로 그들에게 왜 외로움을 겪고 있는지 물었다. 답은 '교회에서 터놓고 이야기할 사람이 없다'는 응답이 가장 높았고, 다음으로 '교회에서 같이 식사하거나 차를 마실 사람이 없다'였다. 아이러니하다. 공동체성으로 묶인 교회이지만 그 안에서도 외로움을 겪고 있는 자가 세 명 중 한 명 이상이 있다는 뜻이다. 아래 그래프에서 눈에 띄는 점이 하나 있다. 교회 내 외로움 비율이 소그룹 참여별로 크게 다르다. 즉, 소그룹 참여하는 성도는 외로움 비율이 31%인데 반해, 참여하지 않는 성도는 외로움 비율이 61%까지 크게 상승한다. 이 수치만 보더라도 소그룹이 교회 내 외로움을 감소시키고 공동체성을 올리는 데 매우 핵심적인 사역이 될 수 있음을 암시한다. 다음 장부터는 본격적으로 한국교회 소그룹 실태에 대해 구체적인 통계 데이터를 중심으로 다루어보겠다.

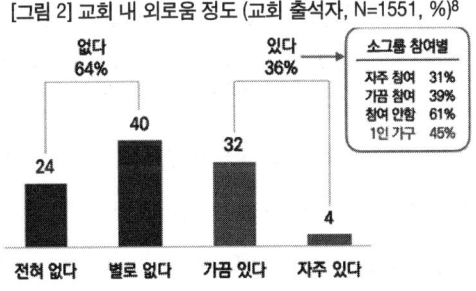

[그림 2] 교회 내 외로움 정도 (교회 출석자, N=1551, %)[8]

co.kr/news/5831349; OECD, "How's Life? 2020: Measuring Well-being," Gallup World Poll, 2020. 3. 9., www.gallup.com/services/170945/world-poll.aspx.

8 목회데이터연구소, "한국 교회 트렌드 2024 조사"(개신교인 대상), 지앤컴리서치, 전국 만 19세 이상 개신교인 2,000명, 온라인 조사, 2023. 5. 12~31.

III. 한국교회 소그룹 실태

1. 한국교회 소그룹 상황

목회데이터연구소에서 조사한 바에 따르면 현재 한국교회 내 소그룹 사역을 하고 있는 교회는 77%로 나타났다. 23%의 교회는 어떤 이유에서든 소그룹 사역을 하지 않고 있다. 이는 교회 규모별로 큰 차이를 보이는데, 30명 미만 소형 교회는 소그룹이 있는 비율이 46%로 절반도 채 안 되는 것으로 나타났다. 출석 교인 30명 이상만 돼도 대부분의 교회가 소그룹 사역을 하고 있었다.

그렇다면 성도들은 교회 소그룹에 얼마나 참여하고 있는지 알아보자.

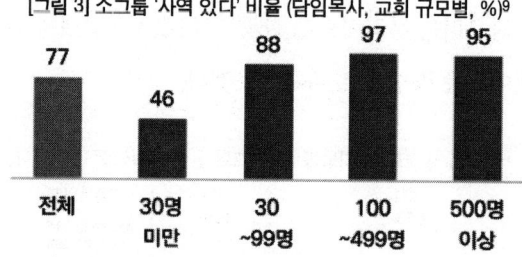

[그림 3] 소그룹 '사역 있다' 비율 (담임목사, 교회 규모별, %)[9]

성도들 개인의 신앙적 배움과 실천을 위한 구역 모임, 속회, 셀, 목장 같은 '신앙 소그룹' 참여율은 55%로 전체 출석 교인 중 절반을 약간 상회하는 것으로 나타났다. 그밖에 남녀 선교회 같은 '사역 소그룹'은 34%, 취미/운동 같은 '취향 소그룹'은 18%로 각각 나타났다.

---

9 목회데이터연구소, "한국 교회 진단을 위한 조사," 지앤컴리서치, 전국 교회 출석 기독교인 1,000명, 온라인 조사, 2023. 11.

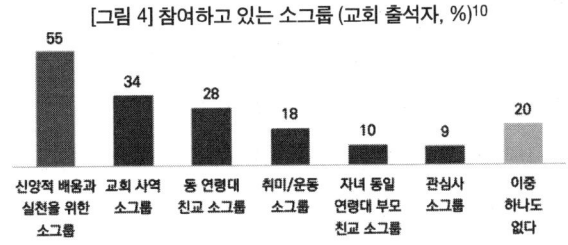

[그림 4] 참여하고 있는 소그룹 (교회 출석자, %)[10]

55 신앙적 배움과 실천을 위한 소그룹
34 교회 사역 소그룹
28 동 연령대 친교 소그룹
18 취미/운동 소그룹
10 자녀 동일 연령대 부모 친교 소그룹
9 관심사 소그룹
20 이중 하나도 없다

이제부터 신앙 소그룹에 대해 좀 더 들어가 보자(이하 '신앙 소그룹'을 '소그룹'으로 통칭하여 사용하겠다). 성도의 소그룹 참여 정도에 대해서는 '정기적으로 참석' 40%, '가끔 참석' 25%로, 교회 출석자 중 소그룹 활동을 정기적으로 하는 사람은 열 명 중 네 명꼴로 나타났다.

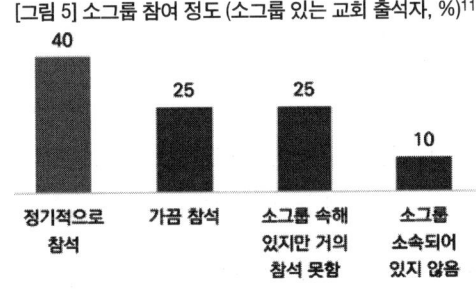

[그림 5] 소그룹 참여 정도 (소그룹 있는 교회 출석자, %)[11]

40 정기적으로 참석
25 가끔 참석
25 소그룹 속해 있지만 거의 참석 못함
10 소그룹 소속되어 있지 않음

이번에는 소그룹 활동을 하지 않는 사람들에게 그 이유를 물어보았다. 그 결과 '시간이 없어서/바쁘다'와 '시간을 낼 수 없는 시간대에 모여서'가 각각 28%, 26%로 가장 높았고, 다음으로 '필요성 못 느껴서'

---

10 목회데이터연구소, "한국 교회 진단을 위한 조사," 지앤컴리서치, 전국 교회 출석 기독교인 1,000명, 온라인 조사, 2023. 11.
11 목회데이터연구소, "한국 교회 트렌드 2023 조사," 지앤컴리서치, 전국 만 19세 이상 교회출석 기독교인 1,551명, 온라인 조사, 2023. 5.

16%, '너무 가깝게 지내는 게 싫어서' 16%, '들어가고 싶은 소그룹이 없어서' 5%, '교회에서 강조하지 않아서' 2% 등의 순으로 나타났다. 이런 결과들을 보았을 때 교회가 소그룹 모임 시간 조정, 목회자의 지속적인 강조, 다양한 형태의 소그룹 개발, 지속적인 리더 교육 등을 통해 성도들의 참여도를 높여야 할 것이다.

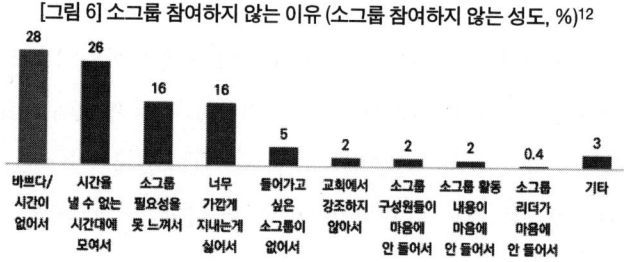

[그림 6] 소그룹 참여하지 않는 이유 (소그룹 참여하지 않는 성도, %)[12]

2. 소그룹의 유익함

앞에서 언급했지만, 파편화된 현대 사회에서 소그룹은 사람들에게 매우 큰 유익함을 던져준다. 이는 조사 결과에서도 증명되는데, 함께

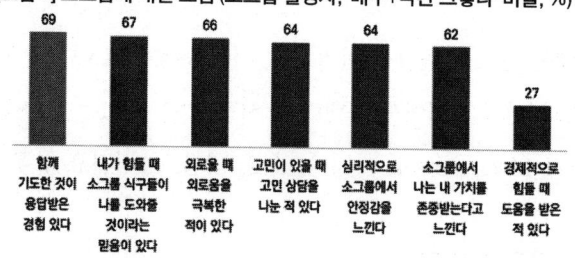

[그림 7] 소그룹에 대한 느낌 (소그룹 활동자, '매우+약간 그렇다' 비율, %)[13]

---

12 앞의 글.
13 앞의 글.

기도해서 기도 응답받은 경험이 있고, 나를 도와줄 것이라는 믿음이 있어 외로움을 이겨낼 수 있고, 소그룹 안에서 내 가치를 존중받는 느낌이 들게 한다. 심지어는 소그룹 활동자 열 명 중 세 명(27%)은 소그룹 구성원으로부터 경제적으로 어려울 때 도움까지 받은 것으로 나타났다.

이와 관련하여 소그룹 활동자와 비활동자 간의 어떤 차이가 있는지 살펴보자. 소그룹 활동자들은 비활동자에 비해 성도들이 서로의 형편과 어려움에 대해 잘 알고 있고, 어려울 때 서로 구체적인 도움을 주고 있다는 인식이 높으며, 실제 비활동자보다 교인 가족과 식사라든지 교인 가족과 여행이나 봉사 활동하는 비율이 훨씬 높았다. 그야말로 소그룹이 활성화된다는 것은 교회 내 진정한 코이노니아가 이뤄진다는 뜻이 된다. 그래서 일반 성도들에게 가장 가까운 사람이 누구냐는 질문에

[표 1] 교회 내 관계에 대한 인식 (소그룹 활동자 vs 비활동자, '매우+약간 그렇다' 비율, 5점 척도, %)[14]

구분	우리교회 성도들은 서로의 형편과 어려움에 대해 잘 알고 있다	우리교회 성도들은 어려울 때 기꺼이 서로 물질, 시간 등 구체적인 도움을 준다
소그룹 활동자	62	64
소그룹 비활동자	39	46

[표 2] 교인과의 함께 하는 활동 (소그룹 활동자 vs 비활동자, '매우+약간 그렇다' 비율, 5점 척도, %)[15]

구분	교인 가족과 식사	교인 가족과 여행	교인과 취미/운동/문화관람	교인과 사회봉사활동
소그룹 활동자	78	39	55	55
소그룹 비활동자	45	17	26	29

---

14 앞의 글.
15 앞의 글.

'신앙 소그룹 식구'라는 응답이 37%로 압도적으로 높을 정도로 교회 내 소그룹은 공동체성을 강화하는 데 핵심적인 역할을 한다.

소그룹의 유익성에 대해 논의할 때 빠뜨리지 않고 언급해야 할 것이 있다. 소위 전도 활동이다. 목회데이터연구소에서 이와 관련 실험을 했는데, 내용은 이렇다. 소그룹 활동자 500명, 비활동자 500명을 무작위로 추출해 지난 1년 사이 전도할 대상자를 마음에 정한 적 있는지 물어보았다. 그 결과 소그룹 활동자는 34%, 비활동자는 14%가 각각 '그렇다'고 대답했다. 이어서 그 사람을 교회에 초청해서 데리고 왔는지 물었다. 그랬더니 소그룹 활동자는 50%, 비활동자는 26%가 각각 '그렇다'고 대답했다. 이를 전체 응답자로 환산하면 소그룹 활동자는 지난 1년 사이에 한 명이라도 교회에 전도해서 데리고 오는 비율이 17%, 비활동자는 4%로 나타났다. 두 그룹 간에 네 배 정도 차이를 보였다. 이를 보면 교회 전도하는 사람이 누구인지 자명해진다. 소그룹 활동자이다. 그만큼 소그룹은 교회 전도에 있어 매우 강력한 영향 변수라는 것을 알 수 있다.

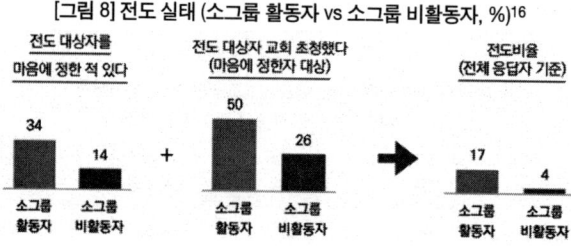

[그림 8] 전도 실태 (소그룹 활동자 vs 소그룹 비활동자, %)[16]

---

16 목회데이터연구소, "소그룹실태조사," 전국 교회 출석자 중 소그룹 활동자 500명, 비활동자 500명, 2021. 9.

3. 소그룹 운영 실태

교회마다 소그룹 운영 형태는 일률적이지 않다. 교회 형편에 따라 다르게 운영되기 때문이다. 이 절에서는 한국교회 소그룹이 어떻게 운영되는지 살펴보도록 하겠다. 먼저 모임 주기다. 조사 결과 '매주' 모이는 경우가 64%로 가장 높았으며, '격주' 15%, '매월' 17% 등으로 교회 세 곳 중 두 곳 정도만 매주 모이는 것으로 나타났다. 그런데 매주 모이는 비율을 팬데믹 이후 교인 수 증가 여부별로 보면, 교인 수가 증가한 교회는 72%, 교인 수가 감소한 교회는 54%로 큰 차이가 난다. 즉, 소그룹을 매주 운영하는 교회가 성장한다는 이야기다.

또 소그룹 모임 장소에 대해서는 '교회'가 64%로 가장 높고, 다음으로 '가정' 18%, '카페/식당'이 16% 정도로 나타났다. 사도행전 2장에 소그룹 관련 말씀이 나오는데, 46절은 "날마다 마음을 같이하여 성전에 모이기를 힘쓰고 집에서 떡을 떼며 기쁨과 순전한 마음으로 음식을 먹고"라고 말씀한다. 즉, 소그룹은 집에서 모이는 게 성경적 원형인데, 한 세대 전만 해도 구역 모임 등 많은 소그룹이 가정에서 행해졌지만, 지금은 집에서 모이는 게 여의치가 않다. 빈부격차가 심해지고 개인주의화가 진행되면서 사람들이 집의 문을 열어주기를 꺼린다. 심지어 이제는 목회자들이 가정 심방도 어려운 시대가 됐다. 최근 들어 한국교회에 주일 오후 예배를 없애고 그 시간에 소그룹을 운영하는 교회가 점점 많아지고 있다. 소그룹을 활성화시키기 위한 고육책이라 할 수 있는데, 교회에서 소그룹을 하게 되면 문제가 한 가지 있다. 모임이 끝나는 시간

---

17 앞의 글.

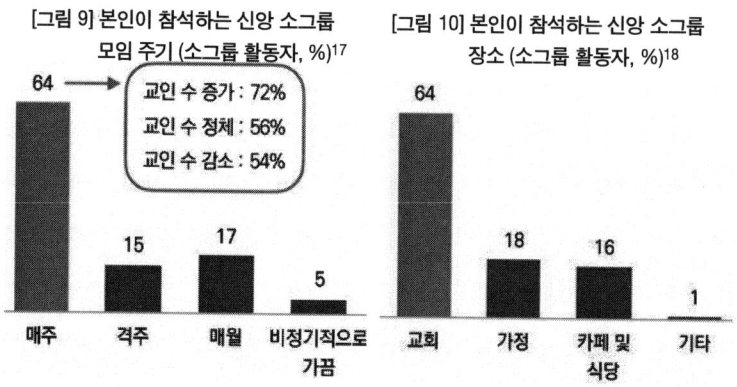

[그림 9] 본인이 참석하는 신앙 소그룹 모임 주기 (소그룹 활동자, %)[17]

교인 수 증가 : 72%
교인 수 정체 : 56%
교인 수 감소 : 54%

64 매주
15 격주
17 매월
5 비정기적으로 가끔

[그림 10] 본인이 참석하는 신앙 소그룹 장소 (소그룹 활동자, %)[18]

64 교회
18 가정
16 카페 및 식당
1 기타

이 정해져 있다는 것이다. 1시간 또는 기껏해야 1시간 30분 정도 진행되는데, 이 정도로는 구성원 간 깊은 이야기를 털어놓기가 쉽지 않다. 예컨대 여덟 명이 1시간 정도 진행하는 소그룹에서 어느 그룹원이 자신의 상처, 고민거리 등 깊은 이야기를 꺼내게 되면 적어도 20~30분이 훌쩍 지나게 된다. 그럼 다른 사람이 이야기할 시간을 독차지하게 되기 때문에 깊은 이야기를 마음 놓고 꺼내기가 쉽지 않다. 반면 집에서 소그룹을 하게 되면 끝나는 시간을 열어놓을 수가 있다. 집에서 할 경우 보통 저녁 시간에 하게 되는데, 이야기하다 보면 밤 11, 12시에 마칠 수 있다. 집에서 소그룹을 하는 사람이라면 이런 경우를 많이 경험하게 될 것이다. 따라서 소그룹 운영에 있어 '모임 장소'와 '모임 시간'은 서로 연결되어 있으며 이들 요인이 매우 중요함을 알 수 있다.

이제 소그룹 모임 시간에 대해 살펴보자. 전체 평균은 1시간 20분으로 집계됐는데, 이 역시 팬데믹 이후 교회 성장 여부별로 다른 결과를 보인다. '2시간 이상' 비교적 긴 시간 동안 소그룹 모임을 하는 경우

---

18 앞의 글.

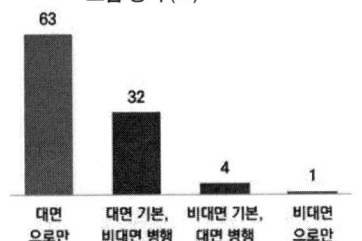

[그림 11] 본인이 참석하는 신앙 소그룹 모임 방식 (%)[19]

63 — 대면으로만
32 — 대면 기본, 비대면 병행
4 — 비대면 기본, 대면 병행
1 — 비대면으로만

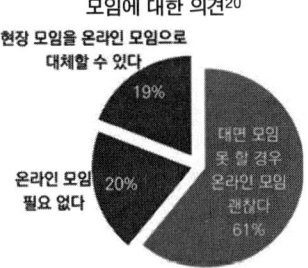

[그림 12] 신앙 소그룹의 온라인 모임에 대한 의견[20]

현장 모임을 온라인 모임으로 대체할 수 있다 19%
온라인 모임 필요 없다 20%
대면 모임 못 할 경우 온라인 모임 괜찮다 61%

교인 수가 증가하는 교회는 34%인 반면, 교인 수가 감소하는 교회는 25%로 두 그룹 간 약 10% 정도 차이를 보였다. 즉, 성장하는 교회일수록 소그룹 모임 시간이 길다는 것을 알 수 있다.

그렇다면 소그룹 모임 방식은 어떨까? 팬데믹이 우리에게 새로이 소개해 준 온라인 방식이 소그룹 모임 시 어느 정도 병행되고 있는 것으로 조사됐다. 현재 대면으로만 소그룹 진행하는 경우는 63%, 온오프라인 병행하는 경우는 32%, 비대면 중심으로 하는 경우는 5%로 나타났다. 이와 관련하여 신앙 소그룹의 온라인 모임에 대한 생각을 알아보았는데, 절반이 넘는 소그룹 활동자들이 대면 모임을 못할 경우 온라인으로 대체하는 것에 대해 긍정적으로 평가했다. 소그룹 모임을 대면으로만 고집하지 않는 성도들의 인식 변화를 읽을 수 있는 대목이다.

이번엔 소그룹 편성 기준이다. 현재 소그룹 편성 기준이 무엇인지 물어보았는데, '거주 지역'(41%)이 '연령'(35%)보다 다소 높은 비율을 보였다. 그러나 선호하는 편성 기준을 물어보면 '연령'이 '거주 지역'을 앞서는 것으로 나온다. 또한 '관심사' 역시 현재 비율보다 선호도가 더

19 앞의 글.
20 앞의 글.

높게 나타났다. 이는 삶을 나누는 모임이기 때문에 동질적인 변수인 연령이나 관심사별 편성을 선호하는 것으로 풀이된다.

기독교인들은 소그룹에서 어떤 활동들을 할까? 조사 결과 '말씀 나눔/성경 공부'가 73%로 가장 높았고, 다음으로 '교제/친교' 67%, '삶을 나눔' 59% 등의 순으로 나타났다. 여기서 주목할 점은 첫 번째로 응답한 '말씀 나눔/성경 공부'는 크게 차이가 없는데 '교제/친교', '삶을 나눔', '중보 기도' 세 항목에서 교인 수 변화별로 차이를 보인다는 점이다.

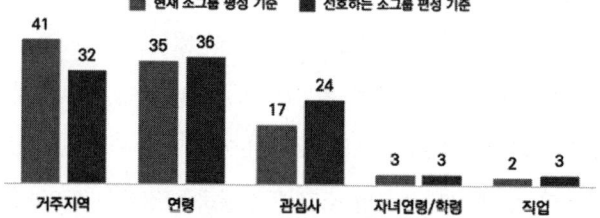

[그림 13] 현재 소그룹 편성 기준 vs 선호하는 소그룹 편성 기준 (상위 5위, %)[22]

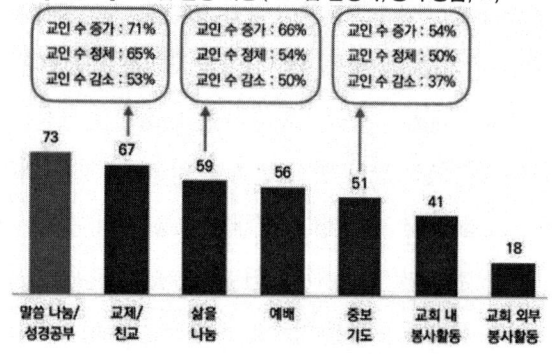

[그림 14] 소그룹 활동 내용 (소그룹 활동자, 중복 응답, %)[21]

---

21 목회데이터연구소, "2023 한국 교회 소그룹활동 실태조사," 지앤컴리서치, 전국 만 19세 이상 교회 출석자 중 소그룹 활동자 1,000명, 2023. 4.

22 목회데이터연구소, "한국 교회 진단을 위한 조사," 지앤컴리서치, 전국 교회 출석 기독교인 1,000명, 온라인 조사, 2023. 11.

즉, 교인 수가 증가하는 교회일수록 삶을 나누는 비율과 중보 기도 비율이 높다. 특히 중보 기도가 중요한데, 소그룹 전문가들은 임상실험 결과 깊이 있는 중보 기도를 받은 소그룹원은 결코 그 소그룹을 떠나지 않는다고 말한다. 그만큼 삶을 나누고 서로를 위해 중보하는 기도가 소그룹에 있어서 매우 중요한 요소임을 알 수 있다.

한국교회 소그룹은 교재 사용률이 얼마나 될까? 소그룹 활동자에게 교재나 유인물이 정기적으로 제공되는지 물어보았는데, 절반 정도 (50%)가 제공된다고 응답했고, 나머지 50%는 제공되지 않거나 비정기적으로 제공된다고 응답했다. 그런데 이 역시 교인 수 증가별로 차이를 보이는데, 교인 수가 증가하는 교회는 정기적으로 교재(유인물)가 제공되는 경우가 59%였고, 교인 수가 감소하는 교회는 그보다 훨씬 못 미치는 29%로 나타났다. 이는 소그룹 운영에 있어 교재 제공이 얼마나 중요한지를 설명해 주는 데이터라 할 수 있다.

[그림 15] 소그룹 모임에서 교재/유인물 정기적 제공 여부
(소그룹 활동자)[23]

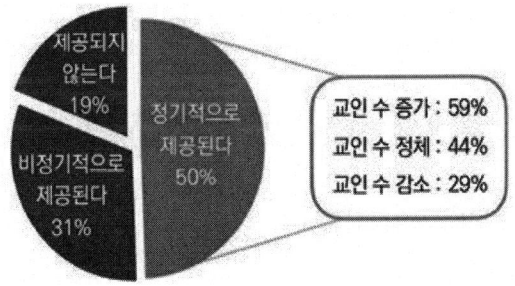

23 앞의 글.

4. 소그룹 만족도 및 개선점

한국교회 소그룹 활동자들은 그들의 소그룹에 대해 얼마나 만족하고 있을까? 조사 결과 '매우 만족' 24%, '약간 만족' 49%로 합해서 73%가 만족하는 것으로 나타났다. 이를 목회자(담임목사) 그룹에도 동일하게 물어보았는데, 목회자들은 뜻밖에도 그들의 교회 내 소그룹에 대한 만족도가 성도들보다 크게 떨어졌다. 즉, 목회자들의 소그룹 만족도는 41%로 성도들 73%와 큰 차이를 보인다. 왜 그럴까? 목회자들의 소그룹 불만 이유를 살펴보면 '소그룹 리더가 자기 역할을 충분히 하지 않아서'가 33%로 가장 높은 1위로 응답되어 소그룹 리더에 대한 불만 요인이 비교적 커 보였다. 다음으로 '소그룹이 잘 모이질 않아서' 30%, '신앙 성숙으로 나타나지 않아서' 21% 등의 순이었다. 목회자는 소그룹이 성경적으로 어떤 모습을 보여야 하는지를 잘 알기 때문에 리더를 비롯하여 소그룹 구성원들이 잘 따라와 주지 못한다는 안타까움이 만족도 안에 녹아들어 있는 것으로 보였다.

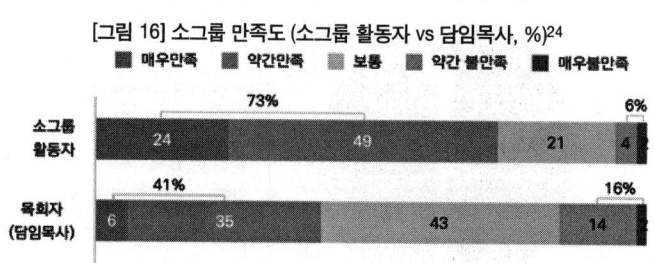

[그림 16] 소그룹 만족도 (소그룹 활동자 vs 담임목사, %)[24]

■ 매우만족 ■ 약간만족 ■ 보통 ■ 약간 불만족 ■ 매우불만족

소그룹 활동자: 73% / 24 / 49 / 21 / 4 / 6%

목회자(담임목사): 41% / 6 / 35 / 43 / 14 / 16%

---

24 목회데이터연구소, "한국 교회 진단을 위한 조사," 지앤컴리서치, 전국 교회출석 기독교인 1,000명, 담임목사 506명, 모바일/온라인 조사, 2023. 11.~2024. 1.

그렇다면 소그룹에 직접 활동하고 있는 성도들은 어떤 점을 개선하기를 원할까? 먼저 소그룹에서 주의할 점을 물었더니, '비밀 보장'을 1위로 응답했다. 소그룹을 잘 운영하고 싶은데 잘 안되는 목회자들과 상담해 보면, 대체로 비밀 보장이 안 된다는 볼멘소리를 많이 한다. 자신의 깊은 이야기를 소그룹에 꺼내 놓고 싶어도 소그룹 구성원들이 비밀을 지켜주지 않는다면 깊은 이야기를 하기가 쉽지 않다. 만일 자신의 깊은 고민 이야기를 했는데 그 이야기가 소문이라도 난다면, 그 사람은 상처를 받을 것이고 소그룹에 참석하기가 어려워질 것이다. 그래서 서울 강남의 어떤 교회는(이 교회는 소그룹이 매우 활성화되어 있는 교회다) 소그룹 시작 전에 서약서를 받는다. 소그룹에서 나눈 이야기는 집에 가서도 발설하지 않는다는 서로 간의 약속을 하는 것이다. 비밀 보장이 되어야 구성원 간 깊은 이야기를 나눌 수 있고, 이 이야기를 바탕으로 서로 간 깊은 이해와 중보 기도가 가능하기에, 비밀 보장은 소그룹 운영에서 매우 중요한 key라 할 것이다. 비밀 보장 다음으로 주의 사항은 '정치적인 이야기 자제' 21%, '타 교인에 대한 비난 자제' 21%, '교회의 부정적인 이야기 자제' 15% 등의 순으로 나타났다. 이런 응답들이 순위권 안에 드는 것을 보면 한국의 소그룹에서 대화 내용이 정치적이거나, 교회나 교인에 대한 부정적인 이야기들이 존재하고 있음을 알 수 있다.

또 신앙 소그룹 모임이 부담스러워서 나가고 싶지 않을 때가 언제인지 물어보았다. 그 결과 '불편한 사람과 함께하는 것' 49%, '한두 사람이 이야기를 독점할 때' 49%, '구성원 간 세대 차이를 느낄 때' 28% 등의 순이었는데, 목소리가 큰 'big mouth'를 소그룹 리더가 여하히 잘 제어하는 것이 매우 중요함을 알 수 있다. 또한 불편한 사람이 있으면 교회에서 잘 살펴서 타 그룹으로 이동시켜 주거나 구성원 간 세대 차이를 느끼

지 않기 위해 연령별 소그룹으로 전환하는 것도 적극 검토해 보아야
할 것이다.

5. 소그룹 리더

많은 소그룹 전문가는 소그룹에서 가장 중요한 요인 중 하나가 '소그
룹 리더'라는 데 주저하지 않는다. 실제 교회에서 소그룹을 운영하더라

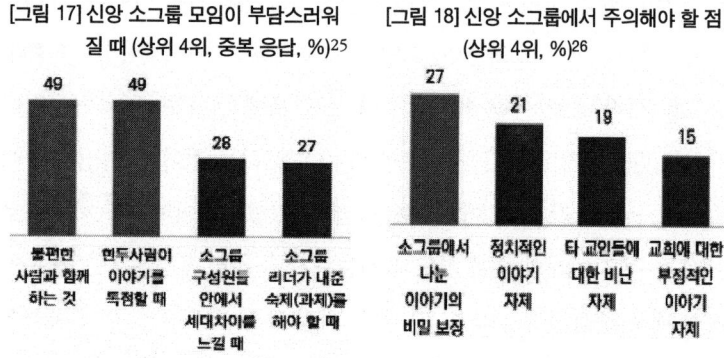

[그림 17] 신앙 소그룹 모임이 부담스러워
질 때 (상위 4위, 중복 응답, %)[25]

[그림 18] 신앙 소그룹에서 주의해야 할 점
(상위 4위, %)[26]

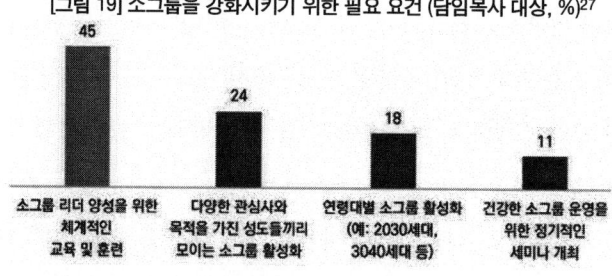

[그림 19] 소그룹을 강화시키기 위한 필요 요건 (담임목사 대상, %)[27]

25 목회데이터연구소, "2023 한국 교회 소그룹활동 실태조사," 지앤컴리서치, 전국 만 19세 이상
   교회 출석자 중 소그룹 활동자 1,000명, 2023. 4.
26 앞의 글.
27 한국 교회지도자센터(한지터), "목회환경과 목회실태조사," 지앤컴리서치, 전국교회 담임목
   사 434명, 모바일 조사, 2022. 8.

도 잘 되는 소그룹이 있는 반면, 잘 안되는 소그룹이 있기 마련인데, 대체로 리더의 역량에 크게 영향을 받는다. 사)한국교회지도자센터에서 진행한 소그룹 관련 목회자 조사 결과 중 일부를 소개하면, 소그룹을 강화시키기 위해 가장 필요한 게 무엇이라는 질문에 응답자들은 '소그룹 리더 양성을 위한 체계적인 교육 및 훈련'이 45%로 압도적 1위를 나타냈고, 다음으로 '관심사/연령별 중심의 소그룹 활성화', '정기적 세미나 개최' 등의 순이었다. 그만큼 소그룹에서 리더를 세우고 이들을 얼마나 잘 훈련시키는가에 따라 소그룹의 성패가 달려 있다고 해도 과언이 아니다. 몇 년 전 필자는 요청을 받아 대전의 어느 대형 교회 소그룹 리더 대상 강의를 간 적이 있었다. 강의 후 그 교회 소그룹 담당 부목사와 대화를 나누면서, 담임목사님이 아무리 바빠도 매주 주일마다 소그룹 리더 교육을 직접 시킨다는 이야기를 들었다. 그 교회는 소그룹으로 성장한 교회인데, 매우 공동체성이 높은 모범적이고 건강한 교회로 알려져 있다.

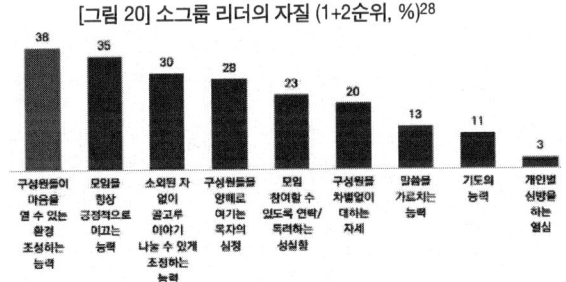

[그림 20] 소그룹 리더의 자질 (1+2순위, %)[28]

28 목회데이터연구소, "2023 한국 교회 소그룹활동 실태조사," 지앤컴리서치, 전국 만 19세 이상 교회 출석자 중 소그룹 활동자 1,000명, 2023. 4.

이제 구체적으로 소그룹 리더에 대해 살펴보기로 하자. 먼저 소그룹 활동자들에게 리더의 자질에 관해 물어보았다. 그 결과 '구성원들이 마음을 열 수 있는 환경 조성하는 능력'이 38%로 가장 높았고, 다음으로 '모임을 항상 긍정적으로 이끄는 능력' 35%, '소외된 자 없이 골고루 이야기 나눌 수 있게 조정하는 능력' 30% 등의 순으로 나타났다. 반면 '말씀을 가르치는 능력'은 13%, '기도의 능력'은 11%로 하위권에 랭크 됐다. 이 같은 결과는 무엇을 의미하는가? 성도들은 소그룹 리더의 영적 능력보다는 리더십을 갖춘 조정자, 즉 뛰어난 촉진자(Facilitator)의 역할을 주문하고 있다. 따라서 교회에서 소그룹 리더를 선발할 때 영성도 중요하지만, 촉진자로서의 자질이 어느 정도 되는지 반드시 점검해야 하며, 이러한 역량 개발을 목적으로 소그룹 리더 교육 방향을 잡아야 할 것이다.

앞에서 성도들(소그룹 구성원)과 목회자들에게 소그룹 만족도를 알아보았는데, 이번에는 소그룹 리더에 대한 만족도에 대해 살펴보자. 목회자들(담임목사)은 일단 성도들보다 소그룹에 대해 불만이 상대적으로 높다. 소그룹 리더에 대해서도 같은 경향을 보이는데, 리더 만족도에서 성도들은 74%를 보인 반면, 목회자는 40%라는 낮은 점수를 주고 있다. 이어서 목회자와 성도 두 그룹에게 소그룹 리더의 자격에 관해 물어보았는데, 상이한 의견 차이가 나타났다. 성도는 리더의 자격으로 '소외되는 구성원이 없도록 배려하는 마음'을 1위로 꼽았는데, 목회자는 '구성원을 돌보는 일에 대한 부지런함'을 1위로 꼽았다. 무슨 차이일까? 목회자는 일에 대한 부지런함, 즉 일을 해야 한다는 포인트에 집중하고 있는 반면, 성도는 소그룹 리더에 대해 일하는 것보다는 소그룹에서 소외되는 자 없이 자신들을 배려하는 마음이 더 중요하다고 인식하는

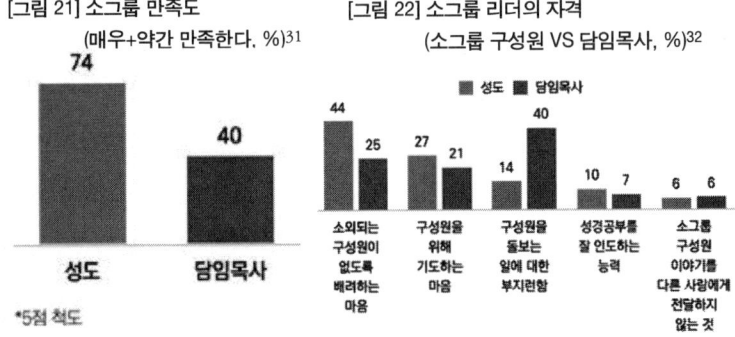

[그림 21] 소그룹 만족도
(매우+약간 만족한다. %)31

74 성도
40 담임목사
*5점 척도

[그림 22] 소그룹 리더의 자격
(소그룹 구성원 VS 담임목사, %)32

■ 성도 ■ 담임목사

	소외되는 구성원이 없도록 배려하는 마음	구성원을 위해 기도하는 마음	구성원을 돌보는 일에 대한 부지런함	성경공부를 잘 인도하는 능력	소그룹 구성원 이야기를 다른 사람에게 전달하지 않는 것
성도	44	27	14	10	6
담임목사	25	21	40	7	6

[그림 23] 소그룹 리더 교육 필요성*
(자주+가끔 느낀다, %)29

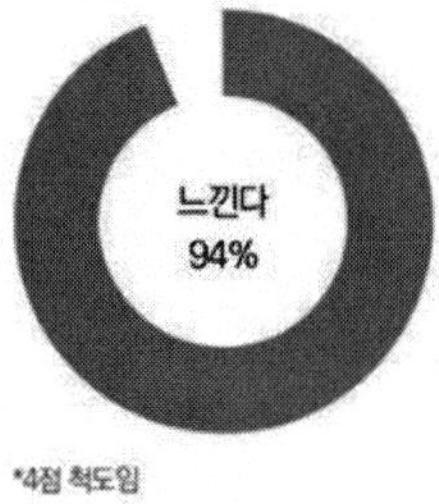

느낀다 94%
*4점 척도임

[그림 24] 소그룹 리더를 위한 필요 교육 내용
(리더 교육 필요함 응답자, 상위 4위, %)30

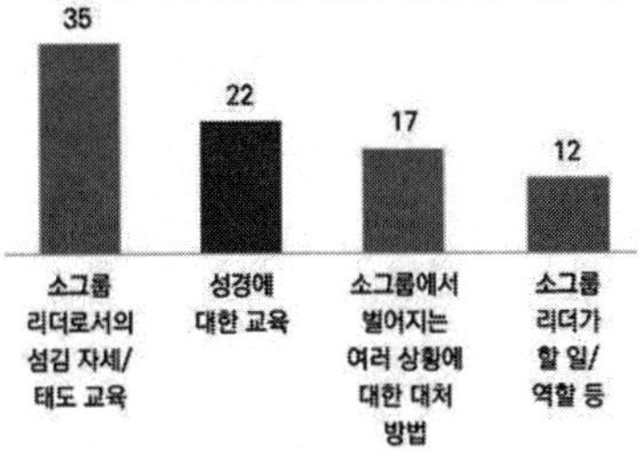

소그룹 리더로서의 섬김 자세/태도 교육	성경에 대한 교육	소그룹에서 벌어지는 여러 상황에 대한 대처 방법	소그룹 리더가 할 일/역할 등
35	22	17	12

것이다. 목회자들이 소그룹원들과 소그룹 리더와 잦은 대화/교제를 통해 이 인식 차이를 좁혀 나가는 게 필요할 것이다.

이번에는 소그룹 리더 교육에 대해 알아보자. 소그룹 리더에게 리더 교육 필요성을 물어보니 94%가 '필요하다'는 응답을 보였다. 그럼 어떤 교육이 필요하냐는 질문에 '소그룹 리더로서의 섬김/자세/태도 교육'

---

29 목회데이터연구소, "2023 한국 교회 소그룹활동 실태조사," 지앤컴리서치, 전국 만 19세 이상 교회 출석자 중 소그룹 활동자 1,000명, 2023. 4.

30 앞의 글.

31 목회데이터연구소, "한국 교회 진단을 위한 조사," 지앤컴리서치, 전국 교회 출석 기독교인 1,000명, 담임목사 506명, 모바일/온라인 조사, 2023. 11.~2024. 1.

32 앞의 글.

(35%)을 1위로 꼽았고, 다음으로 '성경에 대한 교육'(22%)을 2위로 꼽았다. 소그룹 리더들은 '성경 교육'보다는 '리더십 교육'에 초점을 맞춰 교육해 달라는 목소리를 내고 있는 것이다.

6. 소형 교회 소그룹

소그룹 관련 한국교회를 조사해 보면 특이한 사실 하나를 발견하게 된다. 언뜻 생각하면 소그룹은 소형 교회가 잘될 것 같은데, 오히려 대형 교회가 잘 된다. 앞에서 언급하였듯이 30명 미만 소형 교회에서 소그룹 사역을 하는 교회는 46%인데 반해, 500명 이상 중대형 교회는 95%가 소그룹 사역을 하고 있다. 그렇다면 소형 교회의 어떤 점 때문에 소그룹 사역이 잘 안되는 걸까? 현재 한국교회에서 소그룹 운영이 잘되고 있는 교회는 40%에 불과하고 60%는 운영이 잘 안되고 있는 편으로 조사됐다.[33] 소그룹 운영이 잘 안되는 교회들은 앞에서 설명한 대로 소형 교회가 상대적으로 많기에, 50명 이하 소형 교회 목회자들에게 그 이유를 물어보았다. 그 결과 '성도들이 바빠서 모일 시간이 없다' 56%, '헌신된 리더가 없다' 45%, '성도들이 모이는 것 자체를 좋아하지 않는다' 38%, '소그룹 지도할 지도 목사/평신도 리더의 전문성 부족하다' 36%, '성도들이 자기 오픈하는 것을 싫어한다' 35%, '소그룹 구성원 간 세대 차이를 느낀다' 35% 등의 순으로 조사됐다. 이 응답들을 분류

---

33 한국교회지도자센터(한지터), "목회환경과 목회실태조사," 지앤컴리서치, 전국 교회 담임목사 434명, 모바일 조사, 2022. 8. 이 조사에서 교회 규모별로 소그룹 운영 수준이 차이가 나는데, 소그룹 운영이 잘된다는 응답은 '50명 미만 교회' 34%, '50~99명' 40%, '100~499명' 46%, '500명 이상' 66%로 나타났다.

하면 크게 성도들의 문제와 리더의 문제로 대별된다. 그런데 소그룹이 잘되는 교회들은 이 어려움들을 극복한 교회들일 것이다. 소그룹으로 유명한 대형 교회 목사님을 만나 질문한 적이 있다: "목사님 교회는 어떻게 해서 소그룹이 잘 되고 있나요?" 이 목사님이 뜻밖의 대답을 하셨다: "소그룹은 누구 핑계 댈 것도 없이 목사의 목회 철학이지! 프로 그램으로 접근하면 백이면 백 모두 실패할 거야!" 위에서 소그룹 안되는 이유들은 모두 어떻게 보면 목회자들의 핑계로 들리기도 한다. 목회자의 목회 철학, 목회자의 강한 의지가 앞에서의 어려움들을 돌파해 나갈 수 있을 것이다.

그렇다면 소형 교회가 소그룹을 보다 활성화 및 강화할 수 있는 방안이 있다면 무엇일까? 미주 한인 교회에서도 소형 교회가 한국교회만큼 많기에, 앞으로 미주 한인 소형 교회 소그룹 전략을 세우는 것이 매우 중요할 것이다. 앞에서 목회자 전체를 대상으로 한 소그룹을 강화시키기 위한 필요 요건에 관해 설명하였는데, 여기서는 동일 항목에 대해 50명 이하 소형 교회 목회자들의 응답을 분석해 보았다. 소형 교회 목회자들은 소그룹 강화 필요 요인으로 가장 우선적인 대답이 '소그룹 리더

[그림 25] 소형 교회가 소그룹 운영이 잘 안되는 이유
(50명 미만 소형 교회 담임목사, 1+2+3순위, N=133, 상위 6위, %)[34]

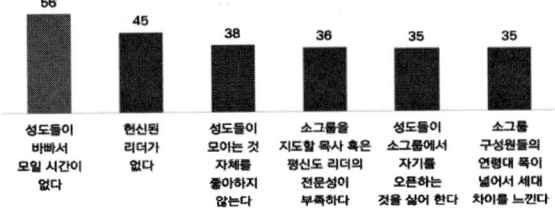

---

34 앞의 글.

양성을 위한 체계적인 교육과 훈련'이었는데, 이 응답이 47%로 압도적으로 높았다. 다음으로 '연령대별 소그룹 활성화' 16%, '정기적 세미나 개최' 10% 등의 순으로 응답했다. 전체 목회자 응답과 비교해 소형 교회 목회자들은 리더 교육/훈련에 대해 더욱 목말라 있었다.

7. 취향 소그룹

지금까지는 개인의 신앙적 배움과 실천을 위한 신앙 소그룹에 대한 이야기였다면, 여기서는 취향 소그룹에 대해 살펴보겠다. 취향 소그룹이란 '취미, 운동, 관심사(독서 모임 등) 등의 취향과 관심이 동일한 사람들이 정기적으로 모이는 모임'을 일컫는다. 교회 성도들에게 취향 소그룹에 대한 인식을 물어보았다. 열 명 중 여섯 명가량(58%)이 교회에서 취향 소그룹을 적극 권장해야 한다는 의견을 내놓았고,[36] 나와 맞는 취향 소그룹이 있다면 참여하겠다는 응답자가 81%로 대부분인 것으

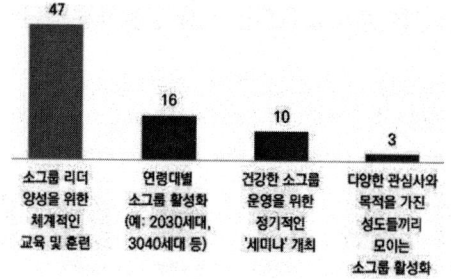

[그림 26] 소형 교회 소그룹을 강화시키기 위한 필요 요건
(50명 미만 교회 담임목사, 상위 4위, %)[35]

35 한국교회지도자센터(한지터), "목회환경과 목회실태조사," 지앤컴리서치, 전국 교회 담임목사 434명, 모바일 조사, 2022. 8.
36 목회데이터연구소, "2023 한국 교회 소그룹활동 실태조사," 지앤컴리서치, 전국 만 19세 이상 교회 출석자 중 소그룹 활동자 1,000명, 2023. 4.

로 나타났다. 그리고 비록 신앙 중심이 아닌 취향 소그룹이지만 취향 소그룹에서도 말씀/삶을 나눌 의향이 있다는 의견도 88%로 대부분의 성도가 적극적인 태도를 보였다. 하지만 교회에서 등산이나 운동 등 취향 소그룹을 운영할 때 조심할 점이 있다. 예컨대 등산반의 경우 교인들끼리 등산을 올라가면 꼭 술을 마시는 사람들이 생긴다. 그럼 같은 교회에서 왔기 때문에 음주하는 것에 대해 불편한 사람들이 있기 마련이다. 그래서 생각보다 교회에서의 취향 소그룹이 지속되기가 쉽지 않다. 따라서 취향 소그룹을 활성화시키려면 시작할 때 기도하고 말씀 한 구절 읽고, 마칠 때 기도하고 헤어지는 등의 원칙을 지키는 게 중요하다. 아예 교회 차원에서 취향 소그룹 가이드라인 규정을 작성하여 운영하는 것도 방법이 될 수 있다.

IV. 결론: 소그룹 사역 전략 방향

본 연구는 팬데믹 이후 급변하는 현대 사회의 특징, 특히 심화하는 개인의 소외감, 고독감 등의 병리적 현상 속에서 교회 내 소그룹의 목회적 의미를 고찰하고, 실제 조사통계 데이터를 중심으로 한국교회 소그룹의 실태와 유익함 그리고 운영상의 제약과 개선점을 심층적으로 분석하였다. 이를 통해 궁극적으로 소그룹 사역이 나아가야 할 방향을 제시하고자 하였다.

먼저 현대 사회는 물질적 풍요에도 불구하고 심각한 고독사 증가,

---

37 앞의 글.

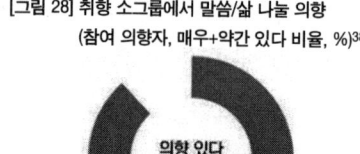

[그림 27] 취향 소그룹 참여 의향   [그림 28] 취향 소그룹에서 말씀/삶 나눌 의향
(매우+약간 있다 비율, %)[37]   (참여 의향자, 매우+약간 있다 비율, %)[38]

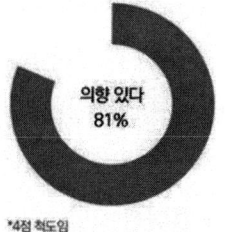
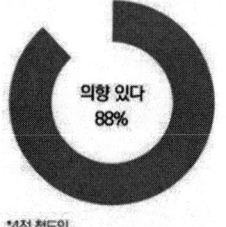

의향 있다
81%

의향 있다
88%

*4점 척도임   *4점 척도임

OECD 최고 수준의 자살률, 폭발적인 우울증 환자 증가 등 심각한 사회 병리 현상을 겪고 있음을 확인하였다. 이러한 현상들은 파편화되고 느슨한 관계를 지향하는 현대인의 인간관계 변화와 밀접하게 연관되어 있다. 특히 한국 사회는 돈을 삶의 가장 중요한 가치로 여기는 경향이 강하여, 이는 더욱 개인의 고립감을 심화시키는 요인으로 작용하고 있었다. 놀랍게도 이러한 외로움은 교회 공동체 내부에서도 예외가 아니었으며, 소그룹에 참여하는 성도와 참여하지 않는 성도 간의 외로움 체감도에서 현격한 차이가 드러나, 소그룹이 외로움 극복에 핵심적인 역할을 할 수 있음을 시사했다.

한국교회 소그룹 실태 분석 결과, 대다수의 교회가 소그룹 사역을 운영하고 있었으나, 성도들의 정기적인 소그룹 참여율은 절반을 약간 상회하는 수준에 머물러 있었다. 소그룹 미참여의 주요 원인은 시간적 제약과 필요성 부재였으며, 이는 교회 차원에서 소그룹 모임 시간 조정, 다양한 형태의 소그룹 개발, 소그룹의 목회적 중요성에 대한 지속적인 교육이 필요함을 보여주었다.

---

38 앞의 글.

그럼에도 불구하고 소그룹은 성도들의 영적 성장과 공동체성 강화에 지대한 유익을 제공하고 있다. 소그룹 활동자들은 기도 응답 경험, 서로에 대한 신뢰, 외로움 극복, 심리적 안정감 등을 비참여자보다 훨씬 높게 경험했다. 특히 소그룹 활동자들이 비활동자에 비해 교인들과의 실제적인 교류(식사, 여행, 봉사활동 등)가 활발하고 어려움에 처했을 때 구체적인 도움을 주고받는다는 인식이 높게 나타나, 소그룹이 진정한 코이노니아를 실현하는 핵심적인 단위임을 입증했다. 나아가 소그룹 활동은 전도에 대한 의지와 실제적인 전도 행위에서도 비활동자와 비교할 수 없는 유의미한 차이를 보이며 교회의 양적 성장에 있어서도 소그룹이 결정적인 역할을 수행함을 명확히 보여주었다. 매주 소그룹을 운영하는 교회일수록 교인 수가 증가하는 경향은 이를 더욱 뒷받침하는 강력한 증거가 된다.

소그룹 운영에 있어서는 과거에는 오프라인 모임이 주를 이루었으나, 팬데믹 이후 온라인 모임에 대한 긍정적인 인식이 확산되고 있다. 또한 거주 지역보다는 연령이나 관심사를 중심으로 한 소그룹 편성을 선호하는 경향이 뚜렷하여, 삶을 깊이 나누기 위한 동실적인 관계의 중요성이 부각되었다. 소그룹 활동 내용에서는 말씀 나눔과 친교가 높게 나타났으며, 특히 삶을 나누고 중보 기도하는 비율이 높은 교회가 성장하는 양상을 보여, 소그룹 내에서 깊이 있는 관계 형성과 영적 교류가 중요함을 시사했다. 교재의 정기적 제공 역시 소그룹 활성화와 교회 성장에 긍정적인 영향을 미치는 요인으로 확인되었다.

소그룹 만족도와 관련 성도들의 만족도가 높은 반면, 목회자들의 만족도는 상대적으로 낮았는데, 목회자가 교회 내 소그룹 구성원들 또는 리더와 깊이 있는 대화로 이 인식 차이를 좁히는 것이 우선적인 과제라

하겠다. 성도들은 소그룹 운영 시 '비밀 보장'을 가장 중요한 주의점으로 꼽았으며, '불편한 사람', '이야기 독점', '세대 차이' 등이 부담스러운 요소로 작용하고 있음을 밝혔다. 이는 소그룹 리더의 세심한 모임 진행 능력과 함께, 구성원 간의 신뢰 구축이 매우 중요한 요인임을 말하고 있다.

가장 중요한 소그룹 성공 요인으로 꼽히는 '소그룹 리더'의 중요성 역시 통계적으로 명확히 드러났다. 목회자들은 소그룹 강화를 위해 '체계적인 리더 양성 교육 및 훈련'을 최우선으로 꼽았으며, 성도들은 리더의 자질로 '구성원들의 마음을 열 수 있는 환경 조성 능력'과 '긍정적인 모임 이끄는 능력'을 요구했다. 이는 리더의 영적 역량뿐만 아니라 탁월한 촉진자(Facilitator)로서의 역할이 소그룹 성공에 필수적임을 의미한다. 전체 교회의 절반 이상을 차지하고 있는 소형 교회(50명 미만)의 경우 소그룹 활성화가 되지 않아 교회마다 고민이 많은데, 소형 교회의 소그룹 활성화를 위한 가장 큰 과제로 '헌신된 리더의 부재'와 '리더의 전문성 부족'이 응답되어, 리더 선발 및 교육이 소형 교회 소그룹 활성화의 핵심 요인임을 알 수 있다.

종합해 보면 팬데믹 이후 가속화된 개인주의와 단절의 시대에 교회는 소그룹을 통해 진정한 공동체성을 회복하고, 성도들의 외로움과 소외감을 치유하며, 영적 성장과 전도의 활력을 불어넣을 수 있음을 본 연구는 통계 데이터를 통해 확인할 수 있었다. 소그룹은 더 이상 교회의 선택적 사역이 아닌 현대 사회의 요청에 응답하고 교회의 본질적 사명을 감당하기 위한 필수적인 핵심 전략이 되어야 한다.

이를 위해 한국교회는 다음과 같은 방향으로 소그룹 사역을 재정의하고 나아가야 할 것이다. 첫째, 목회자들은 설교 강단에서 다양한 교육적 경로를 통해 소그룹의 목회적 중요성을 지속적으로 강조해 성도들의 참여를 독려해야 한다. 둘째, 소그룹 리더 양성을 위한 체계적이고 실질적인 교육 시스템을 구축하여, 리더들이 탁월한 촉진자로서 성도들의 마음을 열고 깊이 있는 삶과 신앙을 나눌 수 있도록 지원해야 한다. 특히 비밀 보장, 경청, 배려 등 소그룹 내 건강한 관계 형성을 위한 리더십 역량 강화에 집중해야 한다. 셋째, 충분한 모임 시간, 적합한 모임 장소, 온라인 활용 등 현대인의 삶의 방식을 고려한 소그룹 운영 방식을 적극적으로 모색해야 한다. 넷째, 소그룹 내에서 단순히 성경 공부를 넘어서는 깊이 있는 삶의 나눔과 중보 기도가 활성화될 수 있도록 격려하고 지원해야 한다. 다섯째, 취향 소그룹과 같은 새로운 형태의 소그룹도 적극적으로 도입하되, 명확한 신앙적 가이드라인을 제시하여 교회의 본질적 정체성을 잃지 않도록 해야 한다.

궁극적으로 소그룹은 파편화된 현대 사회 속에서 성도들이 그리스도 안에서 진정한 연합과 사랑을 경험하고, 서로에게 위로와 지지가 되어주며, 세상의 빛과 소금으로서의 역할을 감당하는 살아있는 유기체로 기능한다. 본 연구가 제시한 데이터 기반의 분석과 제언들이 한국교회 소그룹 사역의 발전과 성숙에 기여하기를 바라며, 이를 통해 교회가 세상 속에서 더욱 의미 있는 공동체로 자리매김하기를 기대한다.

사람들의 변화는 대그룹(집회)에서 일어난다고 생각하지 않는다. 사람들은 소그룹에서 변한다.
_ 새들백교회 릭워렌 목사

참고문헌

남인순 국회의원실. "우울증 환자 100만 명 시대 20대 여성 가장 많다." 보도자료. 2023. 10.

노컷뉴스. "빈곤이 낳은 '외로운 죽음'… 취약계층에 왜 늘어갈까." https://www.nocutnews.co.kr/news/5831349.

대한민국 정부. 지표누리, 국민삶의지표, "사회적 고립도." 2024. 12.

목회데이터연구소. "소그룹실태조사." 2021. 9.

_____. "한국 교회 진단 리포트." 서울: 두란노, 2025.

_____. "한국 교회 트렌드 2024." 서울: 규장, 2023.

_____. "2023 한국 교회 소그룹활동 실태조사." 2023. 4.

보건복지부. "2022년 고독사 예방 실태조사 연구." 2023. 2.

_____. "2024년 고독사 사망자 실태조사 결과." 2024. 10.

엠브레인 트렌드모니터. "2022 모임 및 취향 소비 관련 인식 조사." 2022. 9.

통계청. "2023년 사망원인통계 결과." 2024. 10.

한국교회지도자센터(한지터). "목회환경과 목회실태조사." 2022. 8.

Pew Research Center. "What Makes Life Meaningful?." Views From 17 Advanced Economies. 2021. 11. 18.

건강한 교회 성장을 위한 소그룹 목회의 방향과 실제

이상화 박사 / 소그룹 사역

I. 들어가는 말

최근에 우리 사회와 교회는 전대미문의 사건을 경험했다. 눈에 보이지도 않는 미세한 바이러스 감염에 대한 두려움 때문에 온 세계의 삶의 체계가 뒤죽박죽되었다. 이 바이러스는 전자현미경으로 관찰하면 왕관의 돌기 모양과 비슷하다고 해서 스페인어로 왕관을 뜻하는 '코로나'(Corona)로 불렸다. 그리고 2019년에 발생했다고 해서 코로나19라는 이름으로 공식적으로 일컬어졌다.[1] 세계보건기구인 WHO가 2020년 3월 11일에 코로나19(COVID-19)를 팬데믹(Pandemic, 세계적 대유행)

---

1 한국경제신문 코로나 특별취재팀, 『코로나 빅뱅 ─ 뒤바뀐 미래』 (서울: 한국경제신문 한경BP, 2020), 5.

으로 공식 선언한 이후 2023년 5월 5일 세계적 대응 단계가 비상사태에서 일상 관리 체계로 전환되었음을 의미하는 국제적 공중보건 비상사태를 종료한다고 발표한 3년 2개월여의 시간 동안 "뭉치면 죽고, 흩어지면 산다"는 희한한 구호가 생겼다. '비대면'(Untact)이라는 단어로 상징되는 긴 시간의 코로나 팬데믹 이후 사회는 더욱 파편화되고 개인을 확장시킨 슈퍼 개인의 경향성이 자리를 잡으면서 외로움은 더 커져만 가고 있다. 이에 따라 사람들의 의식도, 주거 형태도, 라이프 스타일도, 경제와 산업구조도 빠르게 재편되었다. 이런 상황 속에 인간관계는 더욱 제한되고 외로움과 각자도생(各自圖生)의 한계에 봉착하게 되었다. 실제로 코로나 팬데믹 이후 2023년 말 현재 한국 사회의 외로움과 관련한 우리 국민의 인식을 보면 최근 한 달 동안 '외로움'을 느낀 적이 있냐는 질문에 응답자의 72%가 외로움을 경험했다고 답한 것으로 파악되었다. 그리고 응답자의 5%가 외로움을 '거의 항상' 느꼈고, '자주' 느꼈다는 응답도 14%로 대한민국 국민 다섯 명 중 한 명(19%)은 외로움에 상시 노출된 것으로 조사되어 외로움을 느끼는 수준이 심각한 상황으로 파악되었다.[2]

사람은 근본적으로 의식주의 문제만 해결되었다고 해서 행복감을 지속적으로 누리는 존재가 아니다. 인간은 관계 지향적이고 사회적 성향을 가지고 있다. 우울할 때 자신의 이야기를 나눌 수 있는 상대가 있는 사람과 그렇지 못한 외로움을 느끼는 사람의 행복지수는 확연하게 차이가 난다. 그래서 "외로움은 병이 된다"는 말은 객관적인 수치로

---

2 최선아, "누가, 얼마나 외로운가? — 외로움 실태조사," 한국리서치, https://hrcopinion.co.kr/archives/29126?utm_source=chatgpt.com.

증명이 되었다. 인간의 행복 조건을 긴 시간 연구한 하버드대학교의 『세상에서 가장 긴 행복 탐구 보고서』는 외로움은 고통에 더 민감해지고 면역체계가 억제되며 뇌 기능이 저하되고 수면 효율이 저하되는 것과 관련 있다고 진술한다. 외로운 사람은 훨씬 피곤하고 짜증이 나며, 최근 연구에서 노인의 고독은 비만 보다 건강에 두 배나 해롭고, 만성적인 고독은 사망확률을 26%나 높이는 것으로 드러난다고 밝힌다.[3]

그런데 문제는 그리스도인들도 외롭다는 것이다. 목회데이터연구소가 "외로운 크리스천"이라는 주제로 조사해 본 결과 개신교인도 절반 가까이(46%)가 외로움을 느끼는 것으로 나타났다.[4] 결국 긴 시간 단절과 소외의 흐름을 보인 사회적 상황 속에 성도들 역시 상황적으로 그 영향 아래 압도당할 수밖에 없었다는 것을 단적으로 보여주는 상황이다. 예배가 비대면으로 진행되고, 예배당은 영상을 송출하는 스튜디오화되는 기가 막힌 현실 속에 성도 상호 간의 대면 접촉과 전인격적 교감을 통한 긴밀한 교제 속에 이루어진 교회의 성장과 성숙이 그 동력을 상실하고 만 것이다. 실제로 교회가 코로나 팬데믹 이후 어느 정도 성장과 성숙의 동력을 상실했는가를 여실히 보여주는 지표가 있다. 코로나 팬데믹의 영향이 계속 진행되고 있던 2022년에 2023년 새해에는 팬데믹이 끝날 것을 내다보면서 성도들에게 "만일 교회에서 현장 예배 출석 독려를 위해 실시간 온라인 예배를 중단한다면 어떻게 하겠느냐?"는 물음을 던진 결과다. 현장 예배에 가겠다는 응답을 한 한국교회 성도들은 57%에 불과했다. 나머지 43%는 '다른 교회로 옮기거나 다른 교회

---

3 로버트 월딩거·마크 슐츠/박선령 역, 『세상에서 가장 긴 행복 탐구 보고서』 (서울: 비즈니스북스, 2023), 162-163.
4 이상화 외 9인, 『한국 교회 트렌드 2024』 (서울: 규장, 2023), 67.

온라인 예배를 드리겠다'는 응답률을 보여서 현장 예배의 회복이 한국 교회 전체적으로 큰 과제로 떠올랐다.[5]

코로나 팬데믹이라는 전대미문의 사건을 경험하면서 사회적으로, 교회적으로 그리고 일반인이나 성도들 가릴 것 없이 많은 사람들이 여전히 단절과 외로움의 트라우마에 시달리고 있다. 특히 교회는 엔데믹이 선언되었음에도 불구하고 여전히 완전한 성장 복원력을 회복하지 못하고 있는 상황이다. 과연 이런 상황 속에서 성도들 개인은 물론이고, 주님이 머리이신 교회가 지향해야 할 대안이 있다면 과연 무엇일까?

이 질문에 대한 대답으로 많은 교회 사역 전문가들과 교회와 사회를 연구하는 학자들은 소그룹 사역과 소그룹 목회의 중요성을 꼽고 있다.

그렇다면 왜 코로나 팬데믹 이후 소그룹 사역과 목회가 대안인가? 본 글에서는 이에 대한 대답으로 코로나 팬데믹 이후 건강한 교회 성장을 위해 목회자들과 교회의 지도자에게 가장 중요한 사역으로 대두된 소그룹이란 과연 무엇이고(정의), 왜 소그룹 사역과 소그룹 목회가 중요한지(중요성과 필요성) 그리고 건강한 교회 성장을 위한 소그룹 목회의 실제적인 방향(전략적 실제 방향서)은 무엇인지를 논구해 보고자 한다.

II. 소그룹이란 무엇인가?

건강한 소그룹 사역과 목회를 위해서 무엇보다 먼저 필요한 것은 목회자들과 소그룹 리더들의 소그룹에 대한 명확한 이해다. 그렇다면

---

5 지용근 외 9인, 『한국 교회 트렌드 2023』 (서울: 규장, 2022), 19.

소그룹이란 도대체 무엇인가?

　기독교 역사 속에서 소그룹 목회의 역사를 열었다고 보는 경건주의자 필립 야콥 슈페너(Philip Jacob Spener, 1635~1705)는 영적 공동체 내의 소그룹을 '교회 내의 작은 교회'(Ecclesiola in Ecclesia)라고 부르고, "영적 변화를 이루고 봉사와 헌신을 통한 경건의 외적 실천을 도모하는 소수(3~10명)의 공동체"라고 정의한다.6 소그룹 목회에 대한 성경적 이해의 지평을 체계 있게 열어준 『소그룹 사역을 위한 성경적 기초』를 쓴 게레쓰 W. 아이스노글(Gareth W. Icenogle)은 소그룹을 "소그룹은 몇몇 사람(3~20명)이 상호 발전과 타인의 보편적인 유익을 위해 얼굴을 마주하고 존재하고, 삶을 나누며, 행동하는 모임이다"라고 정의한다.7 그러면서 책 전반에서 한 번 사는 인생을 살아가면서 진정한 삶이 빚어지고, 공동의 경험을 하고, 기도와 삶의 계획이 일어나며 또한 감성과 지성이 모두 자극을 받는 곳이 바로 소그룹이라고 강조한다.

　이런 정의들과 함께 또 한 가지 건강한 소그룹 목회를 지향하는 목회자들과 지도자들에게 중요한 정의를 제공하는 인물이 있다. 바로 소그룹 임상 전문가로 널리 알려진 로베르타 헤스테네스(Roberta Hestenes)의 소그룹에 대한 정의이다. 그녀는 "그리스도 안에서의 풍성한 삶을 위한 가능성을 발견하고 성장하려는 소그룹은 정해진 시간에 세 명에서 열두 명 정도의 그리스도인들이 공통의 목적을 가지고, 의도적으로 얼굴을 맞대고 한자리에 모인 모임이다"라고 소그룹을 정의한다.8 이

---

6 권문상, 『소그룹의 원리와 실제』 (서울: CLC, 2024). 21.

7 Gareth W. Icenogle/김선일 역, 『소그룹사역을 위한 성경적 기초』 (서울: SFC출판부, 2007), 21.

8 채이석 · 이상화, 『건강한 소그룹사역 어떻게 할 것인가?』 (서울: 소그룹하우스, 2009), 23.

정의는 모두 일곱 가지 요소를 포함하고 있다. 그런데 한마디 한마디가 소그룹을 명료하게 이해시켜 주는 중요한 의미를 담고 있다.

첫째, 소그룹은 "의도적"인 모임이다. 우리가 말하는 소그룹은 강요된 모임이 아니다. 새로 시작되는 소그룹 모임을 소개받은 사람이 자의로 결정하여 소그룹에 참여하는 모임을 말한다.

둘째, 소그룹은 "얼굴과 얼굴을 맞대고" 모이는 모임이다. 의사소통에는 언어적인 것과 언어 외적인 것이 있다. 통계적으로 볼 때 모든 의사소통의 90%는 언어 외적인 관계에서 이루어진다고 한다. 그러므로 사람들이 서로의 얼굴을 마주할 때 그리고 한자리에 모여 앉을 때 더욱 원만한 의사소통을 이룰 수 있다.

셋째, 소그룹은 "세 명에서 열두 명"이 모이는 모임을 가리킨다. 모임의 인원이 열두 명을 넘게 되면 언외적(言外的) 의사소통이 어렵게 된다. 따라서 모든 사람이 대화에 적극적으로 참여하는 데 어려움이 생겨서 모임은 역동성을 잃게 된다. 소그룹 참가자가 일곱 명이 넘으면 성경 공부를 진행할 때는 네 명씩 소그룹으로 모임을 더 작은 그룹으로 나누어야 한다. 이것이 모든 사람을 참여시키고 제 시간 안에 모임을 끝낼 수 있는 방법이다.

넷째, 소그룹은 "정해진 시간"에 모이는 모임이다. 나중에 그룹이 견고하게 된 다음에는 융통성 있게 모일 수 있지만, 모임을 시작하고 나서 처음 몇 주 동안에는 반드시 정기적인 모임을 가져야 한다.

다섯째, 소그룹은 "동일한 목적"을 가지고 모이는 모임이다. 정확하게 명시된 목적이 없는 소그룹을 시작하게 되면 그 모임은 흔들리게 된다. 소그룹의 목적 설정을 위하여 다음의 두 가지 질문을 확인해야 한다. 첫째, 우리는 왜 여기에 모였는가? 둘째, 우리는 무엇을 하고자 하는가?

여섯째, 소그룹은 "발견"을 위한 모임이다. 소그룹에 참여하는 자들이 소그룹 모임을 통하여 그 무엇인가를 얻도록 해야 한다. 교회에 나오지 않는 구도자들이나 초신자들이 소그룹에 참여하여 그리스도인으로서의 삶이 무엇인지를 알게 해 주어야 한다.

일곱째, 소그룹은 "성장"을 위한 모임이다. 소그룹 모임은 "연약한 그리스도인들"이 성숙한 신앙으로 자랄 수 있도록 돕는 자리다.[9]

결국 소그룹은 참여한 모든 사람이 긴밀한 나눔을 통해서 서로의 과거와 현재 미래를 충분히 이해하고 공감할 수 있는 현장이다. "모든 사람이 나를 아는 곳"은 또 다른 관점에서 말한다면 "나를 진정으로 도와줄 그 한 사람이 있는 곳"이라고 정의할 수 있다. 코로나 팬데믹 이후 눈물의 국에 상처의 밥을 말아 먹고 사는 이 시대의 사람들이 나에게 어떤 상황(좋은 일이든 슬픈 일이든)이 발생하든지 도움을 구하고 또 줄 수 있는 한 사람이 존재하는 곳으로 인식될 수 있는 대안 공동체가 있다면, 그곳은 원만한 의사소통이 일어나는 소그룹 현장이다.

사도 바울이 "즐거워하는 자들과 함께 즐거워하고 우는 자들과 함께 울라"(롬 12:15)고 묘사한 천국을 미리 경험할 수 있는 가장 적절한 구조가 소그룹이다. 이 현실을 감안할 때 코로나 팬데믹 이후 말씀과 교제와 집중력 있는 기도 그리고 상호 섬김을 통해 함께하는 모든 성도가 치유와 회복을 경험하고 전인적인 성숙을 꾀할 수 있는 가장 효과적인 대안 공동체가 바로 소그룹이다.

---

9 앞의 책, 24-25.

III. 코로나 팬데믹 이후 왜 소그룹 목회가 중요한가?

코로나 팬데믹 이후 우리 사회 대부분의 사람은 익명의 사람들 다수
가 모이는 현장보다는 소수의 사람이 모이는 소그룹 현장을 훨씬 선호
하는 양상을 보이고 있다. 그 이유는 소그룹 현장이 사람들의 정신건강
을 책임지는 정신 '비타민'으로 작용하고 있기 때문이다.[10] 결국 소그룹
은 개인적으로든지 공동체 전반적으로든지 어려움을 겪거나 위기에
직면할 때 가장 중요한 대안이라고 할 수 있다. 특히 그리스도를 머리로
한 몸이 된 교회의 모든 지체가 삶 속에서 생기를 얻고, 동시에 공동체
전체가 진정한 부흥의 역사를 경험하려면 건강한 소그룹 목회가 절대
적으로 필요하다. 그렇다면 과연 그 근거는 무엇일까?

1. 성경적 근거

냉정하게 말하면 소그룹이라는 용어는 성경 그 어디에도 없다. 그러
나 성경은 소그룹의 필요성과 중요성에 대하여 이곳저곳에서 많은 것
을 가르쳐 준다. 먼저 신학자들은 하나님은 태초에 아담과 하와를 지으
시고 가정 소그룹 안에서 함께 살도록 디자인하셨다고 해석한다. 말
그대로 성경은 태초부터 소그룹이 존재했다는 것을 증언하고 있다는
것이다. 그리고 에덴동산에서 처음 시작한 소그룹은 삼위로 존재하시
는 하나님의 형상을 반영한 것으로 본다.[11] 여기에서 더 나아가 하나님

---

10 이상화 외 9인, 『한국 교회 트렌드 2024』, 78.
11 채이석, 『소그룹의 역사』(용인: 소그룹하우스, 2010), 25.

께서 우리 인간을 처음 창조하실 때 삼위일체 하나님의 형상을 따라 창조하셨으므로 근본적으로 사람은 공동체적인 존재 근원이 있다고 이해한다.[12] 이런 의미에서 원만한 소통과 공감이 일어나는 소그룹은 삼위일체 하나님을 가장 잘 반영하는 구조로 받아들여진다.

또한 교회를 교회 되게 하고 이 세상에서 천국을 미리 경험하는 개인과 교회가 되기 위해 소그룹이 얼마나 중요한가를 증언하는 성경적 근거가 있다. 바로 사도행전 2장 42-47절에 기록된 초대 예루살렘교회의 모습이다. 말씀의 증언을 살펴보면 초대 예루살렘 공동체가 어떤 방식으로 복음 안에서 효과적으로 말씀 교육을 받고 개인의 회복과 치유는 물론 공동체의 부흥을 함께 일구어 냈는가를 확인할 수 있다. 42절을 보면 초대교회 성도들은 모일 때마다 사도의 가르침을 받았고, 식탁 교제까지 하는 친밀한 교제를 했고, 집중력 있는 기도를 했다. 그리고 44-45절을 보면 부요한 성도들은 공동체 내의 가난한 성도들의 자존심을 훼손하지 않으면서 그들의 필요한 영역을 나누며 섬겼고, 가난한 성도들은 공동체 모임에 참석하기만 하면 자신이 필요로 했던 것들이 누군가에 의해 채워지는 기쁨을 누렸다. 한마디로 유무상통의 은혜가 흐르는 공동체가 초대 예루살렘 공동체였다. 여기서 중요한 것은 초대교회 그리스도인들이 모인 모임의 형태다. 46절을 보면 그들은 "날마다" 모이기 위해 애를 썼는데, 모임의 장소가 두 곳이었다. 당시 성도들은 당시 유대인의 회당을 빌려서 함께 모여 '성전'에서 예배했고, 동시에 유복한 성도가 개방한 '집'에서도 함께 모였다. 교회에 소속한 모든 성도가 함께 모여 하나님을 예배하는 형태는 대그룹의 형태를

---

12 권문상, 『어게인 1907』 (서울: 브니엘 2006), 177.

떠었다. 동시에 보다 긴 시간을 할애하는 깊이 있는 말씀 연구와 떡을 나누는 친밀한 교제, 함께 마음을 열어놓고 하나님을 향해 깊은 기도를 올려드리는 내밀한 기도, 성도들이 서로의 필요를 자연스럽게 채우는 섬김과 나눔은 성전에서 모이는 대그룹보다도 소그룹으로 모이는 집에서 더욱 효과적으로 이루어졌다. 초대교회가 성전으로 대표되는 대그룹과 집으로 대표되는 소그룹 모임을 균형 있게 강조한 결과는 47절에서 증언된다: "하나님을 찬미하며 또 온 백성에게 칭송을 받으니 주께서 구원받는 사람을 날마다 더하게 하시니라."[13]

제자 훈련 소그룹 유형을 통해서 소그룹을 통한 성도 개인의 성숙과 교회 부흥의 역사를 일구어 낸 옥한흠 목사는 『평신도를 깨운다』에서 "근본적으로 교회는 교회가 가지는 몸의 기능을 회복하기 위하여 초대교회가 가진 체질인 소그룹으로 돌아가야 한다"고 소그룹의 필요성을 강조한다. 그리고 "비대화된 조직체로 석화(石化)되어 가는 교회의 현실을 걱정한다면 성경에 가득 들어 있는 소그룹 정신으로 돌아가야 한다"고 소그룹의 중요성을 함께 강조한다.[14]

2. 사회적 현실 문제 극복의 근거

지금 우리 사회는 영락없이 개인이 고독함을 씹는 고립 사회다. 특히 한국 사회의 인구 지표는 공동체성을 추구하기에 너무나 역부족이다. 2024년 12월 9일에 통계청에서 발표한 "2024 통계로 보는 1인 가구"

---

13 채이석 · 이상화, 『건강한 소그룹사역 어떻게 할 것인가?』, 29-30.
14 옥한흠, 『평신도를 깨운다』 (서울: 국제제자 훈련원, 2011), 241.

에 따르면 2024년 말 현재 1인 가구는 전체 가구(2,207만 3천 가구)의 35.5%인 782만 9,000가구로 집계됐다.[15] 적어도 세 가구 중 한 가구가 1인 가구다. 각자도생의 사회에서 제한된 인간관계는 친밀함이 약화될 수밖에 없게 만들고 있고, 외로움이 압도하는 사회가 되게 만들고 있다. 특히 코로나 팬데믹을 거치는 동안 사회적 거리두기와 비대면 그리고 온라인 네트워크를 통한 만남이 장기간 지속되면서 사회관계는 더욱 약해졌다. 실제로 「국민일보」가 2023년 2월 초부터 기획 연재한 "교회 외로움을 돌보다" 기사를 보면 "코로나 이후 대한민국 국민 4명 중 1명 꼴로 의료 치료가 필요할 정도로 외로움을 탄다"는 내용이 있다.[16]

그러나 근본적으로 인간은 누군가와 소통하고 공감하며 관계를 맺고 싶어 하는 욕구를 지닌 사회적 관계 유지 트렌드(Sociality Trend)를 지닌 존재다. 대면 공동체이든 온라인 사회관계망서비스를 이용한 비대면 공동체이든, 어딘가에 소속되고 싶고 그곳에서 안정감을 누리고 싶어 하는 것은 인간의 근본 속성이다. 바쁘고 치열한 삶 속에서 혼자 생활할수록 누군가와 가슴 속에 있는 따뜻한 이야기를 나누고 싶고 마음이 통하는 사람들이 있는 공동체를 기대하는 것이 사람의 본성이다. 이런 의미에서 사람은 근본적으로 사회적 관계를 지향하고 코이노니아적이라고 규정할 수 있다. 그래서 조지 허버트 미드(George Herbert Mead)와 같은 사회학자는 "인간의 존재를 타인과의 관계, 곧 교섭으로 보며 이러한 관계를 통하여 자신과 타자가 함께 사회 존재로 발전해

---

15 뉴시스, "나혼자 사는 60대 이상, 20 · 30대 앞질렀다… 56% 年 3000만 원 못 벌어,"
　　https://www.newsis.com/view/NISX20241209_0002989200?utm_source=chatgpt.com.
16 서윤경 · 최기영 · 유경진, "4명 중 1명 '중증의 고독'… 종교인이 외로움 덜 탔다," 「국민일보」,
　　https://www.kmib.co.kr/article/view.asp?arcid=0924285154&code=23111111&cp=nv.

간다"고 말한다.17

　그런데 중요하게 주목할 만한 사실이 있다. 앞서 언급한 「국민일보」의 같은 기사를 보면 "종교가 있으면 무종교인에 비해 외로움을 덜 겪고, 특히 외로움이 심해질수록 타 종교보다 기독교에 더 관심을 갖는다"는 점을 강조한 부분이다. 기사 내용에서 서울시립대 도시사회학과 박효민 교수는 외로움 척도 조사 결과를 통해 나타난 지수 중에 "종교가 있는 사람의 평균 외로움 지수(41.0점)와 무종교인(43.2) 사이의 2점 차는 숫자로만 봐선 안 된다"는 것과 "최저점인 20점부터 최고점인 80점 사이에서 2점은 상당한 차이"라고 설명한다. 더욱 중요한 것은 50점 이상의 중고도 및 고단계 외로움을 겪는 이들은 관심 있는 종교로 기독교(34.0%)를 가장 많이 꼽았다는 점을 눈여겨보아야 한다고 했다. 결국 코로나 팬데믹 이후 고립감과 외로움 속에 있는 사람들에게 생기와 희망을 줄 수 있는 가장 중요한 종교가 기독교라는 의미다. 스위스 태생의 영국 철학자인 알랭 드 보통(Alain de Botton)은 스스로 무신론자이면서 종교에 대한 관심을 갖고 종교의 고유한 특징을 관찰하였는데, 그의 저서 『무신론자를 위한 종교』에서 종교 공동체의 중요성에 대하여 강조하고 있다. 그는 종교는 인간의 고독에 대해서 깊이 있게 다루며, 사람들이 다른 사람들과 연대하지 못하도록 방해하는 편견들을 없애려는 종교의 노력이 중요하다고 말한다.18

　한 사람의 전인적 성장을 위해서 소그룹 환경의 효과적이라는 사실은 이미 사회학자들의 임상실험을 통해서 증명된 사실이다. 사회학자

---

17 정재영, 『소그룹의 사회학』 (서울: 한들출판사, 2010), 39.
18 알랭 드 보통/박중서 역, 『무신론자를 위한 종교』 (서울: 청미래, 2011), 23.

들은 자신의 가슴을 열어 놓고 대화할 수 있는 사람이 여섯 명만 있으면 절대로 그 공동체를 떠나지 않고 그 공동체에서 안정감을 누린다고 밝힌다. 그런데 실질적으로 교회에서 소그룹 사역을 진행해 보면 여섯 명이 아니라 한 명만 자신이 몸을 담고 있는 교회 내에 있어도 성도들은 소속감과 안정감을 누리면서 신앙생활을 해 나가는 것을 본다. 이런 신뢰할 수 있는 여섯 명, 아니 한 명을 효과적이고 순적하게 만들어 줄 수 있는 구조는 결국 대그룹이 아니라 서로가 서로의 얼굴을 보면서 깊이 있게 대화를 나눌 수 있는 소그룹 구조다. 그래서 로버트 니스벳 (Robert Nisbet)과 같은 사회학자들은 "작은 규모와 안정된 구조의 공동체"에 소속되는 것이 사회병리 현상을 극복하는 데 무엇보다 중요한 구조라는 사실을 여러 가지 분석을 통해서 강조한다.[19] 이와 관련하여 성경적인 근거로 바울은 친밀한 교제를 통한 안정감이 있는 구조로서의 교회를 서신서인 갈라디아서 6장 10절에서 "가족"이라는 은유로 표현한다. 결국 교회는 성경적으로 그리스도 안에서 한 형제자매 되어 친밀한 코이노니아를 나누면서 함께 성숙과 성장을 해 가는 한 가족, 한 몸이면서, 동시에 하나로 연결된 한 건물의 이미지를 갖는다.[20] 그러므로 교회는 교회를 둘러싼 상황이 어떤 방식으로 변화되고 위험 사회가 되더라도 본질적으로 진정한 코이노니아를 추구할 때 진정한 교회 본연의 모습과 존재의 의미를 갖게 되는 것이다.

여기에 더해 현실적인 리서치 결과로 『한국 교회 트렌드 2024』를 보면 코로나 팬데믹 이후 삶의 안전망으로서 교회 안의 작은 교회인

---

19 정재영, 『소그룹의 사회학』, 39.
20 로버트 뱅크스, 『바울의 공동체 사상』 (서울: Ivp, 2007), 99.

소그룹을 통해 소속감과 수용감 그리고 안정감과 자존감 및 연대감의 경험을 갖기 원하는 성도들의 기대감이 굉장히 크다는 사실을 확인할 수 있다. "코로나19로 인한 사회적 거리두기가 사실상 완전히 해제된 이후 앞으로 소그룹 모임에 성도들이 얼마나 참여할 것이라 생각하십니까?"(단수 응답)라는 한국교회 성도들을 향한 질문에 '현재보다 줄 것 같다'는 응답은 10.6%에 그친 반면에 '현재보다 늘 것 같다'는 응답은 46.7%나 되었다. 여기에 더하여 "앞으로 소그룹에서 코로나 이전처럼 친밀한 교제가 가능할 것이라 보십니까?"(단수 응답)라는 질문에 대해 열 명 중의 여덟 명은 '가능할 것이다'(80.8%)는 응답률을 보였다.[21] 이 것은 코로나 팬데믹을 벗어난 시점에서 한국교회 성도들이 대그룹의 회복과 함께 소그룹 사역에 대한 갈망을 볼 수 있는 대목이다. 그러므로 고립과 단절 속에 외로움을 호소하는 현대인들을 위해 소그룹 사역의 필요성과 중요성은 아무리 강조해도 지나치지 않다는 작은 결론에 도 달할 수 있다.

3. 건강한 교회 성장의 근거

과연 소그룹은 교회 성장의 중요한 근거가 될 수 있을까?

교회는 근본적으로 생명력을 가진 유기체들의 결합이다. 그러므로 교회라는 전체 생명체가 건강하게 성장하기 위해서는 교회 안의 작은 교회인 소그룹의 건강성이 무엇보다 중요하다. 그래서 1994년에 설립하여 지금까지 한국교회 소그룹 사역을 위해 자료를 개발하고 리더들

---

21 이상화 외 9인, 『한국 교회 트렌드 2024』, 202-203.

을 트레이닝하면서 소그룹 목회를 위해 헌신하는 목회자들을 도와온 한국교회소그룹목회연구원의 구호는 "건강한 소그룹, 건강한 교회"였다. 실제로 신약 시대 2,000년의 시간적 흐름 속에서 역동적인 소그룹 사역을 통해서 교회가 성장과 성숙의 경험을 가진 목회자들과 소그룹 리더들의 공통된 증언이 있다. "적은 수의 사람들이 모여서 좋은 모임, 건강한 모임을 한다는 소문이 나니까 예수 믿지 않는 교회 밖의 사람들이 그 모임에 자연스럽게 참여해서 부흥이 일어나고 있다. 그리고 하나님 말씀의 기준 앞에 자신을 세우는 사람은 누구에게나 선하고 긍정적인 영향력을 끼칠 수 있는 훌륭한 교사로서의 역할을 서로 감당할 수 있다는 점을 늘 느낀다"는 간증이다. 제자 훈련 소그룹 유형을 통해서 사랑의교회를 계속 성장하는 교회로 세운 옥한흠 목사는 "초대교회는 예수님의 모범을 따라 수많은 작은 모임(소그룹)들로 구성된 독특한 공동체였다"는 사실을 지적하면서, "신약 시대의 교회들도 똑같은 유형을 따라 누룩과 같이 사방으로 퍼져 나갔다"고 언급하며 건강한 교회 성장을 위한 소그룹의 가치와 중요성을 강조하였다.[22]

건강한 소그룹을 통한 건강한 교회 성장을 지향하는 교회는 무엇보다 교회 내부 구성원들로만 그 대상을 제한하지 않는 특징이 있다. 일반적으로 교회의 구성원들을 헌신 정도에 따라 분석하면 보통 세 가지로 구분한다. 평균적으로 전 교인의 10% 정도를 '핵심 성도'로 분류하고, 약 30% 정도는 '교인'으로 그리고 나머지 60% 정도는 대체로 예배 참석과 함께 교회의 사역을 그저 구경하는 '군중'으로 남아 있는 것으로 보는 것이다.[23] 매 주일 예배당 안에서 예배드리는 이 세 종류의

---

22 옥한흠, 『평신도를 깨운다』, 239.

교인들을 보통 목양의 대상으로 이해하지만, 소그룹의 확장성을 통해 건강한 교회 성장을 꿈꾸는 목회자와 소그룹 리더들은 절대로 무시해서는 안 되는 네 번째 대상인 예배당 밖에 있는 사람들에 대해 늘 염두에 둔다. 이들은 바로 교회가 서 있는 지역사회에 살고 있는 이웃 사람들이다. 이들의 대부분은 전혀 교회에 참석하지 않고 교회가 무슨 일을 하는지 관심도 없는 사람들이다. 그러나 만약 교회가 코로나 팬데믹을 거치는 과정에서 삶 속에 가지고 있는 관심사들과 필요들에 대해서 깊은 이해로 그들에게 다가설 뿐만 아니라 실제적인 관심에 대한 반응을 보일 수 있는 필요 중심적 소그룹을 진행한다면, 새로운 상황이 전개될 수 있다. 실제로 지금 교회 주변에 살고 있는 사람들의 연령과 주거환경과 생활의 필요와 관심사들을 조사해서 그들이 가진 마음의 눈높이에 맞는 사역이 준비된 열린 소그룹을 지향한다면, 그 소그룹이 접촉점이 되고 교회로 발을 들여놓을 수 있는 관문이 되어 교회는 새롭고 건강한 교회 성장의 시스템을 구축할 수 있다.

코로나 팬데믹 이후 건강한 교회 성장을 위해 소그룹의 필요성과 중요성을 확인할 수 있는 간과할 수 없는 리서치 결과 두 가지가 있다. 바로 코로나 팬데믹의 엄혹한 상황을 통과하는 상황 속에서도 회복력을 보인 교회는 계속해서 소그룹 사역에 지속적으로 무게중심을 둔 교회였다는 결과다. 일단 교회 내부 구성원들을 향한 리서치이지만, 소그룹을 통해서 건강한 교회 성장을 꿈꾸는 목회자들과 교회 지도자라면 굉장히 의미 있는 결과로 받아들일 수 있는 결과다. 팬데믹이 끝나는 시점인 2023년 4월 말~5월 초에 한국교회 성도들을 대상으로 신앙

---

23 채이석 · 이상화, 『건강한 소그룹목회 컨설팅』 (서울: 기독신문사, 2001), 26.

소그룹 모임 운영 현황과 교인 수 증가의 상관관계를 물어보았을 때 '정기적으로 모임을 갖고 있다'는 응답자들의 교회는 성도 수가 계속 성장한다는 응답률(84%)을 보였다. 그리고 소그룹이 모이는 주기가 '매주' 정기적으로 모이는 교회들이 '계속 성장한다'(64%)는 높은 비율을 보였다.[24] 결국 '정기적'으로, 그것도 가능하면 '매주' 소그룹 목회 사역을 강조하는 교회가 성장의 동력을 잃지 않은 것이다. 여기에 더하여 교회가 취향(필요 중심적 및 관심사) 소그룹을 '적극 권장해야 한다'는 응답이 58%나 되었다는 것도 유의미하다. 독서나 운동 그리고 등산 등과 같은 성도들의 취향을 고려한 필요 중심적 소그룹은 '교제와 친교를 강화하는 모임이므로 적극 권장해야 한다'는 비율이 58%나 되었다.[25] 아마도 절반 이상의 응답자들의 마음에는 이런 좋은 모임에 아직 그리스도를 모르는 이들을 초대하고 싶은 열망이 내재적으로 깔려 있었을 것이다. 결국 교회 내부의 기존 구성원인 성도들을 대상으로 하든지, 교회 안에 미처 발을 들여놓지 못한 잠재적 성도인 이웃 주민이 되었든지 소그룹은 교회 내부의 결속을 넘어 건강한 교회 성장을 지속적으로 지향할 수 있는 가장 중요한 대안이다.

지금까지 "건강한 교회 성장을 위해 왜 소그룹 목회가 필요하고 중요한가?"에 대해 세 가지 근거로 정리해 보았다. 그렇다면 이렇듯 중요한 소그룹 목회는 과연 어떤 방향으로 구체적인 준비를 하고 나아가야 할까? 여기에 대하여 1994년부터 현재 만 30년 이상 이 글을 쓰고 있는 한국 소그룹 목회연구원을 통해 임상하고 연구한 결과를 토대로 그

---

24 목회데이터연구소, 『2023 통계로 보는 한국 사회 한국 교회 Vol. 5』 (서울: 목회데이터연구소, 2024), 101.
25 앞의 책, 110.

내용을 정리하면 다음과 같다.

IV. 건강한 교회 성장을 위한 소그룹 목회의 실제와 방향성26

1. 건전한 교회론을 점검하고 세우는 방향으로

임상적으로 보면 건강한 교회 성장을 위한 소그룹 목회의 방향성을 가지기 위해 우선 건강한 교회론을 전제하는 것이 대단히 중요하다. 주님이 머리이시고 온 성도들이 상호 연결된 지체라는 조직체와 유기체로서의 양면성을 가진 교회에 대한 건강한 교회론 없이 오직 일사불란한 지휘명령 계통의 교회 조직 구성을 위한 소그룹 이해와 편파적인 교회론을 가진다면, 소그룹이 오히려 교회 전체를 경직시키기 때문이다. 따라서 소그룹 목회를 준비하고 진행하는 과정에서 반드시 전제해야 할 세 가지 요소를 꼽아서 정리하면 다음과 같다.

1) 성숙을 통한 자연스러운 성장에 기초한 소그룹 목회 방향 설정

생명이 있으면 성장한다. 앞으로 교회 사역의 방향은 성장 위주가 아닌 성숙을 통한 자연스러운 자람이 있는 건강한 교회를 지향하는

---

26 이 장에서 진술하고 있는 내용은 2018~2022년 매주 수요일 오전 필자가 섬긴 서현교회의 소그룹 리더들에게 강의했던 자료를 모아 출간한 다음의 책을 참고하라. 이상화, 『건강한 교회성장을 위한 소그룹 리더십』 (서울: 소그룹하우스, 2024).

방식으로 변화되어야 한다. 교회를 향한 이런 인식의 변화는 바로 건전한 교회론에 기초해 있어야 가능하다. 이런 맥락에서 소그룹 사역의 목표 역시 하나의 목표(예: 교회 성장) 달성을 위한 수단으로서가 아니라 통전적인 신학적 이해를 바탕으로 어떻게 하면 건강한 교회를 이룰 것인가에 근거하여 교회 내에서 소그룹 사역이 진행되어야 할 필요가 있다. 따라서 바람직한 소그룹 사역을 위해서는 적어도 다음과 같은 교회에 대한 깊은 신학적 성찰이 필요하다.

첫째, 하나님 나라 백성으로서의 공동체로서 우주적 교회에 대한 이해가 필요하다(개교회주의를 넘어서야 한다).

둘째, 부름(소명)과 세움(양육) 그리고 보냄(파송) 받은 공동체가 바로 교회이며, 그 속에 있는 소그룹이라는 인식이 필요하다.

셋째, 상기한 것을 바탕으로 소그룹은 세 가지(교제, 양육, 섬김[사역 공동체로서의]) 균형이 필요하다.

2) 전체 공동체와 유기적으로 연결되어 있는 유기성을 강조하되, 소그룹의 자발성(독립성)이 무시되지 않는 구조 수립

소그룹이 코이노니아를 통해 내적 에너지가 충만하게 되는 것은 권장할 만한 일이다. 그러나 이것이 지나쳐 전체 교회 공동체 내에서 하나의 분파를 형성하는 긴장이 소그룹 사역에는 항상 내재한다. 특히 한국 교회의 상황에서 분리는 아주 손쉬운 것이기 때문에 그렇다. 반면에 교회 공동체 전체의 질서 유지라는 명목으로 소그룹 리더들에게 아무런 권한이 위임되지 않고, 단지 위로부터 내려오는 지시 사항만을 이행하는 자발성(독립성)이 상실된 소그룹에는 역동성을 기대하기 어렵다.

특히 소그룹 리더들의 창발성 자체가 상실된 소그룹이라면 더더욱 소그룹을 통한 지속적인 성숙은 기대하기 어렵다. 따라서 영적 공동체 전체와 소그룹 사이에 무엇보다 필요한 것은 전체 공동체의 비전이 소그룹의 비전이 되고, 소그룹 사역이 전체 공동체의 사역으로 받아들여지는 상호 유기성이 있어야 한다. 여기에 더하여 교회의 전통과 근간을 흔들지 않는다면 소그룹 리더에게 권한이 위임될 필요가 있다. 즉, 소그룹이 피라미드 구조의 하위 개념적 공동체가 아니라 교제와 양육, 사역을 주체적으로 할 수 있는 영적 DNA(생명적 인자를 모두 갖추고 있는)로 인정하는 것이 필요한 것이다. 전체 공동체의 영적 권위를 훼손하지 않고 분파로 가지 않는 것이 담보된다면 공동체의 아킬레스건인 재정적 독립까지도 고려해 볼 만하다. 그리고 재정적 독립을 받은 소그룹은 그 재정을 사역적 측면(Mission Field)에서 어떻게 효과적으로 활용할 것인가에 대한 대안을 반드시 마련해야 한다. 결국 교회(대공동체)의 영적 지도자들이 영적 권위를 잃지 않으므로 교회 내의 소그룹들이 그 권위에 대한 순복함이 있고, 동시에 소그룹이 지향하는 바가 교회의 전체 비전과 일치하면서 권한의 위임을 통해 뚜렷한 사역적 특성을 가진 미션 그룹(Mission Group)으로까지 발전한다면 분파주의가 방지된 상호 유기성이 있는 소그룹이 될 수 있을 것이다.

3) 소그룹 내에 소외됨이 없는 내적 배려 강조

소그룹 임상을 할 때 구성원들에게 "어떤 소그룹이 좋은 소그룹인가?"를 반복적으로 질문해 보면 "배려받는 소그룹"이라는 대답을 많이 들을 수 있다. 배려받는 소그룹이란 그 누구도 소그룹 내에서 소외되지 않음을 뜻한다. 소그룹에 참여하는 그 사람의 과거와 현재의 삶이 어떠하든지 그리고 미래의 비전이 어떠하든지 소그룹 내에서 소외됨이 없을 때 그 공동체 내에서 성숙이 가능하다. 특히 소그룹의 특성상 신앙의 이력이 제각각인 것을 감안할 때 소그룹 내에서 그 누구도 은혜의 사각지대에 방치되지 않도록 하는 것은 중요하다. 반복적인 임상 결과 모든 소그룹 구성원이 배려받는 소그룹이 되기 위해서는 적어도 다음의 두 가지를 인식할 필요가 있다고 본다.

첫째, 참여하는 모든 사람이 최소한 서로의 **이름**을 아는 소그룹이 되어야 한다.[27]

둘째, 구성원들의 눈높이에 맞는 성경 공부 교재가 적용되어야 한다. 이것은 강요하지 않고 결론이 열려 있는 질문, 재미를 통한 삶의 흥분과 기대가 있는 소그룹, 궁극적으로 자기 삶의 아픔이 치유되고 회복되는 감동을 경험하는 소그룹, 계속 참석했을 때 팀원들과 함께 실현 가능한 목적이 분명한 소그룹, 함께 사명을 수행하는 과정에서 보람을 느끼는 소그룹을 의미한다.

임상적으로 적어도 목회자가 이런 기본적인 전제를 이해하고 소그룹 목회를 하기 위해 사역을 계획하고 준비하여 진행한다면, 소그룹을 통해서 훨씬 안전하고 건강한 소그룹 목회를 계속 진행할 수 있을 것이다.

---

27 여기서 이름은 한 사람의 과거 히스토리(History)와 현재의 삶과 기도 제목, 미래의 비전(Vision)을 안다는 것을 의미한다. 곧, 소그룹 멤버 한 사람 한 사람의 전인격을 이해하고 수용한다는 의미를 내포한다.

2. 교회 목회 현장에 적합한 소그룹 모델(혹은 유형)을 개발하는 방향으로[28]

소그룹을 통한 한국교회 소그룹 목회의 흐름을 역사적으로 간략하게 살펴보면, 구역 예배가 한국교회의 근원적인 소그룹이다. 1980년대 말까지만 해도 소그룹 사역은 선교 단체에서 하는 소그룹으로 이해되었고, 교회에서는 선교 단체에서 발행한 성경 공부 교재를 대학부나 청년부에서 몇 권씩 사용하는 것이 고작이었다. 이런 분위기가 바뀌기 시작한 것은 80년대 말에서 90년대 초반으로 넘어가는 때라고 볼 수 있다. 80년대 초반에 서울의 일부 교회의 대학 청년부에서 선교 단체의 역동성을 교회에 접목시키려는 노력이 시도되었고, 이런 노력을 통하여 80년대 중반에 이르러 이 교회 청년대학부들이 괄목할 만한 성장을 이루었다. 소그룹을 통한 청년대학부의 성장을 장년 사역에 접목시켜 교회 전체 차원의 소그룹 운동으로 활성화시킨 것은 사실 90년대 초반을 지난 시점이다. 90년대 초반에 이르러 목회자들 스스로 설교만으로 교인들의 내면적인 영성과 그들 자신을 둘러싸고 있는 상황에 대한 균형 잡힌 영적 시각을 가지도록 훈련하는 일 그리고 삶 속에서 부대끼는 문제들에 대해 성경적 대안을 일관성 있게 지속적으로 제시하는 양육하는 일이 점점 어려워지고 있다는 것을 판단하기 시작했다. 기독교 출판사들도 이에 부응하여 80년대에는 소그룹 성경 공부 교재 출판

---

28 이 주제와 관련한 좀 더 심화된 내용을 확인하고 싶으면 채이석 · 이상화, 『건강한 소그룹목회 컨설팅』, 제2부; 채이석 · 이상화, 『건강한 소그룹사역 어떻게 할 것인가』, 제1장 "소그룹에는 어떤 유형이 있는가"; 이상화, "한국 소그룹사역을 고찰한다," 「목회와신학」 통권 163호 (2002. 1.).

에 집중하는 경향을 보이다가 90년대 초반이 지난 시점부터 소그룹 철학과 인도법, 소그룹을 통한 교회 내의 양육 체계 등과 관련된 도서들을 출판하는 경향을 보이기 시작했다. 이런 점에서 한국교회를 놓고 볼 때 소그룹 사역이 교회 내에서 그저 하나의 프로그램으로서가 아니라 교회 전체의 필수적인 양육 시스템으로 자리 잡게 된 것은 90년대, 그것도 초반이 아니라 중반이 지나면서 목회자들의 의식 속에 제대로 자리 잡기 시작했다고 보아도 좋을 것이다.

소그룹 사역에 대한 이런 분위기가 조성되면서 이미 소그룹 체계를 가지고 성장을 경험한 개교회의 소그룹 프로그램이 한국교회 전면에 새로운 대안적 사역으로 부상하기도 했고, 90년대 중반부터는 봇물 터지듯이 수많은 소그룹 체계가 소개되기 시작했다. 이른바 셀목회, 알파코스, 윌로우크릭교회 소그룹 이야기, 새들백교회 소그룹 프로그램, 세렌디피티 소그룹 등과 같은 것들이 세미나의 형식으로 목회자들에게 파고들기 시작한 것이다. 셀 교회의 아버지라 불리는 랄프 네이버 목사를 주 강사로 하여 2001년에 개최된 제1회 셀 교회 컨벤션이 열렸을 때 이 세미나에 무려 1,300명이나 되는 목회자와 교회 지도자가 참가한 것은 가히 사건이라고 일컬어도 될 만큼 한국교회 내부에 소그룹 양육 체계에 대한 관심과 의식이 높아진 양상을 단적으로 볼 수 있는 실례였다. 그런데 소그룹과 관련한 책들이 쏟아지고 세미나가 개최되면 개최될수록 소그룹 사역과 관련한 어려움이 한국교회 안에 생기기 시작했다. 바로 부흥을 경험한 한 교회의 소그룹 모델이 붕어빵처럼 그대로 다른 교회에 이식되기 시작한 경향이었다. 즉, 인적 구성과 교회가 서 있는 지역, 역사와 신학적 입장 그리고 목회자의 리더십 스타일이 각각 다른 개별 교회들이 유행처럼 성공한 소그룹 모델과 시스템을 적용하다가 실패하는 경우가 속출한 것이다. 그리고 또 하나의 혼돈 양상이 나타나기 시작했다. 이른바 '소그룹'(Small group)이라는 단어와 전통적으로 교회가 작은 수로 모여 왔던 '구역'이라는 단어의 혼돈이었다. 또 셀(Cell) 사역이 보급되면서 소그룹과 셀, 셀과 구역의 혼돈 현상이 생기기 시작한 것이다. 그러나 용어의 차이가 아무리 두드러진다 해도 소그룹 전문 사역자들이 항상 언급하는 "그리스도인의 소그룹은 정해진 시간에 세 명에서 열두 명 정도의 그리스도인들이 그리스도 안에서의 풍성한 삶을 위한 가능성을 발견하고 성장하기 위한 공통의 목적을 가지고 의도적으로 얼굴을 맞대고 한자리에 모인 모임이다"라는 로베르타 헤스테네스(Roberta Hastenes)의 소그룹에 대한 기초적인 정의에 정초한다면, 어떤 용어로 언급되는 양육 체계라 할지라도 '소그룹'이라는 우산 아래 강조점을 달리하는 소그룹 내의 다양한 모델(혹은 유형)이라고 파악해야 옳다.

이런 맥락에서 교회가 역사적으로 교회의 성숙과 성장 그리고 성도 개개인의 양육과 훈련을 위해서 채용한 소그룹 모델은 여러 가지가 있다. 그러나 여러 소그룹 모델을 소개하기에 앞서서 결론을 먼저 말한다면, 교회가 여러 유형 중에 어느 한 가지만을 선택해야 하는 법은 없다는 것이다. 소그룹을 통해 건강한 교회 성장을 이루기 위해서는 먼저 우리가 속한 교회의 특성을 잘 살펴서 장점과 취약한 점을 발견해야 하고 또한 여러 가지 소그룹 모델들의 장단점을 잘 파악하여 우리 교회에 가장 적합한 우리 교회만의 독특한 소그룹 모델을 만들어야 한다. 이러한 관점에서 아래의 몇 가지 한국교회 역사 속에 나타난 소그룹 모델(유형)들을 살펴보면 다음과 같다.

1) 제자 훈련 모델

한국교회에서 소그룹에 대한 관심의 도화선이 되었다고 할 수 있는 것은 사랑의교회의 제자 훈련이다. 제자 훈련이 큰 결실을 맺고 사랑의 교회가 대교회로 성장함에 따라 교계의 이목이 집중된 것이다. 제자 훈련은 제자로 훈련받고자 지원하는 사람들을 모집하여 4~7명의 그룹으로 나눈 뒤 소그룹 성경 공부로 강하게 훈련시키는 훈련 체계이다. 훈련을 받은 사람들이 소위 다락방이라고 부르는 소그룹을 인도하게 함으로써 기존의 구역 예배의 한계를 넘어섰을 뿐 아니라 목회자와 동시에 평신도의 지도력을 극대화할 수 있었다. 서방 교회에서는 '리로이 아임스'로 대표되는 내비게이터와 같은 선교 단체에서 제자 훈련을 제창하여 수많은 젊은이에게 큰 영향을 미치기는 했지만, 교회 안에서 제자 훈련을 실시하여 대교회로 성장한 경우는 한국교회에만 있는 독특한 사례이다. 이렇게 볼 때 한국교회가 소그룹을 소개받게 된 첫 번째 통로는 선교 단체의 성경 공부 프로그램이었고, 두 번째 통로는 사랑의교회에서 시작된 제사 훈련이었다. 세자 훈린소 그룹의 성경적 기초는 예수님께서 열두 제자를 부르시고 '사제 관계'와 '책임'으로 그 사역을 확장하신 모습이다. 이 모델에서 지도자는 하나의 멘토로서 다른 사람들을 자기 곁으로 초대하여 그들이 또 다른 그룹을 재탄생시켜 지도자의 역할을 할 수 있을 때까지 함께 나눔을 갖는 것이다. 이것은 예수님의 모델이다. 예수께서는 사도들을 부르시고 3년 동안 훈련시켜서 그들이 제자 삼는 일을 하도록 파송하셨다. 제자 훈련 모델은 대부분 아주 헌신된 자들로 구성되기 때문에 사람들이 쉽게 참여할 수 없는 단점이 있지만, 동시에 그리스도의 강한 제자를 만들어 내는 장점을 가지고 있다.

2) 메타 모델(셀 모델)

셀(Cell) 교회의 아버지라고 불리는 랄프 네이버를 한국에 초대하여 셀 교회 컨벤션을 열자 한국교회의 수많은 목회자가 그곳에 참석하여 '셀' 열풍을 일으켰다. '셀'은 결국 소그룹과 같은 뜻이지만, '셀'이라는 말에는 랄프 네이버의 교회관이 포함된 독특한 소그룹 이론이 들어 있기 때문에 소그룹이라 하지 않고 '셀'이란 단어를 고유어로 사용했다. 한국에서는 랄프 네이버를 통해 셀 교회가 널리 소개되었지만, 셀 교회 유형의 소그룹을 소그룹 이론에서는 메타 유형의 소그룹이라 부른다. 칼 조지(Carl George)가 이 모델을 개척하였으며, "메타"(meta)라는 말은 변화 또는 변형을 의미한다. 메타 모델은 제3세계에서 발견된 교회 성장의 원리들을 미국 교회에서 사용할 수 있도록 적용하고자 칼 조지가 시도한 것이다. 제3세계의 많은 교회는 건물이나 전문적인 교역자들이 없으면서도 모든 사람이 참여하고 책임을 공유하고 있다. 바로 이 점으로부터 칼 조지는 교회의 재구성을 다음과 같이 설명한다: "우리는 소그룹 교회다. 우리 교회의 소그룹들은 선택 사항이 아니다. 이것이 우리 교회가 존재하는 방식이다." 메타 모델을 활용하는 몇몇 교회에서는 실제로 교회의 참가자 수를 주일 아침 예배에 참석하는 사람의 수가 아니라 소그룹에 참석하는 구성원 수로 계산한다. 이 모델은 피라미드와 같이 담임목사가 네트워크된 교구 목사들을 통하여 모든 사람을 섬기는 구조다. 목회자들은 교구장들을 섬기고, 교구장들은 소그룹 인도자들을 섬기고, 소그룹 인도자들은 맡은 사람들을 섬기는 것이다. 그래서 교회 안에 있는 모든 사람이 섬김을 받으며 섬기는 것이다.

또한 메타 유형 소그룹의 주요 기능은 번식이다. 실제로 메타 모델에서 소그룹의 전체 목적은 교회 성장이다. 교회는 하나의 가정 그룹으로 시작하여, 그 그룹이 보조 인도자를 통해 번식함으로써 성장해 나간다. 그룹의 구성원이 열 명이 되는대로 보조 인도자는 새로운 가정 그룹의 인도자가 되며, 또 다른 한 사람을 택하여 그 사람과 함께 또 하나의 셀을 형성한다. 이런 방법으로 소그룹은 번식을 계속한다. 셀 조직을 통하여 세워지는 교회에서는 이것을 유기적인 세포조직 시스템이라고 부른다. 즉, '셀'(세포)이라는 말 자체가 의미하는 것처럼 셀 자체가 담지하는 생명력을 인정하면서 셀의 자가번식을 중점적으로 강조하는 것이다. G12나 D12 모델은 모두 이 셀 모델이 가지는 강점의 한 부분을 특별히 강조한 셀 유형들로 이해할 수 있다.

제자 훈련이 소그룹을 통해 신자들을 예수님의 제자로 훈련한다는 '훈련'에 강조가 들어가 있다면, 셀 교회는 교회가 작은 구성단위의 집합체의 번식이라는 면에 강조점이 있다. 교회가 아무리 커도 결국은 작은 단위의 셀이 모여서 이루어진 것이기 때문에 셀을 어떻게 조직하고, 관리하고, 세포 분열시키는가에 대하여 지대한 관심으로 접근하는 것이다. 랄프 네이버는 기존의 교회 체계를 프로그램화된 교회라 정의했다. 장로 집사와 같은 직분과 주일학교와 남전도회와 같은 부서 그리고 그 활동들을 한마디로 "전통주의 교회", "프로그램화된 교회"라고 표현했다. 셀의 특징은 이러한 기존 교회 프로그램이나 조직을 그대로 유지하면서 적용하기는 곤란하기에 교회의 체질을 근본적으로 바꾸어야 한다는 것에 초점을 맞춘다고 할 수 있다. 그러므로 셀 교회는 강한 유기체적 구조를 가질 수 있고 모든 사람이 참여하는 총체적인 비전을 제공함으로써 교회를 통합시킬 수 있는 장점이 있는 반면에, 교회 행정 전체를 재구성해야 한다는 약점을 가지고 있다. 또 다른 약점은 그룹을 세우는 데 있어서 번식 과정의 영향이다. 성장이 최우선적인 목표가 됨으로써 그룹을 세워 가는 과정이 새로운 셀을 만들기 위해 겪는 세포분열로 인하여 단절을 경험하고 혼란을 겪을 가능성이 크다는 약점이 있다.

3) 통합(구역) 모델

제자 훈련이나 셀 교회의 공통분모는 그 활동이 모두 소그룹으로 이루어진다는 점이다. 교회는 초대교회 이래로 언제나 소그룹 활동이 있었다. 따라서 셀 교회의 개념 이외의 몇 가지 소그룹 유형을 더 정리할 수 있다. 그중 하나가 한국에서보다는 외국에서 더 유명한 Dr. Cho 모델의 소그룹이다. 이는 구역 조직으로 탁월한 여의도순복음교회의 조용기 목사의 이니셜을 이용하여 조 모델이라고 명칭한 것이다. 그리고 이러한 유형의 모델을 통합 모델이라고 부른다. 이런 면에서 볼 때 한국교회는 세계적인 소그룹 모델을 두 가지(제자 훈련 모델, Cho 모델)나 가지고 있는 셈이다.

여의도순복음교회는 초창기에 소그룹을 교회와 연결시키기 위해 모든 그룹을 담임목회자 자신이 직접 인도했다. 그러나 곧 지쳐 버릴 수밖에 없었다. 그래서 소그룹 리더십을 사람들에게 나누어주는 것으로 방향을 바꾸었다. 여의도순복음교회가 소그룹을 시작할 때만 해도 한국 사회는 많은 사람들이 하루 12~14시간을 공장에서 일했던 시대였기 때문에 사람들이 리더가 되어 달라는 목회자의 제안을 쉽게 받아들일 수가 없었다. 그래서 여성들을 소그룹의 인도자로 내세울 수밖에 없는 물리적 상황이 전개된 것이다. 그리고 목회자는 교회에서 시간을 낼 수 있는 여성 성도들을 한자리에 모아 놓고 이렇게 말했다: "나는 여러분에게 나의 사역을 나누어 드려야만 합니다. 나는 여러분에게 나의 권위의 모자를 줄 것입니다. 내가 여러분에게 드리는 이 파란 모자를 쓰고 나의 소그룹으로 가서, 나의 목양지에서 나의 소그룹들을 인도하십시오." 그러고는 매 주일 구역장들을 대상으로 각 구역으로 흩어져서 구역 모임에서 해야 할 말을 넣어주었다. 그리고 구역장들은 구역 모임에 가서 받은 말씀을 더하거나 빼는 것 없이 그대로 전달하는 역할을 했다. 이것이 바로 여의도순복음교회가 사역을 확장하고 교회가 커져도 목회자가 무리 없이 교회를 권위 있게 이끌 수 있는 토대를 만드는 요인이 되게 했다. 결국 통합(구역) 모델이라는 것은 매 주일 소그룹 리더들이 목회자의 가르침을 받고, 그것을 자신이 맡은 구역 소그룹에서 재생하므로 가정과 강단을 직접 연결해 주는 형태를 띤 소그룹이라고 할 수 있다. 이런 점에서 통합(구역) 소그룹은, 그 반대급부도 충분히 예상할 수 있지만, 말씀의 카리스마를 가진 능력 있는 메신저가 운용한다면 아주 효과를 볼 수 있는 소그룹 형식이라고 할 수 있겠다.

4) 언약 모델

제자 훈련과 셀 교회 그리고 통합 유형의 소그룹에 익숙해 있는 한국교회의 지도자들에게는 조금 생소할 수 있는 또 하나의 모델이 있다면 언약 모델을 들 수 있다. 로베르타 헤스테네스가 이 모델을 대중화시켰지만, 먼저 미국 세렌디피티 하우스(Serendipity House)의 라이먼 콜먼(Lyman Coleman)이 1959년부터 1961년까지 그의 박사학위를 준비하던 중에 언약 모델을 시작했고 "소그룹에 의한 성장"이라고 이름 붙여진 과정을 개발했다. 로베르타는 1972년도에 시애틀의 대학 장로교회에서 사역을 위하여 이 모델을 채택했는데, 그녀는 이 모델로 지난 20년 동안 미국에서 한 세대의 목회자들 전체를 훈련시키는 엄청난 일을 해냈다.

성경적으로 이 모델은 구약 성경의 언약에 근거하고 있다. 참가자들이 모임의 기본적인 규칙에 동의하는 언약을 맺는 그룹이다. 소그룹은 민주적인 과정을 거쳐서 그들의 목적과 특별한 목표와 공부 주제와 기초적인 규칙 그리고 세부적인 전략 등을 결정한다. 언약서의 활용 외에도 언약 모델에는 다른 특징이 있다. 먼저 언약 그룹의 강조점이 학구적이라는 데 있다. 이것은 언약 그룹에 관심을 갖게 된 사람들은 진행되는 소그룹의 교과과정이 조금은 어렵고 힘들어도 기꺼이 하기로 스스로가 결정한 것인 만큼 적어도 참여가 가능하다는 의미다. 언약 그룹의 또 한 가지 특징은 장기간의 공동체를 만드는 것을 목표로 한다는 것이다. 언약 그룹은 강한 헌신과 높은 수준의 책임감을 요구한다. 언약 모델은 사람들을 미래의 인도자로 준비시켜 주기 때문에 성장하는 그리스도인과 새 신자를 위한 좋은 모델이다. 이런 면에서 볼 때 한국교회에서는 제자 훈련소 그룹이 언약 그룹에 가장 가까운 형태라고 볼 수 있다. 한국교회 스타일의 제자 훈련의 개념이 없는 서구의 많은 교회들이 언약 모델의 소그룹을 선택하고 있다.

언약 모델의 가장 큰 장점은 그룹에 장기적인 헌신을 요구함으로써 소속감과 친밀감을 제공한다는 것이다. 언약 그룹은 참가자들에게 확장된 가족이 되어 준다. 또 하나의 장점은 교회에 확실한 유익을 주는 깊이 있는 성경 공부를 하게 해 준다는 것이다. 언약 모델의 약점은 그 장점과 연결되어 있다. 참가자들에게 높은 수준의 책임이 요구됨으로써 언약 그룹은 핵심 멤버나 교인들로 대상이 제한된다. 교회에 나오지 않는 비그리스도인들은 이러한 유형의 그룹에 흥미가 없다.

5) 가정교회 모델

'가정교회'는 말 자체가 사도행전 2장 42-47절 등의 신약성경 본문에 나타나 있는 대로 언어적으로 원형 교회라는 인식이 들기 때문에 계속 관심을 끌고 있는 소그룹 모델이다. 유기적 가족애 정신이 살아있는 수평적 상호 섬김의 공동체가 바로 소그룹이라는 소그룹의 본질적인 정신을 강력하게 강조하기 때문에 친밀함과 상호 신뢰를 이루어낼 수 있는 아주 효과적인 소그룹 모델이다. 또한 가족이라는 말이 정서적으로 따뜻함을 주기 때문에 많은 교회들이 가정교회 모델에 관심을 두고 새로운 멤버를 교회에 편안하고 안정감 있게 안착시킬 수 있는 정착의 장으로서 그 역할을 하는 데 아주 유효한 모델로 평가받고 있기도 하다. 그리고 건강한 가정이라면 시간이 지남에 따라 구성원들이 자연스럽게 늘어나고 궁극적으로는 분가하는 것으로까지 나아가야 하므로 가정교회는 전도와 교회 부흥의 전초기지가 될 수 있는 것으로 받아들여지는 모델이다.

그러나 많은 교회가 이 모델을 선택하면서 빠지는 어려움은 가정교회를 교회 부흥의 수단으로 편협하게 이해할 수 있다는 점이다. 그리고 독립성을 지나치게 강조하다 보면 교회 전체의 유기성과 어떻게 연결해야 할 것인가에 대한 딜레마에 빠지기도 한다.

6) 협력과 회복 모델 및 필요 중심적 모델

이 모델은 교회 내에서 특별히 소극적인 교인들과 아웃사이더로 있는 성도들을 대상으로 단기간에 운영되는 소그룹 유형이다. 한국교회는 거의 새신자 훈련을 위해 이 모델을 선택하고 있다. 성경 본문을 잘 찾지 못하는 사람, 교회의 율례를 잘 모르는 초보 신자들, 새로운 공동체에 왔기 때문에 아는 사람이 거의 없는 상황 속에서 새신자 훈련은 아주 중요한 소그룹 사역 프로그램이다. 한마디로 소그룹에 참여하는 사람들의 필요를 도와(협력해) 주고, 혹시 상처받은 영혼이라면 새살이 돋아날 수 있도록 회복시켜 주며, 관심과 취향을 만족시켜 주는 목적으로 운용될 수 있는 모델이다.

그런데 한국교회 내에서 협력과 회복 소그룹의 형태는 새신자 훈련의 범주를 벗어나지 못하고 있다는 점에서 많은 아쉬움이 있다. 조금만 넓게 보면 협력과 회복 소그룹 모델은 교회의 전체적인 성장과 성숙에 있어서 크게 기여할 수 있는 모델이다. 일례로 고 3 자녀를 둔 학부모들을 한번 생각해 보자. 한국 사회에서 고 3 자녀를 둔 학부모들의 영적인 갈급함이란 가히 말로 표현하기 어려울 정도다. 이런 학부모들의 필요에 눈높이를 맞추고 영적으로 협력하고 그들이 순간순간 회복되어야 할 영역에 대해 성경적인 대안을 제시하는 필요 중심적 소그룹으로 간다면, 그 소그룹은 역동적인 소그룹이 될 가능성이 훨씬 높다. 그래서 협력과 회복 소그룹은 달리 표현한다면, 소그룹에 참여한 사람들의 필요에 응답하고 그들이 치유되고 회복되어야 할 것에 집중하는 소그룹이라는 측면에서 '필요 중심적 소그룹 모델 혹은 관심사 모델'이라고 할 수도 있다.

모든 모델이 각각의 강조점이 있고 장단점이 있다. 그러므로 어느 교회든지 어느 한 가지의 소그룹 모델만을 이데올로기적으로 접근시켜서는 곤란하다는 점을 발견했을 것이다. 그러므로 이 교회에는 반드시 한 가지의 소그룹 형태만이 가능하다는 도식은 결코 존재하지 않는다. 즉, 모든 소그룹 모델이 유기적으로 교회에서 적절히 활용되어야 한다. 효과적으로 활용하되 우리 교회의 신학적 입장과 전통과 인적 구성과 교회가 서 있는 지역의 특성에 따라 매우 유연하고 독특한 상황에 적합하도록 창의적으로 수정되어야 한다는 점을 유념해야 한다.

3. 소그룹 목회를 반드시 필요한 시스템을 세우는 방향으로

1) 먼저 소그룹 목회에 대한 불필요한 두려움부터 내려놓으라

소그룹 목회의 필요성을 깨닫고 다양한 교회의 목회자들과 교회 지도자들과 대화를 나누고 목회 컨설팅을 진행해 보면, 소그룹 사역 전체를 조정하고 이끌어 가는 목회자와 리더들이 소그룹 목회에 대한 불필요한 두려움에 싸인 것을 자주 본다. 목회자들의 경우에는 "신학 수업 과정에서 소그룹 사역과 소그룹 목회에 대한 선이해를 가지지 못했기 때문에 어디서부터 시작해야 할지 엄두가 나지 않는다"는 이야기를 듣는다. 또 소그룹 리더들 가운데는 이런 질문을 하기도 한다.

"우리 소그룹은 겉으로는 굉장히 친숙하고 서로를 섬기는 데도 익숙한 것 같은데 나눔의 시간이 되면 자신의 이야기를 나눌 때 무엇인가 어색함이 있고 투명하지 못하다는 느낌을 받습니다. 이런 상황이 반복되면서 전체적으로 깊이 있는 나눔이 일어나지 않는 것 같아 왠지 친밀함에 있어서 자신감을 잃어버립니다. 제가 인도하는 소그룹 내에서 반복되는 이 안타까운 상황을 어떻게 극복해야 할까요? 혹시 제가 자격이 없는 것일까요?"

서로가 표정을 읽어낼 수 있는, 기가 막힌 소그룹 환경 속에서 SNS 상에서 이야기를 나누는 것처럼 너무 뻔한 이야기만 반복하는 분위기가 계속되는 소그룹은 실질적으로 지속성을 띠고 진행되기도 어렵고, 소그룹이 누릴 수 있는 유익도 누릴 수 없다. 또 소그룹 리더들의 헌신도를 상실하게 만드는 중요한 요소다. 도대체 어디서부터 손대야 할지 엄두가 나지 않는다는 목회자들 그리고 자신이 인도하는 소그룹이 좀 더 역동적이고 좀 더 친밀감이 자연스럽게 증대되는 소그룹이었으면 좋겠다는 소망이 있는 리더들의 현실적인 질문에 대해서 어떤 해답을 제시할 수 있을까?

'트렌드 리서치'에 보고된 소그룹 관련 결과에서 교회에 출석하면서 소그룹에 참여하는 개신교인들의 깜짝 놀랄 만한 응답률을 보았다. "귀하가 주로 활동하고 있는 소그룹에 대해 어떻게 평가하는가?"에 대한 물음에 대해 소그룹 참석자들은 이렇게 응답했다. 먼저 '모이면 즐겁다'는 응답은 93.1%의 응답률을 보였고, '나에게 유익함이 있다'는 응답도 같은 응답률을 보였다. '친밀한 관계를 유지한다'는 응답도 90.1%의 응답률을 보였고, '어려움을 당한 사람을 돕는 문화와 분위기가 있다'는 89.5% 그리고 '신앙적 격려와 자극을 받는다'도 88.8%나 되는 응답률을 보였다.[29] 이 리서치 결과에 의하면 소그룹에 참여하는 성도들의

29 이상화 외 9인, 『한국 교회 트렌드 2024』, 205.

소그룹 만족도는 상상을 초월할 정도로 높다는 것을 확인할 수 있다. 결국 목회자와 리더만 소그룹의 성공 여부에 대한 염려가 많은 것이다. 그러므로 일단 소그룹 사역을 아직 시작하지 않았다면 소그룹 사역을 시작하는 첫걸음을 과감하게 내딛는 것이 필요하다. 시작은 누구에게나 어렵지만 한번 시작하면 하나님이 기뻐하시는 것이 소그룹 사역이기 때문에, 소그룹 사역이 주는 황홀한 기쁨과 아름다운 결과를 곧 누릴 수 있을 것이다. 또 이미 소그룹 사역을 진행하는 과정에 있지만 안개 속을 헤매고 있는 듯한 느낌을 받고 있다면, 절대로 중간에 마음을 꺾고 포기하지 말고 잘 준비된 기관들과 전문가들의 도움을 받아 계속 진행해 보라.

2) 성경대로 대그룹과 소그룹의 균형을 강조하자

사도행전 2장 42-47절은 초대 예루살렘 공동체가 어떤 방식으로 복음 안에서 효과적으로 개인의 부흥과 공동체의 부흥을 일구어 냈는가를 보여주는 증언의 말씀이다. 그런데 중요한 것은 초대교회 그리스도인들이 모인 모임의 형태다. 그들은 "날마다" 모이기 위해 애를 썼는데, 모임의 장소가 두 곳이었다. 그들은 당시 유대인의 회당을 빌려서 함께 모여 '성전'에서 예배했고, 동시에 유복한 성도가 개방한 '집'에서도 함께 모였다(46절 참조). 공동체에 소속한 모든 성도가 함께 모여 하나님을 예배하는 형태는 대그룹의 형태를 띠었다. 동시에 보다 긴 시간을 할애하는 깊이 있는 말씀 연구와 떡을 나누는 친밀한 교제, 함께 마음을 열어 놓고 하나님을 향해 깊은 기도를 올려드리는 내밀한 기도 그리고 성도들이 서로의 필요를 자연스럽게 채우는 섬김과 나눔은 대그룹으로 모이는 성전보다도 소그룹으로 모이는 집에서 더욱 효과적으로 이루어졌다. 초대교회가 성전으로 대표되는 대그룹과 집으로 대표되는 소그룹 모임을 균형 있게 강조한 결과는 이렇게 증언된다.

하나님을 찬미하며 또 온 백성에게 칭송을 받으니 주께서 구원 받는 사람을 날마다 더하게 하시니라(행 2:47).

신약 시대 2,000년의 시간적 흐름 속에서 역동적인 소그룹 사역을 통해서 교회가 부흥했다는 경험을 가진 목회자들과 소그룹 리더들의 공통된 증언이 있다. "적은 수의 사람들이 모여서 좋은 모임을 한다는 소문이 나니까 예수 믿지 않는 교회 밖의 사람들이 그 모임에 자연스럽게 참여해서 부흥이 일어나고 있다"는 간증이다. 무엇보다 지금 한국교회 성도들이 소그룹의 효과에 대해서 크게 관심 있는 것을 유의 깊게 볼 필요가 있다. '트렌드 조사'에서 "코로나19로 인한 사회적 거리두기가 사실상 완전히 해제된 이후 앞으로 소그룹 모임에 성도들이 얼마나 참여할 것이라 생각하십니까?"(단수 응답)라는 질문을 던졌다. '현재보다 줄 것 같다'는 응답은 10.6%에 그친 반면에 '현재 보다 늘 것 같다'는 응답은 46.7%나 되었다. 여기에 더하여 "앞으로 소그룹에서 코로나 이전처럼 친밀한 교제가 가능할 것이라 보십니까?"(단수 응답)라는 질문에 대해 열 명 중의 여덟 명은 '가능할 것이다'(80.8%)라는 응답률을 보였다. 성도들 대그룹의 회복과 함께 소그룹 사역에 대한 갈망을 볼 수 있는 대목이다.[30]

---

30 앞의 책, 203.

실제로 초대 예루살렘 공동체는 소그룹의 독립성을 보장해 주면서, 동시에 전체 대그룹과의 유기성을 강조한 아주 유효한 모임 형태를 가졌다. 이 과정에서 교회는 이웃들에게 칭찬받는 공동체로서 자리매김했고, 날마다 새롭게 예수 그리스도를 믿겠다고 신앙고백을 하며 복음과 하나님의 주권 앞에 무릎을 꿇고 영적 공동체로 들어오는 놀라운 부흥의 역사가 나타났다. 결국 코로나 팬데믹 이후 외로움과 고립감을 토로하는 사람들이 더욱 사회적 관계 유지 트렌드(Sociality Trend)를 보이는 상황에서, 교회는 대그룹과 함께 소그룹 모임의 중요성을 강화하고 그 가치를 인정하는 것이 무엇보다 중요하다는 것을 확인한다.

3) 지속적인 리더 훈련 시스템을 세우고 진행하라

제자 훈련 소그룹으로 성도들의 지도력 개발을 통한 건강한 교회 성장을 꿈꾼 옥한흠 목사는 『제자 훈련 인도자 지침서』에서 선언적으로 밝힌다: "제자 훈련의 성패는 교재에 있는 것이 아니라 지도자에게 달려 있다. … 지도자의 인격, 지도자의 영성, 지도자의 기술이 제자 훈련의 수준과 질을 결정한다."[31] 리더의 성장과 성숙이 소그룹의 수준을 좌우하고 건강한 교회 성장의 기초가 된다는 말이다.

실제로 생명의 말씀인 성경의 가르침과 친밀한 교제 그리고 깊은 기도와 구체적인 상호 섬김이 일어나는 교회 안의 작은 교회인 소그룹 사역의 성패는 소그룹을 인도하는 리더에게 달려 있다. 이 사실은 아무리 강조해도 지나치지 않는 진리다. 특별히 소그룹 리더는 소그룹 사역

---

31 옥한흠, 『제자훈련 인도자 지침서』 (서울: 국제제자훈련원, 2011), 5.

현장에서 소그룹 리더들에게 중요한 모범 역할을 감당해야만 할 사명이 있다. 그러므로 소그룹에 참여하는 멤버들을 내면적(internal)으로 성숙하게 만들 뿐만 아니라 외면적(external)으로도 균형 있게 성숙할 수 있도록 돕는 역할을 감당할 때 소그룹 사역의 역동성이 유지될 수 있고, 궁극적으로 소그룹 목회를 통한 건강한 교회 성장을 성취해 낼 수 있다.

그런데 소그룹과 소그룹을 섬기는 리더의 중요성을 이해했을 때 곧바로 직면하는 문제가 있다. 교회 내 대부분의 소그룹 리더가 소그룹 사역과 교회의 모든 사역에 전념할 수 있는 목회자들이 아니고 대부분 일상을 살아가는 생활인들이라는 점이다. 결국 소그룹 리더들이 성경 본문에 대한 지식적인 이해와 함께하는 소그룹 구성원들을 대하는 인격과 소그룹을 흥미와 재미와 감동이 있는 소그룹으로 인도하는 자질을 갖추도록 하기 위해서는 반드시 교회가 소그룹 리더들을 효과적으로 훈련시키는 시스템을 가져야만 한다. 목회자들은 소그룹 리더들에게 마르지 않는 샘처럼 계속해서 영적 동기를 부여하는 것은 물론이고, 생명 공동체인 교회 속에서 소그룹이 가지고 있는 교회론적 위치와 역할과 사명 그리고 실제적인 소그룹 인도 기술(Skill)을 제공하고 가르치는 정기적인 시간을 균형 잡힌 커리큘럼을 가지고 진행하는 것이 필요하다.

나름 긴 시간 소그룹 사역에 집중해 오면서 실제로 깨닫는 사실은, 각 교회가 어떤 유형의 소그룹 모델을 선택했든지 소그룹 사역의 성패는 훈련으로 준비된 리더에게 달려 있다는 점이다. 소그룹에 참여하는 구성원들은 적어도 교회 내에서 소그룹 리더로 세움을 받은 이들에 대해서 항상 기대감이 있다. 적어도 리더로 세워졌다면 그가 누구든지 어느 정도 신앙의 깊이와 성경에 대한 이해도를 가졌다고 생각하고 자신보다 모든 면에서 나을 것이라고 판단하여, 세워진 리더에게 무엇인가를 기대하는 태도와 경향성을 보인다. 그런데 소그룹 사역 현장의 인적 구성을 들여다보면 다양한 영성의 색깔과 신앙의 배경과 깊이를 가지고 자신의 삶을 살아가는 구성원들이 모인 것을 확인할 수 있다. 한마디로 소그룹 현장은 각기 눈높이가 다른 10인 10색의 공동체라고 할 수 있다. 이렇게 다양한 구성원들이 함께하는 소그룹 구성원들의 마음을 하나의 초점을 가질 수 있도록 모아내고, 하나님 말씀을 나누면서 말씀으로 삶이 변화될 수 있도록 동기부여를 하는 것은 분명히 리더 한 사람의 자기 훈련만으로는 감당하기 어려운 일이다. 진실한 사랑으로 전인격적으로 목자의 심정으로 멤버를 돌보며 영적 교제의 기쁨을 누리게 하고, 교회와 세상을 힘 있게 살아가는 온전한 그리스도인이 되도록 돕는 역할을 힘 있게 감당할 수 있도록 반드시 교회가 백업해야 할 필요가 있다. 결국 영성과 인격과 지성을 비롯하여 사회 공공적 영역에 대한 깊이 있는 이해와 소양을 갖춘 리더로 세워내고 지속적으로 에너지를 공급하기 위한 교회의 전방위적인 리더 훈련 시스템이 전제될 때 비로소 가능한 것이다. 그러므로 소그룹 사역의 역동성을 통해 건강한 교회 성장을 꾀한다면 반드시 교회 내에 소그룹 리더들을 훈련하는 시스템이 필요하다. 그것도 지속적으로 훈련할 수 있는 시스템이 필요하다. 이 책무는 두말할 것 없이 목회자에게 있다.

그렇다면 목회자가 소그룹 리더들을 훈련시킬 때 훈련의 요목이 있다면 무엇일까? 교회 현장에서 긴 시간 실제로 훈련 시스템을 세우고 그 속에서 리더들에게 전달했을 때 효과를 본 훈련 교과과정의 내용은 크게 네 가지 영역으로 정리할 수 있다.

첫째, 교회의 본질과 기능에 대한 이해다. 교회에 대한 바른 이해가 전제될 때 왜 소그룹 사역이 필요하고 중요한지 큰 그림(Big Picture)을 그릴 수 있기 때문에 소그룹 리더에게 교회론에 대한 배움과 깨달음은 무엇보다 중요하다.

둘째, 소그룹 자체에 대한 이해다. 리더들이 교회 안에서 소그룹이 어떤 위치에 있고 소그룹으로 모이면 무엇을 해야 하는지, 소그룹이 얼마나 교회와 소그룹에 참여하는 다양한 멤버에게 유익하고 소그룹의 궁극적인 목적이 무엇인지에 대한 이해가 생길 때 소그룹 사역의 역동성과 지속성이 담보될 수 있다.

셋째, 소그룹 리더에 대한 이해다. 어떤 정체성을 가지고 있는가에 대해서 정확하게 알지 못하는 소그룹 리더는 사역하면서도 내내 방황할 수밖에 없다. 자신의 책임과 역할이 무엇인지를 아는 소그룹 리더들은 서로가 전인격을 알 수 있는 최적의 환경인 소그룹 안에서 멤버의 머리만 키우는 지식 전달자로만 존재하지 않는다. 한 영혼의 가치와 무게를 알고 그 영혼을 향한 목자의 심정으로 소그룹 구성원들을 섬긴다면 반드시 그 소그룹은 변화와 성숙을 경험할 것이다. 특히 구성원들을 지적으로, 영적으로, 관계적으로 사역으로 균형 있게 성숙하게 만들기 위해 섬김의 리더십을 보이는 것이 소그룹 리더의 역할인 것을 깨달은 잘 준비된 소그룹 리더가 있다면 교회 전체 분위기가 달라질 수 있다.

넷째, 소그룹을 인도하는 구체적인 인도 방법(Skill)에 대한 이해다. 소그룹은 생명체다. 연명시키는 것으로 만족할 수 없다. 성장하고 성숙할 때 기쁨이 있다. 다양한 신앙적 배경과 삶의 정황을 가지고 있는 멤버가 함께 모이는 소그룹 시간을 즐거움이 넘치도록, 새로운 것을 함께 알고 깨닫는 기쁨을 경험하도록 그리고 만남 자체가 삶을 공유하고 서로 깊이 기도하며 섬기는 가운데 감동이 넘치도록 인도하는 것은 절대로 쉬운 일이 아니다. 소그룹 모임 시간 시작부터 마치는 시간까지, 현장에서의 마침 이후에 그다음 만남을 준비하는 시간까지 소그룹 리더가 무엇을 준비하고 어떤 방식으로 소그룹을 진행해야 하는가는 그 기술이 숙련되면 숙련될수록 효과가 있다.

소그룹은 생명을 가진 생명 공동체이기 때문에 소그룹을 역동적이고 열매 맺는 소그룹으로 세우기 위한 리더의 구체적인 훈련 내용과 종류는 사실 무궁무진하다. 실례로 빌 도나휴(Bill Donahue)는 소그룹을 "하나님의 말씀을 '깊이' 나누고 말씀을 통해 서로 세워주는 곳이고, 구성원들이 있는 자원을 쉽게 확인하고 그것을 서로 향해서 또 바깥으로 사용할 수 있는 곳, 함께 깊이 기도할 수 있는 곳, 원활한 교제를 통해 쉽게 마음이 열릴 수 있는 곳, 작은 수가 모이는 만큼 신뢰를 바탕으로 정직한 관계가 형성될 수 있는 곳, 원만한 의사소통을 통해 서로의 의견이 존중될 수 있는 곳, 신뢰 관계가 형성되기만 하면 어떤 대화나 나눔이든지 비밀이 보장될 수 있는 곳, 다른 그룹원에 대하여 즉각적이고 예민한 반응을 보일 수 있는 곳, 서로에 대한 책임감을 가질 수 있는 곳, 소그룹의 확장을 통해 전도를 용이하게 할 수 있는 곳, 그룹 배가에 대한 보람을 맛볼 수 있는 곳"이라고 정의한다.[32] 이런 소그룹이 과연 순식간에 세워질 수 있을까? 그것은 불가능한 일이다.

실제로 긴 시간 소그룹 사역을 연구하고 임상하면서 깨달은 사실이 한 가지 있다. 한 번의 세미나로 준비된 소그룹 리더가 탄생하는 법이

---

32 빌 도나휴/김주성 역, 『삶을 변화시키는 소그룹 인도법 – 윌로우크릭교회 소그룹이야기』(개정판) (서울: 국제제자훈련원, 2004).

없다는 사실이다. 지금 소그룹에 참여하는 소그룹 구성원들은 아주 쉽게 많은 정보를 접할 수 있는 시대에 살고 있다. 그들에게 감동과 재미를 주고 모이는 기쁨을 계속해서 공급하려면 소그룹 리더들이 교회에 대한 이해는 물론이고, 소그룹만이 가지는 독특성에 대한 이해, 자신의 눈앞에 있는 소그룹 멤버에 대한 이해, 무엇보다 모임의 중심에 있는 성경 말씀에 대한 이해를 위해 열심히 공부해야 하는 것이 당연하다. 이외에도 "왜 여기 모였는가?, 모여서 무엇을 하고자 하는가?"라는 소그룹 목표에 대한 이해에서부터, 소그룹에 참여한 단 한 사람도 가급적 소외되지 않도록 인도하는 소그룹 인도 스킬, 각자 삶의 푹 빠져 있다가 영적 모임인 소그룹에 참여한 사람들을 영적인 깊은 세계로 인도하는 방법, 모일 때마다 말씀 나눔과 교제와 기도를 효과적으로 안배하는 방법, 자기들만의 천국으로 전락하는 소그룹이 아니라 봉사로 영혼 구원으로 열린 소그룹을 유지하는 방안, 모든 구성원이 진짜 친밀한 코이노니아를 경험하는 방안, 개인적인 이야기만 하다가 끝나는 주관적인 모임이 아니라 교회와 유기체적으로 연결해서 더불어 성장하는 길에 대한 이해와 적용, 정답만을 강요하지 않고 자기 생각과 신앙고백을 자극하는 열린 질문을 하는 방법, 인도자가 먼저 상처받을 각오를 하고 샘플을 보여주면서 역동적인 대화를 이끌어 가고 또 경청하는 인도 방법, 성경 공부 교재에 대한 깊이 있는 이해, 작은 인원수가 모인 만큼 깊이 있고 밀도 있는 기도로 실제적인 기도 응답을 경험하는 소그룹으로 나아가는 방법 등등 소그룹 인도자들이 역동적이고 효과적인 소그룹을 운영하고 인도하기 위해서 배워야 할 주제들은 수없이 많다. 이런 주제들을 지속적이고 정기적으로 훈련시키겠다는 결심을 하는 것이 소그룹 목회를 실제로 준비하는 목회자에게는 절대적으로 필요하다.

4) 적절한 교재 선택과 생명 주기에 따른 교과과정을 구성하고 진행하라

2023년 "한국교회 소그룹 활동 실태조사" 결과에서 소그룹 참여자에게 교회가 교재와 유인물을 정기적으로 제공하는가를 묻는 질문에 49.5%만 '정기적으로 제공한다'는 응답률을 보였다. 그리고 제공되는 교재와 유인물의 형태가 어떤 것인지에 대해 물어본 결과 '교회에서 만든 교재'가 56.6%였고, '담임목사님의 설교 요약문'이 46.2%로 나타났다. 실제로 교재와 유인물의 체계적 교과과정 여부는 아주 실망할 정도는 아니지만 56.5%가 '있다'는 응답률을 보였다.[33]

건강한 교회 성장을 위해 소그룹 사역을 진행하고자 할 때 교재의 중요성은 아무리 강조해도 지나치지 않을 만큼 중요하다. 소그룹 리더가 전혀 이해할 수 없거나 지속적으로 흥미를 불러일으킬 수 없는 어려운 교재를 선택한다면 그 결과는 뻔하다. 결국 소그룹 리더들이 잘 소화해서 전달할 수 있는 교재를 선택하고, 필요하다면 소그룹 리더들을 훈련시키는 정기적인 모임에서 먼저 목회자가 그 내용을 설명하거나 시범을 보이면 효과적이다. 그리고 교재를 선택할 때 중요한 조건으로 교재의 질문이 단답만을 요구하는 폐쇄형 닫힌 질문인지, 아니면 자기 생각과 느낌을 나눌 수 있는 열린 질문인지를 유심히 보아야 한다. 소그룹으로 모인 이유는 역동적인 나눔이 일어나도록 하기 위함이다. 단답만 할 수밖에 없는 소그룹에서 나눔이 일어날 리는 만무하다. 그러므로 열린 질문으로 이루어진 교재를 선택하면 소그룹 모임 자체가 훨씬

---

33 이상화 외 9인, 『한국 교회 트렌드 2024』, 214-215.

역동성을 유지할 수 있다.

　적어도 직전에 언급한 소그룹의 그룹화 과정에서 연령별로 소그룹을 구성하든지, 자기 삶의 특성이나 취향에 따라 소그룹을 구성하는 취향 소그룹이든지, 그렇지 않다면 지역별 소그룹 구성이든지, 교회 교육 활성화를 위해서 모이는 교회 내 소그룹은 항상 말씀을 중심으로 모이는 것이 기본이다. 그런데 소그룹 현장에서 다루는 교재가 재미도, 새로운 깨달음도, 적극적인 나눔을 통한 감동도 주기 어렵다면 분명히 그 소그룹은 처음 기대했던 것과는 딴판으로 흘러갈 가능성이 크다. 그러므로 소그룹 교재가 참석한 모든 멤버에게 효과적으로 삶을 나눌 수 있도록 동기부여가 되는지, 성경 말씀을 통해서 영성과 지성과 인격을 성숙시킬 뿐만 아니라 실천적인 삶을 결단하는 자리에까지 이르게 하는지, 나아가 뜨겁게 서로를 위해 기도하면서 기도 응답의 기쁨을 누릴 수 있도록 자극하는 내용으로 구성되어 있는지를 잘 살펴서 소그룹 교재를 준비하는 것이 필요하다.

　소그룹 교재의 내용 구성에 대한 주의 깊은 준비와 함께 소그룹 교재를 선택하는 데 있어서 또 하나 중요한 것은 짧게는 3개월이나 6개월, 더 나아가서는 1년이나 2년의 교과과정(커리큘럼) 구성이 절대적으로 필요하다는 점이다. 성경 66권의 흐름을 따르든지, 아니면 주제별 성경 공부 교재를 선택하든지 소그룹 참여자가 교회가 진행하는 소그룹에 빠지지 않고 계속 참여하면 분명히 개인적으로 성장과 성숙을 꾀할 수 있다고 느끼게 하는 것이 잘 짜인 교과과정이다. 특별히 멤버가 가진 관심사를 중심으로 짜인 특성화(혹은 취향) 소그룹 구성이라면 소그룹 멤버의 관심사를 말씀의 진리로 해결할 수 있는 소그룹 교과과정을 짜면 더욱 역동적이고 효과적으로 소그룹을 운영할 수 있다. 실례로

고 3 자녀를 둔 학부모들로 멤버가 구성된 특성화 소그룹이라면 1년 동안 어떻게 부모의 영적 권위를 잃지 않고 자녀를 사랑으로 섬기며 말씀의 기준으로 양육할 것인가에 초점을 두고 소그룹 교과과정을 짜면 효과적일 것이다. 교회 내 연세 높으신 어른들이 주된 멤버로 구성된 실버 사랑방이라면 신앙 안에서 아름다운 노년을 어떻게 빚어갈 것인가에 초점을 맞춘 소그룹 교과과정이 필요할 것이다. 또 선교적 사명에 불타는 멤버가 모인 소그룹이라면 선교적 교회와 관련된 소그룹 교과과정을 짜야 할 것이고, 운동하고 교제하는 취향 소그룹이 구성되었다면 말씀 안에서 함께 울고 함께 즐거워하는 내용과 흐름으로 구성된 소그룹 교과과정을 짜면 효과적일 것이다. 여기에 더하여 소그룹 멤버 자체가 영육 간에 치유와 회복이 필요한 멤버로 구성되어 있다면 멤버의 관심사인 치유와 회복에 초점을 맞추어 교과과정을 짜야 할 것이다. 이외에도 소그룹의 특성에 따라 소그룹 교재는 다양한 교과과정으로 변용되어 짤 수 있다. 할 수 있는 한 소그룹 멤버의 눈높이에 맞는 소그룹 교재를 선택하고 교과과정을 짜는 것은 건강한 교회 성장을 위한 소그룹 목회 활성화를 위해 반드시 고려되어야 할 주제다.

5) 좀 더 모이기 쉬운 소그룹으로 소그룹 재편성(Re-Grouping)을 진행하라

교회가 전면적으로 소그룹 사역을 시작하려고 할 때 봉착하는 가장 큰 어려움은 "소그룹을 어떻게 편성할 것인가?" 하는 문제다. 처음 소그룹을 시작하는 교회라면 조금은 쉽다. 그러나 이런 상황에서도 "어떤 기준으로 소그룹을 편성할 것인가?" 하는 문제에 곧 봉착한다. 그런데 기존에 소그룹을 운영한 교회라면 "기존 소그룹을 그대로 유지할 것인가? 아니면 새롭게 재편할 것인가? 아니면 점진적으로 개량할 것인가?"를 놓고 고민할 수밖에 없다. 실제로 교회의 소그룹을 새롭게 시작하기 위해 편성(Grouping)하는 일이나 소그룹을 재편성(Re-Grouping)하는 일은 교회 내적으로 거센 저항에 직면할 수 있다. 그러므로 이 난제를 극복하고 소그룹을 바람직하게 편성할 방안이 필요하다.

그렇다면 중간에 탈락하는 구성원 없이 지속성을 띠고 모여서 말씀 나눔과 친밀한 교제와 깊이 있는 기도와 상호 섬김과 전도의 열매까지 맺는 소그룹 편성 방안은 무엇일까?

사실 지금까지 한국교회가 보여 온 소그룹 편성 방식은 지역별 편성으로, 교회에서 일어나는 정보를 효과적으로 전달하고 조직적으로 교회 사역에 참여시키기 위한 교인 관리에 방점을 찍은 편성 방식이었다. 그러나 지금 한국교회 성도들은 자신의 관심사를 나눌 수 있고, 자신과 함께 같은 취향을 가지고 있거나 비슷한 라이프 사이클(Lifecycle) 속에 있는 같은 연령대 구성원들이 있는 소그룹에 편성된다면 훨씬 더 모이기 쉽다는 입장이다. 어떤 소그룹에 참여하기를 원하는가를 조사한 결과를 보면 88.4%의 응답자들이 '비슷한 취향을 가진 사람들과 모이는 소그룹에 참여하고 싶다'고 대답했다. 또 연령별로도 '5~10세 정도의 연령 차이를 가지면 훨씬 더 모이기 쉽다'고 응답했다.

결국 교회의 인적 구성 현황을 잘 파악하고 먼저 성인 성도들의 '성비, 연령 구성, 부부 현황(자녀 여부와 자녀 교회 출석 상황), 싱글 현황, 교회 직분 비율, 섬김 현황, 주거지와 교회와의 거리 현황, 도보 및 교통편 이용 현황 등' 일반적인 인적 구성 현황을 정리하는 것이 필요하다. 그리고 '교구 구분 기준, 각 소그룹(성별 구분 – 남성/여성소그룹, 혼성소그룹,

부부 소그룹, 싱글 소그룹 관심사 중심 소그룹, 연령별 소그룹, 특별 소그룹 등)의 개수, (교회 전체적으로) 성도의 소그룹 참석률(참석자와 비참석자 비율), (각 소그룹의) 소그룹 참석률, 휴면 소그룹 개수, 각 소그룹 주 모임 시간, 모임 장소 현황, 각 (교회 전체적으로) 평균 소그룹 재편성 기간, (성도 개별적으로) 현재 소그룹에 편성된 후 그 소그룹 멤버로 활동한 기간, (최소 3년 이상의 기간 동안) 사용한 교재 등'을 파악해야 한다. 특히 교회마다 나름의 여러 가지 상황과 독특한 환경 때문에 소그룹 구성이 굉장히 다양한 양상을 가질 수 있는데, 할 수 있는 한 교회 내에서 진행해 온 소그룹의 현황을 파악하고 수치로 데이터화하여 소그룹 (재)편성을 준비하는 토대를 가지는 것이 중요하다.[34]

기초 자료의 데이터화가 이루어지면 목회자들이나 소그룹 전체를 운영하는 사역자의 눈에 자연스럽게 소그룹 편성이 불균형을 이루고 있다는 것을 대부분 느끼게 된다. 실례로 먼 곳으로 이사를 갔는데도 불구하고 교구 이동이 되지 않아서 긴 이동시간을 가지면서 소그룹에 참여한다든지, 긴 시간 한 소그룹에 계속 머물러 있어서 친밀감은 있지만 생경함과 새로움은 사라져 버린 소그룹을 발견할 수도 있다. 따라서 정리된 데이터를 보고 소그룹 (재)편성의 필요성을 먼저 파악하는 것이 필요하다.

교회 안의 교회(Church in Church)인 소그룹은 근본적으로 주님이 머

---

[34] "한국교회 소그룹 활동 실태조사" 결과에 의하면, 영적 공동체에서 모이는 소그룹 참여자들이 적절한 소그룹 진행 시간으로 인식하는 평균 시간 분량은 1시간 20분(80분)으로 파악되었다. 또 사회학적으로 소그룹의 인원수는 열두 명 이하지만, 적절한 소그룹 인원수는 일곱 명이라는 응답을 얻었다. 여기에 더하여 소그룹 내에서 멤버가 서로 깊이 있는 이야기를 나누는 데는 적어도 평균 1년이 필요하다는 결과가 나왔고, 소그룹이 평균 1년 8개월 정도 지속하다가 재편성되면 좋겠다는 결과도 나왔다. 앞의 책, 206-208.

리이신 교회의 한 몸이 된 모든 성도를 서로 유기적으로 연결시키는 '생명 안전망' 역할을 한다. 그러므로 소그룹에 편성되어 있으면서도 성도들과의 유대가 없이 혼자 은혜의 소외 지역에 머물러 있다면 그 근본 원인이 소그룹 편성 문제에 있다. 특별히 조직적으로는 소그룹에 편성되어 소그룹 구성원이지만 휴면 소그룹에 소속되어 소그룹의 유익을 경험하고 있지 못한 성도가 교회 내에서 최소한 30% 이상이라면 소그룹의 재편성은 반드시 필요하다. 동시에 소그룹 리더로 섬기는 이들에게 섬기는 소그룹에 참여하는 소그룹 구성원들의 참여율이 50% 이하로 떨어져 있다면 교회 교육 활성화를 위해 소그룹 (재)편성이 필요한 상황인 것을 인지하고 소그룹의 역동성 회복을 위해 (재)편성의 단계를 밟아 나가야만 한다.

그리고 이 그루핑과 관련해서 교회 교육 활성화를 위해서 소그룹을 운영할 때 중요하게 고려해야 할 사실은 잠재적인 소그룹 리더들을 계속해서 발굴하고 세우는 작업이 병행되어야 한다는 점이다. 소그룹 (재)편성 과정에서 새로운 소그룹들이 생겨나고, 그래서 새로운 리더들이 임명되어 조직적인 차원에서 소그룹 (재)편성이 완결되었다고 해서 이제 소그룹 사역이 활성화되리라고 보는 것은 환상이다. 계속해서 교육에 참여할 수 있고, 교역자와 함께 소통하며, 작은 목자로서 섬김의 각오가 되어 있는 새로운 리더가 미리 선별되고 훈련받는 과정이 병행될 때 비로소 그루핑의 참된 의미가 살아날 수 있다. 그러므로 기존의 리더들에게는 개별적으로 심방하며 소그룹 활동에 계속해서 긍정적으로 임할 수 있도록 따스한 격려와 도전이 필요하다. 또한 소그룹이 새롭게 편성되면 새로운 소그룹을 섬길 리더의 필요가 늘어날 수밖에 없으므로 새로운 리더들을 선별하고 준비하는 것이 필요하다. 그래서 목회자들이 독수리의 눈을 가지고 새로운 리더들을 찾고, 기존의 리더들로부터 추천 받은 새로운 리더들을 설득하고 세우는 과정을 반드시 가져야 한다. 소그룹의 성패는 결국 리더에게 달려 있으므로 이 과정은 대단히 중요하다. 그렇다면 어떤 사람이 새롭게 편성된 소그룹의 리더들로 적당할 것인가가 문제로 남는다. 적어도 다음과 같은 기준에 부합하는 사람이라면 소그룹 (재)편성 이후에 섬길 수 있는 리더로 세워질 만한 성도들이다.35

첫째, 진정성의 여부다. 소그룹 리더는 적어도 진솔하고 진실하며 신실한 사람이어야 한다. 이중성이 있거나 신뢰할 수 없다는 느낌이 들면 공동체는 무너진다. "리더의 속도가 팀의 속도"라는 말이 있듯이 리더의 진정성은 그룹의 진정성을 가늠할 수 있는 척도다. 무엇보다 진실하고 정직한 사람을 찾아내는 것이 필요하다. 드라마틱하지 않고 말을 잘 못해도 진정성이 있는가를 분별해야 한다.

둘째, 시간을 낼 수 있어야 한다. 소그룹을 이끌기에 충분한 삶의 여유가 있어야 한다. 아무리 리더십이 탁월해도 자신이 이끄는 그룹에 참여할 여유가 없거나 리더 모임과 교육에 지속적으로 참여가 불가능하다면 리더로 세워서는 안 된다. 그러므로 최소한 리더로 헌신할 수 있는 충분한 시간적 여유가 있거나 여유를 만들 수 있는 사람을 찾아야 한다.

셋째, 활동성이 있어야 한다. 사역을 해보면 평소에 바쁘게 움직이는 활동성을 가진 사람은 새로운 일을 두려워하지 않는다는 것을 경험한다. 오히려 많은 일을 하고 있는 활동적인 사람이 더 많은 일을 감당한

---

35 채이석·이상화, 『건강한 소그룹목회 컨설팅』, 제1부 5장 "리더를 훈련하라."

다. 그래서 "바쁜 사람을 더 바쁘게 하라!"는 격언이 존재하는 것이다. 실제로 바쁨 속에서도 많은 일을 처리할 수 있는 능력을 갖춘 사람은 생산성을 높일 수 있는 내적인 에너지나 시스템을 훨씬 풍부하게 갖추고 있는 경우가 많다. 정신없이 서두르는 사람은 피하되, 소매를 걷어붙이고 봉사할 준비가 되어 있는 사람을 계속 주시하는 것이 필요하다.

넷째, 배우려는 의지가 엿보여야 한다. 성도들 가운데 무엇인가를 배우려는 데 열심인 사람이 보이는가? 그렇다면 그 사람은 분명히 리더가 될 자질이 있는 사람이다. 기꺼이 경청하고 배우려고 하는 사람은 개인적으로 성장할 수 있을 뿐만 아니라 다른 사람들을 성장시킬 수 있는 에너지를 축적할 수 있는 리더감이다. 그러므로 스스로 성장하고자 하는 열정을 가진 사람들을 눈여겨보는 것이 필요하다.

다섯째, 관계 지향적이어야 한다. 다른 사람에게 관심이 있고 배려하는 사람이 보인다면 소그룹 리더감이다. 이것은 외향적 성격을 가진 사람이어야 한다는 의미가 아니다. 내성적인 성향이더라도 다른 사람들을 포용하고 함께 참여시키는 데 재능을 보이는 사람이라면 소그룹 리더감으로 여길 수 있다.

결국 소그룹 그루핑과 잠재적 리더 발굴이 병행될 때 역동적인 소그룹 목회를 통한 건강한 교회 성장의 환경이 구축될 수 있다.

V. 맺는말

코로나 팬데믹 이후 교회 내외적으로 나타나고 있는 여러 가지 병리 현상과 우려할 만한 현실이 목회 현장에 계속해서 불쑥불쑥 출몰하고 있다. 특히 사회적으로 고립감의 증대와 위험 사회와 불안 증폭의 사회는 교회 교육이 어떤 방향으로 가야 할 것인가를 정확하게 노정하고 있다. 이런 상황에서 기꺼이 자신을 열고 상대방에게 자신을 완전히 내어 줄 수 있는 상호 신뢰가 있는 소그룹을 통한 건강한 교회 성장의 환경이 절대적으로 필요하게 되었다. 성경적 기초를 가진 역동적인 소그룹 사역이 있는 교회에는 '건강한 성도들이 계속 세워지는 성숙과 진정한 교회의 부흥'이 일어날 수 있다는 것을 데이터로 입증했다. 그리고 더욱 중요한 것은 만 30년 이상 소그룹 목회 사역의 중요성을 깨닫고 목회 현장에서 씨름해 본 결과 건강한 소그룹 사역은 균형 있고 건강한 교회 성장을 가져온다는 것을 확인했다. 주님의 몸인 생명적 유기체인 교회는 주님 다시 오실 때까지 계속 성장해 가야 할 절대성을 가진다. 성령의 능력 안에서 전략적으로 준비되어 진행되는 역동적인 소그룹 목회 사역을 통해서 날마다 건강한 성숙과 성장을 경험하는 교회가 되고 새로운 부흥의 물꼬가 터지기를 기대한다.

참고문헌

권문상. 『소그룹의 원리와 실제』. 서울: CLC, 2024.

_____. 『어게인 1907』. 서울: 브니엘 2006.

도나휴, 빌/김주성 옮김. 『삶을 변화시키는 소그룹 인도법 — 윌로우크릭교회 소그룹이
  야기』(개정판). 서울: 국제제자 훈련원, 2004.

목회데이터연구소. 「2023 통계로 보는 한국 사회 한국 교회 Vol. 5」. 서울: 목회데이터
  연구소, 2024.

뱅크스, 로버트/장동수 옮김. 『바울의 공동체 사상』. 서울: Ivp, 2007.

보통, 알랭드/박중서 옮김. 『무신론자를 위한 종교』. 서울: 청미래, 2011.

아이스노글, 개러스/김선일 옮김. 『소그룹 사역을 위한 성경적 기초』. 서울: SFC출판부,
  2007.

옥한흠. 『제자 훈련 인도자 지침서』. 서울: 국제제자 훈련원, 2011.

_____. 『평신도를 깨운다』. 서울: 국제제자 훈련원, 2011.

웰딩스, 로버트 · 마크 슐츠/박선령 옮김. 『세상에서 가장 긴 행복 탐구 보고서』. 서울:
  비즈니스북스, 2023.

이상화 외 9인. 『한국 교회 트렌드 2024』. 서울: 규장, 2023.

정재영. 『소그룹의 사회학』. 서울: 한들출판사, 2010.

지용근 외 9인. 『한국 교회 트렌드 2023』. 서울: 규장, 2022.

채이석. 『건강한 소그룹 목회 컨설팅』. 서울: 기독신문사, 2001.

_____. 『소그룹의 역사』. 용인: 소그룹하우스, 2010.

채이석 · 이상화. 『건강한 소그룹 사역 어떻게 할것인가?』. 서울: 소그룹하우스, 2009.

최선아. "누가, 얼마나 외로운가? — 외로움 실태조사."「한국리서치」. https://
  hrcopinion.co.kr/archives/29126?utm_source= chatgpt.com.

한국경제신문 코로나 특별취재팀. 『코로나 빅뱅 — 뒤바뀐 미래』. 서울: 한국경제신문
  한경BP, 2020.

"나혼자 사는 60대 이상, 20 · 30대 앞질렀다… 56% 年 3000만원 못 벌어."「뉴시스」.
  https://www.newsis.com/view/NISX20241209_0002989200?utm_source=
  chatgpt.com.

서윤경 · 최기영 · 유경진. "4명 중 1명 '중증의 고독'… 종교인이 외로움 덜 탔다."「국민일보」.

https://www.kmib.co.kr/article/view.asp?arcid=0924285154&code=
23111111&cp=nv.

은혜 기반 소그룹 코칭

― GRACE-DRIVEN 코칭을 통한 교회 소그룹 사역의
성장과 변화

윤재병 박사 / 코칭학

I. 서론

이 연구는 현대 사회에서 교회 소그룹 사역의 중요성을 강조하며, 기존 운영 방식의 한계를 극복하고 구성원들의 변화와 성장을 촉진하기 위한 새로운 모델로서 '은혜 기반 소그룹 코칭'(GRACE-Driven Small Group Coaching, GSC)을 소개한다. 즉, '은혜가 이끄는 코칭'을 소그룹에 접목하여 하나님의 은혜 안에서 소그룹을 강화하고 구성원들의 잠재력을 이끌어 내는 데 초점을 맞추었다. 이 연구는 문헌 연구, 사례 분석, 전문가 인터뷰, 8주간의 코칭 워크숍 분석을 통해 진행되며, '은혜가 이끄는 변화'라는 개념과 코칭 이론을 소그룹 사역에 통합한 이론적 배경을 제시하고, '은혜가 이끄는 코칭'의 핵심 원리를 설명한다.

'은혜 기반 소그룹 코칭' 대화 모델은 다섯 가지 핵심 요소로 구성된다. 첫째, 공감적 경청은 구성원의 이야기를 진심으로 듣고, 그들의 감정과 생각을 이해하며, 공감하는 과정이다. 둘째, 성찰적 질문은 적절한 질문을 통해 구성원의 생각을 자극하고, 자율적으로 해결책을 찾도록 도우며, 그들의 잠재력과 지혜를 이끌어 내는 과정이다. 셋째, 격려와 지원은 발전적인 피드백과 격려를 통해 구성원의 자신감을 향상시키고 목표 달성을 위한 지원을 제공하는 과정이다. 넷째, 목표 설정과 실행 계획 수립은 하나님의 인도에 따라 비전을 설정하고 구체적인 목표와 실행 계획을 세우도록 돕는 과정이다. 다섯째, 은혜 기반 (GRACE-DRIVEN) 코칭은 기도와 믿음과 하나님의 은혜를 바탕으로 진행되어 DRIVEN의 결실을 통해 예수님을 닮은 복음 코치(Gospel Coach)를 세우는 과정이다. 각 핵심 요소는 소그룹 리더들의 코칭 역량을 강화하고, 구성원들의 영적 성장과 삶의 변화를 촉진하는 데 필수적이다.

8주간의 코칭 워크숍 프로그램은 소그룹 리더들이 코칭 기술을 습득하고, 코칭 마인드셋을 함양하며, 영적 성장과 소그룹 운영 방식의 변화를 긍정적으로 이끌어 내는 데 초점을 맞추었다. 이 워크숍을 통해 참가자들은 공감적 경청, 성찰적 질문, 격려와 지원, 목표에 맞는 실행 계획 수립의 코칭 기술과 코칭 마인드셋을 배울 수 있다. 또한 '은혜가 이끄는 코칭'의 핵심 원리와 소그룹에 적용하는 방법을 배우고 적용하여 영적 성장과 소그룹 운영에 발전적인 변화를 촉진할 수 있다.

1. 연구 배경과 목적

현대 사회는 급격한 변화와 개인주의 심화, 디지털 기술 발전 등으로 인해 인간관계의 단절과 공동체 의식 약화라는 심각한 문제에 직면하고 있다. 이러한 상황 속에서 교회는 공동체성 회복과 구성원들의 영적 성장을 위한 소그룹 사역의 중요성을 더욱 강조하고 있다. 소그룹은 구성원들에게 친밀한 관계, 돌봄, 양육, 전도 등의 기회를 제공하며, 서로에게 힘이 되고 영적으로 성장하며 삶의 어려움을 함께 극복할 수 있도록 돕는 중요한 역할을 한다. 특히 코로나 팬데믹 이후 더욱 심화된 고립감 속에서 소그룹은 구성원들이 서로 연결되고 위로받을 수 있는 환대의 공간, 섬김의 아름다운 장소(Place)가 될 수 있다.[1] 두세 사람이 예수님의 이름으로 모일 때 주님도 그곳에 계신다(마 18:20). 그러나 기존의 소그룹 사역은 교리 중심적인 교육이나 친목 활동에 치중하는 경향을 보이며, 구성원들의 실질적인 삶의 변화와 성장을 촉진하는 데는 한계를 드러내고 있다. 또한 소그룹 리더들은 구성원들의 다양한 필요와 문제에 효과적으로 대응하는 데 어려움을 느끼고 있으며, 이는 소그룹 활동의 저하와 구성원들의 이탈로 이어지는 악순환을 초래하고 있다.

본 연구는 이러한 문제의식을 바탕으로, 기존 소그룹 사역에 '코칭'이라는 새로운 패러다임을 접목하여 구성원들의 삶의 변화와 성장을 촉진할 수 있는 '은혜 기반 소그룹 코칭' 모델을 제시하고자 한다. 특히 '은혜 기반(GRACE-DRIVEN) 코칭' 개념을 도입하여 하나님의 은혜 안에서 소그룹 리더의 코칭 역량을 강화하고, 구성원들이 자신의 잠재력을 발휘하며 영적 성장과 삶의 변화를 경험하도록 돕는 이론적 틀과 실제적인 방안을 제시하는 데 중점을 둔다.

---

1 폴 스티븐스/홍병룡 옮김, 『일터신학』 (서울: IVP, 2009), 80.

2. 연구 문제와 방법

본 연구는 '은혜 기반 소그룹 코칭' 모델을 한국교회 소그룹 사역에 적용하기 위해 세 가지 연구 문제를 설정하였다. 은혜 기반 소그룹 코칭의 이론적 근거와 신학적 정당성은 무엇인가? 효과적인 소그룹 코칭을 위한 리더의 핵심 역량과 코칭 기술은 무엇인가? 은혜 기반 코칭 대화 모델과 소그룹 코칭 워크숍 과정은 어떻게 구성되는가?

연구 방법으로는 문헌 연구, 사례 연구, 전문가 의견, 워크숍 분석을 채택했다. 문헌 연구는 코칭 관련 이론, 소그룹 사역 관련 연구, 기독교 코칭 관련 자료, '은혜가 이끄는 변화' 등을 분석하여 이론적 배경과 신학적 근거를 마련한다. 사례 연구는 코칭을 소그룹 사역에 성공적으로 적용한 교회 사례들을 분석하여 실제적인 적용 방법과 효과를 탐구한다. 특히 충신교회, 셀 코칭을 도입한 김학중 목사 교회, 윌로우크릭 교회, 장희규 목사의 소그룹 모델 등을 분석한다. 전문가 의견은 코칭 전문가, 소그룹 사역 전문가, 목회자 등의 강연과 인터뷰를 수집하고 분석하고 수렴하여 연구의 실효성을 높인다. 워크숍 프로그램 분석은 소그룹 리더들을 대상으로 한 8주 코칭 훈련 워크숍 과정을 분석하여 '은혜 기반 소그룹 코칭' 모델의 효과성을 가정한다.

3. 결론

정리하면, '은혜 기반 소그룹 코칭' 프로그램은 기존의 교회 소그룹 사역에 새로운 활력을 불어넣고, 구성원들의 삶에 변화와 성장을 촉진할 수 있는 효과적인 방법론이다. 그러나 이 모델의 확산과 정착을 위해서는 후속 연구, 교회와 기관의 적극적인 참여, 전문 코치 양성, 재정적 지원, 기도와 믿음을 바탕으로 한 지속적인 노력이 필요하다.

II. '은혜 기반 소그룹 코칭'의 신학적 기초

은혜 기반 소그룹 코칭은 교회의 소그룹에 은혜 기반 코칭(GRACE-DRIVEN Coaching)을 적용한 코칭을 말한다. 신학적 기초는 삼위일체 하나님의 존재와 능력과 은혜에 근거한다. "삼위일체는 기독교 신학의 토대이다."[2] 제임스 패커에 의하면 "하나님을 믿는 기독교 신앙의 핵심은 성경에 계시된 삼위일체 신비에 있다. 라틴어 '트리니타스'(*trinitas*)는 '삼위'를 뜻한다. 기독교는 하나님이 세 위격으로 존재하신다는 '삼위일체 교리'를 믿는다"[3]고 했다. 성부 하나님은 변화의 주체와 능력과 근원이 되신다. 성령 하나님은 영적인 코치로서, 코칭의 동력이 되신다. 성자 예수님은 말씀과 기도의 본이 되어 하나님이 뜻을 따라 코칭하는 분별력을 주신다. 삼위 하나님은 코치의 은혜 기반 코칭을 통해 교회의 소그룹에 은혜가 이끄는 변화를 이끌어 가시는 분이다.

1. 소그룹의 역사와 교회 성장

소그룹의 역사는 어디에서 출발할까? 소그룹의 원형은 하나님의

---

2 리처드 바우컴 외/신호섭 옮김, 『삼위일체: 신약신학 실천신학적 연구』 (서울: 이레서원, 2018), 16.

3 J. I. Packer, *Knowing God* (IL: InterVarsity Press, 1973), 65.

존재 양식과 함께 일하시는 하나님의 모습에서 찾을 수 있다. "소그룹은 하나님 자신의 모습을 보여주는 축소판(miniature)"이다.[4] 아이스너글(Gareth Weldon Icenogle)은 하나님은 공동체 안에서 존재하시며, 하나님의 형상대로 창조된 인간은 공동체 안에서 창조되었고 공동체 안에서 살아가며 성숙하도록 부름 받았다고 했다. 그리고 하나님이 인간을 향해 보여주신 공동체적 형상의 가장 자연스럽고 단순한 표현이 바로 소그룹 모임이라고 했다.[5] 그런 점에서 에덴의 아담 부부의 가정 공동체는 삼위 하나님의 공동체의 모습을 반영한 것이라고 말할 수 있다.[6] 그 외에 성경에서는 이드로의 소그룹 시스템(출 18:20-22), 잇사갈 지파의 소그룹 리더들(대상 12:32), 여호사밧왕의 순회 율법 소그룹 팀을 통한 백성들 교육의 소그룹 리더십(대하 17:7-9), 느헤미야의 교육 소그룹(느 8:9), 신약성경의 소그룹, 즉 예수님의 열두 제자 소그룹(막 3:13-14), 초대 예루살렘교회(행 2:42-47), 가정교회(House Churches, 고전 16:19; 롬 16:3, 5; 몬 2; 골 4:15) 등이 그 예다.[7] 성경은 소그룹이라는 단어가 없지만, 소그룹의 모습을 잘 보여준다. 특히 교회는 다중 소그룹 공동체이다.

교회사 속의 소그룹은 어떤 모습일까? 초대교회 시대에는 가정교회였다. 급속한 성장과 박해로 인해 자연스럽게 개인의 집에서 모여 예배를 드렸고, 가옥의 규모는 보통 열두 명 정도였다.[8] 안타까운 것은 소그

---

4 명성훈, 『소그룹 성장 마인드』 (서울: 교회 성장연구소, 2010), 38.

5 Gareth Weldon Icenogle, *Biblical foundations for small group ministry* (IL: IVP, 1994), 13.

6 채이석, 『소그룹의 역사』 (서울: 소그룹하우스, 2010), 25.

7 앞의 책, 27, 29-30, 33-34, 40.

8 앞의 책, 45, 47, 52-53.

룹 공동체에서 대규모 청중 공동체로 전환되었을 때, 교회는 소그룹의 유기적 공동체가 아니라 조직적 공동체로 중성화되고, 교회 교유의 특성이 변질되거나 손상을 입게 되었다는 것이다.[9] 중세기의 소그룹은 수도원 공동체에서 "소그룹을 통해서만 삶의 변화를 얻을 수 있다"는 사실을 깨닫게 되었고, 수도원 운동은 중세기를 통해 유럽에 큰 영향을 끼치게 되었다.[10] 종교개혁 시대는 정치, 경제, 지성, 종교적 변화 과정을 거치면서 마틴 루터는 종교개혁을 선도했고, "기존 교회와 함께 제3의 형태가 교회 안에 공재해야 하는데, 그 예배의 특징은 비공식성, 비강제성, 소공동체성, 가정교회적 성향을 갖는다"[11]고 주장했다. "제3의 형태"는 "교회 안의 교회"라고 할 수 있는 오늘날의 소그룹 모임을 가리킨다.[12] 경건주의 시대의 필립 야콥 슈패너(Philip Jakob Spener, 1635~1705)는 소그룹 모임의 중요성을 강조하며 "교회 안의 작은 교회"라는 표현을 사용했고, 그 외에 진센돌프와 모라비안교회의 소그룹이 있다.[13]

영국 교회와 소그룹은 요한 웨슬리가 대표적이고, 한국교회와 소그룹은 평양대부흥운동과 소그룹 성경 공부 그리고 한국교회 최초의 소그룹 모임이 좋은 예다.[14] 현대 교회와 소그룹에서 Bill Donahue는 소그룹 유형을 일곱 개로 나누는데, 셀 모델, G12 모델, 가정교회 모델, 자유분방한 셀 그룹, 메타교회 모델, 주거지역 모임 모델, 성경 공부

---

9 앞의 책, 55-56.
10 앞의 책, 61.
11 앞의 책, 71.
12 앞의 책, 72.
13 앞의 책, 84, 102.
14 앞의 책, 113-114, 119.

중심 모임 모델로 정리한다.[15] 명성훈은 대표적인 소그룹 유형 여섯 가지를 소개했다. 여의도순복음교회와 같은 가정 구역 그룹(Home-cell Group), 사랑의교회(옥한흠)가 대표적인 제자 훈련 그룹, 바울의 두란노 공동체와 같은 언약 그룹(Covenant group), 싱가포르의 믿음침례교회(FCMC)와 같은 셀 그룹(Cell Group), 알파코스와 같은 전도 양육 소그룹(Evangelism and Nurturing Group), 마지막으로 치유 및 회복 그룹(Healing and Recovery Group)이다. 그 외에도 교회 안에는 봉사 담당의 사역 소그룹 및 다양한 소그룹 유형들을 함께 사용할 수 있다. 그는 예배와 소그룹 모두 살아야 교회가 산다고 주장한다.[16] 이상과 같이 소그룹은 교회의 본질이고, 교회 공동체의 특성을 잘 표현하는 방식이다.

2. 은혜 기반 소그룹 코칭의 필요성

나이스빗(John Naisbitt)의 말에 따르면 High Tech 시대에는 사람들이 마음을 알아주는 자를 찾게 되는데, 그리스도의 임재를 약속한 두세 사람이 모인 소그룹 모임에서는 "High Touch"의 경험을 할 수 있다고 말한다. 이 시대는 무엇보다 소그룹 공동체가 필요하고, 그 안에서 친밀한 "교제 touch"가 이루어져야 한다.[17] 명성훈은 "소그룹 사역은 21세기 목회의 본질"[18]이고, 하나님의 뜻이며, 교회 성장의 원동력이며, "교회의 리더십을 극대화"하고, "코이노니아를 가능하게" 하며, "성도 개

---

15 앞의 책, 142-143.
16 명성훈, 『소그룹 성장 마인드』, 62-76.
17 채이석, 『소그룹의 역사』, 20.
18 명성훈, 『소그룹 성장 마인드』, 6.

개인의 영적 성장을 가능하게" 한다고 했다.[19] 소그룹 사역의 중요성을 강조한 말이다.

문제는 기존 교회의 소그룹 사역은 리더십 모델의 한계, 피상적인 교제, 프로그램 중심 운영 등의 문제점을 안고 있고, 구성원들의 실질적인 변화와 성장을 이끌어 내는 데 어려움이 있다는 것이다. 어떻게 하면 이런 문제점들을 극복하고, 소그룹 사역을 활성화하며 소그룹 본래의 취지를 극대화할 수 있을까? 그것은 바로 코칭과 은혜가 만나는 소그룹을 설계하는 것이다. 그것이 바로 은혜 기반 소그룹 코칭이다. 강하룡은 "코칭을 통하여 성도는 하나님의 관점으로 자기 삶을 바라보고, 성경적인 사고로 확장되며, 하나님이 주시는 영적 에너지를 받아서 사용하는 데 도움을 얻을 수 있다"[20]고 했다. 여기에 '은혜가 이끄는 코칭'은 하나님의 은혜 안에서 개인의 변화와 성장을 촉진하는 데 중요한 역할을 할 수 있다. 리차드 포스터에 의하면 크리스천은 무엇보다 은혜가 필요하다고 했다. "은혜는 세상 속에서 우리가 제자의 길을 잘 가도록 붙잡고 안내해 준다. 은혜는 하나님 없는 삶에서 우리를 구해준다. 그리고 나아가 우리로 하여금 임마누엘 삶을 살도록 해 준다"[21]고 말한다. 은혜 기반 소그룹 코칭은 GRACE-DRIVEN 코칭을 통해 은혜가 이끄는 변화를 경험하는 영적인 장소와 기회가 되도록 설계했다.

---

19 앞의 책, 17, 20, 23, 26, 29.
20 강하룡, 『구역장과 셀리더를 코칭하라』 (서울: 브니엘, 2023), 6.
21 리처드 J. 포스터/정성묵 옮김, 『하나님과 함께하는 삶』 (서울: 랜덤하우스 2010), 245.

3. 소그룹 사역을 위한 성경적 신학적 기초

아이스 너글(Icenogle)의 소그룹 사역에 대한 성경적, 신학적 기초는 소그룹의 본질과 성격을 잘 파악했다.[22] 즉, 소그룹 사역은 단순한 모임이나 프로그램이 아니라 하나님의 본질과 언약적 관계 그리고 구속 역사를 반영하는 신학적, 성경적 설계이다. 먼저 소그룹은 하나님의 공동체적 본질을 잘 보여준다. 하나님은 성부, 성자, 성령의 삼위일체로 존재하시며, 그 자체가 영원한 공동체의 본보기가 된다. 하나님은 인간을 공동체적 존재로 창조하셨고, 아담과 하와는 하나님의 공동체를 반영하는 최초의 소그룹으로서 본질적 관계의 모델을 제시한다. 둘째, 언약 공동체와 인간의 타락이다. 하나님과 아담 부부의 관계는 인류 역사에서 최초의 소그룹 공동체로, 최소 두 명이 하나님과 교제하며 성장하는 소그룹의 모델을 보여준다. 그러나 인간은 하나님과의 관계를 거부하며 공동체가 분열되었고, 이로 인해 개인적, 사회적 파괴와 죽음의 결과를 낳게 되었다. 셋째, 예수 그리스도를 통한 회복이다. 하나님은 깨진 인간 공동체를 회복시키기 위해 예수 그리스도를 보내셨다. 예수님은 하나님과 인간 사이의 다리 역할을 하며, 소그룹을 통한 친밀한 관계 회복의 모델을 제시하셨다. 예수님은 제자들의 소그룹을 통해 하나님과 함께 사는 삶의 본을 보여주었고, 십자가의 죽음과 부활을 통해 소그룹의 목적을 회복하고 완성하셨다. 넷째, 성령 안에서 이루어지는 새로운 공동체이다. 소그룹은 신적 개입의 장소이다.[23] 부활하

---

22 Icenogle, *Biblical foundations for small group ministry*, 371-374.
23 스티븐스, 『일터신학』, 79-80.

신 예수님과 성령의 임재 속에서 소그룹은 재구성되어 하나님과 인간이 화해하고 회복되는 신인 공동체로 변모한다. 하나님의 은혜로운 초대를 받은 인간은 '구속 받은 가족'이라는 미시적 언약 공동체를 형성하며, 이들이 모여 더 큰 교회를 이루게 된다. 다섯째, 소그룹 사역의 종말론적 의미는 회복과 변혁의 장이라는 것이다. 소그룹은 단순한 교회 조직이 아니라 인간관계가 하나님과 닮아가도록 용서, 치유, 성숙이 이루어지는 변화의 장이다.24 교회 소그룹은 삼위일체 하나님과 함께하는 영원한 공동체를 미리 체험하는 장소로, 하나님의 완전한 신인 공동체의 미래를 상징한다.

결론적으로 교회의 소그룹은 단순한 교회 사역의 도구가 아니다. 하나님의 본질적인 공동체적 성품을 반영한다. 깨진 인간 공동체를 치유하는 신적 설계이다. 하나님의 구속 역사 속에서 중요한 역할을 한다. 하나님의 완전한 신인 공동체의 미래를 미리 경험하는 곳이다. 하나님과 영원히 함께하는 공동체의 예표이다. 하나님은 우리와 함께 영원히 거하시기를 원하신다. 안건상은 하나님의 선교는 "삼위일체 하나님을 닮은 사랑의 공동체를 형성하고 확장하는 것이 우리의 선교적 사명이다. 따라서 선교는 관계 지향적이어야 하며, 사랑의 공동체를 형성하는 것에 우선순위를 두어야 한다"25고 말한다. 그 공동체의 시작이 바로 소그룹 공동체이다. 이 소그룹 공동체는 확장의 성격을 지니며 건강한 교회로 성장하게 된다.

---

24 Gary R. Collins, *Christian Coaching, Second Edition: Helping Others Turn Potential into Reality* (Colorado Springs: NavPress, 2009), 65.
25 안건상, 『성경이 꿈꾸는 세상』 (서울: 생명의 말씀사, 2015), 32.

4. 삼위 하나님: 변화의 주체와 능력

인간 스스로의 노력으로는 진정한 변화를 이룰 수 없다는 인식에서 출발한다. 변화의 주체는 인간이 아닌 삼위 하나님이시다. 그분의 무조건적인 사랑과 은혜를 통해서만 가능하다. '은혜가 이끄는 변화'는 인간의 노력과 하나님의 주권이 조화를 이루는 과정을 강조한다. 인간은 하나님의 은혜에 반응하여 믿음으로 행동하고, 하나님은 그들의 노력을 통해 역사하신다. 은혜는 단순히 죄 사함에 그치지 않고, 삶의 모든 영역에서 하나님의 축복을 경험하고 누리게 하는 원동력이 된다. 변화의 근원은 하나님이시다. 사람의 변화는 하나님의 은혜로부터 시작한다. 하나님의 은혜는 인간의 공로나 자격과는 상관없이 주어지는 무조건적인 사랑과 용서에 기반한다. 인간은 죄로 인해 하나님과의 관계가 단절되었지만, 예수 그리스도의 십자가를 통해 구원받고 하나님의 자녀가 될 수 있다. 하나님은 인간을 존귀한 존재로 창조하셨고, 그분의 형상을 따라 우리 안에 무한한 잠재력을 심어 주셨고, 죄로 손상된 인간을 예수 그리스도의 사랑으로 구원 회복하여 새로운 삶을 살 수 있는 은혜를 주셨다. 구원받은 성도는 하나님의 은혜로 거룩하게 변화되는 과정, 즉 성화를 경험한다. 이 과정에서 하나님의 주권과 인간의 책임이 균형을 이루며, 인간은 하나님의 은혜에 반응하여 지속적으로 변화를 추구해야 한다. 하나님의 복 관점에서, 하나님은 우리에게 복 주시기를 원하신다.[26] 그분이 주시는 복은 추상적인 개념이 아닌 일상적이고 구체적이다. 특히 삶의 모든 영역에서 하나님의 뜻을 따를 때 진정한 복(시

---

26 신선묵, 『하나님과 함께하는 행복의 길』 (서울: 좋은 땅, 2021), 17.

23편, 마 5장)을 경험할 수 있다.

성령님의 인도하심은 코칭의 동력이다. 성령님은 교통(κοινωνία, koinōnia)하시는 하나님이시다. 그 뜻은 교제, 사귐, 참여다.[27] 삼위 하나님의 관계를 그리스어로 페리코레시스(perichoresis)라고 부른다. 이는 상호 활성화, 상호 침투를 의미하며, 한 하나님의 밋밋한 동질화가 아니라 각자가 타자를, 모두가 전체를 위하는 아버지와 아들과 성령의 풍성한 공동체를 가리킨다.[28] 달라스 윌라드(Dallas Willard)는 "궁극적 실재는 지나치게 통일되어 여럿이 될 수 없고 지나치게 '다양하여 하나가 될 수 없는' 인격 상호 간의 연합이다"라고 말했다.[29] 성령 하나님이 삼위 하나님과의 관계에서 인격적인 교제와 사귐과 참여 역할을 하듯이, 우리의 초청으로 성령 하나님은 소그룹 사역에서 구성원들의 관계가 친밀한 교제와 사귐이 있도록 역사하신다. 그러므로 소그룹 리더는 코칭 과정에서 성령님의 인도하심을 구하며 진행해야 한다. 왜냐하면 성령님은 소그룹 리더에게 지혜와 통찰력을 주시고, 하나님의 뜻을 깨닫게 하시며, 변화를 위한 능력을 주시기 때문이다.

말씀과 기도는 변화의 도구이다. 예수님은 말씀이신 하나님이 사람이 되어 우리 곁으로 오신 그리스도이다(요 1:14). 그러므로 말씀 묵상은 코칭의 중요한 요소이다. 말씀은 우리의 생각과 마음을 변화시키고 하나님의 뜻을 분별하도록 도와준다. 소그룹 리더는 말씀을 통해 영적 통찰력을 개발하고 구성원들의 영적 성장을 돕는 질문들을 던질 수

---

27 Rick Brannan, 『헬라어 성경 어휘사전』, ed. Lexham (Bellingham, WA: Lexham Press, 2020).

28 스티븐스, 『일터신학』, 149.

29 Dallas Willard, *The Divine Conspiracy: Rediscovering Our Hidden Life in God* (San Francisco: HarperSanFrancisco, 1998), 246.

있어야 한다. 기도는 하나님과의 친밀한 관계를 형성하고 그분의 은혜와 능력을 구하는 중요한 수단이다. 소그룹 모임 전후 기도를 통해 하나님의 은혜와 지혜를 구하고 구성원들을 위해 중보 기도해야 한다. 코칭 과정에서 하나님께서 함께하시고 역사하심을 믿고 기도를 통해 그분의 인도하심을 구해야 한다. 이때, 믿음은 중요하다. 은혜가 이끄는 코칭은 믿음과 행동이 필요하다. 믿음은 하나님께서 우리의 기도를 듣고 응답하실 것이라는 확신이며, 행동은 믿음에 기초한 구체적인 계획과 실천을 의미한다.

정리하면, 교회의 소그룹은 삼위 하나님이 임재와 은혜의 장소가 된다. 그러므로 소그룹 리더는 소그룹에 임하실 하나님 아버지의 은혜를 구하고, 성령님의 능력과 인도를 따라 경청하고 공감하며, 말씀의 지혜를 통한 성찰적 질문과 협력적 질문을 통해 소그룹 구성원이 변화와 성장을 촉진할 수 있다. 은혜 기반 코칭의 과정을 통해 삼위 하나님은 소그룹의 구성원을 회복시키고 복음의 코치로 설 수 있게 하신다.

5. 결론

결론적으로 교회의 소그룹은 하나님의 존재 양식 안에서 이해할 수 있다. 인간과의 관계 안에서 신인 공동체를 이루어 가시려는 하나님의 계획이고 목적이다. 그러므로 교회 소그룹 리더는 삼위일체 하나님이 변화의 주체이며 능력임을 믿고, 하나님의 은혜에 의존하고, 성령의 인도하심을 따르고, 말씀과 기도를 통해 하나님의 뜻을 찾아야 한다. 이러한 신학적 토대 위에서 개인은 하나님의 사랑과 능력을 경험하고 진정한 변화와 성장을 이루어 갈 수 있다. 은혜 기반 소그룹 코칭은 공동체의 성장과 변화를 촉진하는 효과적인 도구이다. 또한 교회 소그룹 공동체 안에서 각 구성원이 하나님과의 친밀한 관계를 맺고 그분의 뜻을 따라 살아가는 데 중요한 역할을 한다.

III. 은혜 기반 코칭의 핵심 원리

1. 서론

코칭은 개인의 잠재력을 극대화하고 목표 달성을 지원하는 파트너십이다. 일반적으로 한국코치협회는 "코칭은 개인과 조직의 잠재력을 극대화하여 최상의 가치를 실현할 수 있도록 돕는 수평적 파트너십"[30] 이라고 정의한다. 게리 콜린스는 코칭은 개인이나 그룹이 현재 위치에서 원하는 위치로 이동하도록 돕는 기술이자 실천이라고 정의했고, 크리스천 코칭은 개인이나 그룹이 현재 있는 자리에서 하나님이 원하시는 자리로 나아갈 수 있도록 돕는 예술이자 실천이라고 말했다. 정요섭은 크리스천 코칭은 "개인과 공동체가 하나님 나라와 그의 의를 위해 그리스도와 하나가 되어 변화와 성장을 이루어 가도록 성령님의 인도하심을 따르는 코치와 함께 대화 프로세스를 나누는 것"[31]이라고 정의했다. 기독교 코치는 다른 사람들이 자신의 삶에 대한 하나님의 비전을 발견하고, 자신의 계획을 따르는 것에서 하나님의 목적을 추구하는 것

---

30 도미향 외, 『전문코치를 위한 ICF 8가지 코칭핵심 역량』 (서울: 신정, 2021), 22.
31 정요섭, *Christian Coaching Leadership* (서울: 좋은땅, 2022, eBook), 32.

으로 나아가도록 격려한다고 말한다.32 게리 콜린스는 기독교 코치들의 특징을 네 가지로 본다.33 첫째, 가장 중요한 것은 기독교 코치가 관계에 가져오는 성경적 세계관이다. 기독교 코치는 인간의 지혜가 아니라 하나님이 그의 존재의 핵심이며, 하나님이 모든 코칭 작업의 안내자이시다. 우리가 믿는 것은 우리의 정체성을 형성하며, 결과적으로 우리가 하는 모든 일에 영향을 준다. 둘째, 기독교 코칭의 독특함은 코치의 인격이다. 그리스도에 대한 헌신은 가정, 직업, 비전 모두에 영향을 준다. 셋째, 기독교 코치는 어느 누구도 완전히 중립적일 수 없다는 것을 알고 있다. 그러나 코치는 가능한 중립적인 입장을 취하면서, 내담자들이 스스로 목표나 방향을 정하고 자신의 비전을 구체화하며 자신의 사명 선언문과 실행 계획을 세우도록 격려한다. 넷째, 기독교 코치는 코칭 기법을 배우고 적용하면서도 정기적으로 내담자를 위해 기도하며, 특히 코치와 유사한 세계관과 가치를 공유하는 기독교인들과 함께 일할 때 영적 문제를 논의하는 것을 주저하지 않는다. 믿음을 숨기지 않으면서도 동시에 다른 사람에게 강요하지 않는다.

코치는 어떤 사람인가? 프레드릭 허드슨(Frederic Hudson)에 의하면 코치는 다른 사람들이 보다 높은 역량, 헌신 그리고 자신감을 갖도록 안내하기 위해 전문적으로 훈련받고 헌신한 사람이라고 말한다.34 코치는 질문, 경청, 공감, 격려 등의 기술을 활용하여 고객이 스스로 해결책을 찾고 성장하도록 돕는다. 은혜 기반 코칭은 이러한 코칭의 일반적인 원리를 활용하고, 하나님의 은혜를 구하며 소그룹 코칭의 모든 과정

---

32 Collins, *Christian Coaching, Second Edition*, 14, 23.

33 *Ibid.*, 24.

34 *Ibid.*, 13.

이 기도와 믿음 안에서 이루어지도록 하는 것을 의미한다. 이는 단순히 기술적인 코칭을 넘어 영적인 성장과 변화를 추구하는 코칭 방식이며, 하나님의 은혜를 바탕으로 개인이나 조직이 목표를 달성하도록 돕는 활동이다. 이 과정에서 소그룹 코치는 질문을 통해 새로운 관점을 발견하도록 돕고 경청, 공감, 격려를 통해 긍정적인 에너지를 얻도록 지원한다. 코칭 과정에서 성령님의 인도를 구하고, 하나님의 뜻을 따라 변화를 추구하며, 구성원들이 하나님의 은혜 안에서 성장하도록 격려한다.

2. 은혜 기반 코칭의 핵심 요소

은혜 기반 코칭은 크게 다섯 가지 핵심 요소로 구성된다. 첫째, 공감적 경청이다. 소그룹 리더는 구성원들의 이야기에 귀 기울이고 그들의 생각과 감정을 진심으로 이해하려는 노력을 기울여야 한다. 상대방의 말뿐만 아니라 비언어적 메시지까지 주의 깊게 듣고 공감과 이해를 표현하는 것이 중요하다. 판단이나 비판 없이 공감과 수용적인 태도를 통해 구성원들이 자유롭게 생각과 감정을 나눌 수 있도록 격려해야 한다. 진정한 경청은 상대방에게 존중받고 이해받는다는 느낌을 주며 마음의 문을 열게 한다. 둘째, 성찰적 질문이다. 소그룹 리더는 구성원들이 스스로 생각하고 해결책을 찾을 수 있도록 돕는 성찰적 질문을 해야 한다. 답을 제시하는 것이 아니라 구성원들의 내면의 잠재력과 지혜를 이끌어 낼 수 있는 질문을 통해 스스로 답을 찾아가도록 안내하는 것이 코칭의 핵심이다. 강점, 목표, 가치, 행동 등 다양한 유형의 코칭 질문을 활용하여 구성원들의 생각을 자극하고 스스로 해결책을 찾도록 도와야 한다. 셋째, 격려와 지지이다. 소그룹 리더는 긍정적인 피드백과 칭찬을 통해 구성원의 자신감을 향상시키고 목표 달성을 위한 지원을 제공해야 한다. 긍정적인 행동을 강화하고, 개선이 필요한 부분을 구체적으로 제시하며, 지속적인 성장을 돕는 피드백을 제공하는 것이 중요하다. 격려는 구성원들의 강점과 성장 가능성을 인정하고, 칭찬과 격려를 통해 자신감을 높여준다. 긍정적인 피드백을 제공하고, 도전을 격려하며, 실패를 통해 배우도록 지지하는 것이 중요하다. 넷째, 목표에 따른 실행 계획 수립이다. 소그룹 리더는 구성원들이 하나님의 인도에 따라 비전을 설정하고 구체적인 목표와 실행 계획을 세우도록 도와야 한다. 비전을 구체적인 목표로 세분화하고 실행 가능한 단계별 행동 계획을 수립하도록 도와야 한다. "목표를 설정하고 그것을 수행하기 시작하면, 그 목표가 도달할 수 있을 정도로 충분히 현실적이고 구체적인지 여부가 곧 명확해진다."[35] 목표 달성을 위한 단계별 계획을 세우고, 꾸준히 실천하도록 지지하고, 책임감을 갖고 목표를 향해 나아가도록 격려해야 한다. 다섯째, 은혜 기반 코칭 대화 모델의 적용이다. 소그룹 리더는 코칭의 모든 과정에서 하나님의 은혜를 의지하며 기도와 믿음으로 진행하고, 무엇보다 성령님의 인도와 지혜를 구하며, 구성원들이 하나님의 은혜 안에서 성장하도록 격려하고, 적절한 코칭 기술을 적용해야 한다. 말씀 묵상과 코칭을 연계하고, 구성원들의 영적 필요를 민감하게 파악하고, 영적인 성장을 돕는 질문들을 던질 수 있어야 한다. 하나님의 은혜는 모든 변화가 가능하게 하는 근본적인 힘임을 기억하고 겸손한 마음으로 코칭해야 한다.

---

35 이전호, "코칭훈련을 통한 소그룹 리더십 향상에 관한 연구 — 충신교회를 중심으로" (목회신학박사, 장로회신학대학교 목회전문대학원, 2014), 59.

3. 코칭 스킬과 적용

코칭 스킬은 크게 다섯 가지 요소가 있다. 먼저 성찰적 질문은 코칭 받는 사람의 생각과 감정을 탐색하고 스스로 해답을 찾도록 돕는 강력한 도구이다. 공감적 경청은 코칭 받는 사람의 말뿐만 아니라 표정, 몸짓, 어조 등 비언어적인 메시지까지 주의 깊게 듣고 공감과 이해를 표현한다. 발전적 피드백은 긍정적인 행동을 강화하고, 개선이 필요한 부분을 구체적으로 제시하며, 지속적인 성장을 돕는 피드백을 제공한다. 목표에 맞는 실행 계획 수립은 비전을 구체적인 목표로 세분화하고 실행 가능한 단계별 행동 계획을 수립하도록 돕는다. 격려와 지지는 작은 성공에도 칭찬하고 격려하며, 목표 달성을 축하하고, 다음 단계로 나아갈 수 있도록 동기를 부여한다.

은혜 기반 코칭의 실제 적용은 네 가지 측면에서 생각할 수 있다. 관계 형성은 코치와 코칭 받는 사람 사이에 신뢰와 존중을 바탕으로 한 관계를 구축한다. 비전 발견은 개인의 강점과 은사, 가치관을 파악하고, 하나님께서 각 구성원을 통해 이루시고자 하는 비전을 발견하도록 돕는다. 성장 촉진은 코칭 받는 사람이 하나님의 은혜 안에서 자신의 잠재력을 발휘하여 성장하도록 돕는다. 삶의 변화는 삶의 문제와 어려움을 협력적 성찰 과정을 통해 함께 나누고, 기도하며, 지지하고 격려한다.

4. 결론

은혜 기반 코칭은 일반적인 코칭 이론을 활용하지만, 하나님의 은혜를 기반으로 개인과 소그룹의 성장과 변화를 촉진하는 데 초점을 맞춘 코칭 방식이다. 공감적 경청과 성찰적 질문과 격려와 지지, 목표에 맞는 실행 계획 수립 그리고 은혜 기반 코칭 대화 모델의 적용은 은혜 기반 코칭의 핵심 요소이며, 이를 통해 소그룹 리더는 구성원들의 영적 성장과 삶의 변화를 효과적으로 도울 수 있다. 이러한 코칭은 단순히 기술적인 접근이 아니라 하나님의 은혜를 바탕으로 기도와 믿음 그리고 성령님의 인도하심을 구하며 진행되어야만 한다.

IV. GRACE-DRIVEN 코칭 대화 모델

1. GRACE-DRIVEN 코칭의 원리

은혜 기반(GRACE-DRIVEN) 코칭은 다섯 가지 원리로 진행된다. 첫째, 하나님의 은혜 안에서 코칭을 진행한다. 이는 코칭의 모든 과정이 하나님의 인도하심과 은혜 안에서 이루어짐을 의미한다. '은혜 중심' 소그룹 운영 모델은 '은혜가 이끄는 변화'라는 관점에서 코칭 이론을 교회 소그룹 사역에 접목하여 구성원들의 삶의 변화와 성장을 촉진한다. 삶의 모든 영역에서 하나님의 뜻을 따라 살 때 진정한 복을 경험할 수 있다는 믿음을 갖게 한다. 둘째, 믿음을 바탕으로 코칭을 진행한다. 코칭은 믿음을 통해 비전을 구체화하고, 하나님의 인도하심에 순종하며 나아가는 것을 강조한다. 소그룹 리더는 긍정적 사고와 낙관적인 태도를 갖도록 격려하며 어려움 속에서도 믿음을 잃지 않도록 돕는다. 할 수 있다는 믿음을 갖고 긍정적인 언어를 사용하는 환경을 조성하여 구성원들이 힘을 얻고 비전을 향해 나아갈 수 있도록 한다. 셋째, 기도를 기반으로 코칭을 진행한다. 소그룹 모임 전후에 하나님의 인도하심을 구하는 기도와 모임 후 서로를 위해 중보 기도하는 시간을 갖는다. 코칭은 기도를 통해 하나님의 뜻을 구하고 인도하심을 받는 것을 중요하게 여긴다. 넷째, 코치와 피 코치 모두 영적인 성장을 경험하고 추구한다. 은혜 기반 코칭은 코치와 피코치 모두가 하나님의 은혜, 믿음, 기도를 통해 영적인 성장을 경험하도록 돕는다. 소그룹 리더들은 코칭을 통해 구성원들의 영적 필요를 민감하게 파악하고 영적인 성장을 돕는 질문들을 할 수 있는 영적인 통찰력을 개발한다. 다섯째, 성경적 지혜와 통찰력을 코칭 과정에 적용한다. 소그룹에서 나누는 삶의 문제들을 말씀에 비추어 묵상하고 코칭 과정에서 성경적 지혜와 통찰력을 적용한다. 이는 코칭을 통해 개인과 소그룹 구성원들의 삶뿐만 아니라 신앙적인 측면에서도 긍정적인 변화를 이끌어 내는 것을 목표로 한다.

2. GRACE-DRIVEN 코칭 대화 모델 프로세스

GRACE는 코칭 프로세스이며, DRIVEN은 코칭의 열매이다. 코칭 대화는 GRACE의 단계에 따라 진행된다. 코치는 코치다움과 코칭다움을 유지하고,[36] 은혜가 이끄는 코칭이 되도록 성령을 의지하며,[37] 각 코칭 단계에서 코칭 핵심 역량[38]을 잘 활용해야 한다.

---

36 이한우 외, 『KCA코칭 역량 해설』 (서울: (사)한국코치협회, 2024), 24-26.
37 찰스 스펄전, 『성령의 능력을 체험하라: 영적 거장 7인의 성령에 관한 열정 메시지』 (서울: 아가페, 1998), 9-26.
38 도미향 외, 『전문코치를 위한 ICF 8가지 코칭핵심 역량』, 108.

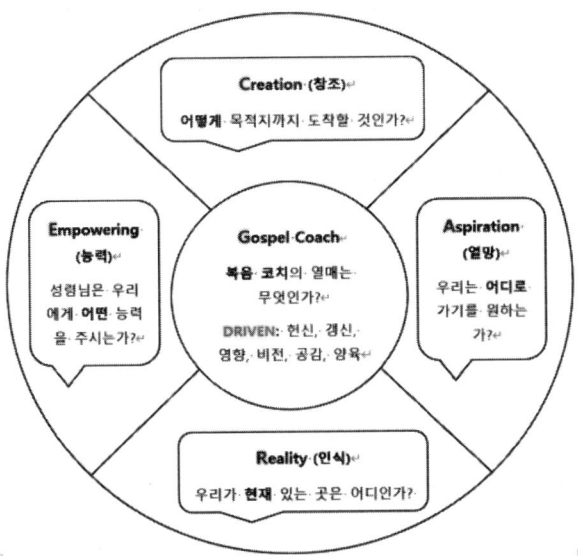

[그림 1] 은혜 기반 코칭 대화 모델(GRACE-DRIVEN
COACHING CONVERSATION MODEL) (윤재병, 2025. 1.)

1) G(Gospel Coach): 복음 코치

은혜 기반 코칭은 먼저 코치가 복음(고전 15:3-5)[39]의 코치가 되신 예
수 그리스도의 마음을 품고, 피코치와 함께 은혜가 이끄는[40] 시간이
되도록 기도한다. 그리고 복음(Good News)의 열매와 은혜를 나누고
감사하며, 신뢰하는 대화로 코칭을 시작하는 단계이다. 코치는 다음과
같은 질문을 할 수 있다: "복음 코치가 되신 예수 그리스도의 마음을(빌
2:5) 품고 어떤 기도를 하였는가? 최근 주님의 은혜에 감사하며 나누고

---

39 팀 켈러/오종향 옮김, 『팀 켈러의 센터 처치』(서울: 두란노, 2020), 50.
40 신선묵, 『은혜가 이끄는 변화』(서울: 도서출판 워십리더, 2019), 9.

싶은 이야기는 무엇(고전 15:10)인가? 지금 당신에게 가장 필요한 하나님의 은혜는 무엇(요 1:16)인가? 이 코칭 시간을 통해 경험하고 싶은 성령의 은사(고전 12:4)와 능력(눅 10:19)은 무엇인가? 모든 면에서 복음 코치 되신 예수 그리스도를 닮기 위해(엡 4:15) 당신이 변화되어야 할 부분은 무엇인가?"

2) R(Reality): 인식

하나님의 은혜의 코칭 공간에서 코치는 피코치와의 신뢰[41]를 바탕으로 안전하고 편안한 관계를 형성하며, 주제를 합의하고, 현재의 상황[42]과 사람[43]을 파악하는 단계이다. 코치는 다음과 같은 질문을 할 수 있다: "우리가 오늘 신뢰 관계[44]를 만드는 데 필요한 것은 무엇인가? 서로를 존중하고 인정하며 지지하는 분위기를 어떻게 만들 수 있을까? 오늘 코칭에서 가장 중요하게 다루고 싶은 주제는 무엇인가? 이 주제와 관련해서 당신의 현재 상황은 어떠한가? 이 상황을 바라보는 당신 자신에 대해서 무엇을 느끼는가?"

3) A(Aspiration): 열망

코치는 피코치가 주님 안에서 진정으로 원하는 것이 무엇인지 목표

---

41 도미향 외, 『전문코치를 위한 ICF 8가지 코칭핵심 역량』, 114-115.
42 게리 R. 콜린스/양형주·이규창 옮김, 『게리 콜린스의 코칭 바이블』(서울: IVP, 2014), 173, 175-176.
43 앞의 책, 192.
44 존 맥스웰/웨슬리퀘스트 옮김, 『신뢰의 법칙』(서울: 21세기북스), 155-156.

를 탐색하고 합의하며, 의미를 확장시켜 미래에 대한 하나님의 뜻(롬 12:2)과 비전을 품으며 하나님의 은혜를 구하는 단계이다. 코치는 다음과 같은 질문을 할 수 있다: "하나님은 우리가 어떤 모습으로 살아가길 원할까? 당신은 어떻게 재능과 열정을 하나님의 영광을 위해 사용하고 싶은가? 이 주제와 관련되어 오늘 코칭 목표를 한 문장으로 간략하게 표현한다면 무엇인가? 이 목표를 통해 당신은 어떤 사람이 되고 싶은가? 당신이 진정으로 원하는 미래의 모습은 무엇인가?"

4) C(Creation): 창조

코치는 피코치가 하나님의 은혜를 구하며 성령님의 지혜와 능력을 통해 목표 달성을 위한 구체적인 방안과 실행 계획을 수립하도록 돕는 단계이다. 코치는 다음과 같은 질문을 할 수 있다: "성령께서 모든 것을 지원해 주신다면 무엇을 해보고 싶은가? 이 목표를 달성하기 위해 당신이 할 수 있는 구체적인 행동은 무엇인가? 성령님의 인도하심을 따라 당신이 지금 당장 할 수 있는 일은 무엇인가? 이 목표 달성을 위해 당신에게 필요한 자원은 무엇이며, 어떻게 확보할 수 있을까? 예상되는 장애 요소는 무엇이고, 어떻게 극복하겠는가?"

5) E(Empowering): 능력

코치는 피코치의 존재를 인정하고 격려하며, 성령님을 통해 힘을 얻어 복음을 위해 헌신하며 나아갈 수 있도록 성장을 지원하고,[45] 성령의 능력을 경험하는(롬 15:13)[46] 단계이다. 코치는 다음과 같은 질문을

할 수 있다: "오늘 코칭을 통해 무엇을 하기로 하였는지 요약 정리해 주겠는가? 코칭을 통해 새롭게 얻게 된 것이나 느낀 점은 무엇인가? 코칭이 끝난 후 당신 자신의 모습에 대해서 어떤 느낌이나 생각이 드는가? 당신이 결정한 행동을 통해 당신은 어떤 변화를 기대하는가? 하나님께서 당신에게 주시는 은혜와 능력으로 당신이 속한 가정이나 공동체에 어떻게 기여하고 싶은가?"

[표 1] GRACE-DRIVEN INDEX(GDI, 은혜 기반 지수)
(윤재병, 2025. 1.)

(DRIVEN)	설명	0~10점 척도	점수
D(Devotion) 헌신 롬 12:1	하나님의 뜻을 따라 섬기고, 사명에 헌신	0~2: 헌신에 대한 자각이 미미함. 3~4: 헌신에 대한 생각을 시작함. 5~6: 헌신을 위한 작은 노력을 시도함. 7~8: 헌신을 실천하며 의미를 발견함. 9~10: 삶에서 헌신이 중요한 가치로 자리 잡음.	
R(Renewal) 갱신 고후 5:17	성령의 인도하심 속에서 지속적인 변화와 성장을 경험	0~2: 변화와 성장에 대한 기대가 거의 없음. 3~4: 변화의 필요성을 어렴풋이 느낌. 5~6: 작은 변화를 경험하고 가능성을 확인. 7~8: 이전과는 다른 관점으로 삶을 대함. 9~10: 성령 안에서 지속적인 변화와 성장을 추구하며, 삶의 활력을 얻음.	
I(Impact) 영향 엡 2:10	코칭을 통해 타인의 삶에 긍정적인 변화를 일으킴	0~2: 타인에게 영향을 줄 수 있다는 생각을 못함. 3~4: 주변 사람들에게 긍정적인 영향을 주고 싶은 마음 생김. 5~6: 작은 나눔과 섬김을 통해 타인에게 긍정적인 영향. 7~8: 공동체 안에서 자신의 역할과 영향력을 인식. 9~10: 타인의 성장과 변화를 돕는 리더의 역할을 수행.	

---

45 이소희 외, 『코칭학 개론』 (서울: 신정, 2104), 160.
46 스펠전, 『성령의 능력을 체험하라』, 43-44.

V(Vision) 비전 행 20:24	하나님이 주신 목표를 알고, 이를 성취하려고 나아감	0~2: 삶의 방향과 목적에 대한 고민 부재. 3~4: 자신이 진정으로 원하는 삶에 대해 질문 시작. 5~6: 하나님이 주신 비전을 발견하려고 노력. 7~8: 비전을 향한 구체적인 계획을 세우고 실천. 9~10: 하나님의 비전을 삶의 우선순위에 두고, 열정적 헌신.	
E(Empathy) 공감 마 22:39	사랑과 이해를 바탕으로 사람들을 존중하고 섬김	0~2: 타인에 대한 공감 능력 부족. 3~4: 다른 사람의 감정에 관심을 가지려고 노력. 5~6: 상대방의 입장에서 생각하고 이해하려고 노력. 7~8: 진심으로 타인을 위로하고 격려하며 지지. 9~10: 조건 없는 사랑으로 타인을 섬기며, 긍정적인 관계를 형성.	
N(Nurturing) 양육 요 21:17	은혜로운 관계 속에서 리더와 공동체를 세우는 역할 담당	0~2: 공동체 안에서 자신의 역할에 대한 인식이 없음. 3~4: 공동체의 성장과 발전에 기여하고 싶다는 마음이 생김. 5~6: 자신이 가진 은사와 재능을 활용하여 공동체를 섬김. 7~8: 다른 사람들을 세우고 격려하는 멘토 역할을 수행함. 9~10: 공동체를 건강하게 세워나가는 리더로서 헌신함.	
합계	0~2점: 해당 열매에 대한 인식 또는 경험이 거의 없는 상태. 3~4점: 열매에 대한 관심은 있지만, 구체적인 실천이나 변화는 미미한 상태. 5~6점: 열매를 위한 노력을 시작하고, 작은 변화를 경험하는 단계. 7~8점: 열매의 가치를 인식하고, 삶에 적용하려는 의지가 강한 상태. 9~10점: 열매가 삶의 중요한 부분으로 자리 잡고, 지속적인 성장을 이루어 가는 상태.		

3. GRACE-DRIVEN 코칭 대화 모델 활용 방안

코치는 은혜 기반 소그룹 코칭에 참가하는 사람에게 사전에 은혜 기반 지수(GRACE-DRIVEN INDEX, 이후 GDI) 설문을 통해 참가자의 현재 상태를 파악한다. GRACE 코칭 대화 과정이 끝난 후 피코치에게 은혜 기반 지수(GDI) 기준으로 이전의 모습과 현재 자신의 모습에 대해 스스로 평가하도록 한다. 코치는 피코치의 자기 평가를 경청하고, 인정하고 격려하며 기도한다. 필요에 따라 코치는 발전적인 피드백을 제공하여 피코치가 다음 단계를 위한 목표를 설정하도록 돕는다. 이 척도는 정량적 목표와 정성적 목표를 동시에 파악하여 코칭 효과를 측정하는 데 활용할 수 있다. 총점을 통해 코칭의 전반적인 효과성을 간편하게 평가할 수 있다. 코칭의 열매(DRIVEN)별 점수 분포를 분석하여 피코치의 강점과 개발 영역을 파악하고 맞춤형 코칭 전략을 수립할 수 있다.

4. 결론

은혜 기반 코칭 대화 모델은 은혜가 이끄는 변화를 기대하며, 코치가 먼저 그 은혜 안에서 그리스도와 교제하고 피코치를 은혜의 코칭 공간으로 초대하여 성령의 도우심과 코칭의 기술을 통해 그리스도를 닮은 복음 코치를 세우는 데 그 목적이 있다. 코치는 이를 위해 코칭 공간 안에서 이루어지는 삼위 하나님의 은혜의 인도하심을 따라 피코치의 존재를 탐색하고, 그의 현재 상황을 파악하고, 문제를 정의하며, 하나님이 기뻐하시는 목표를 설정한다. 성령님의 지혜를 구하며, 목표 달성을 위한 방안과 구체적인 실천 계획을 세우고, 서로 격려하며 코칭을 통해 얻은 것과 느낀 것을 나눈다. 코칭을 마무리하며 성령의 능력으로 복음의 증인과 양육과 섬김을 통해 공동체를 세우는 복음 코치가 될 수 있기를 함께 간절히 기도하고, 코칭의 영적인 열매(DRIVEN)를 돌아보며 감사한다. 은혜 기반 코칭 대화 모델은 은혜가 이끄는 변화를 코칭 과정을 통해 경험하며, 하나님께 헌신하고, 영적 갱신을 이루고, 선한 영향력을 미치며, 하나님의 복음 비전에 동참하고, 타인에 대한 공감 능력이 향상되며, 양육을 통해 교회 공동체를 세우는 영적인 열매 (DRIVEN)를 맺어 가는 복음 코치를 세우는 코칭이다.

V. 은혜 기반 소그룹 코칭 워크숍

1. 개요

본 워크숍은 기존 교회 소그룹의 성장과 변화를 촉진하는 은혜 기반 소그룹 코칭 프로그램이다. 이 워크숍은 교회 소그룹 리더들을 대상으로 영성과 코칭의 두 축을 중심으로 8주 동안 매주 30분 이론 강의와 60분 은혜 기반 소그룹 코칭 형태로 진행된다. 이 워크숍의 목표는 은혜가 이끄는 변화를 경험하고, 소그룹을 활성화하며, 구성원들의 영성과 잠재력을 이끌어 예수 그리스도를 닮은 '복음 코치'를 양성하는 데 있다. 이 워크숍은 은혜 기반(GRACE-DRIVEN) 코칭 대화 모델의 사용법과 핵심 코칭 기술을 이론과 실습을 통해 배우게 된다. 그 결과 기존 교회 소그룹의 문제와 한계를 극복하고, 소그룹 리더의 코칭 역량 강화, 소그룹 구성원의 삶의 변화 촉진, 존중하고 격려하며 나누는 건강한 소그룹

문화 조성, 소그룹 활성화를 통한 교회 공동체의 부흥 그리고 풍성한 영적 열매(DRIVEN)를 기대할 수 있다.

2. 코칭 기본 스킬 훈련과 은혜 기반 코칭 원리 적용

소그룹 사역의 기본 코칭 스킬을 훈련한다. 코칭 성공은 경청에 달려 있다.[47] 적극적 경청은 구성원이 말한 것과 말하지 않은 것, 즉 그들의 이야기에 귀를 기울이며 그들의 감정과 생각과 욕구를 진심으로 이해하려는 노력을 기울이는 스킬이다.[48] 성찰적 질문[49]은 구성원들이 스스로 생각하고 해결책을 찾도록 돕는 질문 기술이다. 특히 강점, 목표, 가치, 행동 등 다양한 유형의 "협력적 코칭적 질문" 기법을 익힌다.

정요섭은 크리스천 코칭의 질문은 "문제를 해결할 수 있도록 돕는 것과 함께 고객의 어젠다가 하나님의 나라와 무슨 관계가 있는가, 하나님의 뜻과 어떤 관계가 있는가, 나와 공동체에 어떤 유익을 주는가를 다차원에서 살펴볼 수 있도록 성찰을 주는 것이다"라고 했다.[50] 공감은 상대방의 감정과 생각을 진심으로 이해하고 그의 입장에서 느껴보는 공감 능력을 향상시키는 훈련이다.[51] 격려는 긍정적인 피드백을 통해 구성원들의 자신감을 높이고 성장을 지원하는 스킬이다. 코칭에서 목표 설정 및 실행 계획 수립 스킬은 비전을 구체적인 목표로 세분화하고

---

47 박창규 · 원경림 · 유성회, 『마스터풀 코치가 갖추어야 할 코칭 핵심 역량』 (서울: 학지사, 2022), 224
48 도미향 외, 『전문코치를 위한 ICF 8가지 코칭핵심 역량』, 231.
49 토니 스톨츠푸 /이시은 옮김, 『코칭 퀘스천』 (서울: 스토리 나인, 2016), 224-226.
50 정요섭, *Christian Coaching Leadership*, 49.
51 도미향 외, 『전문코치를 위한 ICF 8가지 코칭핵심 역량』, 203.

실행 가능한 단계별 행동 계획을 수립하도록 돕는다. 코칭적 마인드 함양은 구성원들을 존중하고 성장을 돕고자 하는 진실성과 헌신적인 태도를 강조하는 스킬이다.

한편 '은혜 기반 코칭'의 원리를 적용한다. 먼저 기도와 믿음의 원리는 코칭의 모든 과정이 하나님의 은혜를 바탕으로 기도와 믿음으로 진행되어야 함을 강조한다. 하나님의 은혜의 원리는 모든 변화가 궁극적으로 하나님의 은혜로 가능하다는 것을 인지하고 겸손한 마음으로 코칭에 임해야 한다. 성령님의 인도하심의 원리는 소그룹 리더가 코칭 기술을 통해 성령님의 인도하심을 구하고, 구성원들이 하나님의 은혜 안에서 성장하도록 격려하는 것을 말한다. 말씀 묵상과 코칭 연계는 소그룹에서 나누는 삶의 문제들을 말씀에 비추어 묵상하고, 코칭 과정에서 성경적 지혜와 통찰력을 적용하는 것이다. 영적 통찰력 개발은 소그룹 리더들이 코칭을 통해 구성원들의 영적 필요를 민감하게 파악하고, 영적인 성장을 돕는 질문들을 던질 수 있도록 영적 통찰력을 개발하는 것을 말한다.

3. 은혜 기반 소그룹 코칭 워크숍

본 워크숍은 기존 교회 소그룹의 문제와 한계를 극복하고, 소그룹 리더의 코칭 역량 강화, 소그룹 구성원의 삶의 변화 촉진, 건강한 소그룹 문화 조성, 교회 공동체 활성화를 목표로 한다. 8주 집중 워크숍(매주 90분)이고, 진행 방식은 이론 강의(30분)와 은혜 기반 그룹 코칭(60분)이다. 핵심 코칭 대화 모델은 은혜 기반 코칭 모델이다. 기대 효과는 크게 다섯 가지다. 소그룹 리더의 코칭 역량 강화로 코칭 기술, 코칭적 마인드, 영적 통찰력이 향상된다. 소그룹 구성원의 삶의 변화 촉진으로 자기 인식 및 목표 설정, 성장 동기 부여 및 문제 해결 능력이 향상된다. 건강한 소그룹 문화 조성으로 상호 존중 및 지지, 격려와 나눔의 문화가 정착된다. 교회 공동체 활성화로 소그룹 활성화를 통한 교회 전체 성장 및 영적 분위기가 조성된다. 영적인 열매(DRIVEN)로 헌신(D), 갱신(R), 영향(I), 비전(V), 공감(E), 공동체 세움(N)의 결실을 보게 된다.

[표 2] 은혜 기반(GRACE-DRIVEN) 소그룹 코칭
8주 차 진행 계획 (윤재병, 2025. 1.)

주	주제	강의 제목	핵심 코칭 스킬	실습과 과제
1	소그룹 코칭의 패러다임, 은혜 기반 코칭 대화 모델	소그룹 사역의 문제점과 한계, 은혜 기반 코칭 대화 모델	은혜 기반(GRACE-DRIVEN) 코칭 대화 모델 5단계	소그룹 코칭에 대한 기대, 은혜 기반 코칭 대화 모델 적용·아이디어 공유
2	G(Gospel Coach) : 복음 코치	복음과 은혜의 중요성, 신뢰와 인정	신뢰와 인정 Rapport 형성 방법	라포 실습, 하루 출발 은혜/감사 기도 세 개/일
3	R(Reality) : 인식 ─ 상황과 사람	관계 구축, 주제 합의, 현재 상태	공감적 경청 I, 마음의 문 열기	인정 단어로 코칭 연습 1일 1회 20분
4	A(aspiration) : 열망	열망(목표 설정)과 비전과 기도	공감적 경청 II	공감적 경청 실습, 성찰과 느낀 점 기록
5	C(Creation) : 창조	대안과 실행 계획 수립	성찰적 질문	공감적 경청 실습, 비전 선언문 작성 및 공유
6	E(Empowering) : 능력	성령의 능력, 격려와 권한 부여, 코칭 윤리	격려와 지원	성찰적 질문 실습, 창의적인 아이디어 구상, 구체적인 실행 계획 수립
7	D(DRIVEN) :영적인 열매	열매(DRIVEN), 헌신, 갱신, 영향, 비전, 공감, 양육	피드백	지지 실습, 코칭 윤리 준수 서약, 소그룹원에게 긍정적 피드백
8	GRACE: 모델 리뷰 및 수료식	GRACE-DRIVEN 코칭 모델 요약, 질의 응답	핵심 내용 요약, 질의 응답, 성공적 코칭 사례 공유	은혜 기반 코칭 적용 사례 발표, 훈련과정에 대한 소감 나눔, 지속적인 코칭 학습 계획

은혜 기반 코칭 원리는 하나님의 은혜 안에서 코칭 진행, 믿음을 바탕으로 코칭 진행, 기도를 기반으로 코칭 진행, 코치와 피코치 모두 영적인 성장 추구, 성경적 지혜와 통찰력을 코칭 과정에 적용한다. 이 워크숍은 기존 교회 소그룹에서 손쉽게 사용 가능하며, 교회 소그룹 리더들을 대상으로 하고, 8주 동안 영성과 코칭이라는 두 가지 핵심 전략을 통합하여 구성되었다. 은혜가 이끄는 변화를 경험하고, 소그룹을 강화하며, 구성원들의 잠재력을 이끌어 내는 데 초점을 맞추었다. 은혜 기반 소그룹 코칭 8주 차 세부 계획은 다음과 같다.

1주 차 제목은 "소그룹 코칭의 패러다임, 은혜 기반(GRACE-DRIVEN) 코칭 대화 모델"이다. 주제는 코칭의 새로운 패러다임 제시 및 은혜 기반 코칭 대화 모델 소개이다. 수업(Lesson)에서 소그룹 코칭의 패러다임과 은혜가 이끄는 코칭 모델을 다룬다. 이론으로 기존 소그룹 사역의 문제점과 한계 진단, 코칭의 정의와 철학, 은혜 기반 코칭 모델 소개, 은혜 기반 코칭 대화 모델의 5단계(Grace, Reality, Aspiration, Creation, Empowering)를 30분 강의한다. 은혜 기반 그룹 코칭(60분)에서는 소그룹 코칭에 대한 기대와 GRACE-DRIVEN 모델 적용 아이디어 공유, 은혜 기반 코칭 모델을 통해 소그룹을 어떻게 변화시킬 수 있을지에 대한 그룹 나눔과 발표를 진행한다.

2주 차 제목은 "G(Gospel Coach): 복음 코치"이고, 주제는 GRACE 모델의 첫 단계인 복음과 은혜의 의미 이해 및 기도이다. 수업(Lesson) 은 G단계(Gospel Coach)이다. 복음 코치, 핵심 코칭 스킬 1, 신뢰와 인정 실습, 소그룹 구성원과의 라포 형성 방법 익히기를 다룬다. 이론 강의 (30분)는 복음과 은혜의 중요성, 고린도전서 15장 1-10절 말씀을 기초로 복음과 은혜가 그리스도인의 삶의 변화에 미치는 영향을 생각하고,

신뢰와 인정, 즉 신뢰 구축에 있어서 인정하는 말과 칭찬의 중요성을 강의한다. 은혜 기반 그룹 코칭(60분)으로, 신뢰와 인정 실습, 소그룹 구성원들이 서로 신뢰하고 인정하는 분위기 조성, "오늘 하루를 돌아보며 주님께 감사할 부분은 무엇인가요?" 등의 코칭 질문을 다룬다.

3주 차 제목은 "R단계(Reality)인 인식"이고, 주제는 GRACE 모델의 두 번째 단계인 관계 구축, 주제 합의, 현재 상태 파악이다. 수업(Lesson)은 R단계(Reality), 즉 관계 구축, 주제 합의, 현재 상태를 다루고, 핵심 코칭 스킬로 공감적 경청 I 실습과 마음의 문을 여는 열쇠를 다룬다. 이론으로 관계 구축에서 신뢰와 라포 형성을 통해 안전한 대화의 기반을 마련한다. 주제 합의에서 주제 합의로 대화 초점과 방향을 설정한다. 현재 상태에서는 객관적인 현실 인식, 강점과 약점의 균형적 파악, 내면의 현실을 파악하는 빙산 모델과 LENS를 다루며 30분 강의한다. 은혜 기반 그룹 코칭(60분)으로, 소그룹 구성원과 일대일 대화 시 공감적 경청 실천, 경청 후 느낀 점 기록, 소그룹 구성원 간의 신뢰를 쌓고 편안하게 대화할 수 있는 분위기 조성, 코칭 질문으로 "지금 당신이 가장 중요하게 생각하는 것은 무엇인가요?" 등을 다룬다.

4주 차 제목은 "A단계(Aspiration), 즉 열망"으로, 목표 설정과 비전 구상이다. 주제는 GRACE 모델의 세 번째 단계인 열망과 비전 구체화이다. 수업은 A단계(Aspiration) 열망(목표 설정과 비전 구상)이고, 핵심 코칭 스킬 공감적 경청 II 실습을 다룬다. 이론으로 열망 — 개인의 가치관과 꿈 발견, 진정한 동기 부여, 기도 — 성령님의 인도하심을 구하고, 비전을 향해 나아갈 힘 얻기를 30분 강의한다. 은혜 기반 그룹 코칭(60분)으로, 자신의 비전 선언문 작성, 소그룹 구성원과 비전 공유, 소그룹 구성원들이 함께 비전을 공유하고 서로 지지하는 공동체 의식 함양,

코칭 질문으로 "하나님의 관점에서 당신의 삶의 목적은 무엇이라고 생각하십니까?" 등을 사용한다.

5주 차 제목은 "C단계(Creation) 창조"로 대안과 실행 계획 수립이고, 주제는 GRACE 모델의 네 번째 단계인 창조, 구체적인 실행 계획 수립이다. 수업(Lesson)은 C단계(Creation) 창조로 대안과 실행 계획 수립, 핵심 코칭 스킬로 성찰적 질문 실습을 하고 강점, 목표, 가치, 행동 등 소그룹 상황에 맞는 다양한 유형의 질문을 사용한다. 이론으로 대안 측면에서 다양한 문제 해결 방법, 창의적인 아이디어 발상, 실행 계획으로 SMART 목표 설정, 구체적인 액션 아이템 정의를 강의한다. 은혜 기반 그룹 코칭(60분)에서는 소그룹 활동에 적용할 창의적인 아이디어 세 가지 이상 구상, 구체적인 실행 계획 수립, 소그룹 구성원들이 함께 실행 가능한 계획을 세우고 실천하도록 독려한다. 코칭 질문으로 "이 목표를 달성하기 위해 당신이 할 수 있는 구체적인 행동은 무엇인가요?" 등을 사용한다.

6주 차 제목은 "E단계(Empowering)로, 능력(성령의 능력)", 격려와 권한 부여, 코칭 윤리 교육이고, 주제는 GRACE 모델의 다섯 번째 단계인 능력으로 격려와 권한 부여, 코칭 윤리 준수를 다룬다. 수업(Lesson)은 E단계(Empowering) 격려와 권한 부여, 코칭 윤리 교육이고, 핵심 코칭 스킬로 격려와 지원을 다룬다. 이론으로 격려, 긍정적인 피드백 제공과 성장을 위한 지지가 필요하다. 권한 부여로 잠재력 개발, 자신감 향상, 코칭 윤리 — 비밀 유지, 존중, 책임감을 강의한다. 코칭 질문으로 "당신이 결정한 행동을 통해 당신은 어떤 변화를 기대하십니까?" 등을 사용한다.

7주 차 제목은 "D단계(DRIVEN) 영적인 열매"이고, 주제는 코칭을 통해 은혜로 맺게 되는 영적인 열매 확인 및 삶에의 적용이다. 수업 (Lesson)은 D단계(DRIVEN) 영적인 열매, 핵심 스킬로 피드백을 다룬다. 이론으로 영적인 열매인 헌신(Devotion), 갱신(Renewal), 영향(Impact), 비전(Vision), 공감(Empathy), 양육(Nurturing)을 강의한다. 은혜 기반 그룹 코칭(60분)은 GRACE-DRIVEN 코칭 열매 척도를 활용하여 자신의 영적 성장 평가, 소그룹 구성원의 성장을 위한 기도, 소그룹 구성원들이 삶 속에서 영적인 열매를 맺도록 격려하고 지원한다. 코칭 질문으로 "코칭을 통해 당신의 삶에 어떤 긍정적인 변화가 있었나요?" 등을 사용한다.

8주 차 제목은 "GRACE 모델 리뷰 및 수료식"이고, 주제는 GRACE 코칭 모델 총체적 복습, 지속적인 성장 다짐이다. 수업(Lesson)은 은혜가 이끄는 코칭(GRACE-DRIVEN Coaching) 모델 리뷰와 수료식이 있다. 이론으로 GRACE 코칭 모델 핵심 내용 요약 및 질의응답, 성공적인 코칭 사례 공유를 강의한다. 은혜 기반 그룹 코칭(60분)에서는 GRACE 코칭 적용 사례 발표, 훈련 과정에 대한 소감 나누기, 지속적인 코칭 학습 계획 발표, 코칭 기술을 지속적으로 연마하고, 소그룹 사역에 적용하기 위한 구체적인 계획 수립을 다룬다.

이 워크숍을 통해 소그룹 리더들은 코칭 역량을 강화하고, 소그룹 구성원들은 삶의 변화를 경험하며, 교회 공동체는 더욱 활성화될 수 있다. '은혜 기반 코칭'을 통해 소그룹 구성원들은 하나님과의 관계를 깊게 하고 삶의 변화를 이룰 수 있을 것이다.

4. 은혜 기반 소그룹 코칭의 교회 소그룹 적용 방안

"은혜 기반 소그룹 코칭" 모델은 다양한 교회 유형 및 소그룹 특성에 맞춰 적용될 수 있다. 먼저 기존 교회 소그룹에 은혜 기반 소그룹 코칭을 접목하려면, 목회자들의 코칭 이해를 증진하는 방안이 있어야 한다. 목회자들을 대상으로 코칭 포럼을 운영하여 코칭의 필요성과 효과를 교육하고, 소그룹 사역에 적용할 수 있는 방안을 제시해야 한다. 또는 소그룹 리더 훈련 프로그램을 도입하여 진행한다. 8주 코칭 훈련 프로그램을 각 교회의 상황에 맞게 수정 및 보완하여 도입하고, 소그룹 리더들이 코칭 기술을 습득하고 적용할 수 있도록 지원한다. 또한 맞춤형 코칭을 지원할 필요가 있다. 교회 규모, 소그룹 유형, 구성원 특성 등을 고려하여 맞춤형 코칭 지원 방안을 모색한다. 예를 들어 작은 교회의 경우 외부 전문 코치의 도움을 받거나 온라인 코칭 플랫폼을 활용하는 방안을 고려할 수 있다. 한편 교회의 다양한 소그룹에 '은혜 기반 코칭'을 적용함으로써 소그룹 구성원들은 하나님의 은혜 안에서 더욱 깊은 신앙 성장을 경험하고 삶의 변화를 이루어 낼 수 있을 것이다.

교회의 소그룹은 크게 여섯 가지 유형이 있다.[52] 첫째, 가정 구역 그룹(Home-cell Group)은 가정에서 모여 친밀한 교제를 나누고, 삶을 공유하며, 코칭을 통해 서로의 성장을 돕는다. 둘째, 제자 훈련 그룹 (Discipling Group)은 성경 공부와 훈련을 통해 신앙 성장을 도모하고, 코칭을 통해 삶에 적용하고 실천하도록 돕는다. 셋째, 언약 그룹(Covenant Group)은 공동의 목표를 설정하고 서로를 격려하며 함께 성장하는 그

---

52 명성훈, 『소그룹 성장 마인드』, 62-76.

룹으로, 코칭을 통해 목표 달성을 지원하고, 서로의 강점을 발견하고 개발하도록 돕는다. 넷째, 셀 그룹(Cell Group)은 교회 성장의 핵심 단위로, 코칭을 통해 리더십을 개발하고, 구성원들의 참여를 독려하며, 관계 형성을 강화한다. 다섯째, 전도 양육 그룹(Evangelism and Nurturing Group)은 불신자를 전도하고 새 신자를 양육하는 그룹으로, 코칭을 통해 전도 대상자에게 다가가고 신뢰 관계를 형성하며, 양육 과정에서 성장을 돕는다. 여섯 번째, 치유 및 회복 그룹(Healing and Recovery Group)은 상처와 아픔을 경험한 사람들이 모여 서로를 지지하고 격려하며 치유와 회복을 경험하는 그룹으로, 코칭을 통해 안전하고 신뢰의 분위기를 조성하고, 개인의 감정을 표현하고 치유하도록 돕는다.

5. 은혜 기반 소그룹 코칭 적용의 효과

역사적으로 건강한 교회는 소그룹 모임이 있었고, 성경에서 신약 교회의 모델인 예루살렘교회도 소그룹 모임이 있었다. 그렇다면 소그룹 모임을 역동적으로 활성화시키는 최고의 방안은 무엇인가? 그것은 은혜가 이끄는 코칭을 접목하여 교회 소그룹의 역동성을 극대화시켜서 교회를 세우신 주님의 의도대로 세워 가는 것이다. 만약 교회 소그룹 사역에 코칭을 성공적으로 적용한 교회들에 '은혜 기반 코칭'을 접목하면, 어떤 효과와 열매가 있을까?

충신교회는 교회 사역 전반에 코칭을 접목하였고, 코칭 훈련을 통해 소그룹 리더들의 역량을 강화하고, 소그룹 활성화를 도모하고, 교회 내 코칭팀을 구성하고, 코칭 전문가를 초빙하여 코칭 훈련을 진행했다. 이 교회에 어떻게 은혜 기반 코칭을 적용할 수 있을까? 일반적인 코칭 대화 모델에서 GRACE-DRIVEN 코칭 대화 모델로의 전환을 통해 모든 성도의 영성과 코칭 역량을 갖추도록 훈련할 수 있다. 또한 코칭팀을 구성하여 지속적인 은혜 기반 코칭 지원 시스템을 구축할 수 있다. 그 결과 전 교인이 은혜와 감사, 건강한 관계의 구축, 비전과 기름 부으심, 성령님과의 공동 창조, 소명으로의 삶으로 나아갈 수 있다. 김학중 목사 교회는 2007년 "셀 코칭"이라는 개념을 도입하여 소그룹 사역에 코칭을 접목했다. 셀 코칭 모델을 참고하여 소그룹 리더들이 그룹원 개개인의 필요와 성장을 돕는 코칭 기술을 습득하도록 훈련할 수 있다. 특히 은혜가 이끄는 코칭을 통해 구성원들이 자신의 잠재력을 발견하고 하나님과의 관계를 더욱 깊게 하도록 도울 수 있다.

월로우크릭교회는 소그룹 사역에 코칭을 접목하여 효과를 높였다. 장희규 목사는 월로우크릭교회의 소그룹 모델을 연구하고 한국에 널리 알렸다. 월로우크릭교회는 소그룹 리더를 돌보는 상위 리더(코치)를 두어 리더십 체계를 강화하고 모든 사람이 돌봄을 받을 수 있도록 했다. 월로우크릭교회의 사례처럼, 소그룹 리더를 위한 코칭 시스템을 구축하여 리더들이 지속적으로 성장하고 건강하게 그룹을 이끌어 가도록 지원할 수 있다. 또한 소그룹 내에서 서로 돌보고 격려하는 문화를 조성하여 공동체성을 강화할 수 있다. 한편 존 웨슬리의 속회는 소그룹 모임을 통해 개인의 영적 성장과 공동체적 책임을 강조한 모범적인 사례이다. 속회는 정기적인 모임을 통해 신앙 점검, 죄 고백, 기도, 나눔을 실천했다는 것을 강조했으며, 서로 교제하고 점검하며 권면하는 주간 비공개 모임을 통해 말씀의 복을 확인하고 전하는 수단으로 사용했다. 은혜 기반 소그룹 코칭 적용 방안으로 웨슬리의 속회처럼 소그룹 모임에서 정기적인 신앙 점검과 나눔 그리고 기도를 강조하여 영적 성장을 도모할 수 있다고 본다. 또한 코칭 질문을 활용하여 구성원들이 자신의 삶을 돌아보고 하나님과의 관계를 더욱 깊게 하도록 도울 수 있다.

6. 결론

종합하면, 이러한 실제 교회 사례들을 통해 코칭이 소그룹 사역에 효과적으로 적용될 수 있음을 알 수 있다. '은혜 기반 코칭'은 이러한 사례들을 바탕으로 각 교회의 특성과 필요에 맞춰 코칭 기술을 적용하고 하나님의 은혜 안에서 개인과 공동체의 성장을 도모하는 데 기여할 수 있다. 핵심적으로 코칭은 소그룹 리더십을 강화하고 구성원의 성장을 촉진하는 효과적인 도구이다. 은혜 기반 코칭은 하나님의 은혜 안에서 개인의 잠재력을 발견하고 삶의 목적을 찾도록 돕는다. 교회는 다양한 소그룹 유형에 맞춰 코칭을 적용하고 지속적인 훈련과 지원을 제공해야 한다. 성경적 원리와 영적 토대를 바탕으로 코칭을 진행해야 한다. 특히 은혜가 이끄는 코칭은 소그룹 리더들이 코칭 기술을 익히고 은혜가 이끄는 변화의 원리를 적용하여 소그룹 구성원들의 영적 성장과 삶의 변화를 촉진하는 데 기여할 것이다.

VI. 요약 및 결론

1. 요약

'은혜 기반 소그룹 코칭 이론'은 교회 소그룹 사역에 적용하여 구성원들의 영적 성장과 삶의 변화를 촉진할 수 있는 효과적인 모델임을 제시한다. 이 연구는 '은혜 기반 코칭' 개념을 정립하고, 소그룹 리더를 위한 코칭 핵심 역량을 제시하며, 8주 코칭 훈련 프로그램 개발 및 코칭 기반 소그룹 운영 모델 전파 및 지원 전략 수립 등을 통해 한국교회 소그룹 사역의 새로운 패러다임을 제시했다. 이 연구는 '은혜가 이끄는 변화'라는 관점에서 코칭 이론을 교회 소그룹 사역에 접목하여 구성원들의 삶의 변화와 성장을 촉진할 수 있는 이론적 틀과 실제적인 방안을 제시했다. 연구 결과 코칭 기반 소그룹 운영 모델은 소그룹 리더의 코칭 역량 강화를 통해 구성원들의 삶의 변화와 성장을 촉진하고, 궁극적으로 건강한 소그룹 공동체를 형성하는 데 효과적임이 나타났다. '은혜 기반(GRACE-DRIVEN) 코칭'은 코칭 과정을 통해 구성원들이 하나님의 은혜를 경험하고 믿음 안에서 성장하도록 돕는 것을 목표로 한다.

2. 결론

교회는 소그룹 리더들이 '은혜 기반' 코칭 역량을 갖출 수 있도록 지속적인 교육과 훈련을 제공해야 한다. 이는 단계별 워크숍, 은혜 기반 코칭 교육, 실습 기회, 피드백 및 코칭 자신감을 향상시키는 지원을 포함한다. 소그룹 리더는 구성원들이 잠재력을 발휘하고 실질적인 삶의 변화를 이끌 수 있도록 경청, 질문, 공감, 격려, 목표 설정, 실행 계획 수립 등의 기술을 개발해야 한다. 또한 존중, 진정성, 구성원의 성장을 돕고자 하는 헌신적인 태도를 바탕으로 '코칭 마인드셋'을 함양하는 것이 중요하다. 코칭 프로그램은 영적 건강과 코칭 역량 강화를 중심으로 해야 한다. 건강한 리더는 건강한 소그룹의 기초가 되며, 영적 성장과 정신건강 관리의 중요성이 강조된다. 코칭은 일회성이 아니라 지속적인 과정이어야 하며, 리더의 코칭 역량 개발을 위해 지속적인 훈련, 사례 공유 및 피드백이 필요하다. 전문 코치의 멘토링과 수퍼비전은 리더들이 도전 과제를 극복하고 코칭 효과성을 향상시키는 데 도움이 되어야 한다.

코칭 과정에서 하나님의 은혜와 성령님의 인도하심을 구하는 것이 중요하다. 모든 코칭은 기도와 믿음, 하나님의 은혜를 바탕으로 진행되며, 구성원들이 하나님의 인도하심 안에서 성장하도록 격려해야 한다. 은혜 기반 코칭은 기도와 믿음을 바탕으로 하나님의 은혜 안에서 코칭을 진행하는 방법을 강조한다. 소그룹 사역 센터를 설립하여 훈련 프로그램 운영, 자료 개발 및 배포, 전문 코치 네트워크 구축, '작은 교회' 지원 등의 역할 수행하는 것이 필요하다. 또한 교육 자료, 상담, 커뮤니티 운영 등을 통해 지속적인 지원을 제공하는 온라인 플랫폼을 구축해야 한다. 은혜 기반 코칭 모델의 효과성을 객관적으로 측정하고 다양한 교회 환경에 적용할 수 있는 방법을 탐구하는 추가 연구가 필요하다. 은혜 기반 코칭 이론의 효과성을 검증하는 실증적 연구가 필수적이며, 다양한 소그룹 유형과 상황에 맞는 코칭 모델 개발도 필요하다. 코칭 기반 소그룹 운영 모델의 효과성 검증, 프로그램 개선, 다양한 교회 적용 사례에 대한 연구가 지속적으로 이루어져야 한다. 또한 소그룹 리더십 향상에 대한 코칭 훈련의 영향에 대한 연구도 필요하다.

참고문헌

강하룡. 『구역장과 셀리더를 코칭하라』. 서울: 브니엘, 2023.

도미향 외. 『전문코치를 위한 ICF 8가지 코칭핵심 역량』. 서울: 신정, 2021.

맥스웰, 존/웨슬리퀘스트 옮김. 『신뢰의 법칙』. 서울: 북이십일_21세기북스.

명성훈. 『소그룹 성장 마인드』. 서울: 교회 성장연구소, 2010, 38.

바우컴, 리처드 외/신호섭 옮김. 『삼위일체: 신약신학 실천신학적 연구』. 서울: 이레서원, 2018.

박창규 · 원경림 · 유성희. 『마스터풀 코치가 갖추어야 할 코칭 핵심 역량』. 서울: 학지사, 2022.

스톨츠푸스, 토니/이시온 옮김. 『코칭 퀘스천』. 서울: 스토리 나인, 2016.

스티븐스, 폴/홍병룡 옮김. 『일터신학』. 서울: IVP, 2009.

스펠전, 찰스. 『성령의 능력을 체험하라: 영적 거장 7인의 성령에 관한 열정 메시지』. 서울: 아가페, 1998.

신선묵. 『은혜가 이끄는 변화』. 서울: 도서출판 워십리더, 2019.

_____. 『하나님과 함께하는 행복의 길』. 서울: 좋은 땅, 2021.

안건상. 『성경이 꿈꾸는 세상』. 서울: 생명의 말씀사, 2015.

이소희 외. 『코칭학 개론』. 서울: 신정, 2104.

이전호. "코칭훈련을 통한 소그룹 리더십 향상에 관한 연구 — 충신교회를 중심으로." 장로회신학대학교 목회전문대학원 목회신학박사, 2014.

이한우 외. 『KCA코칭 역량 해설』. 서울: (사)한국코치협회, 2024.

정요섭. *Christian Coaching Leadership.* [eBook]. 서울: 좋은땅, 2022.

채이석. 『소그룹의 역사』. 서울: 소그룹하우스, 2010.

켈러, 팀/오종향 옮김. 『팀 켈러의 센터 처치』. 서울: 두란노, 2020.

콜린스, 게리 R./양형주 · 이규창 옮김. 『게리 콜린스의 코칭 바이블』. 서울: IVP, 2014.

포스터, 리처드 J./정성묵 옮김. 『하나님과 함께하는 삶』. 서울: 랜덤하우스 2010.

Brannan, Rick. 『헬라어 성경 어휘사전』. Edited by Lexham (Bellingham, WA: Lexham Press, 2020).

Collins, Gary R. *Christian Coaching, Second Edition: Helping Others Turn Potential into Reality.* Colorado Springs: NavPress, 2009.

Icenogle, Gareth Weldon. *Biblical foundations for small group ministry*. IL: IVP, 1994.

Packer, J. I. *Knowing God*. IL: InterVarsity Press, 1973.

Willard, Dallas. *The Divine Conspiracy: Rediscovering Our Hidden Life in God*. San Francisco: HarperSanFrancisco, 1998.

엮은이

월드미션대학교(World Mission University, WMU)
미국 Los Angeles에 소재한 한인 명문 기독교 대학교이다. 온라인 스마트 교육을
통해 미국은 물론 전 세계 학생들이 공부하고 있다. 기독교 사역학, 크리스천 상담코
칭학, 사회복지학, 간호학, 신학, 목회학, 상담심리학, 음악학, 글로벌리더십-코칭
학, 찬양과 예배학 전공의 학사·석사·박사과정이 있으며, 중남미 선교의 교두보
역할을 하는 스페니쉬 프로그램도 활발히 운영하고 있다.
홈페이지: https://kr.wmu.edu
전화: 미국 213-388-1000

지은이

김경준
월드미션대학교 목회학박사-상담과 영성형성 과정(DMin-CC)의 학과장 및 정보
서비스 디렉터를 맡고 있다. 총신대학교 선교대학원(MA) 및 신학대학원(MDiv)
을 졸업하고 도미하여 남서침례신학대학교(Southwestern Baptist Theological
Seminary)에서 기독교상담학(MA in Christian Counseling)과 풀러신학대학교
(Fuller Theological Seminary)에서 임상심리학(Ph.D. in Clinical Psychology)
박사과정을 졸업하였다. 충현선교교회에서 가정 사역 담당 목사로 9년간 사역했으
며, 한인기독교상담소 및 산타페 상담소 소장을 역임하였다. 학문적으로 용서치유와
신학과 심리학의 통합 분야에 깊은 관심을 가지고 관련 논문을 발표하고 있다. 현재
캘리포니아주 공인심리학자(Licensed Psychologist)이며 한국복음주의상담학회
의 감독상담사로서 엘리오스 상담실(Eleos Counseling Center)을 운영하고 있다.
또한 여러 상담소의 임상 수퍼바이저로 활동하고 있으며, 국제 멤버케어 상담학회
회장으로 섬기고 있다.

김수영
L.A.에 소재한 주임재히즈교회(His Church)의 담임목사이며, Grace Mission
University의 신학교에서 겸임교수로 헬라어, 해석학과 설교학을 가르치고 있다. 달
라스신학대학원(Dallas Theological Seminary)에서 신학석사(Th.M.)와 신학박

사(Th.D.) 학위를 취득하였다(Bible Exposition 전공). 한국으로 귀국해서 나눔교회를 개척해서 목회하며, 햇볕트리니티신학교에서 해석학과 설교학을 가르쳤다. 수년 동안 한국의 목회자들을 위해 설교 클리닉을 주관하며 월간 「강해설교」 잡지의 편집장으로 활동하였다. 22년의 한국 사역을 마치고 다시 미국으로 와서 교회 목회와 신학교 강의(Azusa Pacific Seminary)를 병행했다. 저서로는 『폭풍 속의 동행』(규장)과 『전심으로』(규장)가 있으며, 『예배와 영성』(시편 강해 주석, 앨런 로스)과 다수의 책을 번역했다.

신성욱

계명대학교에서 영문학을 전공하고(B.A.), 총신대학교 신학대학원(M.Div. Equiv.)을 졸업한 후, 미국에서 구약학(Trinity Evangelical Divinity School, 수학)과 신약학(Calvin Theological Seminary)으로 석사학위(Th.M.)를, 남아공에서 설교학(University of Pretoria)으로 박사학위(Ph.D.)를 받았다. 신구약을 아우르는 통전적인 성경 해석학과 수사학적 설교를 전공한 전문가로서, 성경적이면서 효과적인(Biblical and Effective) 설교와 원 포인트의 드라마틱한 강해 설교를 위한 프레임 개발과 소개에 독보적이고 독창적인 재능을 발휘하고 있다. 매년 한국은 물론 해외 여러 국가에서 "바이블 신드롬"이라는 성경 세미나와 "원 포인트의 드라마틱한 강해 설교"라는 설교 세미나를 개최하면서 유능하고 위대한 설교자 양성에도 발군의 실력을 발휘하고 있다. 『성경을 먹는 기술』(규장)을 비롯하여 여러 권의 저서와 존 맥아더의 『진리전쟁』(생명의말씀사)을 포함한 다수의 역서가 있다.

윤재병

창의적 개발과 코칭을 통해 미션 워커(Mission Worker)를 양성하고 인류애를 실천하는 공동체(HDC)를 세우는 일에 기여하는 전문 코치이자 목회자이다. 아주대학교(영어영문학)와 합동신학대학원대학교(M.Div.)를 거쳐, 미국 풀러신학대학원(Fuller Theological Seminary)에서 선교목회학 박사(D.Min.)와 글로벌 리더십 박사(DGL) 과정을 마쳤다. 현재 마스터피스코칭연구원(MCI) 원장이자 국제코칭연맹(ICF)의 전문코치(PCC) 및 한국코치협회(KCA) 수퍼바이저 코치(KSC)로 활동하고 있으며, 월드미션대학교(WMU) 코칭학 겸임교수로 박사과정 학생들을 가르치고 있다. 이 책에서 제안하는 "은혜 기반 소그룹 코칭"(GSC) 모델은 그의 목회 경험과 코칭 전문성이 통합된 결과물이다.

이상화

2017년부터 현재까지 서울 서현교회 담임목사로 섬기고 있으며, 1994년에 설립한 한국소그룹목회연구원의 대표다. 총신대학교(B.A., M.Div., Th.M., Ph.D.과정 수료)와 웨스트민스터신학대학원대학교(Ph.D.)에서 공부했다. 2007년 웨스트민스터 신학대학원대학교에 설립된 소그룹목회학 학위과정(M.A. Th.M.) 프로그램 코디네이터로 설립 과정부터 참여하여 긴 시간 교수로 섬겼고, 총신대학교 목회신학전문대학원에서 교수를 역임했다. 한국기독교목회자협의회와 (사)교회갱신협의회 사무총장으로 교회연합 현장을 경험했다. 월간「크리스채너티 투데이」한국판 초대 편집인을 역임했고, FEBC 극동방송 "교계 전망대" 진행자로 다년간 방송 사역을 감당했다. 『건강한 교회성장을 위한 소그룹리더십』과 『건강한 소그룹사역 어떻게 할 것인가』 등의 소그룹 사역과 목회를 위한 다수의 단독 저서가 있고, 건강한 목회를 위한 『한국교회 진단 리포트』(목회데이터연구소)와 『2024 한국교회 트렌드』 등의 다양한 공동연구 저서들이 있다.

이주하

월드미션대학교에서 '사회학 개론'과 '인간행동과 사회환경'을 강의하고 있다. 일리노이대학교에서 정치학과 경제학을 전공하고, 시카고대학교에서 정치학 석사학위를 취득하였다. 이후 인간의 삶이 사회적 집단 및 전체 사회와 맺는 관계 그리고 그 안에서 발생하는 다양한 사회적 현상에 대한 학문적 관심을 가지고 UC 리버사이드(University of California, Riverside)에서 사회학 박사과정을 수료하였다. 연구 관심 분야는 발달장애 아동을 둔 부모의 신체적, 정신적 건강이며, 특히 성별, 인종, 계급 등 사회적 요인이 건강 불평등에 미치는 영향을 분석하였다.

지용근

목회데이터연구소 대표이며 ㈜지앤컴리서치 대표이사를 맡고 있다. 연세대학교 사회학과를 졸업했고, 한국갤럽 연구본부장과 ㈜글로벌리서치 대표이사를 역임했으며, 2019년 목회데이터연구소를 설립하여 매주 한국 사회 주요 통계자료를 전국 26,000여 명의 목회자와 한국교회 리더십들에게 무료로 제공하는 주간 리포트「넘버즈」를 발행하고 있다. 2022년부터는 〈한국교회 트렌드〉 시리즈를 출간해 올해까지 대표 저자로 참여하고 있다. 그 밖의 저서로는 통계 데이터를 바탕으로 집필한 『부흥하는 교회 쇠퇴하는 교회』(공동저자), 『한국교회 진단리포트』 등이 있다.

최성지

베일러대학교(Baylor University)에서 교육학 학사(B.S. in Education)를 마치고, 남침례교신학대학원(Southwestern Baptist Theological Seminary)에서 기독교 교육학 석사(M.A.C.E.)와 박사학위(Ph.D.)를 취득하였다. 한국과 미국에서 어린이 부서를 중심으로 교육 전도사로 사역하며 다음 세대 신앙 교육에 힘써 왔으며, 현재는 남편이 담임으로 섬기고 있는 LA 동부사랑의교회에서 여성 사역을 중심으로 섬기고 있다. 특히 "기도하는 엄마들"(Mothers in Prayer, MIP) 세미나와 "믿음의 여인들"(Faith Time) 성경 공부 모임 등을 인도하며 가정과 교회를 세우는 일에 헌신하고 있다.

최윤정

월드미션대학교 실천신학 교수이며 현재 부총장을 맡고 있다. 한국외국어대학교(B.A.), 장로회신학대학교 신학대학원(M.Div.), Fuller Seminary(M.A.)를 거쳐 Biola University에서 Intercultural Education으로 박사학위(Ph.D.)를 받았다. 장로교 소속 목사로서 다문화, 디아스포라, 기독교교육, 디아코니아 네 개의 화두와 연결된 무수한 창의적인 사역들을 꿈꾸며, 현재 (사)휴먼앤휴먼인터내셔널 자문위원을 맡고 있고, PCCE(Pacific Center for Culture and Education)를 통해 21세기형 기독교교육 플랫폼 사역도 활발히 펼쳐 나가고 있다.

"Multicultural Education for 1.5 and 2nd generation Korean-Americans", "Identity Issues of Migrant Children and Christian Education", "이주 배경 자녀를 돌보는 교회", "하와이 한인 이민 여성들", "온라인시대 영성교육의 방향" 등 다문화와 기독교교육에 관한 저술 활동과 함께 세미나와 강연에도 열심을 내고 있다.